Gordon P. Gardiner
STRAHLENDE HERRLICHKEIT

Martha Robinson

Gordon P. Gardiner

STRAHLENDE HERRLICHKEIT

Leben und Dienst
von
Martha Wing Robinson

Jaspis Druck,- Handels- und Vermittlungs GmbH
Raiffeisenstraße 13, 86167 Augsburg

Titel der Originalausgabe: Radiant Glory
Übersetzung: Otto Köhn, Augsburg
Bearbeitung: Oskar M. Lardon, Hamburg
Umschlag: Litera, Wiesbaden
Gesamtherstellung: Jaspis Druck, Augsburg
3. Auflage 1995

Verlag: Jaspis, Augsburg
ISBN 3-928303-04-X

Meiner Mutter und
meinem Vater
gewidmet.
Sie haben es stets gewagt,
alle Dinge zu prüfen
und das Beste
zu behalten.

Inhaltsverzeichnis

Vorwort zur deutschen Ausgabe I
Hans Waldvogel stellt Martha Robinson vor V
Wie wir sie kannten VII
Kapitel 1 Der Ruf 1
Kapitel 2 Die Geburt einer Bahnbrecherin 4
Kapitel 3 Die Kindheitsjahre 7
Kapitel 4 Ein harter Kampf 15
Kapitel 5 Vorbehaltlose Hingabe 25
Kapitel 6 Auf den richtigen Weg geführt 35
Kapitel 7 Entdeckung einer biblischen Wahrheit 40
Kapitel 8 Christus, der Arzt des Leibes 51
Kapitel 9 Ein Blick ins verheißene Land 63
Kapitel 10 Mitfolgende Zeichen 68
Kapitel 11 ... und die Flamme soll dich nicht versengen . . . 76
Kapitel 12 In trügerischen Gewässern 82
Kapitel 13 Auf Nebenwege geraten 87
Kapitel 14 Xanthippe oder Fußmatte 101
Kapitel 15 Intensiveres Suchen 105
Kapitel 16 Die Entdeckung der Taufe des Heiligen Geistes . 111
Kapitel 17 Stehend auf dem Felsen 123
Kapitel 18 Nach Toronto gerufen 129
Kapitel 19 In der Schule Gottes 162
Kapitel 20 Die Offenbarung Christi 179
Kapitel 21 Nur von Ihm geleitet 193
Kapitel 22 Durch das Tal der Demütigung in das „gelobte" Land 197
Kapitel 23 Das Glaubensheim in Toronto 210
Kapitel 24 Gefäße in der Zubereitung 225
Kapitel 25 Zelt-Versammlungen in Zion, Illinois 232
Kapitel 26 Die Glaubensheime in Zion 244
Kapitel 27 Das innere Leben 252

Kapitel 28 Aufmerksames Interesse für die Not des einzelnen 257
Kapitel 29 Die Freundin der Kinder 262
Kapitel 30 Der Dienst an den Dienern des Herrn 272
Kapitel 31 Unterweisung der Neubekehrten 289
Kapitel 32 Anleitung zum Bibelstudium 293
Kapitel 33 Ein Herz voll Herrlichkeit – gerade jetzt! 301
Kapitel 34 Ein Schritt vorwärts 304
Kapitel 35 Einfache geistliche Dienste 313
Kapitel 36 Wenn wir Ihm nur folgen 318
Kapitel 37 Die Ausbreitung des Werkes 322
Kapitel 38 Das Brot der Kinder 335
Kapitel 39 Jahre besonderer Glaubenskämpfe 339
Kapitel 40 Ein Pastor empfängt grundlegende Belehrung . 352
Kapitel 41 Die weite Welt als Missionsfeld 372
Kapitel 42 Ratschläge an ein junges Prediger-Ehepaar . . . 378
Kapitel 43 „Und so überschlagen wir nun die Kosten“ . . . 387
Kapitel 44 Ein wertvoller Dienst für Gott 390
Kapitel 45 Durchbeten! 393
Kapitel 46 In Gottes Hand 397
Kapitel 47 Zu den Füßen Jesu 400
Kapitel 48 Nichts ist wichtig außer Christus Jesus! 411

Vorwort zur deutschen Ausgabe

Martha Wing Robinson war eine außergewöhnliche, doch bescheidene, kleine Frau und zu ihren Lebzeiten außerhalb des Kreises, in dem sie wirkte und diente, nur wenigen bekannt. Zu jenem Kreis aber gehörten Prediger und Missionare, die ihrerseits einen großen Wirkungsbereich in verschiedenen Teilen der Welt hatten und die erfolgreich und unter dem Segen des Herrn arbeiteten. Auch für Martha Robinson selbst wurden diese Persönlichkeiten durch ihr Leben und ihren geistlichen Dienst zum großen Segen.

Zu ihnen gehörte auch der vor einigen Jahren heimgegangene, weithin bekannte Pastor Hans R. Waldvogel, der die Ridgewood Pentecostal Church in Brooklyn, New York, gegründet und darüber hinaus in verschienenen Teilen der Vereinigten Staaten und später, besonders nach dem zweiten Weltkrieg, in Europa, auf Formosa, in Indien und in Südafrika gewirkt hat. Bei seinen Reisen durch die ganze Welt führte er oft als einziges Buch neben seiner Bibel ein ziemlich abgenutztes, in Leder gebundenes Buch mit sich, das größtenteils Aussprüche und Aufzeichnungen von Martha Robinson enthielt. Er vertiefte sich oft bei seinen Andachten in dieses Buch und empfing jedesmal großen Segen, während er diese Aufzeichnungen immer wieder las und darüber betete.

Die Hilfe und Wegweisung, die Hans Waldvogel aus diesen Aufzeichnungen für sein Glaubensleben und seinen Dienst empfing, war ihm so wertvoll, daß er empfand, sie sollten auch anderen zugänglich gemacht werden. Deshalb ließ er, als er im Jahre 1951 mit der Herausgabe der Monatszeitschrift „Bread of Life" (Brot des Lebens) begann, Artikel und Aufzeichnungen von Martha Robinson regelmäßig unter der Rubrik „The Finest of the Wheat" (Der beste Weizen) darin erscheinen. Auf diese Weise wurden immer mehr Gläubige mit den Erfahrungen und Belehrungen bekannt, wie sie für das Leben und den Dienst von Martha Wing Robinson so bezeichnend waren. Im Jahre 1962 wurde dann die Biographie von Martha Robinson unter dem Titel „Radiant Glory" (Strahlende Herrlichkeit) veröffentlicht, und diese fand weite Verbreitung. Dadurch ist ihr Name vielen bekannt geworden, und der Einfluß ihrer Belehrungen, die sie in Briefen und seelsorgerlichen Gesprächen, in Bibelklassen und Versammlungen erteilt hat, ist heute weit größer als zum Zeitpunkt ihres Heimgangs im Jahre 1936.

Auch ich hatte das Vorrecht, Martha Robinson während der letzten zwölf Jahre ihres Lebens persönlich zu kennen. Einige der wichtigsten Begebenheiten ihres Lebens hat sie mir selbst berichtet. Für die Zusammenstellung dieser Biographie haben ihre Schwester, Nettie E. Graham, und ihre Sekretärin und Mitarbeiterin, Hilda Nilsson, mir Martha Robinsons Tagebücher, Notizbücher und sonstiges Material zur Verfügung gestellt. Andere Freunde gaben mir für diesen Zweck Briefe, die sie ihnen geschrieben hat. Einige ihrer Mitarbeiter, die zum Zeitpunkt der Herausgabe von „Radiant Glory" noch lebten, haben bei der Zusammenstellung des Buchinhalts mitgewirkt, indem sie aus der Erinnerung berichteten und verschiedenes Originalmaterial zur Verfügung stellten.

Als ich einer ihrer engsten Mitarbeiterinnen, A. W. Naylor, erzählte, daß ich daran sei, die Biographie von Martha Wing Robinson zu schreiben, machte sie dazu die markante und treffende Bemerkung: „Aber du solltest beim Schreiben auch die in ihrem Leben geoffenbarte Herrlichkeit mit hineinlegen, *denn ihr Leben war voll strahlender Herrlichkeit!"* Aufgrund dieser Äußerung entstand der Titel des vorliegenden Buches.

Einige Jahre nach dem Erscheinen von „Radiant Glory" haben Freunde von Hans Waldvogel in Deutschland geäußert, daß sie es sehr schätzen würden, wenn die Biographie dieser Dienerin des Herrn auch in deutscher Sprache herausgegeben werden könnte. Dankend anerkennen möchte ich hier besonders das Interesse, das Walter Waldvogel und Oskar Lardon diesem Buch entgegengebracht haben. Es war ihnen ein Anliegen, daß dieses Zeugnis und die in diesem Buch enthaltenen Wahrheiten auch den Gläubigen im deutschsprachigen Raum zugänglich gemacht werden möchten. Sehr dankbar bin ich auch unserem Übersetzer Otto Köhn für seine Arbeit; er hat den Inhalt des Originaltextes von „Radiant Glory" sowohl dem Buchstaben als auch dem Geiste nach getreu wiedergegeben. Dank gebührt ebenfalls Edwin Waldvogel, Pastor an der Rigewood Pentecostal Church, New York, der die Übersetzung begutachtet hat und diesem Buch weiteste Verbreitung wünscht.

Bei der Fertigstellung des zu übersetzenden Textes für die deutsche Auflage – wie übrigens auch schon bei der Bearbeitung der amerikanischen Ausgabe „Radiant Glory" – hat meine treue Frau durch ihre Gebete, Anregungen und vor allem durch ihre redaktionellen Arbeiten tatkräftig mitgewirkt, so daß sie mit Recht als „Co-Autorin" bezeichnet werden kann.

Wir haben bei der deutschen Ausgabe vieles weggelassen, was zwar zum ursprünglichen Text in „Radiant Glory" gehörte, vielleicht aber nur amerikanische Leser interessieren mag. Gedichte und einige zu weitläufige Tagebuchauszüge wurden ebenfalls weggelassen.

Beim Lesen dieses Buches sollte man immer daran denken, daß diese Biographie keineswegs einen vollständigen Bericht üder die persönlichen Erfahrungen und den geistlichen Dienst von Martha Robinson darstellt. „Sie enthält eigentlich nur Ausschnitte aus der Geschichte ihres Lebens und gewährt nur einen kleinen Einblick in dieses große Wunder Gottes"; so hat Sara Brooks als Augenzeugin sich geäußert, die von 1907 bis zum Heimgang von Martha Robinson im Jahre 1936 besonders eng mit ihr verbunden gewesen ist.

Doch allein schon das, was in diesem Buch niedergeschrieben wurde, ist ganz außergewöhnlich, und wir geben diese Erfahrungen und Belehrungen in der Hoffnung weiter, daß der Leser ermutigt und inspiriert werden möchte, diesem Beispiel zu folgen, bis auch er wirklich in Jesus erfunden wird und Ihn in Seiner ganzen Gottesfülle erkannt und empfangen hat.

Gordon P. Gardiner

Hans Waldvogel stellt Martha Robinson vor

Pastor Hans Waldvogel stellte Martha Wing Robinson den Lesern von „Radiant Glory“ vor, indem er folgendes über seine Begegnungen mit ihr berichtete:

„Ich hatte von verschiedenen Seiten über eine Frau erzählen gehört, die in einem sehr nahen Verhältnis zu Gott stand, die in inniger Gemeinschaft mit Ihm lebte und in deren Leben und Dienst sich alle in der Bibel genannten Gaben des Geistes offenbarten. Nun stellte man sich gewöhnlich, wenn man von einer gottgeweihten Person hört, die in ihrem Glaubensleben besonders ‚tief‘ ist, einen Menschen mit einem etwas weltfremden, mystischen Wesen vor. Doch als ich Martha Robinson dann kennenlernte, stellte ich nicht nur fest, daß man mir hinsichtlich ihres Verhältnisses zu Gott und ihres geistlichen Dienstes nicht die Hälfte gesagt hatte, sondern war auch angenehm überrascht, als ich statt einer überspannten Person einem glücklichen, freudigen Gotteskind begegnete. Ich fand, daß sie wirklich beständig in der Gegenwart des Herrn lebte und daß sie ihre geistlichen Erfahrungen mit einer guten Portion gesundem Menschenverstand verband.

Wie gut verstand sie es doch, jung und alt das Wort des Lebens mitzuteilen, wobei sie immer bestrebt war, die Menschen zu der Quelle zu führen, von der sie selbst beständig trank – Jesus! Als ich einmal mit einem schwierigen Problem zu ihr kam, sagte sie lächelnd: ‚Warum kommst du zu mir, um Rat zu holen? Du hast doch freien Zugang zu Jesus, und der Heilige Geist möchte dich in allem leiten! Er wird dich belehren und dir immer den rechten Weg weisen.‘

Wer auf ihre Belehrungen einging, wurde in jedem Fall von ihr zu der ganzen Fülle und den unausforschlichen Reichtümern Gottes geführt, die sie zuvor selbst entdeckt hatte. Ich werde Gott in alle Ewigkeit danken, daß Er mich mit der ‚unvergeßlichsten Persönlichkeit‘, die mir je begegnet ist, mit Martha Robinson, in Verbindung gebracht hat, und daß ich Zeuge ihres außergewöhnlichen Dienstes sein durfte, der nicht nur in Worten bestand, sondern auch ‚in der Kraft und in dem Heiligen Geist und in großer Gewißheit‘.“

Wie wir sie kannten

Freunde berichten über ihre Begegnung mit Martha Robinson

Joseph und Helen Wannenmacher

„Man konnte nicht lange in ihrer Gegenwart sein, ohne wahrzunehmen, daß ihr ganzes Leben unter der Leitung des Einen stand, der in ihr wohnte. Sie hatte ein inneres Leuchten, in ihr brannte ein himmlisches Feuer; es war die Liebe Jesu, von der sie erfüllt war und die von ihr ausging und auch in uns ein Feuer der Liebe entzündete."

Mit diesen Worten legt Helen Innes Wannenmacher Zeugnis ab über die Person und das Leben von Martha Wing Robinson. Joseph und Helen Wannenmacher haben mehr als sechzig Jahre in Milwaukee, Wisconsin, dem Herrn gedient. Durch ihren gemeinsamen Dienst sind in jenem Gebiet sieben Gemeinden entstanden und etwa fünfzig junge Leute in das reife Erntefeld des Herrn ausgesandt worden.

In Erinnerung an ihre erste Begegnung mit Martha Robinson berichtet Helen Wannenmacher weiter: „Ich war etwa elf Jahre alt, als ich sie zum erstenmal sah. Mein Vater und ich übernachteten damals in einem Hotel, in dem sie wohnte.

Sie war klein von Gestalt, natürlich und bescheiden in ihrem Wesen, anmutig und hübsch in ihrer ganzen Erscheinung. Sie war so freundlich zu mir und zeigte liebevolles Interesse an mir. Irgendwie empfand ich damals als Kind, daß diese freundliche Frau mit ihrem liebevollen Wesen, die hier an unserem neuen Wohnort lebte, für mein weiteres Leben von Bedeutung sein würde, und ich war glücklich. Ich hatte meine Mutter schon sehr früh verloren, und nun hatte mein Vater mich aus dem Kreise meiner Lieben von zu Hause in Cincinnati genommen und nach Zion, Illinois, gebracht, wo alles so seltsam und so anders zu sein schien.

Damals wußte ich noch nicht, daß Gott uns nach Zion geführt hatte. Er hat mir die große Gelegenheit geschenkt, mit dieser gesegneten Dienerin des Herrn zusammenzutreffen, und Er sah voraus, daß sie mich eines Tages zu Seinen Füßen führen und daß ich Ihn als meinen persönlichen Heiland annehmen würde.

Sie hat mir wirklich mehr bedeutet und mein Leben entscheidender beeinflußt als irgend jemand sonst in der Welt. Das Leben hat für mich einen ganz neuen Sinn bekommen, seit ich ihr begegnet bin."

„Es war eine deutliche Führung des Herrn, als ich im Jahre 1917, ungefähr sieben Wochen nach meiner Bekehrung, nach Zion, Illinois, kam," so berichtet Joseph Wannenmacher. „Man hatte mir gesagt, die Diener des Herrn in den Glaubensheimen stünden in einem besonders nahen Verhältnis zu Gott. Zu solchen Leuten zog es mich hin. Als ich dann das Versammlungshaus der Glaubensheime betrat, war es mir, als wäre ich nach Hause gekommen. Der Gottesdienst dauerte zweieinhalb Stunden. Hier fand ich genau das, wonach meine Seele verlangte. Ich wurde Elder Brooks und seiner Frau vorgestellt, die miteinander die Versammlungen leiteten. Sie luden mich gleich ein, bei ihnen zu übernachten. Ich merkte, daß ich an dem Platz war, an dem Gott mich haben wollte. Ich blieb einige Tage und lernte weitere Diener am Wort kennen; man nannte sie Gefäße. Unter ihnen war eine Frau Robinson, die bei allen in hohem Ansehen stand. Sie blieb allerdings die meiste Zeit in ihrem Zimmer im Gebet.

Einige Zeit später führte der Herr mich wieder nach Zion, diesmal, um als ein Glied der Glaubensheim-Familie dort zu wohnen. Es gab eine Menge für mich zu tun. Ich gab den Kindern der Glaubensheime Musikunterricht – zur großen Freude der Eltern. Auch besuchte ich täglich drei Versammlungen. Mein Zimmer lag in einem Winkel im dritten Stock.

Frau Robinson hatte ihre Wohnung in der zweiten Etage. Man spürte es, daß im Hause Tag und Nacht gebetet wurde. Wenn ich nachts erwachte, war es mir, als wäre das ganze Haus in eine Wolke der Herrlichkeit Gottes eingehüllt. Die Diener des Herrn beteten wirklich Tag und Nacht – das war ihre alltägliche Arbeit. Die unausbleibliche Folge war, daß die Kraft Gottes zuweilen derart machtvoll in den Gottesdiensten zugegen war, daß wir alle auf unser Angesicht fielen und uns tief vor Gott beugten. Diese Gefäße waren so in Gott, daß sie nichts redeten, außer wenn der Heilige Geist sie dazu bewegte zu ermahnen, in Zungen zu sprechen, auszulegen, eine Weissagung zu bringen oder zu predigen. Der Organist, Bruder H. W. Judd, war ein gottgeweihter Mann und stand unter der Leitung des Heiligen Geistes. Wenn er ein Lied angab oder einen Chorus anstimmte, war die ganze Versammlung wie verwandelt. Alle kamen in Berührung mit Gott; der Himmel kam hernieder, und die Anbetung Gottes war so gewaltig, daß es uns war, als wären wir alle an himmlischen Örtern, in Christus Jesus. Halleluja!

Ich möchte besonders erwähnen, daß wir Tag für Tag, Monat für Monat, Jahr für Jahr – solange ich im Glaubensheim wohnte – ermahnt wurden, Gott zu suchen und ohne Unterlaß zu beten. Da brauche ich wohl nicht zu betonen, daß in uns jungen Leuten das Feuer der Liebe Gottes brannte. Wir gingen in die benachbarten Städte und hielten evangelistische Versammlungen auf den Straßen und in Betrieben. Außerdem fuhren wir regelmäßig nach Waukegan und arbeiteten in dem Missionswerk mit, das Bruder und Schwester Andrews leiteten.

Zion war Ausgangsbasis unserer missionarischen Einsätze und Dienste; dorthin kehrten wir immer wieder zurück. Hier wurden wir in allem Willen Gottes unterwiesen. Frau Robinson übertraf alle, die dem Herrn in Zion dienten. Sie hatte eine wunderbare Gabe, die der Weisheit. Durch diese Gabe belehrte sie alle, die geistliche Hilfe brauchten. Immer wieder bezeugten Menschen, die durch Frau Robinson belehrt worden waren, daß das Wort der Weisheit, die reine Weisheit Gottes, eine tiefgehende Reinigung in ihnen bewirkt habe, da Jesus selbst durch dieses hochbegnadete Gefäß zu ihnen gesprochen hätte.

Unter allen mir bekannten und gesegneten Dienern des Evangeliums hat – soweit ich es weiß – kaum jemand eine Gabe gehabt, die sich mit der Gabe vergleichen ließe, wie sie dieser lieben, lieben, demütigen Magd des Herrn anvertraut war."

Ruth Brooks

Ruth Brooks gehörte zu den Mitarbeitern in den Glaubensheimen in Zion, Illinois. Sie war noch ein Kind, als sie Martha Robinson und ihren Mann im Jahre 1907 zum erstenmal sah. Damals waren Robinsons nach Toronto, Kanada, gekommen, um in der Gemeinde, die ihr Vater als Pastor leitete, Versammlungen zu halten. Von jener Zeit an war Ruth eng mit Martha Robinson verbunden. Später wohnte sie eine Zeitlang im gleichen Haus mit ihr.

Ruth Brooks berichtete u. a. in Erinnerung an ihre Kindheitstage in Zion: „Wir Kinder hatten Martha Robinson gern. Wir hatten zwar eine gewisse Ehrfurcht vor ihr, da wir irgendwie empfanden, daß auf ihrem Leben eine besondere Weihe lag, aber wir merkten auch, daß sie uns liebte.

Ich ging immer gerne in ihr Zimmer, sooft ich dieses große Vorrecht hatte, doch trat ich jedesmal mit einer gewissen Furcht ein, denn dort war diese wunderbare Gegenwart des Herrn, die mich mit einem namenlosen Sehnen erfüllte. Diese Atmosphäre erweckte in mir das Verlangen, niederzuknien und zu den Füßen Jesu zu weinen. Die Erinnerung an die Wirklichkeit der Gegenwart Gottes, wie ich sie dort empfunden habe, übte auf mein ganzes Leben einen machtvollen Einfluß aus.

Als ich etwa fünf Jahre alt war, kam diese freundliche Frau – die in der Rolle als Prophetin gar nicht so freundlich zu sein schien – eines Tages auf mich zu. Sie sagte mir in ernstem Ton und mit forschendem Blick Dinge, die ich einige Wochen zuvor getan hatte, von denen aber niemand etwas wissen konnte. Ihre Worte trafen mich im Innersten, und ich schluchzte stundenlang in dem Bewußtsein, daß wirklich ‚alles bloß und aufgedeckt vor den Augen dessen ist, mit dem wir es zu tun haben'.

Bei bestimmten Gelegenheiten konnte ich aber auch ihre Liebe und Großzügigkeit in besonderer Weise erfahren. Als ich etwa Zwanzig war, reiste ich einmal zu Verwandten nach Kanada. Ich hatte mir vorgenommen, die Freuden der Welt kennenzulernen. Ich hatte damals das Gefühl, ich sei in meiner Freiheit zu sehr eingeschränkt. Das Leben in der Welt kannte ich ja nur vom Hörensagen, und nun wollte ich mich einmal persönlich überzeugen. Allerdings mußte ich die Entdeckung machen, daß ‚die Welt' längst nicht so anziehend war, wie man es mir gesagt hatte, doch ich wehrte mich trotzdem immer noch gegen den Gedanken einer völligen Hingabe an Gott.

Die Zeit meiner Rückkehr kam herbei, aber ich hatte kein Reisegeld. Schließlich erhielt ich einen Brief von meinen Eltern, der den benötigten Geldbetrag enthielt. Aber ich mußte feststellen, daß das Geld gar nicht von ihnen war – Frau Robinson hatte es ihnen für mich gegeben! Das gab mir einen Stich ins Herz!

Meine Mutter hatte mir kurz zuvor geschrieben, dieser Dienerin des Herrn sei einiges über meinen geistlichen Zustand gezeigt worden, und sie habe gesagt: ‚Ruth ist auf dieser Reise nicht sehr geistlich!' Dies war nun natürlich sehr gelinde ausgedrückt, aber dadurch wurde mir klar, daß der Herr meinen geistlichen Zustand sah und daß Er Frau Robinson darüber eine Offenbarung gegeben hatte.

Nun kann man Empörung mit Empörung begegnen – aber solch ein Angriff! Solche Freundlichkeit! Die harte Kruste meines Herzens fing an zu schmelzen, mein Wille begann, sich zu beugen. Langsam wurde ich weich, bis ich mich schließlich völlig dem Herrn übergab.

Das wäre sicherlich nicht geschehen, hätte Gott keinen Kanal gehabt, durch den Seine Liebe hätte fließen können. Wo wäre ich heute, wenn Martha Robinson nicht willig gewesen wäre, mir in der vergebenden Liebe Gottes entgegenzukommen? Ich danke Gott, daß Er eine kleine, demütige Frau finden konnte, die zu Ihm sagte: ‚Mache mich zu einem Kanal, den Du nach Deinem Willen gebrauchen kannst!' Und weil Gott sie bei ihrem Wort genommen hat, werden viele aufstehen und sie selig preisen."

Charles N. Andrews

Charles N. Andrews war bis zu seinem Heimgang im Dezember 1979 Pastor der Fredericksburg Pentecostal Church in Fredericksburg, Virginia. Er erzählt ebenfalls einiges über Martha Robinson, und zwar aus der Zeit, als sie schon älter war:

„Wenn sie in ihrem ledernen Lehnstuhl saß – der uns wohl deshalb so groß vorkam, weil sie selbst so klein war – und den Kopf immer etwas zur Seite geneigt hielt, sah sie wie eine liebe, alt gewordene Mutter aus. Unter einer ‚Krone der Ehren' von schönem weißen Haar beeindruckten uns ihre ausdrucksvollen, tiefbraunen Augen. Diesen lebhaften Augen entging nichts, und sie schauten uns manchmal durchdringend an. Sie konnten aber auch Schmerz und tiefes Mitleid zeigen, wenn sie hörte, daß jemandem etwas Schlimmes zugestoßen war. Sie war in der Tat wie eine Mutter; obwohl sie selbst keine Kinder hatte, sagten doch viele ‚Mutter' zu ihr.

Ich lernte sie persönlich eigentlich erst in den letzten drei oder vier Jahren ihres Lebens kennen, obwohl ich mit meiner Familie schon eine Zeitlang mit ihr im gleichen Hause gewohnt hatte, als ich noch ein kleiner Junge war. Meine Mutter erzählte mir eine Begebenheit aus jener Zeit, und diese zeigt uns, wie sie wirklich war und auf welche Weise sie dem Herrn gedient hat.

Ich wurde einmal, als wir mit ihr im gleichen Hause wohnten, sehr krank. Als Frau Robinson an unserem Zimmer vorbeikam, sagte meine Mutter ihr, daß mein Zustand bedenklich sei. Sie tat es sicherlich in der Erwartung, daß Frau Robinson für mich beten würde. Aber sie sagte leise: ‚Die Gebete einer Mutter haben bei dem himmlischen Vater besonderes Gewicht' und ging weiter. Dadurch wollte sie meine Mutter ermutigen zu glauben, daß Gott ihre eigenen Gebete erhören werde.

Wer Frau Robinson kannte, wußte, daß sie nicht so handelte, weil sie herzlos oder uninteressiert gewesen wäre – ohne Zweifel hat sie für mich gebetet. Aber dieses Verhalten zeigte die Art, in der sie gedient hat. Sie kannte den Herrn und hatte Ihn ja auch selbst als den großen Arzt kennengelernt. Nun bestand ihr Dienst aber nicht so sehr darin, anderen alles zu sagen, was sie wußte und erkannt hatte, als vielmehr darin, sie dazu anzuleiten, daß sie sich selbst danach ausstreckten, Jesus kenenzulernen und herrliche Erfahrungen mit Ihm zu machen.

Die erste Begegnung mit ihr, an die ich mich erinnern kann, ereignete sich erst viele Jahre später. Damals war ich bereits ein junger Mann; ich war mit meiner Familie nach Zion zurückgekehrt und trat eine Ausbildung für den geistlichen Dienst an. Während dieser Zeit hatte ich oft das Vorrecht, sie zu sehen und zu hören. Bei verschiedenen Gelegenheiten wurde mir deutlich, daß ihr Dienst immer durch Christus geschah, der in ihr wohnte. Eine bestimmte Begebenheit zeigte mir besonders, daß es wirklich der Herr selbst war, der durch sie gewirkt hat.

Eines Tages hatte ich eine Besorgung zu machen und kam dadurch in Frau Robinsons Küche. Ganz unerwartet öffnete sich die Tür ihres Wohnzimmers, und sie kam auf mich zu. Unvermittelt und mit Beharrlichkeit richtete sie Fragen wegen einer persönlichen Angelegenheit an mich, über die ich noch mit niemandem gesprochen hatte. Ich hatte schon viel über diesem Problem gebetet und ernstlich zum Herrn gefleht, Er möge nicht zulassen, daß ich hierin einen falschen Weg einschlage. So kann man sich vorstellen, wie überrascht ich war, als sie von sich aus die Sache zur Sprache brachte, und zwar in solch einer Art und Weise, daß es nur der Herr gewesen sein konnte, der ihr meine Situation offenbart hatte. Sie stellte mir noch weitere Fragen – eine Methode übrigens, die der Herr Frau Robinson oft anwenden ließ, wenn andere in bestimmten Dingen belehrt werden sollten – und gab mir dann eine klare Weisung für meinen Weg. Auf einmal sagte sie ganz unvermittelt: ‚Die Antwort lautet – nein!' Ohne ein weiteres Wort wandte sie sich von mir ab, kehrte wieder ins Wohnzimmer zurück und machte die Tür zu.

Natürlich wußte ich, was gemeint war und was dies für mich bedeutete; aber später kam es mir erst richtig zum Bewußtsein, daß es wirklich nur Jesus gewesen sein konnte, der mir durch sie eine direkte Antwort auf meine Gebete gegeben hatte. Ich brauche wohl nicht zu betonen, daß dieses Wort mich davor bewahrt hat, einen Fehler zu begehen. Ich hätte sicherlich nicht den Weg eingeschlagen, der Seinem Willen entsprach, und so wäre mein Lebensweg in eine ganz andere Richtung verlaufen.

Das Besondere an ihr war, daß Jesus Zentrum ihres Lebens und ihr Alles geworden war. Ihr Beispiel bewirkte, daß auch in anderen das Verlangen geweckt wurde, Jesus näher kennenzulernen und sie anfingen, sich danach auszustrecken und zu beten, daß Jesus in ihnen regieren und Sein Leben in ihnen ausleben möge; es wurde ihr wichtigstes Anliegen, daß ihr persönliches Leben wie auch ihr Dienst und die Versammlungen völlig unter Seine Kontrolle kamen."

Ethel Bowers

Ethel Bowers steht mit ihrem Mann in der „Canarsie Full Gospel Chapel" in Brooklyn, New York, im Gemeindedienst. Auch sie kannte Martha Robinson schon als junges Mädchen und berichtet darüber:

„Drei Wochen nach meiner Bekehrung im Jahre 1924 in Milwaukee besuchte ich mit einer Gruppe junger Leute die Glaubensheime in Zion, Illinois. Zu jener Zeit erlebte ich eine wunderbare Erfüllung mit dem Heiligen Geist. Bald darauf berief der Herr mich in Seinen Dienst, und Er zeigte mir, daß ich zur Ausbildung nach Zion gehen sollte. Dort unterrichteten damals etwa zehn Lehrer, die die Studenten in das Wort Gottes einführten und in geistlichen Dingen Anleitung gaben. Lehrer und Studenten wohnten in drei großen Heimen, und jedes Heim war einem älteren Predigerehepaar unterstellt.

Ich hatte natürlich viele Fragen. Wer hatte dieses Werk gegründet? Die Lehrer und Diener am Wort arbeiteten in solch wunderbarer Harmonie zusammen, daß es schwierig war, herauszufinden, wer der Leiter der Gruppe war. Doch ich ließ nicht nach zu forschen und fragte: ‚Wer ist eigentlich der Leiter?' Schließlich erhielt ich die Auskunft, daß Frau Robinson die Gründerin und Leiterin sei. Auch sagte man mir, sie stehe völlig unter der Kontrolle des Heiligen Geistes und unternehme nie etwas von sich aus, vielmehr lasse sie sich in allem vom Geiste Gottes leiten; in ihrem Dienst seien die Gaben des Geistes, wie sie in 1. Konrinther 12 genannt werden, wirksam.

Als ich im Oktober 1926 in die Glaubensheime eintrat, hatte sich Frau Robinson in ihre Wohnung zurückgezogen und sich – wie Jeremia in alten Zeiten – eingeschlossen, um sich eine Zeitlang nur dem Fürbittegebet hinzugeben. Doch kurz darauf, an ihrem Geburtstag am 14. November, wurden alle Heimbewohner eingeladen, sich in ihrer Wohnung zu versammeln. Auf diesen Anlaß hatte ich mich schon sehr gefreut! Ich stellte fest, daß die ‚Geburtstagsparty' in Wirklichkeit eine Versammlung war. Es gab keine Erfrischungen, und es war keine Geburtstagsfeier im üblichen Sinne.

Frau Robinson begrüßte jeden einzelnen aufs herzlichste. Man spürte sofort, daß sie die Liebe Christi ausstrahlte. Jeder konnte es ihr ansehen, daß sie voller Freude war. Über uns alle kam eine himmlische Stille, und wir fühlten, daß wir uns an einem heiligen Ort befanden.

Einer der Diener des Herrn fragte Frau Robinson, ob sie uns einiges über das Kommen des Herrn sagen würde. Frau Robinson schloß die Augen für einen Moment und betete: ‚Vater, ist es Dein Wille, daß ich zu diesen Lieben über dieses Thema spreche?' Dann sagte sie, sie habe eine zustimmende Antwort erhalten. Ihre Belehrung war sehr klar und einfach. Anschließend sagte sie, sie würde gern von anderen ein Zeugnis oder ein Wort der Ermahnung hören.

Einige folgten ihrer Aufforderung, aber fast jeder wollte am liebsten in jener wunderbaren heiligen Gegenwart Gottes, die ihre Wohnung erfüllte, still verharren. Nach einigen Stunden wurden wir entlassen. Es war dunkel als wir gingen, und ich entfernte mich unauffällig von den anderen. Ich wählte eine einsame Straße als Heimweg, so daß ich über die Geschehnisse dieses Nachmittags nachdenken konnte. Dies war für mich alles neu, und ich war tief beeindruckt von allem, was ich gesehen und gehört hatte. Ich fühlte, daß ich einen Menschen gesehen hatte, der geistlich vollkommen war. Wie konnte jemand Gott so nahe kommen?! Ich sagte mir: ‚Das werde ich nie schaffen – ich bin so fern von Gott!' Zugleich aber rief ich auf jener dunklen Straße mit lauter Stimme zu Gott und bat Ihn, in mein Leben zu kommen, mich zu reinigen, zu läutern und zu heiligen. Die Augen waren mir auf einmal aufgetan worden, und ich sah, wo es in meinem geistlichen Leben fehlte; doch ich fühlte auch, daß ich nur einen kleinen Glauben hatte.

In jenem Jahr fing ich an, Gottes Angesicht zu suchen wie nie zuvor. Unaufhörlich schien mein Herz nach Jesus zu rufen, beständig war in mir das Verlangen, Ihn zu erkennen, Ihn zu lieben, Ihm zu gehorchen, in Sein Bild verwandelt zu werden. Ich wurde dann mit großer Hoffnung, Freude und Frieden erfüllt, indem ich lernte zu glauben.

Später führte es der Herr, daß ich in das Haus zog, in dem Frau Robinson wohnte. Dort blieb ich eineinhalb Jahre. Dadurch bekam ich die Gelegenheit, näher mit ihr bekannt zu werden. Bei manchen Gelegenheiten gab sie mir ein Wort vom Herrn; oft kam es in einer Weise, daß ich mich nicht gerade geschmeichelt fühlte, wenn der Herr ihr wieder einmal etwas gezeigt hatte, was in meinem Wesen lag und dem Herrn mißfiel. Ich war mir dieser Dinge vorher gar nicht bewußt gewesen, aber während ich mit dem Herrn darüber sprach, sah ich sie in Seinem Licht. Ich war sehr dankbar, daß ich auf meine Fehler aufmerksam gemacht wurde, so daß ich sie aus meinem Herzen ‚hinausbeten' konnte.

Frau Robinson machte mir auch Vorschläge, welche Bücher ich lesen sollte. Sie ermutigte mich, bestimmte gute christliche Biographien und auch kirchengeschichtliche Werke zu lesen.

Als mein Mann und ich heirateten und gemeinsam in den Dienst des Herrn treten wollten, rief sie uns wiederholt zu sich, um uns einige hilfreiche Hinweise für den Dienst im Werk des Herrn zu geben. Dies war im wesentlichen der Inhalt ihrer Belehrungen: ,Wollt ihr in eurem Dienst erfolgreich sein, dann müßt ihr in enger Gemeinschaft mit Jesus wandeln und Ihm wirklich glauben und vertrauen.'

Einmal habe ich sie im Gespräch unter vier Augen gefragt, wie ich eine gute Ehefrau sein könnte. Darauf gab sie mir zur Antwort: ,Eine gute Frau sollte immer ein fröhliches Wesen bewahren und nicht versuchen, ihren Mann zu belehren!'

Wir erachten es als ein großes Vorrecht, Martha Robinson gekannt und durch sie so viel Hilfe und Segen empfangen zu haben. Sie war wirklich eine Überwinderin, und ich glaube, sie hatte eine gewisse geistliche Vollkommenheit erreicht. Gott hat sie nach Geist, Seele und Leib in Besitz nehmen können, weil sie willig war, herabzusteigen, sich tief zu beugen und sich der Herrschaft Jesu zu unterwerfen, und so konnte Er sich in ihrem Leben auf herrliche Weise als König offenbaren."

Rudolph und Anna Kalis

Rudolph und Anna Kalis dienten dem Herrn seit 1929 in Elizabeth, New Jersey, und leiteten dort die „Emmanuel Pentecostal Church". Etwa ein Jahr vor seinem Heimgang schrieb Rudolph Kalis rückblickend auf seine Bekanntschaft mit Martha Wing Robinson:

„Durch Hans Waldvogel, mit dem ich in einem Juweliergeschäft zusammen arbeitete, hörte ich zum erstenmal von Martha Wing Robinson. Hans Waldvogel hatte dann den Schritt gewagt, vollzeitlich als Pfingstprediger zu dienen, und ging zunächst durch eine schwere Prüfung.

Durch den Dienst, den Frau Robinson ihm persönlich erwies, empfing er während dieser schweren Zeit echte Hilfe. Etwas später reiste ich mit ihm nach Zion, Illinois, zu Frau Robinson, die lebhaftes Interesse an mir und meinem Weg zeigte. Ab und zu sandte sie mir einen Gruß oder ein kurzes Wort. Später interessierte sie sich sehr für meine bevorstehende Hochzeit. Sie betete viel für mich und meine Verlobte und stand uns mit ihrem Rat zur Seite.

Nach der Hochzeit öffnete sich für uns in Elizabeth, New Jersey, eine Tür zum Dienst. Als wir diese Gemeinde mit deutsch- und englischsprachigen Gottesdiensten übernahmen, herrschte gerade die große Wirtschaftskrise im Lande. Ich empfand die Verantwortung für die Gemeinde als zu schwer für mich; auf so etwas war ich nicht vorbereitet. So kam es, daß ich sogar an meiner Berufung zum Dienst zweifelte. Ich berichtete Frau Robinson in einem Brief darüber, sie aber ermutigte mich sehr in ihrer Antwort.

Bald darauf bot sich die Gelegenheit, Frau Robinson zu besuchen. Da meinem Freund Hans Waldvogel durch ihren Dienst so wunderbar geholfen worden war, erwartete ich, daß auch ich Hilfe empfangen würde. Wir besuchten sie damals zu dritt: Hans Waldvogel, meine Frau und ich.

Mein Herz war voller Erwartung. Im Laufe des Gesprächs fragte sie Hans Waldvogel, ob er sich seines Rufes zum Dienst sicher sei. Er sagte: Ja. Dann fragte sie meine Frau, ob sie genau wüßte, daß sie berufen sei. Auch sie bejahte. Zuletzt fragte sie mich, ob ich gewiß sei, daß der Herr mich berufen habe. Ich fing an, irgend etwas zu stammeln und zu stottern und nach Worten zu suchen. Mit ruhiger, leiser Stimme, doch in der großen Autorität des Heiligen Geistes versicherte Frau Robinson mir, daß ich zu dem Dienst berufen sei. Sie sagte mir, der Vater im Himmel habe mich in diesen Dienst gestellt. Ich kann nicht mit Worten sagen, wie sehr mich dies ermutigt hat. Seitdem habe ich nie wieder an meiner Berufung zum Dienst gezweifelt.

Frau Robinson fragte mich auch, ob ich wissen möchte, welche beiden Dinge mich in meinem Dienst hinderten. Genau das war es ja, was ich wissen wollte, und ich sagte: Ja. Sie antwortete, die zwei großen Hindernisse in meinem Dienst seien meine Ängstlichkeit und mein Unglaube. Ich erkannte sofort, daß dies genau zutraf. Nachdem wir zusammen gebetet hatten, verabschiedeten wir uns und kehrten sogleich wieder zu unserem Wirkungskreis zurück. Nun hatte ich die Gewißheit, daß ich wirklich berufen sei. Der Herr half mir, meine Ängstlichkeit und meinen Unglauben zu überwinden. Ich war nun von der Echtheit des geistlichen Dienstes von Frau Robinson völlig überzeugt.

Von da an bis zu ihrem Heimgang im Juni 1936 besuchte ich sie viele Male, und jedesmal wurde mir die Gemeinschaft mit ihr zum großen Gewinn. Auch durch die vielen Briefe, die sie mir schrieb, empfing ich großen Segen; sie waren immer sehr ermutigend und voll Weisheit."

Anna Kalis stand ihrem Mann im Gemeindedienst viele Jahre treu zur Seite. Auch sie berichtete uns einiges darüber, wie sie Martha Robinson kennen und schätzen lernte:

„Als ich noch ein Teenager war, hörte ich, wie die Prediger in der Gemeinde in Kenosha, Wisconsin, mit großer Hochachtung von einer Frau Robinson sprachen und außergewöhnliche Dinge über sie berichteten. Ich sagte mir: ‚Sie vergöttern diese Frau.' Aber eines Tages besuchte ich sie persönlich, und da hörte ich mit eigenen Ohren die holdseligen Worte, die aus ihrem Munde kamen! Ich war so überwältigt, daß ich nachher wie die Königin von Saba ausrufen mußte: ‚Nicht die Hälfte hat man mir gesagt!'

Auch die Tatsache, daß sie sich so sehr für mich interessierte, hat mich tief beeindruckt. Ich war doch nur ein junges Mädchen, das dem Herrn dienen wollte, ein Mädchen, das sie nie zuvor gesehen hatte. Aber ich merkte, daß sie eine große Liebe zu ihren Mitmenschen hatte.

In ihrer sanften, ruhigen Art lehrte sie ‚wie jemand, der Vollmacht hat und nicht wie die Schriftgelehrten'. Ihr Thema war immer Jesus. Folgende Zitate zeigen, wie ihre Belehrungen immer auf die Verherrlichung Jesu zielten:

‚Tue ich alles, was in meinen Kräften steht, ist es mein ganzes und einziges Bestreben, meinen Jesus besser kennenzulernen?'

‚Wie würdest du im täglichen Leben wandeln, um einmal erleben zu dürfen, daß Er über dich sagen kann, du seist Ihm wirklich gehorsam und untertan gewesen?'

Ihr Rat und das Licht, das sie mir vermittelte, ihre Belehrung und Weisheit übertrafen alle meine Erwartungen. Sie sagte mir die Wahrheit, und diese Wahrheit stand oft im Gegensatz zu den Gedanken und dem Wesen meines fleischlich gesinnten Herzens. Sie sprach mit mir über meinen Stolz und lehrte mich, wie nötig ich es hatte, um Demut zu beten. Es zeigte sich immer, daß sie recht hatte. Schon bei unserer ersten Begegnung wies sie mich auf Jesus hin. Sie machte mir klar, daß Jesus die Antwort auf jedes Problem ist und daß Er alles gibt, was wir nötig haben.

Ich danke Gott für das Vorrecht, solch eine Lehrerin gehabt zu haben. Sie hat einen unauslöschlichen Eindruck in meinem Herzen hinterlassen. Sie war eine Dienerin am Wort, die wie Jesus wandelte und in deren Leben und Dienst das eigene Ich dem Wirken des Herrn nicht im Wege stand, sondern völlig besiegt war. Wie hat sie mein Leben bereichert! Frau Robinson war wirklich die größte geistliche Persönlichkeit, die mir je begegnet ist. Wie töricht waren doch meine ersten Gedanken, die ich über sie gehegt hatte – das habe ich bald einsehen müssen!"

Frank Posta

Pastor Frank Posta, der bis zum Beginn seines Ruhestandes im April 1982 gemeinsam mit seiner Frau Emma die „Church of the Good Shepherd", Ozone Park/New Nork, leitete, lernte Martha Robinson persönlich kennen und berichtet darüber:

„Kurz nachdem ich in den Dienst des Herrn trat, hatte ich die Gelegenheit, einige Versammlungen mitzuerleben, in der auch Frau Robinson zugegen war. Mein Schwager Rudolph Kalis und ich machten Urlaub im mittleren Westen. Auf seinen Vorschlag hin waren wir nach Zion gefahren, um dort einige Gottesdienste zu besuchen.

Als ich den Versammlungsraum betrat, empfand ich die majestätische Gegenwart Gottes. Ich war beeindruckt von der Tatsache, daß Frau Robinson so schlicht und natürlich war und wirklich ‚mit beiden Beinen auf der Erde' stand. Ich hatte ja gehört, daß sie sehr geistlich wäre, und so wußte ich nicht recht, was für einen Menschen ich antreffen würde. Während der Versammlung fragte sie meinen Schwager und mich, ob wir nicht eine kurze Botschaft bringen möchten. Darüber war ich sehr erstaunt, hatte ich doch nicht im entferntesten die Erkenntnis und geistliche Erfahrung, die sie hatte. Aber sie bestand darauf, daß in den kommenden Tagen hauptsächlich Rudolph Kalis und ich kurz sprechen sollten. Wir taten dies dann eine ganze Woche lang. Sie lauschte, als würden wir die fundamentalsten und gewaltigsten Wahrheiten vortragen. Ihre Demut war offenkundig und ganz außergewöhnlich. Meistens betete sie am Schluß für uns. Ihre äußere Erscheinung war sehr schlicht, aber sie strahlte eine innere Schönheit aus, weil sie in einem nahen Verhältnis zu Gott stand. Bei einer anderen Gelegenheit wagte ich es, einmal allein zu ihr zu gehen, gewöhnlich besuchte ich sie zusammen mit meinem Schwager, der sie gut kannte, aber diesmal ging ich allein. Ich hatte vor, am folgenden Tag wieder zurück zur Ostküste zu reisen, und wollte sie gerne vorher noch einmal sprechen. Ich suchte sie in ihrer Wohnung auf, sprach mit ihr über persönliche Angelegenheiten und erzählte ihr einiges über meine Arbeit im Dienst für den Herrn. Wie freundlich war sie zu mir! Dann legte sie ihre Hände auf mich und betete, daß der Wille Gottes in meinem Leben geschehen möge. Auch bat sie den Herrn, Er möge mich auf meinem Heimweg bewahren. Dabei erhob sie nicht ihre Stimme, um ein gewaltiges Gebet zu sprechen, nein, sie sprach mit Gott in einem ganz natürlichen Tonfall, aber ihr Gebet war kraftvoll. Wirklich, wenn ich daran denke, dann kann ich immer noch jene Hände auf meinem Haupt fühlen! Ich danke Gott für das Vorrecht, daß ich sie kennenlernen durfte."

Edwin H. Waldvogel

Als Nachfolger des heimgegangenen Hans R. Waldvogel ist Edwin Waldvogel Pastor der „Ridgewood Pentecostal Church" in Brooklyn, New York. Er hatte als junger Mann eine Begegnung mit Martha Robinson und schreibt darüber:

„Nach einer Sonntagvormittag-Versammlung im Glaubensheim in Zion wurde meinem Bruder Walter und mir gesagt, Frau Robinson würde uns gerne am Nachmittag sehen. Die Ungezwungenheit und Natürlichkeit dieses Beisammenseins hat mich damals sehr beeindruckt und diese Begegnung hatte einen bleibenden Einfluß auf mein Leben.

Es wurde uns gesagt, wir sollten ihr ein Lied vorsingen. Ich war ziemlich schüchtern, und so wandte ich ein, wir könnten wegen unserer tiefen Stimmen nicht gut zusammen singen. Darauf wurde mir geantwortet, Frau Robinson hätte keinen kritischen Geist, und es würde uns sicherlich keine Schwierigkeiten bereiten.

Als wir in ihr Zimmer traten, sahen wir, daß noch zwei Schwestern bei ihr waren. Wir hatten dann eine kleine Versammlung, die mit unserem Singen begann. Wir fühlten uns ganz frei, obwohl wir bei dem einen Lied steckenblieben und noch einmal von vorne anfangen mußten; aber deswegen gab es absolut keine Spannung. Wir brachten beide ein kurzes Wort, dann sagte eine der beiden Schwestern: ‚Der Herr möchte, daß Frau Robinson euch einiges über die Bibel sagt.' Ich spitzte die Ohren und erwartete, daß sie vielleicht eine prophetische Bibelstelle auslegen oder irgendein Geheimnis enthüllen würde. Ich sehe sie immer noch vor mir, wie sie das Buch so liebevoll in den Händen hielt. Ich kann den genauen Wortlaut ihrer Ausführungen nicht mehr wiedergeben, aber sie legte uns ans Herz, die Bibel zu lieben, das Wort Gottes zu ehren, es zu studieren und es zu predigen. Sie sprach davon, wie notwendig es sei, daß wir zunächst selbst mit dem Wort Gottes bekannt würden. Dann wurde für uns beide gebetet. Die Bitten, die sie vor den Gnadenthron brachte, als sie für mich betete, sind mir bis heute im Gedächtnis geblieben, und ich glaube, Gott hat sie erhört.

Es war schon dunkel, als wir uns wieder auf den Heimweg machten. Ich hatte Tränen in den Augen und betete aus tiefstem Herzen: ‚Jesus, ich möchte so werden wie Du bist.' Nun, soweit ich mich erinnern kann, war an jenem Nachmittag nichts von Jesusähnlichkeit gesagt worden; dennoch war in mir dieser Herzensschrei.

In diesen Tagen hören wir so viele Stimmen: ‚Siehe hier und siehe dort', und die Leute laufen, um ungewöhnliche Dinge zu sehen; aber mein Herz bleibt bei alldem seltsam unbewegt. *‚Das Reich Gottes kommt nicht mit äußerlichen Gebärden'*, sondern *‚es ist inwendig in euch'. Nichts kann den Menschen wirklich befriedigen, als nur die tiefe, heilige, innerliche Offenbarung Jesu."*

Vollständige Biographien sind in Wirklichkeit nie geschrieben worden, können auch niemals geschrieben werden, denn Duft und Aroma lassen sich nicht in einem Bild oder Gedicht festhalten. Es gibt subtile charakterliche Dimensionen, die sich der Sprache und Feder völlig entziehen. Und mehr als das, die allerbesten Aspekte dieser Charaktere bleiben unerkannt. Nur Gott kennt sie. Da sie aber zu Seinen göttlichen Geheimnissen zählen, können sie auch nicht geoffenbart werden. Wie Elia suchen die vorzüglichsten Menschen zuerst Geborgenheit in Gott, bevor sie sich den Mitmenschen zeigen. Ihr Auftreten vor den Menschen mag dann zwar durch die Geschichte festgehalten werden, ihr verborgener Umgang mit Gott entzieht sich aber der schriftstellerischen Erfassung. Auch wenn man sich, mit den besten Hilfsmitteln gewappnet, der Erforschung solch eines Lebens widmet, bleibt doch immer eine tiefere und ungeschriebene Biographie zurück, die nur die Ewigkeit offenbaren kann.

Unbekannt

Kapitel 1

Der Ruf

„Mattie, ich habe den Eindruck, der Herr möchte, daß du nur für Ihn lebst und arbeitest.“

Diese Worte richtete William Blair, Pastor einer Methodistengemeinde, eines Tages beim Mittagessen an seine Nichte Martha Wing. Jedes dieser Worte drang tief in ihr Herz und traf sie wie ein scharfer Pfeil. Onkel William hatte sonst nichts weiter gesagt. Es brauchte auch gar nichts mehr gesagt zu werden. Der Heilige Geist selbst redete durch diese Worte nun weiterhin zu ihrem Herzen. Mattie fühlte und wußte sofort, daß der Herr zu ihr gesprochen hatte und daß dies Sein Ruf an sie war. Im gleichen Augenblick aber war ihr auch klar: Wenn sie dem Ruf des Herrn gehorchen würde, bedeutete dies, daß die Hoffnungen und Träume, die sie jahrelang gehegt hatte, niemals in Erfüllung gehen würden. Die schlichten Worte ihres Onkels, die er nur so beiläufig gesagt hatte, machten alle ihre ehrgeizigen Pläne zunichte.

Schon mit sieben Jahren hatte Mattie eine außergewöhnliche literarische Begabung gezeigt. Als sie acht Jahre alt war, machte die Familie einmal einen ganztägigen Ausflug. Mattie hatte sich entschlossen, zu Hause zu bleiben. Nachdem ihre Mutter und ihre Schwestern gegangen waren, verschloß sie sorgfältig die Türen des kleinen Hauses und zog sämtliche Rollos herunter, damit sie den ganzen Tag ungestört schreiben konnte. Was sie an jenem Tag und in den darauffolgenden Tagen und Monaten zustande gebracht hatte, versteckte sie sorgfältig; einige ihrer „Werke“ verbarg sie sogar unter den Dielen des Fußbodens in ihrem Schlafzimmer. Sie war, was ihre besondere Begabung betraf, sehr zurückhaltend und gab sich hinsichtlich der Qualität ihrer Werke keinerlei Illusionen hin; darum wollte sie auch nicht, daß irgend jemand diese zu Gesicht bekam oder ihre geheimen Ziele entdeckte. Sie ging ihren

Interessen im verborgenen nach; besonders gern schrieb sie Gedichte. Nach und nach reifte in ihr der Wunsch, einmal Schriftstellerin zu werden.

Während der nächsten zehn Jahre verfolgte sie ihr Ziel in aller Stille, aber mit großer Beharrlichkeit. Eines Tages entdeckte ihre Schwester Nettie dann zufällig einige ihrer schriftstellerischen Aufzeichnungen und sandte sie an den Verlag der lokalen Zeitung. Dieser veröffentlichte die Einsendungen, und als Echo darauf folgten einige recht positive Kommentare, die Mattie in ihren ehrgeizigen Bestrebungen bestärkten. Schon im vorangegangenen Jahr hatten ihre literarischen Arbeiten in der höheren Schule Aufsehen erregt; einige davon waren auch veröffentlicht und sehr gut beurteilt worden. So konnte sie zuversichtlich hoffen, einmal eine beachtete Dichterin und Schriftstellerin zu werden.

Nun aber war dieser Ruf an sie ergangen – klar vernehmlich und mit Bestimmtheit. Sie wehrte sich entschieden dagegen und gab sich alle Mühe, ihn zu vergessen, aber durch die Worte ihres Onkels hatte in Wirklichkeit der Geist Gottes zu ihr gesprochen, und es war nicht leicht, Seine Stimme zum Schweigen zu bringen. So sehr sie auch versuchte, diesen Ruf zu ignorieren – jene „leise, zarte Stimme“ flüsterte beständig: *„Der Herr möchte, daß du nur für Ihn lebst und arbeitest.“*

Charles Orin Wing

1846–1876

Vater von
Martha Wing Robinson

Harriet Tuttle Wing

1846–1938

Mutter von
Martha Wing Robinson

Kapitel 2

Die Geburt einer Bahnbrecherin

Martha Wing wurde am 14. November 1874 in Sand Spring, Iowa, geboren. Ihre Vorfahren mütterlicher- und väterlicherseits waren fromme Leute, die bei der großen Auswanderung der Puritaner in den Jahren 1630 bis 1640 von England nach Amerika gekommen waren und somit zu den ersten Siedlern der Vereinigten Staaten gehörten. Die Nachkommen zogen dann von der felsigen Küste von Massachusetts immer weiter westwärts und siedelten sich schließlich in den fruchtbaren Ebenen von Iowa an, wo sich später auch Marthas Eltern, Harriet Maria Tuttle und Charles Orin Wing, niederließen.

Charles Wing und „Hattie" Tuttle hatten einander als Studenten an der Union-Akademie in Belleville, New York, kennengelernt. Charles bemühte sich von da an sehr um sie und reiste ihr überallhin nach, auch dann, als ihre Familie mit ihr mehrere hundert Meilen westwärts gezogen war und obwohl es ihm gesundheitlich gar nicht gut ging. Er war von Geburt an schwach und kränklich gewesen, und zu der Zeit, als er um Hattie Tuttle warb, hatte er einen Tumor in der Lunge und Tuberkulose im Anfangsstadium; trotzdem war er aber zuversichtlich, mutig und voller Energie.

Im Jahre 1869 ließ Charles Wing sich dann in Sand Spring nieder, wo er ein Geschäft eröffnete. Er arbeitete fleißig, und so war er in seinem Geschäft erfolgreich; bald hatte er sich auch das Vertrauen der Bewohner der Stadt und den Ruf erworben, daß er in Handel und Wandel ein ehrlicher und vertrauenswürdiger Mann sei. Schon nach kurzer Zeit bekleidete er zwei wichtige Ämter in Sand Spring: Er wurde öffentlicher Notar und zum Kanzlisten der Stadtgemeinde gewählt.

Am 2. November 1870 heirateten Charles Wing und Hattie

Tuttle, und am 21. November 1871 wurde dem jungen Ehepaar Wing das erste Kind geboren, das den Namen Lunettie Emigene erhielt. Es war Nettie – wie sie genannt wurde –, mit der Martha später besonders eng verbunden war, und zwar zeit ihres Lebens. Auch nachdem beide verheiratet waren, lebten sie viele Jahre zusammen, und Nettie bedeutete für ihre jüngere Schwester eine große Hilfe. Zwei Jahre nachdem Nettie geboren war, kam Ada May zur Welt.

Im Frühjahr 1874 erwartete Frau Wing ihr drittes Kind. Während der Monate bis zur Geburt gab sich der Vater besonders dem Gebet hin; er weihte das werdende Kind dem Herrn und flehte ernstlich, daß Er es in Seinen Dienst berufen möchte. Am 14. November wurde dann die dritte Tochter geboren.

Ihre Mutter nannte sie Martha Abigail. Den Namen Martha gab sie ihr nach ihrer Schwester, deren Ehemann Gott siebzehn Jahre später gebrauchte, um „Mattie" in Seinen Dienst zu berufen, und den zweiten Namen Abigail nach einer Freundin, die ihr nahestand. Mattie war recht zart und winzig klein. Sie sah ihrer kleinen, zierlichen Mutter sehr ähnlich, nur hatte sie dunkelbraune Augen, die manchmal – ebenso wie bei ihrem Vater – auch schwarz zu sein schienen und wie feurige Kohlen leuchteten, wenn sie besonders lebhaft oder erregt war. Martha vereinigte in sich Charakterzüge ihrer Mutter und ihres Vaters, also der Tuttles und der Wings. Dies traf sowohl im natürlichen Bereich als auch in geistlicher Hinsicht zu, denn in ihrem geistlichen Leben zeigte sich später eine bemerkenswerte Ausgewogenheit zwischen dem, was einerseits die Quäker, zu denen ihre Vorfahren väterlicherseits gehörten, und andererseits die Puritaner, zu denen die Vorfahren ihrer Mutter zählten, besonders betonten: Die Quäker hoben speziell das Wirken des Heiligen Geistes hervor, die Puritaner aber betonten die Wichtigkeit der Heiligen Schrift. Sowohl die Bibel als auch der Heilige Geist sollten dann im Leben und Dienst dieser Magd des Herrn eine große Bedeutung bekommen.

Die Vorfahren von Martha Wing Robinson hatten mitgeholfen, „durch die Wildnis" des amerikanischen Kontinents einen Weg zu bahnen. Einige Jahre nach Martha Wings Geburt war der amerikanische Kontinent zum größten Teil besiedelt und die geographischen Grenzen der einzelnen Staaten offiziell festgelegt. Die „Pionierzeit" war vorüber. Doch auf geistlichem Gebiet galt es noch viel Neuland einzunehmen. Auch hier hatten Marthas Vorfahren, Puritaner und Quäker, bereits gute Vorarbeit geleistet, und die Grenzen zum Verheißungsland des Geistes und der Wahrheit standen weit offen. In diese noch *wenig bekannten und weithin unerforschten Gebiete* sollte sich Martha Robinson hineinwagen und *eine bahnbrechende Wegbereiterin* werden.

Kapitel 3

Die Kindheitsjahre

In den Monaten nach Marthas Geburt ging es Vater Wing gesundheitlich immer schlechter, bis er sein Haus gar nicht mehr verlassen konnte. Das hatte zur Folge, daß sein bis dahin blühendes Geschäft schlagartig zurückging; seine Waren mußten schließlich mit großem Verlust, der ihn und seine Familie hart traf, in einer öffentlichen Versteigerung verkauft werden.

Bald kehrte der Tod in das Haus der Familie Wing ein. Als sein Ende nahte, tröstete Vater Wing seine Lieben, die um ihn herumstanden und weinten, mit der Zusicherung, daß er nun bald in den sicheren Hafen des jenseitigen Lebens eingehen werde. Am 8. April 1876, fünf Tage vor seinem dreißigsten Geburtstag, entschlief er still und im Frieden.

Zwei Tage später kamen die Einwohner von Sand Spring in großer Zahl zusammen, um C. O. Wing die letzte Ehre zu erweisen. Die lokale Zeitung berichtete: „Es war das größte Ereignis, das es hier seit Jahren gegeben hat, und diese Feier war vom Anfang bis zum Schluß sehr eindrucksvoll und ergreifend."

Fortan sorgte Frau Wing nun tapfer für den Unterhalt ihrer drei Töchter, von denen die jüngste, Mattie, erst eineinhalb Jahre alt war. Bevor sie heiratete, hatte sie an der Union-Akademie in Belleville, N. Y., eine ausgezeichnete musikalische Ausbildung erhalten.

So kam es, daß die dort für den Musikunterricht verantwortliche Direktorin sie als „eine tüchtige Lehrerin, die allen Anforderungen dieses Faches durchaus gewachsen" sei, empfahl. Frau Wing erteilte daraufhin Unterricht in Instrumental- und Vokalmusik, und zwar „zehn Stunden für einen Dollar". Unter solchen Umständen mußte sich die Familie natürlich sehr einschränken.

Mutter Wing sah bei ihren Töchtern auf eine gute Erziehung

und Charakterbildung. Sie war noch nicht bekehrt, aber doch sehr religiös und richtete sich in ihrem Leben nach bestimmten Grundsätzen, die von hohem moralischen Niveau waren und die sie auch ihren Kindern einprägte. Schule und Sonntagsschule ergänzten die Erziehung, die sie zu Hause genossen. Das Schulhaus von Sand Spring lag nur zwei oder drei Minuten vom Hause Wing entfernt, und Mattie ist oft mit Nettie und Ada mitgelaufen. Sie wurde schon vorzeitig in die Schule aufgenommen, wo alle von tüchtigen Lehrkräften unterrichtet wurden und eine wirklich gute Ausbildung erhielten. Die meisten Lehrer begannen morgens den Unterricht, indem sie aus der Bibel vorlasen und das Vaterunser beteten. Auch die Lehrbücher, die Mattie mit Eifer las, enthielten zahlreiche Auszüge und ausgewählte Texte aus der Bibel, die in den Schülern das rechte Verständnis für moralische und literarische Werte wecken und fördern sollten.

Mattie und ihre Schwestern besuchten regelmäßig die Sonntagsschule der Methodistenkirche; bei einer Weihnachtsfeier der Sonntagsschule war es auch, daß Mattie nach Vollendung ihres sechsten Lebensjahrs zum erstenmal öffentlich auftrat. Sie hatte einen Vers aus einem der herrlichsten Kirchenlieder, dessen Verfasser Isaac Watts war, aufzusagen. Mit ihrer hellen, zarten Stimme trug sie jene majestätischen, vertrauten Worte vor:

Jesus soll herrschen, soweit die Sonne
Auf ihrer Bahn die Strahlen sendet.
Sein Reich breite sich von Strand zu Strand,
Bis des Mondes Wechsel einmal endet.

Wenn man in Betracht zieht, daß Matties zukünftige Lebensaufgabe darin bestehen würde, sich für die Ausbreitung des Königreiches Gottes auf Erden einzusetzen, dann konnten für sie keine passenderen Worte als diese gefunden werden, mit denen sie – indem sie diesen Vers aufsagte – ihren ersten kleinen Dienst für den Herrn tun sollte.

Die drei Schwestern hatten einen gemeinsamen Schlafraum im Obergeschoß des kleinen Hauses. Mutter Wing sah jeden Abend zu ihnen hinein, während sie zu Bett gingen. Nachdem sie ihnen eine gute Nacht gewünscht hatte, ging sie wieder die Treppe hinunter, und jedesmal, wenn sie halb unten war, hielt sie kurz inne und rief leise zurück: „Vergeßt nicht, eure Gebete zu sprechen!"

Mattie gehorchte, kniete zusammen mit ihren Schwestern nieder und sprach gedankenlos ein Gebet, das sie von ihnen gelernt hatte und das – mit Abwandlungen – schon Tausende von Kindern gebetet haben:

„Nun leg' ich mich zur Ruhe hin,
Ich bitt' Dich, Herr, bewahre mich.
Und rufst Du mich die Nacht von hier,
Nimm meine Seele dann zu Dir.

O Jesus, Heiland, Gottes Sohn,
Mit Deinem Blute wasch mich rein.
Laß mich Dein kleines Schäflein sein,
Und hilf mir jetzt, auf Dich zu sehn!
In Jesu Namen, amen."

Mattie leierte diese Worte Abend für Abend so schnell und gedankenlos herunter, daß sie dabei immer an eine eilig vorüberratternde Lokomotive denken mußte!

Aber eines Abends kam ihr auf einmal zum Bewußtsein, welch wunderbare Worte es doch waren, die sie so dahersagte. Sie wiederholte diese langsam und nachdenklich:

„O Jesus – Heiland – Gottes Sohn,
Mit – Deinem Blute – wasch – mich rein.
Laß – mich – Dein – kleines – Schäflein – sein,
Und – hilf – mir – jetzt, – auf Dich – zu sehn!"

Zum erstenmal sagte sie diese Worte wirklich mit betendem Herzen, indem sie jedes Wort und jeden Satzteil auf sich selbst bezog. Nun durfte sie erfahren, was ein persönliches Verhältnis, was Gemeinschaft mit Gott bedeutet. Von dem Abend an sprach sie in ihren Gebeten zu Gott wie zu einem Freunde.

Bald fügte sie zu den Gebeten, die sie gelernt hatte, noch eine persönliche Bitte hinzu: „Bitte, Gott, hilf mir, gut, freundlich, hilfreich, sorgfältig, glücklich und lustig zu sein." Einige Zeit später ließ sie aber das Wort „lustig" weg, da sie irgendwie das Gefühl hatte, daß es sich nicht schicke, Gott zu bitten, Er möge ihr helfen, lustig zu sein.

Bald fügte sie ihren Abendgebeten und ihrer speziellen Bitte noch eine weitere hinzu, diesmal aus einer bestimmten Furcht und Not heraus. Schon mit sieben Jahren las Mattie so viel, daß ihr Augenlicht sehr angegriffen war. Die Mutter rief einen Arzt, der die Augen des kleinen Mädchens untersuchte. Er sagte dann: „Wir können da nichts für sie tun, sehr wahrscheinlich wird sie völlig erblinden." Diese Diagnose sprach der Arzt nur der Mutter gegenüber aus – in Abwesenheit der Kleinen –, aber Mattie hatte gelauscht und alles mitgehört. Sie erschrak sehr, als sie diese Worte des Arztes hörte, und so betete sie herzinniglich: „Und, Herr, bitte, laß nicht zu, daß ich ganz blind werde."

Ungefähr um diese Zeit hörte sie eine Geschichte, wie ein Mann lebendig begraben wurde. „Diese Art von Geschichten sollte man niemals in Gegenwart von Kindern erzählen", sagte sie später einmal, als sie hierüber berichtete. Mattie bekam einen Schrecken und befürchtete nun, es könnte ihr ein ähnliches Schicksal widerfahren. Daher flehte sie: „Und, bitte, Herr, laß mich nicht lebendig begraben werden."

Diese Bitten brachte sie treu jeden Abend vor Gott, bis sie ungefähr zwölf Jahre alt war. Hieran sehen wir, mit welcher Beharrlichkeit sie beten konnte, und gerade diesen Wesenszug finden wir bei ihr später ganz besonders ausgeprägt.

In diesen Jahren machte Mattie in der Schule gute Fortschritte, so daß sie schon mit elf Jahren die achte Schulklasse durchlaufen und bereits die Reife für eine höhere Schule erlangt hatte. Da es in der Stadt aber keine höhere Schule gab und Mutter Wing es sich nicht leisten konnte, sie auf eine weiterführende Schule in eine der benachbarten Städte zu schicken, ging Mattie weiterhin zur Grundschule in Sand Spring. Dort suchte sie ihr Wissen zu erweitern; sie bemühte sich, soviel wie möglich von den Lehrern und aus vielen Büchern, die sie eifrig studierte, zu lernen und zu erfahren.

Sie mußte einfach lesen; es war in ihrem Fall schon fast eine Leidenschaft. Als sie alle Bücher gelesen hatte, die sie nur auftreiben konnte, fing sie an, die Bibel durchzulesen, nicht nur einmal, sondern mehrmals, eigentlich nur deshalb, weil sie irgend etwas lesen mußte. Sie war sich dessen wohl nicht bewußt, aber auf diese Weise wurde der gute Same in ihren Herzensboden gesät, und zweifellos wurde sie dadurch für ihre nächste Erfahrung vorbereitet.

Als Mattie zwölf Jahre alt war, hielten die damals weithin bekannten Gebrüder Foote in der Methodistenkirche Erweckungsversammlungen. Sie taten einen gesegneten Dienst als Evangelisten und wirkten hauptsächlich im östlichen Teil von Iowa. J. W. Foote war der Hauptredner, und sein Bruder J. G. Foote wirkte in den Versammlungen als Gesangleiter. Beide sind durch eines ihrer Lieder, „Wenn ich seh' das Blut“, bekannt geworden.

„In Sand Spring entstand während der Woche vom 31. Juli bis 7. August 1887, als die Gebrüder Foote hier evangelisierten, eine ziemlich große Bewegung“, berichtete jemand, der diese Gottesdienste miterlebt hatte. Die lokale Zeitung nannte diese Bewegung einen „religiösen Aufbruch“, den Sand Spring erlebt hatte. Die Kirche konnte mit ihren nur zweihundert Sitzplätzen die Menschenmenge kaum fassen und war immer überfüllt. Darum wurden die Versammlungen um noch eine Woche verlängert, und zum Abschluß wurden achtundzwanzig neue Mitglieder in die Methodistengemeinde aufgenommen.

Martha Wing gehörte zu denen, die sich bekehrt hatten und war eine von den meist jungen Leuten, die zu dieser Zeit den Entschluß gefaßt hatten, Jesus zu folgen. Sie tat diesen Schritt ganz bewußt und willigte ein, sich der Ordnung der Methodistenkirche zu unterstellen. Dabei gab sie das Versprechen, ihr Heilsverlangen dadurch zu bezeugen, „daß sie fortan jegliches Übel, besonders die Teilnahme an unterhaltsamen Anlässen, die sich mit dem Namen des Herrn nicht vereinbaren ließen, meiden würde". Das bedeutete, daß sie nicht tanzen, Karten spielen, ins Theater gehen, noch an irgendwelchen anderen weltlichen Vergnügungen teilnehmen durfte.

Für Mattie war jedes Versprechen, besonders aber ein Gelübde, das man Gott gegeben hat, eine ernste Angelegenheit und absolut bindend. Sie hatte sich für Zeit und Ewigkeit entschieden, was auch immer kommen mochte.

Bald darauf nahm Mattie an einer Party von jungen Leuten teil. Bei diesem Anlaß schlug jemand vor, man sollte doch auch tanzen. Alle stimmten zu – außer Mattie. Ohne zu zögern lehnte sie ab. Ihre Freunde baten, sie möge doch mitmachen, denn sie war bei allen in der Gruppe sehr beliebt. Aber Mattie blieb bei ihrem Entschluß. Da forschten sie nach dem Grund ihres Verhaltens.

„Als ich Mitglied der Gemeinde wurde, habe ich das Versprechen gegeben, nicht zu tanzen", war ihre einfache, aber bestimmte Antwort.

Nun wandelten sich die Bitten in Neckereien und Spöttelei; aber Mattie blieb standhaft. Nach einer Weile stellte sich ihr Cousin, der zu den älteren Jungen in dieser Gruppe gehörte, auf ihre Seite; ihr Mut hatte ihn so beeindruckt, daß er nun für sie eintrat. Er sagte: „Wenn Mattie nicht tanzen will, braucht sie es auch nicht, und dann werde auch ich nicht tanzen." Damit war die Sache erledigt. So hat Gott die Standhaftigkeit Seines Kindes geehrt.

Als Mattie dreizehn Jahre alt war, wurde ihr das Lied *„Mein Jesus, ich lieb' Dich"* zum erstenmal besonders zum Segen. Es brachte genau das zum Ausdruck, was sie damals als neubekehrte Christin empfand, und es wurde ihr im Laufe der Jahre immer kostbarer. Gegen Ende ihres Lebens bezeugte sie, daß man die Schönheit, die in dieser Hymne liegt, erst entdecken wird, „wenn man wirklich darin lebt".

Mattie meinte es wirklich aufrichtig, wenn sie damals schon kleine Dienste für den Herrn tat. Sie fand darin eine gewisse Befriedigung. Aber Jahre später schrieb sie an eine Freundin: „Schon seit meiner Bekehrung fühlte ich, daß es etwas Höheres und Besseres geben mußte als das, was ich selbst erfahren und bei anderen um mich herum gesehen habe, die sich Christen nannten.“

Das Wing-Haus, Sand Spring, Iowa

Geburtshaus von Martha Wing Robinson

Rev. William Blair mit Frau und Tochter

Es war Onkel William, der zu seiner Nichte sagte: »Mattie, ich habe den Eindruck, der Herr möchte, daß du nur für Ihn lebst und arbeitest.«

Kapitel 4

Ein harter Kampf

Einen Tag, nachdem Mattie sechzehn Jahre alt geworden war, verließ sie Sand Spring und reiste zu ihrer Tante Martha und ihrem Onkel, dem Methodistenprediger William Blair in Smith Falls, Ontario/Kanada. Dort hatte sie nun die Möglichkeit, die höhere Schule zu besuchen.

Schon bald, nachdem sie in die Schule aufgenommen worden war, begegnete einer der Lehrer Onkel William, und im Verlauf der Unterhaltung bemerkte der Lehrer: „Wir haben an unserer Schule jetzt eine sehr interessante und brillante Schülerin, ein junges Mädchen aus den Vereinigten Staaten. Sie ist ihrer Klasse in allem voraus."

„Wie heißt sie?"

„Martha Wing."

„Das ist meine Nichte", antwortete Onkel William, nicht ohne gewissen Stolz.

Im folgenden Jahr, 1891, wurde Onkel William an die Methodistengemeinde in Kemptville versetzt. Auch in dieser Stadt gab es eine höhere Schule, und so konnte Mattie hier ihre Ausbildung fortsetzen.

Die Art, wie sie während ihres Schulbesuches in Kemptville ihre Arbeitshefte im Botanikunterricht führte, zeigt ihre sorgfältige und systematische Arbeitsweise, die sie beim Studium entwickelte. Das Heft enthält einige Pflanzenexemplare, die sie – wie aus den Beschriftungen hervorgeht – „im Frühling in den Wäldern", „im Dickicht von Jungbäumen", „auf saftigen Wiesen" oder „am oberen Flußlauf oberhalb von Kemptville" gefunden hatte; eine Pflanze entdeckte sie „am 19. Mai ungefähr um 5 Uhr morgens". Diese Pflanzen wurden sorgfältig und genau nach ihren lateinischen Namen klassifiziert. Die Entwicklung solcher Studienmethoden gehörte zu Marthas geistigem Wachstumsprozeß und bildete darin einen wesentlichen Bestandteil. Sie hat diese Methoden später auch bei ihrem Bibelstudium angewandt. Matties Leistungen an dieser Schule waren ganz hervorragend. Was sie aber auf literarischem Gebiet hervorbrachte, hat besonderes Aufsehen erregt. Einiges davon wurde in der lokalen Zeitung veröffentlicht und sehr gut beurteilt. Alles in allem sahen sich ihre Tante und ihr Onkel für alle Freundlichkeit, die sie ihrer Nichte erwiesen, reichlich belohnt.

William Blair war damals fünfzig Jahre alt, und er brachte für den Gemeindedienst in Kemptville eine reiche Erfahrung mit, die er während seines fünfundzwanzigjährigen erfolgreichen Dienstes, besonders aber auch bei seinen Pioniereinsätzen, gesammelt hatte. Er besaß einen gewissen Weitblick, und seine Interessen gingen über die Grenzen seiner Denomination hinaus. Es war ihm ein großes Anliegen, daß alle Gläubigen zu einer wirklichen Einheit im Geist gelangen möchten. Ebenso lag es ihm am Herzen, daß jeder einzelne wirklich errettet würde und daß jeder Christ „sich völlig hingibt, täglich persönliche Gemeinschaft mit Gott pflegt und treu an den Andachten und Gottesdiensten der lokalen Gemeinde teilnimmt".

In seinem „Neujahrgruß", den er am 1. Januar 1892 an seine Gemeinde in Kemptville richtete, ermahnte er die Glieder mit diesen Worten:

„Beginnt das neue Jahr mit einer völligen Übergabe an Gott. Haltet an dem Grundsatz fest: ‚Ich bin Dein, Dir will ich dienen.' Eine gute Möglichkeit, Gott zu dienen, besteht darin, daß wir einander Liebe erweisen."

In seinen weiteren Ausführungen zeigte Pastor Blair dann im einzelnen, worin diese Übergabe an Gott bestehen sollte, und legte jedem Gemeindeglied dringend nahe, „treu und hingebungsvoll in der Sonntagsschule und in den einzelnen Gruppen mitzuarbeiten, zum Gelingen aller Aktivitäten innerhalb der Gemeinde beizutragen, so daß diese sich für den Nächsten hilfreich und zum Segen auswirken".

Auch Mattie nahm als ein treues Mitglied regen Anteil am Gemeindeleben. Sie ging zusammen mit den anderen jungen Leuten zum Jugendkreis und wirkte eifrig darin mit. An einem Abend war sie an der Reihe, die Einleitung zu halten. Onkel William stand vor der Tür des Raumes, in dem die Jugendstunde stattfand – wovon sie allerdings nichts wußte –, und hörte ihre Ausführungen mit an. Er war sowohl von deren Inhalt als auch von der Art, wie sie diese vortrug, sehr beeindruckt.

Vielleicht war es dann am darauffolgenden Tag, als Onkel William jene folgenschwere Bemerkung machte: *„Mattie, ich habe den Eindruck, der Herr möchte, daß du nur für Ihn lebst und arbeitest."* Augenblicklich kam ihr dabei die erschreckende Tatsache zum Bewußtsein, daß dann ihr brennendes Verlangen und ihre zuversichtliche Erwartung, einmal eine berühmte Schriftstellerin zu werden, sich niemals verwirklichen könnte. Die Welt, in der sie lebte, schien über ihr zusammenzubrechen, wenigstens befürchtete sie dies. Es war einfach undenkbar! Sie konnte sich nicht vorstellen, daß sie irgendeinen anderen Weg einschlagen würde als den, den sie seit langem fest ins Auge gefaßt hatte. Und sie wollte es auch gar nicht. Sie gab sich alle erdenkliche Mühe, sich den Gedanken, den ihr Onkel geäußert hatte, aus dem Sinn zu schlagen.

Das Jahr 1892 wurde für Martha Wing bedeutungsvoll und entscheidend. Der Herr hatte schon durch den „Neujahrsgruß" ihres Onkels die Richtung für dieses Jahr gewiesen, als er die ganze Gemeinde aufforderte, sich völlig Gott auszuliefern. Etwas später richtete Gott diesen Ruf durch Onkel William auch an Martha persönlich. So kam es, daß sich das siebzehnjährige Mädchen nun vor eine wichtige Entscheidung gestellt sah. Doch sie verhielt sich von Anfang an dem Rufe Gottes gegenüber ablehnend, obwohl sie das aufrichtige Verlangen hatte, Gott wohlzugefallen. Dies zeigte sich zum Beispiel deutlich, als für sie im Juli jenes Jahres die Zeit gekommen war, wieder heimzukehren.

Bis zum 4. Juli fuhren damals an den Wochenenden Sonderzüge zu stark ermäßigten Fahrpreisen in die Vereinigten Staaten. So stand Mattie vor der Frage, ob sie diese günstige Gelegenheit nutzen sollte; allerdings hätte sie dann an einem Sonntag reisen müssen. Onkel William überließ ihr die Entscheidung.

Mattie fühlte, daß sie den Tag des Herrn nicht heiligen würde, wenn sie sonntags eine Reise unternähme, die ja nicht unbedingt an diesem Tag stattfinden müßte. So entschloß sie sich, den regulären Zug an einem Werktag zu nehmen, obwohl die Fahrkarte viel mehr kostete. Aber sie hatte dabei das befriedigende Gefühl, daß dies vor Gott wohlgefällig sei.

Einen solchen Entschluß zu fassen, war allerdings viel leichter, als sich völlig Gott auszuliefern. Und gerade vor diese für Gott und für ihre Zukunft so wichtige Entscheidung sah Martha Wing sich gestellt.

„Vom siebzehnten bis zum zweiundzwanzigsten Lebensjahr beschäftigte mich immer wieder die Frage der völligen Hingabe an Gott", so berichtete Martha Wing. „Je älter ich wurde, desto klarer wurde es mir, daß ich diesen wichtigen Schritt endlich wagen sollte. Ich hatte deswegen oft schwere innere Kämpfe, aber Satan trug jedesmal den Sieg davon. Solchen quälenden inneren Auseinandersetzungen folgten immer lange Zeitabschnitte der Kälte und Gleichgültigkeit, und meine Frömmigkeit bestand eigentlich nur noch in einer äußerlichen Form von Religion, doch war ich auch in dieser Zeit immer auf der Suche nach einer tieferen geistlichen Erfahrung."

Bei diesen inneren Kämpfen ging es um die Frage, ob Martha ihren eigenen Plänen oder dem Plan, den der Meister für ihr Leben hatte, folgen sollte, ob sie die schriftstellerische Laufbahn einschlagen und in diesem Beruf Karriere machen oder nur noch für Ihn leben und arbeiten wollte. Im Grunde suchte sie nach einer „tieferen geistlichen Erfahrung", aber wenn ihr bewußt wurde, welch einen Preis sie dafür zu zahlen hätte, dann schien ihr dieser doch zu hoch zu sein, und sie schreckte zurück. Was sie auch immer vornahm, dieser Kampf tobte beständig im Hintergrund, und oft beschäftigte sie sich in ihren Gedanken nur mit diesem einen großen Problem, so daß sie an gar nichts anderes mehr denken konnte.

Martha blieb den ganzen Sommer des Jahres 1892 in Sand

Spring. Die Verhältnisse zu Hause hatten sich sehr geändert. Beide Schwestern waren inzwischen verheiratet und hatten ihr eigenes Heim. Das traute Beisammensein zu Hause gehörte somit der Vergangenheit an.

Im September reiste sie nach Cedar Rapids, wo sie sich in den folgenden fünf Monaten aufhielt, um ihre Ausbildung fortzusetzen. Anschließend blieb sie einen Monat bei ihrer Schwester Nettie und deren Mann Leslie W. Graham in Davenport; dann kehrte sie nach Sand Spring zurück, wo sie während des Sommersemesters 1893 als Lehrerin in der nahe gelegenen Distriktschule tätig war. Als sie während des Wintersemesters 1895 dann an einer Distriktschule unterrichtete, die etwas weiter von Sand Spring entfernt war, wurde sie so krank, daß sie ihre Lehrtätigkeit aufgeben mußte.

Während der nächsten Jahre tat sie alles, um ihre verlorengegangene Gesundheit wiederzuerlangen – doch vergeblich. Weder Zeiten der Erholung und Ruhe noch Klimawechsel oder medizinische Hilfe brachten eine Änderung ihres gesundheitlichen Zustandes. Ihre Angehörigen taten alles, was in ihren Kräften stand, um ihr zu helfen. Sie war eine Zeitlang bei Ada, dann bei ihrer Mutter, dann wieder ging sie zu ihrer Schwester Nettie. Schließlich reiste Martha nach Kanada, wo sie während des Sommers 1895 drei Monate bei verschiedenen Gliedern der Familie ihres Onkels Stephan Tuttle verbrachte. Nach ihrer Rückkehr hielt sie sich wieder bei ihren Lieben in Sand Spring auf. In ihrer Verzweiflung suchte sie Hilfe bei allopathischen und homöopathischen Ärzten. Alles war umsonst, nichts wollte die ersehnte Besserung bringen, im Gegenteil, es wurde immer schlimmer mit ihr.

„Der Lohn, den Satan mir damals zahlte“, schrieb Martha Wing später, „bestand unter anderem in Magen-, Leber- und Nierenleiden, Herzbeschwerden, beständig starken Kopfschmerzen, Frauenkrankheiten und teilweiser Lähmung aller unteren Organe. Alle diese Leiden zusammen führten zu einer Nervenkrankheit, die beständige Schmerzen an meinem ganzen Körper verursachte; es waren ähnliche Schmerzen, wie man sie bei akuter Gelenkentzündung oder Rheumatismus, z. B. in Hand- und Fußgelenken, hat.

Auch bekam ich häufig schreckliche Schmerzen am Ischiasnerv, so daß ich mich oft stundenlang gar nicht bewegen konnte; in den Schultern hatte ich dann ähnliche Schmerzen. Nach einiger Zeit war ich körperlich derart erschöpft, daß jeder intensive Schmerz und jede nervliche Überanstrengung eine plötzlich eintretende Lähmung der Nerven verursachte. Bei einem solchen Anfall wurde dann innerhalb weniger Minuten mein ganzer Körper kalt und steif, so daß ich nicht einmal mehr einen Finger krümmen konnte. Doch blieb ich immer bei vollem Bewußtsein und gab, solange ich noch sprechen konnte, denen, die gerade bei mir waren, Anweisungen, was sie mit mir tun sollten, denn meine Gesichtsmuskeln wurden immer zuletzt in ihrer Funktion beeinträchtigt.

Ich konnte wirklich dankbar sein, daß ich trotz meines schlimmen nervlichen Zustandes nicht nervenkrank im üblichen Sinne des Wortes wurde. Meine Krankheit äußerte sich nur in körperlichen Schmerzen und Erschöpfungszuständen, doch verlor ich niemals die Kontrolle über meine Nerven."

Im Alter von 22 Jahren stand Martha Wing bereits der Tatsache gegenüber, daß sie nun zeit ihres Lebens ein hilfloser Invalide sein würde, wenn sie auch nicht immer würde zu Bett liegen müssen.

Ihre Krankheitsnot bereitete ihr wohl viele Anfechtungen, aber es war noch etwas anderes, etwas viel Schwerwiegenderes, was ihr innerlich sehr zu schaffen machte, nämlich jene Worte ihres Onkels *„Mattie, ich habe den Eindruck, der Herr möchte, daß du nur für Ihn lebst und arbeitest"* und die Konsequenzen, die sich für sie daraus ergeben würden.

In den Monaten und Jahren, seit Martha zum erstenmal diesen Ruf Gottes zur völligen Hingabe vernahm, hatte sie eisern an ihrem Plan, Schriftstellerin zu werden, festgehalten. Durch ihre Krankheit wurde sie in ihrer literarischen Tätigkeit nicht allzusehr behindert, nur daß sie ihre Arbeit manchmal für kurze Zeit unterbrechen mußte. Darin fand sie eigentlich noch die einzige Möglichkeit, sich zu betätigen, hier konnte sie den Gefühlen ihres Herzens Luft machen. Wenn sie auch sonst kaum etwas unternehmen konnte – lesen und schreiben konnte sie fast immer. Sie nutzte jede Gelegenheit, um zu schreiben und ihr großes Ziel zu erreichen, in der Hoffnung, daß sie eines Tages berühmt sein würde. Sie war sich wohl im klaren darüber, daß es noch längst nicht so weit war, aber sie übte sich beständig, feilte und polierte an ihren „Werken" und arbeitete unermüdlich auf ihr großes Ziel hin.

Betrachten wir kurz einige Gedichte, die sie zu dieser Zeit geschrieben hat und die dank Netties Interesse und Aufmerksamkeit erhalten geblieben sind. Es fällt auf, daß diese in der Hauptsache von zwei Themen bestimmt sind, die Natur und Kinder. „Herbst", „Der Wind als Vorbote", „Das Rotkehlchen", „O weites Meer" und „Goldregen" gehören zu der ersteren, „Schaukellied" und einige weitere Wiegenlieder zur letzteren Kategorie. Studiert man die Gedichte eingehender, so wird deutlich, daß die Autorin eine besondere Vorliebe für Vögel und Blumen hatte. Was in bezug auf die Gedichte besonders auffällt, ist die Tatsache, daß es ihr gegeben war, immer die richtigen und treffenden Worte und das richtige Versmaß zu finden. Hierin zeigte sich ihr ausgeprägtes Talent. In ihrem Gedicht „Das Rotkehlchen" kann man dieses Vögelchen fast zwitschern hören, und wenn sie über das Meer schreibt, hört und sieht man förmlich, wie die Wogen sich erheben und schäumend niederfallen.

So gingen die Wochen dahin; soweit es unter diesen beengenden Umständen und in ihren vielen Leiden und Schmerzen möglich war, erleichterte sie ihr bitteres Los, indem sie sich eben diesen Dingen hingab, die ihr Freude bereiteten, wobei die Erfüllung ihrer Träume allerdings in immer weitere Ferne rückte. Sie war nach innen und außen sehr angefochten und hatte mit allerlei Befürchtungen zu kämpfen. Von Zeit zu Zeit suchte sie wieder den Herrn; sie betete nicht um Heilung, denn sie kannte Ihn noch nicht als den großen Arzt des Leibes, vielmehr streckte sie sich nach geistlichen Segnungen aus. Aber dann stand sie wiederum vor der Notwendigkeit einer „völligen Hingabe", und davor schreckte Martha aufs neue zurück; so ließ sie von ihrem Bitten wieder ab – geschlagen und entmutigt.

Nachdem sie nun fünf Jahre hindurch so gekämpft hatte, schien der Sieg endlich gewonnen zu sein. Martha wohnte zu der Zeit gerade bei Nettie in Davenport, als sie im Herbst 1896, mit zweiundzwanzig Jahren, „das Zeugnis des Geistes empfing“. Nun hatte sie Frieden und Freude im Herzen, und auch die innere Kraft, mit der sie alle Leiden ihres Leibes besser ertragen konnte. Inmitten von Schmerzen und Krankheit konnte sie im Dezember 1896 ein Gedicht schreiben, in dem sie ihr inniges Vertrauen zum Herrn kundtat; es trägt die Überschrift: „Der Herr ist meine Zuflucht“. Zwei Monate später, im Februar 1897, schrieb sie „Ein Gebet“; hierin drückt sie ihr aufrichtiges Verlangen aus. Die ersten beiden Verse lauten übersetzt etwa so:

„Mein Vater, bewahre mich
Tag für Tag.
Lenke die Tritte meiner Füße
Allezeit.
Bewahre mich fleckenlos,
Frei von Sünde,
Treu nach außen
Und rein nach innen.

Gib mir das Verlangen,
Deinen Willen zu tun,
Und hilf mir, Deinem Plan
Zu entsprechen.
Hilf mir, mein Licht
Leuchten zu lassen,
Daß alle erkennen,
Was Deine Kraft vermag.“

Ist dies nicht ein wunderbares Gebet? Könnte jemand ein höheres und heiligeres Verlangen zum Ausdruck bringen? Dem äußeren Schein nach mußte es mit Martha Wings Seele doch wirklich gut stehen. Aber – wenn sie jetzt auch besondere Segnungen erfahren durfte – sie hatte sich Gott doch nicht völlig ausgeliefert, und ihr Retter sprach noch einmal mit leiser Stimme zu ihr: *„Gib* *alles, was du hast, gib dich Mir völlig"*, und Er versprach ihr, Er werde in allem für sie sorgen, wenn sie sich völlig hingeben würde.

Wie würde sie sich diesmal dem Ruf Gottes gegenüber verhalten? Niemals zuvor hatte sie solch eine Freude im Herrn empfunden. Sicherlich mußte es doch herrlich sein, auf Seinen Willen einzugehen. Aber als sie nochmals alles gründlich überdachte, geriet sie wiederum ins Wanken und antwortete:

„Lieber Jesus, ich weiß, es wäre das Richtige, Dir alles zu geben; ich gebe Dir auch alles – nur eine kleine Sache nicht, die so sehr kostbar ist und mir so viel bedeutet. Dies eine muß mein sein! Bitte, sage nicht nein, denn alles sonst sei Dein."

„Eine kleine Sache!" In Wirklichkeit war sie aber gar nicht mehr so klein, denn ihr ehrgeiziges Streben, Schriftstellerin zu werden, war inzwischen so stark geworden, daß es sich zu der einen großen, verzehrenden Leidenschaft ihres Lebens entwickelt hatte.

So überlegte sie hin und her. Sie wußte, daß sie sich ganz hingeben sollte, daß Jesus ihr alles haben wollte. Aber nun hatte sie eben auch dieses Talent, das Gott ihr sicherlich doch gegeben hatte. Warum wollte Er nun, daß sie etwas aufgeben sollte, was Er ihr doch verliehen hatte? Konnte sie es nicht behalten und „für Jesus gebrauchen"? Ein einleuchtender Gedanke! Doch es war eben nur ein Kompromiß, und Gott erwartete von ihr nichts weniger als eine vorbehaltlose Hingabe. „Ich glaubte, eine sehr gute Christin zu sein, aber Christus nahm nicht den ersten Platz ein." Und gerade das war es, worauf Er es abgesehen hatte. Er wollte der Erste in ihrem Leben sein, Er wollte ihr Alles sein und nicht zulassen, daß sie an irgend etwas anderem Interesse oder Freude hatte als nur an Jesus allein. Aber hierzu war Martha Wing nicht bereit.

Schließlich traf sie dann eine Entscheidung, die sie als endgültig betrachtete: unter keinen Umständen wollte sie ihre Schriftstellerei aufgeben!

Die Wing Schwestern

Ada *Martha* *Nettie*

Kapitel 5

Vorbehaltlose Hingabe

Nachdem Martha Wing sich entschlossen hatte, ihre eigenen Wege zu gehen, verschlechterte sich ihr gesundheitlicher Zustand zusehends, und bald mußte sie achtzehn von vierundzwanzig Stunden im Bett zubringen. „Wenn ich – durch besondere Umstände dazu gezwungen – alle Kraft zusammennahm und länger als gewöhnlich aufblieb, erlebte ich jedesmal einen schlimmen Rückschlag. Innerhalb kurzer Zeit war ich mit meinen Kräften derart am Ende, daß es dann wochenlang dauerte, bis ich meinen vorherigen Zustand wiedererlangt hatte.

Während dieser Zeit las ich etwas Unsinniges, eine Abhandlung aus der Lehre der Christlichen Wissenschaft, und versuchte daraufhin, diese Anweisungen zu befolgen und zu glauben, daß ich in meinen früheren Zustand völliger Gesundheit zurückversetzt sei; ich spannte einige Tage lang alle meine Willenskraft an in dem Bemühen, mir einzubilden, daß ich gesund sei. Am ersten und zweiten Tag konnte ich mich aufrecht halten, litt nachts aber um so mehr. Nach größter Anstrengung am dritten Tag konnte ich dann in der Nacht überhaupt nicht mehr schlafen, und ich befand mich nun wochenlang in einem Zustand völliger Erschöpfung. Dies führte dazu, daß ich mich schließlich bereit erklärte, ins Krankenhaus zu gehen."

Drei Tage nach ihrem dreiundzwanzigsten Geburtstag, am 17. November 1897, wurde Martha Wing ins „Mercy Hospital" in Davenport eingeliefert. Dort blieb sie drei Monate. Unter der Aufsicht von Dr. W. D. Middleton, einem der besten Ärzte der Stadt, erhielt sie Massagen und Elektrobehandlungen. „Der Arzt war sehr freundlich zu mir", schrieb sie bald darauf einmal in einem Brief, „aber er machte mir von Anfang an wenig Hoffnung." Acht Wochen lang blieb sie nun im Bett, doch brachte ihr diese

Bettruhe in körperlicher und nervlicher Hinsicht keinerlei Entspannung oder Erleichterung.

Einige Zeit, bevor Martha Wing ins Krankenhaus kam, war sie mit einer Gruppe junger Leute bekannt geworden, deren Interesse ebenfalls hauptsächlich auf literarischem Gebiet lag. Sie glaubten allerdings nicht an Gott, ja, sie waren sogar Atheisten, die natürlich anderen gegenüber mit ihren Ideen nicht zurückhielten. Nachdem Martha sich von Gott und Seinem Licht abgewandt hatte, war ihr Herzensboden für den Samen des Zweifels und des Unglaubens, den jene Leute ausstreuten, geradezu vorbereitet und sehr empfänglich. Auch durch die Bekanntschaft, die sie im Krankenhaus machte, kam sie in näheren Kontakt mit diesem Geist des Unglaubens und des Atheismus.

Sie teilte das Zimmer mit einer gebildeten jungen Frau, mit der sie sich bald bestens verstand. Auch entdeckte sie, daß der Ehemann ihrer neuen Freundin die gleichen Interessen wie sie hatte, und er erwies sich als ein sehr zuvorkommender Mann, dessen Besuch jederzeit gern gesehen war. Zu ihrem Erstaunen mußte Martha Wing feststellen, daß auch er ein Atheist war. Tatsächlich „schien er vom Satan dazu ausersehen“, wie sie später feststellte, „sie unter den Einfluß des Atheismus zu bringen“. So kam es, daß sie im Winter 1897/98, wie sie nachher berichtete, „atheistische Literatur las und unter diesem Einfluß in völligen Unglauben zu versinken drohte“.

Wie sehr sie unter diesen gefährlichen Einfluß gekommen war, wird deutlich, wenn man die Liste betrachtet, in der Martha Wing sorgfältig alle Bücher aufführte, die sie im Jahre 1897 las. Im ganzen verschlang sie damals dreiunddreißig Bücher, und viele davon waren ungewöhnlich umfangreich. Als erstes las sie eine Übersetzung von Goethes Faust. Unter anderem las sie dann auch Werke von Elizabeth Barrett Browning, und zwar eine Anzahl langer Gedichte, Romane und einige Geschichten, die als speziell religiös galten.

Nummer sechzehn auf ihrer Liste war das Buch „Marcella“ von Frau Humphrey Ward, einer ausgesprochenen Agnostikerin, die zu ihrer Zeit sehr populär war. In ihrem ersten Roman „Robert Elsemere“ hatte Humphrey Ward ihr Bestes getan, den Glauben an die Bibel zu zerstören, um so bewußt dem Agnostizismus und Atheismus Bahn zu brechen. Nach und nach wurden von diesem Buch mehr als eine Million Exemplare gedruckt und verkauft. Ihre Argumente galten damals als sehr überzeugend und schlagkräftig. Sie gewannen einen derartigen Einfluß, daß kein Geringerer als der damalige Premierminister von England, W. E. Gladstone, die Herausforderung dieses Buches annahm und als Gegenschrift sein Buch: „Der Kampf des Glaubens“ herausbrachte. Bei dem Buch „Marcella“ handelt es sich um einen Roman, der mehr als tausend Seiten umfaßt und eine Menge sehr radikaler Gespräche enthält. „Sehr gut“, war Martha Wings Kommentar zu diesem Buch. Nummer siebenundzwanzig war ein weiteres Buch von der gleichen Verfasserin: „The History of Henry Grievè“ (Die Geschichte des Henry Grieve). Von diesem Buch war die Leserin nicht besonders angetan, doch da diesem Werk in bezug auf religiöse Dinge die gleiche negative Einstellung zugrunde liegt, hat es gewiß auch seinen Einfluß auf sie ausgeübt.

Im gleichen Jahr las sie auch „Die französische Revolution“ von Thomas Carlyle. Die Tatsache, daß sie es überhaupt durchgelesen hat, stellt schon eine beachtliche Leistung dar und zeigt ihre große Ausdauer im Lesen, denn von diesem Buch sagt man, daß es noch niemand zu Ende gelesen habe, auch Leser nicht, die sonst alles verschlängen. „Schwer zu lesen, wie eine Seite aus dem Sanskrit“, war die erste Reaktion eines Literaturkenners. Der Stil von Carlyle wird allgemein als gewunden und schwer verständlich empfunden. Martha Wing aber schrieb: „Mir scheint, es war das wunderbarste Buch, das ich je gelesen habe“, und sie nannte es an erster Stelle unter den Büchern, „die mir im Jahre 1897 am meisten Freude bereitet haben“.

Dabei gilt es aber zu bedenken, daß dieses Buch über eine Revolution berichtet, wie sie nicht nur auf politischem und sozialem, sondern auch auf religiösem Gebiet stattfand, in der man nämlich die christlichen Formen einer korrupten religiösen Gesellschaft niederriß, statt dessen die Götter der Vernunft auf den Thron setzte, und diese anstelle von Christus, dem Gekreuzigten, anbetete.

Nun wird ein Buch immer auf irgendeine Weise offenbaren, was der Verfasser eigentlich glaubt. Carlyle war in einem gläubigen Elternhaus in Schottland aufgewachsen und von seinen Eltern für den Dienst des Herrn bestimmt und geweiht worden. Doch hatte er schon früh jeglichen Glauben an irgendwelche „Offenbarungen als Bestätigung für die historischen Wunder“ über Bord geworfen. Trotzdem hatte er an der christlichen Sittenlehre festgehalten, und er glaubte an Gott als dem höchsten Wesen, dem „lebendigen Gott der Natur“. Doch selbst die liberalen Theologen jener Tage nahmen Anstoß an seiner philosophischen Lehre des Agnostizismus, nach der er ein übersinnliches Wesen für unerkennbar hielt; diese Lehre grenzte schon an Gotteslästerung. In literarischer Hinsicht war er aber eben ein Genius höchsten Ranges, und so war Martha Wing von ihm ganz eingenommen.

Normalerweise muß der Leser durch dieses Buch nicht unbedingt zum Unglauben beeinflußt werden. Es berichtet nämlich lediglich über die dramatischen und tragischen Ereignisse einer Epoche, die zu den größten in der Geschichte gehört. Aber der Zustand, in dem sich Martha Wing zu dieser Zeit befand, war in geistlicher Hinsicht sehr bedenklich, und wenn das Herz bereits von Zweifel erfüllt ist und man dann noch solch ein Buch liest, kann es unbeabsichtigt eine negative Wirkung auf den Leser ausüben, die ihm selber vielleicht gar nicht bewußt wird.

Martha Wing verbrachte ihre Tage und Wochen, die sie dort im Krankenhaus zu Bett liegen mußte, somit in Gesellschaft von guten, edel gesinnten Freunden, die wie sie auf literarischem Gebiet schöpferisch tätig und aktiv waren. Als Agnostiker und Atheisten übten sie jedoch einen negativen Einfluß auf sie aus, und dieser blieb nicht ohne verheerende Auswirkungen in ihrem Leben.

Gegen Mitte Januar 1898 wurde ihr erlaubt aufzustehen. „Sobald ich aufgestanden war, verschlimmerte sich mein Zustand sehr schnell.“ Ihr Arzt konnte es kaum fassen und kam dann zu dem Schluß, daß nichts mehr für sie getan werden könne; sie werde wegen ihrer vielen unheilbaren Leiden nicht mehr lange zu leben haben. Er empfahl ihr daher, nach Hause zu gehen und es sich für die restlichen Monate ihres Lebens – sie werde höchstens noch ein Jahr leben – so bequem wie möglich zu machen.

Die Zimmergenossin von Martha Wing sollte um die gleiche Zeit aus dem Krankenhaus entlassen werden, und da sie sich beide so gut verstanden hatten, lud diese sie ein, für einige Zeit mit in ihr Haus zu kommen. Sie sagte ihr, daß sie finanziell in der Lage wären, eine ausgebildete Krankenpflegerin einzustellen, die für sie beide sorgen könnte. Dieser Vorschlag schien ideal zu sein. Daher nahm Martha Wing das freundliche Angebot an und ging am 30. Januar mit in das Haus ihrer Freunde. Dort sollte sie nun für die nächsten zwei Monate bleiben.

Für das leibliche Wohl des Gastes wurde aufs beste gesorgt. Die freundliche Krankenschwester umgab sie mit großer Sorgfalt und wandte ihre ganze Aufmerksamkeit ihren Patientinnen zu; darüber hinaus war sie ihnen auch eine willkommene Gesellschafterin. Die Zeit verbrachten sie in gleicher Weise wie in den vorangegangenen Monaten. Die Kranke las meistens, und zwar hauptsächlich Romane. Ihr Gastgeber interessierte sich sehr für Astronomie. Es ist wohl diesem Umstand zuzuschreiben, daß sie nun zwei astronomische Bücher las: „Wonders of Heavens" (Wunder des Himmels) von Camille Flemmarion und „Wonders of the Moon" (Wunder des Mondes) von Amelie Guillemin. Zwischendurch führten sie auch gute, geistreiche Gespräche, wie es unter Intellektuellen nicht anders zu erwarten ist. Leider aber war Martha Wing nun auf direkte Weise beständig diesem atheistischen Einfluß ausgesetzt, und ihre Freunde versorgten sie reichlich mit gottloser Literatur.

Eines Abends teilte Martha Wings Gastgeber ihr und seiner Frau mit, daß um neun Uhr am Himmel ein besonderes Phänomen zu sehen sei; er werde sein Teleskop in ihr Zimmer stellen, so daß sie dieses Himmelswunder gut beobachten könnten.

An jenem Abend schaute sie staunend zum Himmel, der durch das Teleskop so nahe gebracht wurde, und diese Herrlichkeit und

Schönheit der Sterne ließ Martha Wing innerlich erschauern wie nie zuvor.

Spontan kam ihr der Gedanke: „Diese Sterne muß doch jemand gemacht haben."

„Vielleicht gibt es doch einen Gott!" war ihr zweiter Gedanke, der dem ersteren auf der Stelle folgte.

Dann überlegte sie: Wenn es doch einen Gott gäbe, wie schrecklich müßte es sein, Ihn einfach zu ignorieren, wie sie es tat, denn wenn Er wirklich existierte und die Bibel die Wahrheit enthielt, dann würde sie schon bald zur Hölle fahren.

Aber wie konnte man darüber etwas Genaueres erfahren? Es schien nicht möglich zu sein, herauszufinden, ob es einen Gott gibt oder nicht. Die Bibel und die Christen behaupteten, daß es einen Gott gäbe; die Ungläubigen und ihre Literatur sagten das Gegenteil. Wer hatte recht? Konnte ein Mensch überhaupt mit Sicherheit erfahren und wissen, wie es sich hiermit in Wirklichkeit verhielt?

Während sie diese Fragen bewegten, erinnerte sie sich an einen Bibelvers, den sie als Kind in der Sonntagsschule gelernt hatte: *„Bittet, so wird euch gegeben; suchet, so werdet ihr finden; klopfet an, so wird euch aufgetan."*

Sie entschloß sich, diesen Vers auf die Probe zu stellen und dadurch in Erfahrung zu bringen, ob es einen Gott gibt oder nicht. Augenblicklich begann sie zu beten: „O Gott, wenn Du irgendwo existierst, möchtest Du Dich mir nicht zu erkennen geben?"

Leise, in flüsterndem Ton – damit niemand bemerkte, was sie tat – betete sie. Und immer weiter betete sie, ohne zu schlafen, die ganze Nacht hindurch, bis der Tag anbrach. Auch während des nächsten Tages ließ sie nicht ab, mit unverminderter Inbrunst und Intensität zu beten. Nachdem sie zweiundzwanzig Stunden ununterbrochen gebetet hatte, war sie schließlich völlig erschöpft und fiel in einen tiefen Schlaf.

Als sie zwei Stunden später erwachte, schämte sie sich fast ein wenig, daß sie in ihrem Gebet, bei dem es doch um solch eine wichtige Sache ging – ob es einen Gott gibt oder nicht – einschlafen konnte! Aber da kam ihr ihr gesunder Menschenverstand zu Hilfe, und sie verhandelte auf folgende Weise mit Gott: „Gott, wenn es Dich gibt, dann weißt Du auch, daß ich ein hilfloser Invalide bin und daß ich ein wenig Schlaf brauche. Doch ich verspreche Dir, daß ich nicht mehr als unbedingt nötig schlafen werde; die ganze übrige Zeit werde ich beten."

Dann nahm sie ihre Gebetsarbeit wieder auf und flehte weiter mit großem Ernst. Trotz körperlicher Schwachheit, großer Schmerzen und unheilbarer Leiden, und obwohl sie sterbenskrank war, betete sie einen Monat lang täglich durchschnittlich achtzehn Stunden. Doch sie erhielt auf all ihr Rufen keine Antwort. Der Himmel war ehern und verschlossen; ihre Worte schienen ihr leer und vergeblich zu sein.

Nachdem sie einen Monat lang gebetet hatte, empfand sie, daß sie Gott nun reichlich Gelegenheit gegeben hätte, Seine Verheißung wahrzumachen. Sie war drauf und dran, den Schluß zu ziehen, daß es keinen Gott gäbe, daß die Bibel nicht die Wahrheit enthalte und daß sie deshalb auch nicht mehr zu beten brauche. Wenn es einen Gott gäbe, dann würde Er sicherlich das intensive und aufrichtige Flehen einer hilflosen Kranken, die nun einen ganzen Monat lang zu Ihm gerufen hatte, auf irgendeine Weise beantwortet haben.

Doch während sie sich anschickte, mit Beten aufzuhören, kam ihr der Gedanke, daß sie es noch ein einziges Mal versuchen sollte.

In einem fast geschäftsmäßigen Ton setzte sie Gott – falls Er überhaupt existiere – von der Entscheidung, die sie soeben getroffen hatte, in Kenntnis. Sie gelobte Ihm feierlich, daß sie ihr Leben lang nicht mehr zu beten aufhören werde, wenn Er ihr zur kommenden Mitternacht nur für eine Minute Seine Realität offenbaren würde. Sollte Er sich aber nicht irgendwie zu erkennen geben, dann werde sie ihr Leben lang nie wieder beten.

Mit diesem Schrei, der sich der Tiefe ihres aufgewühlten Herzens entrang, schlief sie ein. Genau um Mitternacht erwachte sie wieder – und da schienen sich die Himmel für einen Moment zu öffnen, der Heilige Geist brachte ihr die Wirklichkeit und Gegenwart Gottes nahe, Gott wurde ihr so real, daß sie nie mehr an Seiner Existenz zweifeln konnte. Sie hatte ihre Antwort bekommen!

„Ich denke, ich war der glücklichste Mensch auf Erden – nur deswegen, weil ich herausgefunden hatte, daß es einen Gott gibt!"

Mit dieser Entdeckung erwachte in ihr nun auch das Verlangen, Ihm zu dienen, und sie war sofort dazu entschlossen, „selbst wenn ich einmal in der Hölle erwachen sollte".

Eine Offenbarung Gottes und Seiner Macht und Größe bringt zugleich auch immer die Offenbarung unserer Nichtigkeit und unseres wahren Wesens mit sich. Wir sehen uns, wie Gott uns sieht, denn in der Gegenwart Gottes, dessen „Augen wie Feuerflammen" sind und vor dem „alle Dinge bloß und offenbar" werden, erkennen wir uns selbst. Diese Erfahrung machte nun auch Martha Wing.

„Ich war erschrocken über meinen geistlichen Zustand, den ich im Lichte Gottes erkannte. Es wurde mir auf einmal klar: Die Tatsache, daß ich vom Glauben abgekommen und auf den Weg der Sünde geraten war, hing einzig und allein damit zusammen, daß ich nicht bereit gewesen war, mich restlos Gott zu weihen, und mich in den vergangenen Jahren geweigert hatte, *Ihm speziell diese eine Sache, die Er von mir forderte, auszuliefern.* So setzte ich mich nieder und überschlug die Kosten, und ich sah, daß die Pfade scharf voneinander getrennt verliefen und daß es für mich nur noch zwei Möglichkeiten gab: entweder ich lieferte mich ganz Gott aus oder ich würde ganz dem Satan verfallen.

Ich sah, wie gefährlich nahe ich dem völligen Unglauben gekommen war, und ich kehrte kurzentschlossen um; ich nahm alle Willenskraft zusammen und beschloß, fortan nur noch dem Herrn zu dienen und Ihm die Dinge meines Lebens auszuliefern, die ich Ihm selbst während der Zeit vorenthielt, in der Er mich dennoch besonders gesegnet hatte.

Das hatte ich ja schon so oft getan, diesmal aber war ich wirklich willig, vorbehaltlos Gott zu gehören. Ich legte mich in Seine Hände und gelobte Ihm, daß ich, falls mir dies gestattet wäre, fortan Ihm leben oder, im anderen Fall, Ihm sterben wollte; ich kannte Ihn ja noch nicht so gut, um zu verstehen, daß es gar nicht in Seinem Rat beschlossen war, mich sterben zu lassen. Da ich meine Neigungen kannte und mir bewußt war, wie schnell ich vom rechten Weg wieder abkommen konnte, bat ich Gott, Er möge mir einen suchenden Geist geben, so daß ich nicht mehr aufhören würde, Ihn zu suchen, bis ich Ihn gefunden hätte. Ich hatte damals noch nicht das Gefühl, daß Er mich erhört hätte, und so brachte ich viele Wochen damit zu, das zu suchen, was ich einst weggeworfen hatte."

Martha Wing wußte und merkte zu dieser Zeit allerdings noch nicht, daß sie bei diesem wochenlangen intensiven Gebet, bei dem es ihr so vorkam, als würde gar nichts geschehen, von den bösen Mächten des Unglaubens und der Gottlosigkeit, die sie gefangengehalten hatten, frei geworden und nun befähigt worden war, die völlige Hingabe an Gott zu verwirklichen, zu der Onkel William Blair sie vor mehr als sechs Jahren aufgefordert hatte.

Mehr als sechs Jahre lang hatte sie sich gegen Gott aufgelehnt! Als sie nun endlich wieder mit Gott in Ordnung kam, bedauerte sie diese Tatsache sehr, und wenn sie auch über ihre Wiederherstellung froh war, so hatte sie doch nicht die Freude, die sie damals empfand, als sie eineinhalb Jahre zuvor das Zeugnis des Geistes empfangen hatte. Es ist verständlich, daß sie sich auch fragte, wie weit sie es im Dienst des Herrn wohl schon gebracht haben würde, wenn sie sich „völlig dem Herrn überlassen hätte, wie der Ton der Hand des Töpfers". Diese Gelegenheit schien unwiderruflich verpaßt zu sein, nachdem sie inzwischen zu einem Invaliden geworden war. Doch inmitten dieser aussichtslosen und hoffnungslosen Situation erfüllte der Herr ihr Herz mit Vertrauen; sie gewann neue Zuversicht, und sie schrieb:

Wenn ich nur immer in Ihm bleibe,
Im Glauben mich nahe zu Ihm halte,
Wird mir ganz sicherlich
Sein Licht aufs neu' erscheinen."

Auch wurde ihr diese Gewißheit geschenkt, die sie in ihrem Gedicht etwa mit folgenden Worten zum Ausdruck bringt:

„Geb' ich den eig'nen Willen dran,
Und folge ich nur Seinem Willen,
Wird Er aus mir doch ein Gefäß
Für Seinen Dienst bereiten.“

Kapitel 6

Auf den richtigen Weg geführt

Nachdem Martha Wing „aus Gott geboren“ war, erwählte sie nun Jesus Christus als König ihres Lebens.

Er war fortan ihr „vielgeliebter und höchst begehrenswerter Heiland und Freund“. Sie unterwarf sich nun rückhaltlos Seiner Herrschaft. Das war es, was Bekehrung für sie bedeutete: daß hinfort nicht mehr sie selbst, sondern Christus in ihrem Leben regierte. So begann für sie ein Leben des völligen Gehorsams in inniger Liebe zu Jesus und ein „Jahr der Anbetung“.

Sie verharrte täglich stundenlang in intensivem Gebet und Flehen – wie konnte es auch anders sein, nachdem sie ja Gott gelobt hatte, ihr Leben lang unaufhörlich zu Ihm zu beten, wenn Er sich ihr offenbaren würde.

Am 27. März verließ sie das Haus ihrer Freundin, die sie im Krankenhaus kennengelernt hatte, und ging zu ihrer Schwester Nettie, bei der sie bis zum 7. Juni blieb. Als der Sommer kam, reiste Martha nach Sand Spring, wo sie bei Ada und deren Familie zu Gast war. „Die meiste Zeit lag ich, soweit ich nicht im Bett war, in einer Hängematte unter den Bäumen. Dort war ich allein mit meinem Gott.“ Doch ob sie nun draußen in der Hängematte lag, wo sie niemand störte, oder auf der ledernen Couch im Eßzimmer, wo die lebhaften Jungen von Ada sie umgaben und hin und her rannten – sie war immer allein mit ihrem Gott und betete viel. Sie wußte, daß sie, menschlich gesprochen, nur noch wenige Monate zu leben hatte, und so wollte sie diese Zeit im Blick auf die Ewigkeit wirklich auskaufen. Und der Herr machte Seine Verheißung „suchet, so werdet ihr finden!“ wahr: Martha Wing durfte finden. Christus offenbarte sich ihr in zunehmendem Maße.

Während Martha in der Hängematte lag, beschäftigte sie sich mit Lesen; man kann allerdings einen deutlichen Unterschied zwischen dem feststellen, was sie im ersten und im zweiten Halbjahr 1898 las. In der ersten Hälfte des Jahres waren es mehr unterhaltende Bücher, im zweiten Halbjahr las sie wohl noch vier unterhaltende Romane und studierte zwei umfangreiche Literaturwerke, doch legte sie diese Art Bücher nach und nach ganz zur Seite. Statt dessen wandte sie ihre Aufmerksamkeit mehr und mehr christlicher Literatur zu.

„Es waren zwei Bücher, die mich während des Sommers besonders beeinflußt und auf den richtigen Weg geführt haben: ‚Das Geheimnis eines glücklichen Christenlebens' von H. W. Smith und ‚Allzeit bereit für des Meisters Gebrauch' von F. R. Havergal."

Nach ihrem Bericht hat Martha das letztere Buch zuerst gelesen, und nachdem sie sich über dessen Inhalt sowie über das Lebensbild der Autorin Gedanken gemacht hatte, schrieb sie am 10. Juni folgendes nieder:

„Ich habe Frances Havergals Buch ‚Allzeit bereit für des Meisters Gebrauch' gelesen und finde, daß es ein wunderbares Buch ist. Ihr Leben selbst war schon ein Evangelium für sich. Es zeigt, wie gründlich man in seinem Leben Gott ausgeliefert und geweiht sein und bleiben kann. Das ist eine wichtige Lektion, denn nur zu leicht ist man von der ursprünglichen Hingabe abgewichen. Es ist so schön, von solch einem gottgeweihten Leben zu wissen. Wie wird es sich segensreich auswirken, wenn ein Mensch sich hierin von ihr belehren läßt. Nicht, daß wir mit unserem kleinen Talent zustande bringen könnten, was sie erreicht hat; nicht, daß wir in allem so sein könnten wie sie, aber wir können in dem Bereich unserer begrenzten Möglichkeiten unser Bestes tun, wie sie es in dem ihren tat. Das Scherflein der Witwe wurde angenommen, und mein armer, kleiner Dienst wird vor Ihm ebenso kostbar sein, wenn ich ihn mit Liebe und ganzer Hingabe verrichte."

Trotz ihrer Behinderung durch Krankheit hat Frances R. Havergal gedichtet und geschrieben, und so war sie die geeignete Person, die Martha Wing zu dieser Zeit beeinflussen und inspirieren konnte. Das erwähnte Buch, das Martha Wing als „ein schönes

Buch“ bezeichnet, stellt unter den vielen Edelsteinen gediegener literarischer Werke, die F. R. Havergal der Welt geschenkt hat und die aus ihrer produktiven Feder stammen, zweifellos das Kronjuwel dar. Zu den erwähnten Edelsteinen gehören einige unserer besten Lieder.

Eines der bekanntesten ihrer Lieder ist:

„Nimm mein Leben ...“ In ihrem Buch „Allzeit bereit für des Meisters Gebrauch“ hat die Autorin den Anfang dieses Liedes geändert und geschrieben: „Halt mein Leben ...“ Dann hat sie zu jedem Reimpaar des Liedes ein Kapitel geschrieben. In welcher Absicht sie das Büchlein geschrieben hat, geht deutlich aus dem einführenden Abschnitt hervor: Es sollte den Leser darüber belehren, wie er, nachdem er sich einmal dem Herrn hingegeben hat, bei dieser Hingabe bleiben kann – dadurch nämlich, daß er immer gleich der Sache auf den Grund geht und untersucht, was ihn jeweils daran hindert – mag es auch nur eine ganz kleine Sache sein –, Ihm unverzüglich nachzueilen und jederzeit und augenblicklich zur Verfügung zu stehen.

Betrachtet man das Buch im Lichte von Martha Wings späterer Erfahrung, dann wird deutlich, daß sie es zum richtigen Zeitpunkt in die Hände bekommen hat, daß es gerade das richtige Buch für sie war und von der ersten bis zur letzten Seite sehr zu ihr gesprochen haben muß.

Auf ihrer Liste „Bücher, die mir 1898 am meisten Freude bereitet haben“ steht das Buch: „Das Geheimnis eines glücklichen Christenlebens“ erst an zweiter Stelle; aber gerade in bezug auf das letztere Buch schreibt sie, daß es sie „stark beeinflußt“ habe. Dies geht auch besonders aus der Tatsache hervor, daß sie in der Unterteilung ihres Tagebuchs, in der sie unter der Überschrift „Geborgte Brocken“ einige Gedanken aus verschiedenen Büchern zusammentrug, eine ganze Anzahl von Zitaten aus dem letzteren Buch anführt. Wenn man die in jenem Buch enthaltene Lehre und die darin verwendeten Ausdrücke mit ihren eigenen Aufzeichnungen vergleicht, wird ebenfalls deutlich, wie sehr das Buch von H. W. Smith sie beeinflußt hat.

In dem Buch kommen drei Worte besonders häufig vor, die Hanna Whitall Smith immer wieder gebraucht, und die dann auch zu einem festen Bestandteil von Martha Wings Vokabular wurden: „sich hingeben" (35 mal), „Gefäß" (20 mal) und „innerlich" (23 mal). Diese Worte könnte man als Schlüsselworte des späteren Dienstes von Martha Wing Robinson bezeichnen.

Ohne Frage macht sich die Belehrung von H. W. Smith über den „Dienst" in den Gedanken bemerkbar, die Martha Wing am 21. August niederschrieb:

„Die Liebe sagt: ‚Christus und nicht ich'. Die Liebe zieht die Seligkeit des Himmels nicht dem Dienst auf Erden vor. Die Liebe begnügt sich nicht mit der eigenen Errettung, vielmehr macht sie es zu ihrem Anliegen, den Willen Christi zu erfüllen und anderen das Heil nahezubringen. Liebe bittet nicht immer nur um persönliche, zeitliche Segnungen. Liebe sagt nicht: ‚Wieviel muß ich geben?' Sondern: ‚Mit wie wenig komme ich aus?'"

Da Martha Wing zeitlebens die Bibelstelle Johannes 14,21 besonders betont und ausdrücklich festgestellt hat, daß das erwähnte Buch sie „stark beeinflußt" habe, wird es sicher gut sein, wenn wir zur Kenntnis nehmen, was die Autorin zu diesem Bibelwort zu sagen hat:

„Dein Herr sagt: ‚Wer meine Gebote hat und hält sie, der ist es, der mich liebt. Wer mich aber liebt, der wird von meinem Vater geliebt werden, und ich werde ihn lieben und mich ihm offenbaren ...'.

Er klopft beständig an jede Herzenstür und bittet, daß wir Ihn einlassen und daß wir Ihn über alles lieben möchten. ‚Darf Ich dein Geliebter sein?' so fragt Er jeden, der an Ihn glaubt. ‚Darf Ich in deinem Leben die Herrschaft übernehmen, und willst du dich selbst und alles, was du hast, unter Meine Kontrolle bringen? Darf Ich in allen Dingen über dich verfügen, wie es Mir gefällt? Willst du Mich als deinen himmlischen Bräutigam annehmen und nur Mir anhangen?'

Er hat ein großes Verlangen nach Gemeinschaft mit dir – hast du ein ganzes ‚Ja' zur Gemeinschaft mit Ihm? Willst du dich und alles, was dich betrifft, freudig und mit verlangendem Herzen Seinen Händen anvertrauen? Wenn du nur willst, dann wird deine Seele etwas von der Freude der Gemeinschaft mit Christus erfahren. Unsere Seele sollte von einem unaussprechlichen Hunger nach dieser Gemeinschaft mit Ihm erfüllt sein, so daß wir ohne sie Tag und Nacht keine Ruhe mehr finden."

Genau das war es, was in der Seele von Martha Wing erwachte: ein unersättlicher Hunger nach Gott, ein großes Verlangen, dahin zu kommen, daß sich das Wort buchstäblich in ihrem Leben erfüllen möchte:

„Nicht ich, sondern Christus lebt in mir," Gal. 2,20.

Die Antwort ihres Herzens auf diesen Ruf ihres geliebten Herrn bringt sie in einigen Gedanken zum Ausdruck, die sie im September niedergeschrieben hat:

„Jesus ist mein. Ich werde keinem Zweifel Raum geben, denn Er hat gesagt: ‚Wer nach Gerechtigkeit hungert und dürstet, soll satt werden' und: ‚Wer zu mir kommt, den werde ich nicht hinausstoßen.' Er ist mein – ob ich krank oder gesund bin, in Freude und Leid, in Armut und Reichtum, im engen Tal oder auf weiter Ebene. Ich bin Sein und Er ist mein, für immer und ewig. Sein Wille soll mein Wille sein, Ihm zu dienen, achte ich als ein Vorrecht, was für Ihn Gewinn ist, soll auch mir Gewinn sein, Seine Liebe ist mein alles."

„Ein Buch, das jeder Christ besitzen sollte", schrieb Martha Wing 1898 als Kommentar neben die Eintragung des Titels „Das Geheimnis eines glücklichen Christenlebens". Sie hat dieses Buch dann während ihres ganzen Lebens und Dienstes immer wieder anderen empfohlen und sagte, es könne jedem Christen wichtige Anleitungen auf seinem Weg in der Nachfolge Christi geben. Auch empfahl sie, daß man es nicht nur einmal durchlesen, sondern, wie sie selbst es getan habe, immer nur ein Kapitel lesen und darüber beten solle, bis man es wirklich begriffen habe, um sich dann erst dem nächsten Kapitel zuzuwenden.

Kapitel 7

Entdeckung einer biblischen Wahrheit

„Im Sommer 1898 lag ich eines Nachts wach; ich war von den Schmerzen ganz erschöpft, konnte nicht schlafen und mußte an meine Zukunft denken. Möglicherweise würde ich jahrelang unheilbar krank sein. Bei diesem Gedanken kam ein Schrecken über mich wie nie zuvor", so berichtet Martha Wing. „Ich hatte immer versucht, so gut ich es eben verstand, mich dem Willen Gottes zu ergeben, und doch habe ich den Herrn oft darum gebeten, Er möge mich möglichst bald sterben lassen. In jener Nacht aber kam dann auf einmal ein großer Zorn über mich; ich wurde zornig auf meine Krankheit, weil sie mich daran hinderte, Gott zu dienen. Ich richtete mich in meinem Bett auf und betete ungefähr in folgenden Worten ernstlich zu Gott: ‚Mein Vater, heile mich, mach mich gesund; ich möchte leben, um Dir zu dienen. Ich weiß, es kann nicht Dein Wille sein, daß ich mich so mühsam durchs Leben schleppe, daß ich so nutzlos und mir selbst und anderen eine Last bin. Ich erkenne es als eine Torheit, daß ich versucht habe, mir vorzumachen, ich könnte Dich durch meine elende Krankheit verherrlichen. Mach mich gesund und laß mich in Deinem Weinberg arbeiten und nachholen, was ich in all den Jahren des Nichtstuns versäumt habe.'

Sofort war ich von einem schlimmen organischen Leiden, das mir sehr zu schaffen gemacht hatte, vollkommen geheilt. Hieraus hätte ich die Lehre ziehen sollen, daß Gott auch alle anderen Leiden von mir nehmen werde. Doch ich war in bezug auf Seinen Willen noch unwissend und voll falscher Theologie und falscher Lehre. Statt den Herrn hierin weiterhin im Gebet zu suchen und zu bezeugen, was Er in Seiner Barmherzigkeit an mir getan hatte, blieb ich still. Ich verschwieg sogar meiner Schwester, was geschehen war. Sie wunderte sich sehr über die Veränderung, und ich ließ es zu, daß sie dafür die unmöglichsten Erklärungen hatte. Ich wollte nicht den Eindruck erwecken, als sei ich etwas sonderbar oder unrealistisch, weil ich glaubte, daß Gott wirklich Gebete erhöre. Obwohl ich täglich mehr über die göttlichen Wahrheiten lernte, war ich nicht einmal imstande zu glauben, was ich mit meinen eigenen Sinnen wahrnehmen konnte! Ich redete mir ein, daß diese wunderbare Veränderung nicht von langer Dauer sein werde. Das unausbleibliche Resultat war natürlich, daß ich meine Heilung wieder verlor. Doch währte der Zustand der Heilung lange genug, um feststellen zu können, daß sie absolut real war.

Als ich dann einige Wochen später merkte, daß sich die alten Symptome wieder zeigten und die Beschwerden zurückkehrten, unter denen ich von Kind auf mehr oder weniger zu leiden gehabt hatte, sagte ich mir in meiner Unwissenheit: ‚Da hast du es – ich wußte ja, daß sie wieder zurückkehren würden. Wie töricht wäre es gewesen, hätte ich allen erzählt, wie es dazu kam, daß ich auf einmal von dem Übel befreit war.‘ Ich wunderte mich manchmal, daß Gott sich die Mühe gemacht hat, mich trotz meiner Stumpfsinnigkeit dennoch zu erleuchten. Aber Er ist eben sehr barmherzig.“

Im November schaute Martha Wings Mutter auf dem Weg von Davenport nach Chicago bei ihren beiden Töchtern in Sand Spring herein. Bei dieser Gelegenheit erzählte sie Mattie, daß Frau H. E. Penley, eine Frau, die sie beide kannten, durch Gebete geheilt worden sei. Bevor Frau Penley geheilt wurde, hatte sie ein Jahr lang das Bett hüten müssen, und zwar wegen einer Verletzung, die sie sich neun Jahre zuvor zugezogen hatte. Dann hatte sie von einem Prediger namens Dr. John Alexander Dowie gehört, der mit seinen Mitarbeitern ein großes Heim, genannt „Zion“, in Chicago leitete. Man hatte zu ihr gesagt, in diesem Heim würden Gläubige aufgenommen, die krank seien und in dem Namen Jesu durch die Kraft des Heiligen Geistes geheilt zu werden suchten. Dort würden sie zunächst in die Lehre von der göttlichen Heilung, wie diese in der Heiligen Schrift zu finden ist, eingeführt und dann würde für sie gebetet. Frau Penley hatte dann beschlossen, sich dorthin bringen zu lassen. Gleich beim erstenmal, als für sie gebetet wurde, empfing sie eine solch wunderbare Kraft, daß sie in den Eßsaal gehen und sich zu den anderen Gästen an den Tisch setzen konnte. Sie erhielt zunehmend Kraft, bis sie schließlich völlig geheilt war. Ein kurzes Zeugnis von ihr wurde in Dr. Dowies wöchentlich erscheinender Zeitschrift: „Blätter der Heilung" veröffentlicht.

„Obwohl ich von Frau Penleys langer und schwerer Krankheit gehört und gedacht hatte, sie würde bald sterben, behauptete ich, als meine Mutter mir erzählte, sie sei in Zion geheilt worden, rundweg: ‚Wenn Frau Penley auf solche Weise geheilt worden ist, dann ist sie überhaupt nicht krank gewesen.'" So erzählte Martha Wing später.

„Ich glaubte damals, eine gottergebene Christin zu sein. Doch ich mußte erst noch lernen, was wahre Hingabe bedeutet, nämlich daß ich Gott gestatte, mich zu gebrauchen und nicht, daß ich Ihn für meine Zwecke gebrauche; daß ich Seinen Gedanken in mir Raum gebe, statt mir selbst Gedanken zurechtzulegen, wie ich Ihm dienen will. So habe ich, statt Gott zu bitten, Er möge mir zeigen, wie Er über Dr. Dowie denke, mir angemaßt, mir selbst ein Urteil zu bilden. Ich habe mich nicht nur geweigert, die Sache zu untersuchen, ich habe diesem Werk solchen Widerstand entgegengebracht, daß meine Mutter, nachdem sie in Chicago angekommen war, drei Monate weder zum Zion-Tabernakel noch zum Glaubensheim ging."

Am 24. November 1898 kehrte Martha Wing wieder nach Davenport zurück, um über die Wintermonate bei Nettie zu bleiben.

„Ich nehme an, Gott wollte mir nochmals eine Chance geben, weil Er sah, daß ich ein aufrichtiges Verlangen hatte, Ihm zu dienen. Frau Penley besuchte mich und brachte mir Blätter der Heilung mit. Ich habe sie durchgelesen, teils aus Neugierde, teils, um ihr dann sagen zu können, daß ich sie gelesen habe, und zum Teil wohl auch, weil ich tief in meinem Herzen ein ganz klein wenig Hoffnung hegte.

Die Zeugnisse in den Blättern waren derart wunderbar, daß ich fand, sie seien einfach unglaubhaft. Ich liebte es zu sagen, daß die Zeit der Wunder vorbei sei. Ich war stolz darauf, über soviel gesunden Menschenverstand zu verfügen, um solchen übertriebenen ,Wundergeschichten' keinen Glauben zu schenken. Während ich die Zeugnisse las und erfuhr, daß diese in Gegenwart von Hunderten, ja, von Tausenden gegeben worden waren, mußte ich mir sagen, daß solch ein Schwindel doch nicht lange bestehen könnte. Die Leute könnten doch nicht alle vorsätzlich lügen, dachte ich, und es könnte doch nicht möglich sein, eine große Anzahl solch unglaublich einfältiger Leute zusammenzubringen. Ich fürchtete mich davor, in irgendeine absurde oder fanatische Sache hineinzugeraten.

Ich war sehr zurückhaltend und konnte diese Dinge einfach nicht glauben, und so stand meine skeptische Haltung dem Wirken Gottes in meinem Leben im Wege. Aber nach und nach gewann der Gedanke in mir Raum, daß ich mich vielleicht doch irren könnte und daß Gott möglicherweise versuchte, mich etwas zu lehren, gegen das ich mich wehrte, anstatt zu Ihm aufzuschauen und Ihn zu bitten, mir Licht darüber zu geben.

Meine Schwester und ich brachten diese Angelegenheit im Gebet vor Gott. Wir baten Ihn, Er möge mir zeigen, wie ich mich hierzu verhalten solle. Ich bat Ihn, mir zu helfen, alles anzunehmen, was daran echt, und abzuweisen, was falsch sei.

Ich schrieb nach Zion, man möge mir mehr Schriften senden. Diese studierte ich sorgfältig und betete darüber; ich bat den Herrn, mir Klarheit zu geben. Ich nahm mir fest vor, objektiv zu urteilen, hatte aber doch meine Vorurteile gegen alle sogenannten ,Glaubensheilungen', so daß ich gegen alles Stellung nahm, soweit es nicht mit meinen eigenen Ideen und mit meiner früher empfangenen Belehrung übereinstimmte. Ich forschte eifrig in der Bibel mit der Absicht, gewisse Aussagen von Dr. Dowie, die er in seinen Predigten gemacht hatte, zu widerlegen, aber mein ganzer Erfolg bestand darin, daß ich diese nur noch bestätigt fand. Doch oft konnte ich an diese Wahrheiten selbst dann noch nicht recht glauben, wenn sie sich auch eindeutig als biblisch erwiesen. So brachten wir meine Schwierigkeiten wiederum vor Gottes Angesicht im Gebet und baten Ihn, Licht zu geben und alles klar zu machen, so daß ich jede dieser Wahrheiten akzeptieren könne, soweit Er dies wünsche.

Nachdem ich so ein oder zwei Wochen eifrig in Seinem Wort geforscht hatte, um mir Klarheit in diesen Fragen zu verschaffen, hatte ich schon einen guten Teil meiner Überheblichkeit verloren. Ich entdeckte, daß ich die Bibel noch gar nicht so gut kannte, wie ich es meinte, und daß vieles von dem, was ich Bibelkenntnis nannte, nichts anderes als eine falsche Theologie war. Ich tat das, was so viele Bibelleser tun: Ich paßte die Bibel meinen Erfahrungen und meiner Praxis an, statt Gott zu vertrauen, daß Er Sein Wort in meinem Leben wahrmache, so daß sich meine Erfahrungen und meine Praxis der Bibel anpassen.

Als mir klargeworden war, wie wenig ich im Grunde doch über die göttlichen Wahrheiten wußte, war ich bereit, mich belehren zu lassen, und so begann ich damit, unter der direkten Anleitung Gottes und unter vielen Gebeten Sein Wort aufs neue zu durchforschen und zu studieren. In jenen Wochen wurde mir deutlich, wie gerne Gott doch unser Verständnis für die biblischen Wahrheiten öffnen möchte, wenn wir Ihm nur wirklich vertrauen, anstatt uns von unserem Verstand leiten zu lassen. Bei diesem Studium kam ich nun zu der festen Überzeugung, daß die Lehre von der göttlichen Heilung wirklich biblisch sei, und meine Überzeugung gründete sich diesmal auf das Wort Gottes. Obwohl mir bewußt war, daß es immer noch viel zu lernen gab, hatte ich in dieser Sache nun einen festen Grund unter die Füße bekommen, und ich glaube, gerade dadurch wurde ich befähigt, in allen Anfechtungen, die Satan dann über mich brachte, an dieser Wahrheit festzuhalten und den ganzen Weg zu gehen."

In den Wochen nach der Rückkehr nach Davenport überanstrengte sich Martha Wing sehr. „Ich war deswegen sehr entmutigt", berichtete sie, „besonders, als ich während der Festzeit 1898/99 einen schlimmen Rückfall erlitten hatte, von dem ich mich nie mehr – auch nicht ein wenig – erholte, bis Gott mich heilte.“ Während dieser Wochen studierte sie die Bibel sehr gründlich, und aufgrund dieses Studiums faßte sie den Entschluß, eine völlige Heilung im Glauben zu erwarten.

„Ich war entschlossen, meinen Leib in Gottes Hände zu legen, und ich schrieb um den 1. Januar 1899 an Dr. Dowie und bat ihn, zu einer bestimmten Zeit, die ich ihm nannte, für mich zu beten. Zu dieser Stunde beteten dann auch meine Schwester und ich; doch ich erfuhr keinerlei Hilfe.

Ich betete viel, studierte weiterhin meine Bibel und bat nochmals um Fürbitte, doch auch diesmal erhörte Gott das Gebet offensichtlich nicht.

Ich wußte, daß Er mich erhören werde, und hielt mich an die Verheißung: ‚*Suchet, so werdet ihr finden*‘. Ich suchte weiterhin und war entschlossen, nicht aufzugeben, bis ich gefunden hätte. Ich lernte in den darauffolgenden Wochen dann viel über das Gebet. Es wurde mir klar, daß es kein wahres Gebet ist, wenn man die ganze Nacht hindurch weint und mit einem Herzen voll Sorge und Angst zu Gott schreit; dies bedeutet einen Mißbrauch unserer physischen Kräfte; dadurch wurde ich körperlich erschöpft und bekam heftige Kopfschmerzen. Hiskia sagt, daß er in seiner Krankheit ‚winselte wie ein Kranich‘; an diese Worte werde ich immer erinnert, wenn ich an jene Nächte denke.

Als ich sah, daß meine und selbst Dr. Dowies Gebete nichts ausrichteten, wurde mir klar, daß bei mir irgend etwas noch nicht stimmte, obwohl ich mich Gott wirklich hingegeben hatte. Ich bat den Herrn, mir zu zeigen, wo es bei mir fehlte. Ich las Dr. Dowies Belehrungen über Buße und bekam dadurch mehr und mehr Licht. Buße, wie er sie lehrte, kannte ich noch gar nicht.

Ich bat den Herrn, mir zu zeigen, ob irgendeine Sünde in meinem Leben Ihn daran hindere, mein Gebet zu erhören, und ich sagte in meinem Gebet, falls Er mir irgend etwas zeigen würde, wäre ich bereit, diese Sünde augenblicklich zu bekennen. Ich war überzeugt, daß ich es so meinte, wie ich es sagte. Aber als Gott eine nur kleine Sache aus meiner Vergangenheit aufdeckte und zu mir sagte: ‚Bekenne diese Sünde!‘ da schien es mir, als ob Er von mir etwas verlange, was ich unmöglich tun könne. Anstatt die Sache – wie ich es ja versprochen hatte – sofort in Ordnung zu bringen, kämpfte ich nahezu drei Wochen lang mit mir selber und verlor wieder Land, das ich schon eingenommen hatte. Ich bat den Herrn, diese eine Sache verschweigen zu dürfen, alles andere, sagte ich, würde ich gern bekennen. Es kam schließlich soweit, daß ich gar nicht mehr beten konnte. Ich geriet in innere Kämpfe hinein – ähnlich, wie ich sie damals bei dem Ringen um die völlige Übergabe hatte. Dabei kam ich an den Punkt, an dem ich mich vor die Entscheidung gestellt sah, ob ich alles aufgeben oder gehorchen solle. Schließlich ergab ich mich und bekannte meine Sünde, und als ich dies getan hatte, fühlte ich mich sehr erleichtert. Die erfahrene Befreiung war einfach wunderbar, und ich konnte es mir selbst nicht verzeihen, daß ich so lange gezögert hatte. Auch habe ich es sehr bedauert, daß ich nun den Segen verpaßt hatte, den ein Jünger empfängt, der sofort gehorcht.

Nun dachte ich, es sei alles in Ordnung. Ich durchforschte meine Vergangenheit und mein Herz im Lichte Gottes und hatte das Empfinden, daß nun vor Ihm alles in Ordnung wäre.

Aber Er war noch nicht fertig mit mir. Als ich wieder eine Zeit ansetzte, zu der für mich gebetet werden sollte, und Gott offensichtlich wiederum nicht antwortete, habe ich mich so tief vor Ihm gebeugt und gedemütigt, wie ich es bis dahin noch nie getan hatte. Ich habe mich noch gründlicher geprüft, ob es etwa weitere Sünden in meinem Leben gab, die der Verwirklichung des Willens Gottes im Wege standen. Ich bat Gott, Er möge mir zeigen, wie Er mich sehe, und als Antwort auf mein Gebet sah ich mich selbst in Seinem Licht nur für einen kleinen Moment, und dieser kurze Anblick war derart, daß ich ihn nie mehr vergessen werde.

Zum erstenmal empfand ich nun, wie sehr ich doch das Versöhnungsblut Christi brauchte. Ich sah die wahre Bedeutung Seines Todes für unsere Sünde. Ich sah, daß meine Hingabe und mein Gehorsam – wenn diese Dinge uns überhaupt vollkommen machen könnten – nicht ausreichten, mein Herz zu reinigen. Ich erkannte, daß es mit meiner Aufrichtigkeit und meinem christlichen

Lebenswandel in Gottes Augen überhaupt nicht weit her war. Ich weiß heute, daß ich eine solche Offenbarung über mich selbst sehr nötig hatte, um dadurch vor Gott in die rechte Stellung zu kommen. Durch diese Erfahrungen war mir sehr deutlich bewußt geworden, daß ich noch viel zu lernen hatte und daß es nun galt, weiterhin zu suchen und mich, wie bisher, Schritt für Schritt vorwärtszutasten und Gott zu vertrauen, daß Er mich in alle Wahrheit leiten werde."

Wie genau es Gott mit Seinem suchenden Kind nahm, als es um die Buße ging, kann man aus einigen Gedanken ersehen, die sie am 26. Februar 1899 in ihr Tagebuch schrieb:

„Buße steht am Anfang des Evangeliums. Bei einer echten Buße mißt man seine Sünden nicht an denen der anderen. Wer wirklich Buße tut, beginnt, sich selbst so zu sehen, wie Gott ihn sieht; er beginnt nicht nur die Sünde zu sehen, sondern auch die Versuchung, die Ursachen, und er weiß, daß er vor Gott keine Entschuldigung vorbringen kann. Er fängt an zu verstehen, daß seine Sünde, die er als unbedeutend einschätzte, in Gottes Augen vielleicht größer ist als das Verbrechen seines Nachbarn. Wer wirklich bußfertig ist, wird sich selbst in einem Licht sehen, das ihn demütigt. Er will und muß von seiner Sünde überführt werden. Wer wirklich bußfertig ist, verlangt danach, überführt zu werden. Er möchte nicht eher Frieden haben, bis Gott ihm alles gezeigt hat und er von aller Sünde gereinigt ist. Er wird dem Leiden nicht ausweichen, vielmehr wird er es gerne auf sich nehmen."

Weiter schreibt sie über diese Zeit: „Während dieser zwei Monate hat sich mein gesundheitlicher Zustand verschlechtert. Seitdem ich während der Festzeit infolge Überanstrengung jenen Rückfall erlebt hatte, war ich ständig schwächer geworden, und ich litt sehr. Außerdem kehrte mein Leberleiden in verschlimmerter Form zurück. Die eine Seite war so geschwollen, daß meine Kleider nicht mehr paßten. Ich konnte immer nur in einer bestimmten Stellung liegen, halbwegs auf der linken Seite, weil die andere Seite äußerst empfindlich war und sehr weh tat. Jede Bewegung verursachte große Schmerzen.

Es hatte den Anschein, als hätte Satan gerade dieses Leiden ausersehen, um mich zu versuchen.

Die Medizin hatte mir hier immer einigermaßen helfen können, wenn auch nur für eine begrenzte Zeit, und so kam mir der Gedanke, ob es nicht weiser wäre, ein wenig von der Medizin zu nehmen, die mir Linderung verschaffen konnte, statt das Risiko einzugehen, ans Bett gefesselt zu sein und dadurch die Lieben zu beunruhigen, die die Verantwortung für meine Pflege übernommen hatten, und die dann gegen meinen Willen den Arzt rufen würden.

Ich bin froh sagen zu können, daß dies für mich eigentlich nie eine wirkliche Versuchung bedeutet hat, denn es war mir von Anfang an klar gewesen, daß das Geheimnis eines wirkungsvollen Glaubensgebets in der absoluten Abhängigkeit von Gott liegt. Ich kam zu dem Schluß, daß es besser sei zu sterben, als ungehorsam zu sein, obwohl ich keineswegs befürchtete, daß Gott Seine Verheißungen an mir nicht einlösen würde. In diesem Zustand hielt ich es einige Wochen aus, dann aber wurde ich so krank, daß ich schließlich keine andere Möglichkeit mehr sah, als im Bett zu bleiben. Ich wußte, daß ich in diesem Zustand nicht imstande wäre, auch nur einen von diesen Anfällen zu überstehen, die äußerst schmerzhaft waren und immer wieder über mich kamen. Es wurde daher immer wahrscheinlicher, daß ein Arzt gerufen werden mußte.

Das Gefühl meiner völligen Hilflosigkeit trug entscheidend dazu bei, daß ich mich dem Herrn gründlicher als je zuvor auslieferte. Ich denke, ich hatte mich bis dahin noch sehr an meinen eigenen Glauben und an meine Gebete geklammert. Nun aber warf ich mich ganz auf den Herrn und überließ Ihm die Verantwortung in dem Bewußtsein, Er werde sicherlich nicht zulassen, daß ich über Vermögen versucht würde.

In dieser Verfassung stand ich an einem Nachmittag um drei Uhr auf, um zusammen mit meiner Schwester zu beten. Nur unter Schwierigkeiten und unsäglichen Schmerzen konnte ich mich niederknien. Während wir dann beteten, merkte ich auf einmal, daß an meiner kranken Seite irgend etwas geschah, es war, als würde langsam etwas von mir wegrollen. Ich erhob mich, wobei ich mich ganz leicht fühlte und keinerlei Schmerz empfand. Ich wußte nicht, was geschehen war, und legte meine Hand auf meine Seite. Zu meinem Erstaunen konnte ich keinerlei Schmerzen mehr feststellen. Selbst wenn ich die Hand in die Seite drückte, fühlte ich keinen Schmerz mehr. Die Schwellung war verschwunden, alle Schmerzen in dieser Gegend hatten mich augenblicklich verlassen, und die Kleider hingen lose an mir herunter.

Diese Heilung, die ich im Februar 1899 erfahren durfte, erwies sich von Anfang an als vollkommen. Magen, Leber und Nieren waren fortan völlig gesund. Dies war für mich sehr wunderbar, da ich mich nicht an eine Zeit erinnern konnte, in der meine Seite nicht weh tat; ich war niemals ganz ohne Schmerzen gewesen. Infolge dieser erfahrenen Heilung kam ich körperlich schnell zu Kräften. Natürlich wurde dadurch auch mein Glaube gestärkt. Aber von einer völligen Heilung von allen meinen Leiden konnte keine Rede sein. Die Krankheiten, von denen ich geheilt worden war, bildeten ja nur einen Teil meiner vielen Gebrechen. Ich war immer noch in vieler Hinsicht schwach und hatte keine wirkliche Lebenskraft. So suchte ich weiter."

Während dieser Zeit des Suchens, ungefähr zwei Wochen, nachdem Martha Wing jene „augenblickliche Befreiung" erfahren hatte, schrieb sie am 14. März 1899:

„Wer sich mit seiner Krankheit abfindet und sie einfach erduldet, gleicht im gewissem Sinne einer faulen Hausfrau, die sich in ihrem unsauberen, schmutzigen Haus hinsetzt und sagt: ‚Seht, ich bin eben dazu verurteilt, dies als eine Prüfung zu ertragen. Aber ich bin ganz ergeben. Ich protestiere nicht gegen mein Schicksal. Ich bin geduldig.'

Würde nun aber jemand gezwungen sein, in solch ein Haus hineinzugehen, dann würde es die Sache nur noch schlimmer machen, wollte man sich über den Schmutz ärgern. Die einzig vernünftige Lösung dieses Problems würde darin bestehen, daß man den Schmutz ausfegt und das Haus reinigt.

So ist es auch mit unserem Leib. Wir sollten in unserem Geist wohl geduldig sein, während wir uns in einem unreinen Haus befinden, aber wir sollten uns niemals mit einem solchen Zustand abfinden. Es gibt eine Kraft, die uns reinigen kann, so daß ein reiner Geist nicht in einem unreinen Leib wohnen muß."

Kapitel 8

Christus, der Arzt des Leibes

„Während ich den Herrn weiterhin im Gebet suchte, hat Er mich dahin geführt, daß ich nicht nur um Heilung bat. Ich sah, daß ich Christus Selbst, den, der Seele und Leib heilt, daß ich Sein Leben, Seine Fülle in größerem Maße haben mußte. So blieb ich viele Wochen lang nach jenem Heilungswunder, das ich erleben durfte, ganz still vor dem Herrn. Dann wurde ich in die Gemeinschaft von Gläubigen geführt, die erkannt hatten, daß der Herr sich auch als Arzt unseres Leibes erweisen möchte. In ihrer Mitte sollte ich nun noch gründlicher über diese Wahrheit belehrt werden."

Wenn Martha Wing hier von einer „Gemeinschaft" spricht, so meint sie damit jene Gläubigen in Chicago, die bereits erwähnt wurden. Bis jetzt hatte sie noch nicht daran gedacht, nach Zion zu gehen, doch stand sie schon seit einiger Zeit mit den Freunden dort in brieflicher Verbindung. „Es war für mich, menschlich gesprochen, unmöglich, dorthin zu gehen, und ich dachte, wenn ich nicht zu Hause geheilt werden kann, werde ich nirgendwo eine Heilung erleben. Ich war überzeugt, daß niemand für mich zu beten brauchte, wenn mein Glaube stark genug und mein Leben vor Gott in Ordnung wäre. Ich hatte zudem nicht die Mittel, zum Haus Zion zu reisen, und es bestanden auch sonst verschiedene, scheinbar unüberwindliche Hindernisse. Ich hatte auch deshalb den Wunsch, zu Hause geheilt zu werden, um den Vorwurf zu entkräften, daß Heilungen durch Hypnose zustande kämen.

Aber Gottes Gedanken sind höher als unsere Gedanken. Eine Bemerkung, die Frau Penley so beiläufig machte, lenkte meine Gedanken in eine andere Richtung: ‚Wenn es Gottes Wille ist, daß du in das Zionheim gehst, wird Er dich dorthin bringen, auch wenn es ganz unmöglich scheint.' Wir mußten einsehen, daß wir die Sache wieder selbst in die Hand genommen hatten, und es wurde uns deutlich, daß es galt, alle eigenen Pläne aufzugeben und Gott einfach nur zu bitten, Er möge alles nach Seinem Willen leiten. Wenn es in Seinem Plan lag, daß ich ins Haus Zion gehe, dann war Sein Weg sicherlich der beste Weg. Es wurde mir auch klar, daß Sein Wille nur geschehen konnte, wenn ich in dieser Sache nicht mehr selbst die Wahl traf.

So brachten wir die Angelegenheit im Gebet vor Gott; wir baten Ihn, Er möge alles nach Seinem Wohlgefallen lenken.

Drei Tage, nachdem wir dann zum erstenmal in diesem Sinn gebetet hatten, waren alle scheinbar unüberwindlichen Hindernisse aus dem Wege geräumt, und zwar, ohne daß wir das Geringste dazu beigetragen hatten! Auf einmal war für mich die Möglichkeit gegeben, ins Haus Zion zu gehen – die Tür war weit geöffnet. Es war ganz offensichtlich, daß die Hand Gottes alles geleitet hatte."

Netties Ehemann, Leslie W. Graham, in dessen Haus Martha wohnte, war Vorsteher des Bahnhofs von Davenport. Er war ein freundlicher Mann, zuvorkommend und hilfsbereit, und hatte Mattie in seinem Haus herzlich willkommen geheißen. Während ihrer Krankheitszeit war er rührend um sie besorgt, als wäre sie seine Schwester. Nun hatte er die für die Reise notwendigen Maßnahmen getroffen, und er brachte sie am Samstag, dem 15. April 1899, selbst nach Chicago.

„Ich erwartete eine augenblickliche Heilung.

Gleich beim erstenmal, als für mich gebetet wurde, empfand ich deutlich, daß ich angerührt und gekräftigt worden war." Noch in der gleichen Woche schrieb sie an Nettie: „Es kam eine Kraft über mich. Ich empfand etwas Ähnliches wie damals, als meine Seite augenblicklich geheilt und ich von allen Schmerzen befreit wurde, nur schien diesmal die Kraft fast durch meinen ganzen Körper zu gehen und war stärker. Heute weiß ich, daß dies der Anfang einer völligen Heilung war; doch leider ist die heilende Kraft wieder von mir gewichen, weil ich die Heilung nicht gleich annahm. Nachher hatte ich nämlich leichte Schmerzen, und so nahm ich eine abwartende Haltung ein – und zweifelte!"

Das war am Sonntag. Am Montag besuchte Martha Wing die regelmäßig stattfindende Heilungsversammlung, die für die Gäste im Haus eingerichtet war. Einer der Prediger betete mit ihr. „An mir geschah nichts Besonderes“, schrieb sie an Nettie, „doch es ging mir den ganzen Tag gut, obwohl ich am Samstag und Sonntag auf den Beinen gewesen war. Aber dann fragte mich eine Dame unten im Tagesraum, wie ich mich fühle; ich sagte: ‚Sehr gut‘, fügte aber noch hinzu, es komme zwar hin und wieder vor, daß ich mich einen Tag verhältnismäßig wohl fühle, und es könne natürlich sein, daß es mir nur infolge innerer Erregung für kurze Zeit besser ginge. Einige Minuten später begab ich mich nach oben, aber bevor ich den Fahrstuhl verlassen hatte, war ich plötzlich so müde, daß ich mich nur mühsam in mein Zimmer schleppen konnte. Die ganze Nacht hindurch fühlte ich mich elend, ich war sehr niedergeschlagen, ja fast schwermütig.“

Am Dienstag besuchte Martha Wing wiederum die Heilungsversammlung, die diesmal von Dr. Dowie selbst geleitet wurde. Aber sie empfing keine Hilfe; so wurde sie sehr entmutigt und von Gedanken der Selbstanklage gepeinigt.

Sie schrieb dann ihrer Schwester und kam darauf zu sprechen, welch großen Kampf sie im vorangegangenen Winter gehabt hatte, als ihr von Gott gezeigt worden war, daß sie eine bestimmte Angelegenheit bekennen müsse:

„Kannst Du Dich erinnern, welchen Kampf ich im vergangenen Winter hatte, und wie erbärmlich ich mich fühlte, als es galt, einige Dinge in Ordnung zu bringen? In diesen Zustand geriet ich aufs neue hinein. Ich war mir auf einmal nicht mehr sicher, ob ich wirklich alles in Ordnung gebracht hatte und zwischen mir und Gott alles klar war. Ich fürchtete wiederum, daß ich innerlich für meine Heilung noch nicht bereit sei.“

Am Mittwoch schrieb sie an Nettie: „Als ich hierherkam, dachte ich, ich wäre für den Empfang des Segens gut vorbereitet, aber ich fange an zu erkennen, daß ich es noch in vieler Hinsicht nötig habe, gründlicher gereinigt zu werden. Doch mache Dir bitte keine Sorgen. Gott wird mich heilen, das weiß ich ganz bestimmt.

Und ich bin froh darüber, daß Gott mich nicht eher heilt, bis ich in geistlicher Hinsicht wirklich soweit bin."

An jenem Morgen besuchte sie eine weitere Heilungsversammlung. Immer noch erhielt sie keine Hilfe. Entmutigende und verurteilende Gedanken stiegen wieder in ihr auf. Glücklicherweise traf sie am Nachmittag im Korridor einen Prediger. Sie sprach ihn an und sagte zu ihm: „Ich bin in letzter Zeit immer wie gegen eine Felswand gelaufen."

„Er hatte es eilig, aber als er sah, in welchem Zustand ich mich befand, ging er mit mir in ein Zimmer, und wir hatten dort ein Gespräch von etwa fünf Minuten, in dessen Verlauf er mir alles klargemacht hat. Ich erzählte ihm, wie es um mich stand: daß ich glaubte, ich hätte alles in Ordnung gebracht, bevor ich nach Zion gekommen war, daß ich alles aufgegeben hätte, was zwischen Gott und mir lag, daß ich der Meinung gewesen sei, ich hätte alles bekannt und geordnet, soweit es mir möglich war. Nun aber würde ich mich wieder so elend und verworfen fühlen wie damals vor drei Monaten.

Er stellte mir einige Fragen, und als ich ihm über die augenblickliche Heilung meiner Seite, die ich vor drei bis vier Wochen erlebt hatte, berichtete, sagte er: ‚Nun sieh aber, wie töricht du bist! Du hast das alles schon im letzten Winter durchkämpft und eine klare Entscheidung getroffen. Gott hat auf deine Hingabe den Stempel Seiner Zustimmung gedrückt, indem Er dich teilweise geheilt hat. Du hast gezweifelt, ob Er dich erhören würde; dabei hat Er dich doch von einem Leiden geheilt, das dir soviel Not bereitet hatte, um dir zu zeigen, daß du vor Ihm wohlgefällig bist, und auch um deinen Glauben zu stärken. Du hast den Boden der göttlichen Verheißung verlassen. Er hat dir versichert, daß Er dir vergeben hat. Nimm die Vergebung an! Der Teufel wird dich jederzeit wieder anfechten, sobald du ihm eine Gelegenheit dazu gibst. Denke daran und halte daran fest, daß du dich ein für allemal Gott hingegeben hast!'"

„Das will ich tun", erwiderte Martha Wing, nachdem sie nun eine klare Antwort auf ihre Fragen bekommen hatte. Fortan hatte sie wegen dieser Sache keinen Zweifel mehr. Etwas hat sie allerdings sehr bedauert: „... daß mir die Tage praktisch verlorengegangen sind, die ich hier gewesen bin, nur daß die Belehrung nicht umsonst gewesen ist. Ich lerne jeden Tag mehr."

In einem dieser Gottesdienste, die Martha Wing in der ersten Woche besuchte, hörte sie zum erstenmal ein Gebet, an das sie sich noch Jahre später erinnerte und das sie als „ein sehr gutes Gebet" bezeichnete, „das man allezeit bis in Ewigkeit beten sollte". Es war das Gebet der Hingabe, das Dr. Dowie jeweils nach seiner Predigt vorsagte und das ihm dann alle Versammelten, nachdem sie aufgestanden waren, Zeile um Zeile nachsprechen mußten: *„Nimm mich, wie ich bin, und mache aus mir, was ich sein soll, nach Geist, Seele und Leib, was es auch kosten mag."*

Am Mittwochabend fand im „Tabernakel" ein Taufgottesdienst statt, und Martha Wing nahm diese Gelegenheit wahr, ihrem Herrn in der Taufe zu folgen. Einige Jahre zuvor war sie beim Studium des Wortes Gottes auf die Taufe aufmerksam geworden und zu der Überzeugung gekommen, daß sie eigentlich nach der Bibel noch nicht richtig getauft worden war. „Ich sagte mir damals, wenn ich je eine Gemeinde finde, die die wahre Taufe lehrt und praktiziert, die aber im übrigen der Methodistenkirche gleichwertig ist – zu jener Zeit habe ich noch nicht so klar gesehen, wie weit diese von der ursprünglichen Lehre und Praxis abgewichen war –, dann würde ich nicht zögern, Mitglied einer solchen biblischen Gemeinde zu werden." So kam es, daß sie sich nun zu diesem Schritt entschloß.

Am folgenden Morgen besuchte sie wiederum den Heilungsgottesdienst, der von einem der Ältesten – wie man die Prediger dort bezeichnete – gehalten wurde; diesen Prediger hatte sie bis dahin noch nicht gehört. „Am Schluß sagte er, wir sollten nicht um unsere Heilung besorgt sein, vielmehr sollten wir uns nach Geist, Seele und Leib ganz Gott hingeben und auch alle Verantwortung Ihm überlassen. Er forderte uns auf, uns bedingungslos Gott zu übergeben und zu sagen: ‚Gott, ich gehöre Dir, gebrauche mich dort, wo es nach Deiner Weisheit für mich am besten ist. Ich gehöre nicht mehr mir selbst.‘ Es diene nur zur Verherrlichung Gottes, wenn wir geheilt würden. Wir könnten viel nützlicher für Ihn sein, wenn wir gesund wären, und es sei Sein Wille, daß wir geheilt würden, aber das sei nicht unsere, sondern Seine Sache. Wenn wir Gott hingegeben und passiv in Seinen Händen seien, dann könnte Er Sein Werk in und an uns tun. Es sei ganz gewiß Sein Wille, uns zu heilen, und wenn wir uns Ihm völlig unterworfen hätten, werde uns mit allen anderen Segnungen auch die Heilung geschenkt werden. Er sagte, es sei für Gott eine kleine Sache, uns zu heilen; dies sei nur ein ganz kleiner Teil der Segnungen, die Er uns nach Seinem Heilsplan zugedacht habe.“

So hat Gott zunächst dafür gesorgt, daß ihr geistliches Licht vermittelt und innerlich geholfen wurde, aber gesundheitlich war es mit ihr noch nicht besser geworden – und dabei war die Woche schon fast vorüber und ihre Zeit bald abgelaufen.

„Ich hatte mir vorgenommen, nur eine Woche in dem Heim zu bleiben; es schien mir schlimm, nach Hause fahren zu müssen, ohne eine Heilung erlebt zu haben. Ich kann es nicht verstehen, daß ich so wenig Vertrauen zu Gott aufbringen konnte, nachdem Er mich doch schon so weit geführt hatte. Sicherlich hätte ich alles Gott überlassen sollen. Statt dessen habe ich durch meine Ungeduld Zeit und Segen verloren. Es mußte mir immer wieder die gleiche Lektion beigebracht werden, bis ich es gelernt hatte, Gott planen zu lassen.“ Der Herr sorgte dafür, daß sie noch weiterhin in dem Heim bleiben konnte, und Er zeigte ihr auch klar, daß dies nach Seinem Willen sei.

„Mehr als eine Woche lang kam ich nicht zur Ruhe. Ich wurde mehr und mehr verwirrt, rannte von einem zum anderen und suchte Hilfe; einen Tag war ich voller Hoffnung, dann wieder war ich ganz verzweifelt. Einige Tage suchte ich den Herrn mit großer Ernsthaftigkeit, dann wieder war ich eine Zeitlang entmutigt, von Sorgen geplagt und empfand in meinem Herzen eine gewisse Kälte. Meine Seele ‚winselte wie ein Kranich‘ und schrie beständig: ‚Herr, warum offenbarst Du Dich mir nicht? Warum kommst Du nicht zu mir? Warum? Warum? Warum?‘ Aber dann wurde mir auf einmal bewußt, daß ich alle meine mühsam erlernten Lektionen wieder aus den Augen verloren hatte. Ich sah, daß andere geheilt wurden, während ich leer ausging. Ich wußte, daß Gott die Person nicht ansieht. Die Heilung war auch mir in Seinem Wort zugesagt. Offensichtlich mußte doch bei mir irgend etwas nicht stimmen. Ich befand mich immer noch in dieser Gemütsverfassung, als ich an einem Nachmittag zu einem erfahrenen Seelsorger geführt wurde. Er forderte mich auf, 2. Mose 33,21 und 22 zu lesen. ‚Schwester', sagte er, ‚was denkst du – was hat Mose getan, als Gott ihm den Felsen zeigte?'

‚Er ging dorthin und stellte sich darauf', antwortete ich.

‚Und was tat er noch?'

Ich überlegte. ‚Nun, ich denke, er hat dann auf den Augenblick gewartet, an dem Gott Seine Herrlichkeit offenbarte.'

‚Und was tat er außerdem?'

Ich dachte angestrengt nach. ‚Ich glaube nicht, daß er sonst noch irgend etwas getan hat.'

‚Nichts sonst?'

‚Nein, weiter nichts', versicherte ich, während mir die Sache immer klarer wurde, je länger ich darüber nachdachte.

‚Aber nehmen wir an, Gott ist ihm nicht sofort erschienen ...'

‚Mose konnte nichts weiter tun als zu warten, bis Gott Seine Herrlichkeit vorüberziehen ließ.'

‚Aber denkst du nicht, daß Mose vielleicht ungeduldig und besorgt wurde und fürchtete, Gott könnte vergessen haben, was Er ihm versprochen hatte? Daß er vielleicht von dem Felsen heruntergerutscht und von Zeit zu Zeit wieder den Pfad hinaufgerannt ist, um nachzusehen, ob die Herrlichkeit nicht endlich in Sichtweite kam?'

Ich brauchte keine Erklärung mehr; ich verstand nun, was er damit sagen wollte. Aber er gab mir hierzu doch noch die folgende Erklärung: ‚Schwester, Gott hat dir in Seinem Wort den Felsen, Christus Jesus, gezeigt. Seine Verheißungen sind Ja in Ihm und sind Amen in Ihm. Durch Jesu Wunden sind wir geheilt. Er nahm unsere Schwachheiten auf sich und trug unsere Krankheiten. Du hast selbst gesagt, es sei dir völlig klar, daß Gott heilen will. Sein Wort ist hierin klar und eindeutig. Du hast Jesus, den Christus, als deinen Heiland und Arzt angenommen. Mit anderen Worten, Gott hat dir den Felsen gezeigt, und du hast dich darauf gestellt. Aber bist du darauf stehengeblieben?'

,O nein', rief ich aus, als ich mich in diesem Lichte sah. ,Ich bin nicht darauf stehengeblieben. Ich habe gezweifelt, Befürchtungen gehegt und viele Fragen gehabt. Und als die Herrlichkeit noch immer nicht kam, bin ich – innerlich beunruhigt und tief bekümmert – den Weg immer wieder hinaufgegangen, um nach ihr Ausschau zu halten. Durch die Gnade Gottes will ich Ihn nun aber bei Seinem Wort nehmen und mich darauf stellen und dann auch dabei bleiben.'

Es war mir von Anfang an aufgefallen, daß alle in Zion ein sehr inniges Verhältnis zu Gott hatten, und dies hat mich tief beeindruckt und ein Verlangen in mir geweckt. Ich hatte mich wirklich Gott hingegeben. Ich weiß, von dem Augenblick an, als ich erkannte, daß die Errettung durch Jesus auch die Heilung des Leibes einschließt, habe ich die Heilung nicht in selbstsüchtiger Weise gesucht, um dann als gesunder Mensch ein schönes Leben zu führen, vielmehr habe ich die Heilung nur in dem einen Verlangen gesucht, Gott besser dienen zu können. Ich hatte die Absicht, die Gesundheit, die Er mir schenken würde, für Ihn zu gebrauchen. Ich hing überhaupt nicht an meinem Leben, denn es war mir durch meine Krankheit zu einer Last geworden, und ich fürchtete mich nicht, zu sterben. Aber als die Liebe Gottes in mein Herz kam, war es fortan mein Verlangen, für Ihn zu leben. Doch ist mir jetzt klargeworden, daß meine Heilung trotz allem zu sehr im Vordergrund stand.

In ganz ähnlicher Weise habe ich vor einigen Jahren eine ,wirklich echte, geistliche' Erfahrung gesucht. Ich habe gedacht, dies sei mein Vorrecht, nachdem ich das Versöhnungswerk Christi im Glauben für mich in Anspruch genommen hatte. Doch habe ich dabei nicht bedacht, daß Jesus Selbst die Versöhnung ist. Was mir demnach fehlte, war nicht irgendeine geistliche Erfahrung, sondern Jesus Selbst, die Erfahrung Seiner Innewohnung in meinem Herzen. Ebenso suchte ich die Heilung als eine separate geistliche Erfahrung. Nach und nach merkte ich, was mir eigentlich fehlte. Ich sah, daß Gott vielen Menschen, unter denen ich mich hier befand, viel realer war als mir; Jesus war ihnen eine lebendigere Wirklichkeit und auch der Heilige Geist. Ich begann, mich nach dem auszustrecken, was sie hatten. Ich erkannte, daß ich zu sehr um meine Heilung besorgt war. Es wurde mir klar, daß es nun galt, einfach nur treu und gehorsam zu sein und im Glauben auf Gott zu warten."

Am 26. April, eineinhalb Wochen nachdem sie nach Chicago gekommen war, schrieb Martha an ihre Mutter: „Ich hätte nicht gedacht, daß ich hier so lange bleiben würde, aber ich habe wertvolle Erfahrungen machen dürfen. Was ich hier empfangen habe, könnte nicht mit fünfhundert oder fünftausend Dollar bezahlt werden. Dr. L. sagte gestern abend, wir würden nie den Gipfel eines Berges erreichen, ohne zuvor durch das Tal zu gehen, und wir wüßten erst das Licht auf der Höhe zu schätzen, nachdem wir durch die Schatten geklettert seien. Ich darf bereits einige Strahlen von der Höhensonne erhaschen, und ich bin auch froh über das Tal. Ich bin hierhergekommen, um Heilung zu suchen, aber ich suche nun Ihn Selbst, der Leib und Seele heilt – und ich werde Ihn finden. Eine Dame sagte gerade zu mir, wenn wir Ihn gefunden hätten, mache die Heilung des Leibes bei dieser Erfahrung nur einen ganz kleinen Teil – so gut wie nichts – aus! So möchte ich es auch sehen können!

Meine einzige Sorge war, daß ich geheilt werden möchte, bevor ich dieses Haus verlasse, und gerade diese ängstliche Besorgnis stand mir im Wege und bildete das Hindernis, den Segen empfangen zu können. Das sehe ich nun ganz deutlich. Ich befürchtete, krank wieder nach Hause gehen und Euch alle enttäuschen zu müssen, und daß ich Euer Geld dann offensichtlich für nichts verbraucht haben würde. Dieser Gedanke hat mich letzte Woche derart beunruhigt, daß ich zu viel an meine Heilung gedacht habe, und so konnte ich den Segen nicht empfangen. Aber ich werde Ihn

Selbst hier finden, der die Kranken heilt, und die Heilung wird dann auch folgen, hier oder dort. Ich bin Gottes Eigentum, und sobald ich absolut passiv in Seinen Händen liege, kann Er Seinen Willen in mir verwirklichen. Ich bin eben noch nicht wirklich passiv gewesen. Ich habe mir Sorgen gemacht, mich nach der Heilung ausgestreckt und gesucht, und ich werde natürlich auch finden, denn ‚wer da sucht, wird finden' ...

Im letzten Winter habe ich zu Gott gerufen, Er möge mir zeigen, wie Er mich sähe, und das hat Er auch getan. Ich bat Ihn, Er möge mich weiterhin erleuchten, beschneiden und reinigen, bis Er dieses Werk vollendet habe. Ich danke Ihm, daß Er mich nicht in Unwissenheit gelassen und mir nicht eine Heilung geschenkt hat, die ich infolge meiner Unwissenheit vielleicht wieder verloren hätte – denn dies kommt immer wieder vor. Viele werden durch Glauben manchmal augenblicklich geheilt, ohne daß sie vorher belehrt worden sind, und da sie kein klares Verständnis in bezug auf den Willen Gottes haben und Gott nicht ‚erkennen', gehen sie nicht weiter und verlieren auf diese Weise – gewöhnlich erst eine ganze Weile später – wieder die Heilung, und dann können sie diese nicht so schnell wiedererlangen.

Sei nicht enttäuscht darüber, daß es nun so gekommen ist. Es tut mir leid, daß ich selbst anfangs ein wenig enttäuscht war – aber ich sehe die Dinge jetzt in einem anderen Licht. Ich habe diese Züchtigung nötig gehabt, und möchte auch fernerhin gezüchtigt werden, soweit dies nötig ist. Das Leben hat für mich jetzt eine ganz neue Bedeutung bekommen."

In einem Zeugnis von Martha Wing, das veröffentlicht wurde, schreibt sie: „Während dieser Zeit war für mich das Wort aus Johannes 14,21 eine große Hilfe. Ich berief mich auf die Zusage Jesu, Er selbst werde sich mir offenbaren, und nahm diese Verheißung für mich in Anspruch. Dabei wurde mir immer deutlicher, daß die göttliche Heilung nur einen Teil des Erlösungswerks ausmacht, und ich kam zu der Überzeugung: Wenn Jesus in mein Leben kommt, werden mir damit auch alle Reichtümer Seiner Gnade zuteil werden. Ich hörte auf, irgend etwas Spezielles oder eine besondere Erfahrung zu suchen, und streckte mich in meinen Gebeten nur noch danach aus, Jesus tiefer zu erkennen. Während ich so betete, wurde in mir das Verlangen, Ihn selbst zu erkennen, immer stärker.

Schließlich hatte ich das Empfinden, daß alle anderen Dinge für mich nur noch wenig Bedeutung hätten, wenn ich die Offenbarung Jesu in meinem Leben erfahren würde. Es bekümmerte mich nicht mehr, ob ich im Haus Zion geheilt würde oder nicht, wenn nur Sein Wille geschehe.

Er führte mich in Seine Ruhe hinein, und wenn man so in Ihm ruht, kann man sich unmöglich noch irgendwie ängsten oder Sorgen machen. So vergaß ich in meiner Freude darüber, daß ich in eine innigere Gemeinschaft mit Ihm gekommen war, fast meinen kranken Leib. Dann aber stellte ich fest, daß ich innerhalb kurzer Zeit gesund wurde und meine körperliche Kraft beständig zunahm. Ein Gebrechen nach dem anderen verschwand. Von einem oder zwei Leiden wurde ich in einem Augenblick geheilt – ich konnte direkt eine plötzliche Veränderung wahrnehmen. Andere Krankheitssymptome verschwanden ganz allmählich, und ich konnte die Heilung nur dadurch feststellen, daß ich nach und nach und schließlich ganz von den Schmerzen befreit wurde und mehr und mehr zu Kräften kam.

Gott kann ‚überschwenglich tun über alles, was wir bitten oder verstehen'. Er hat nicht nur dafür gesorgt, daß ich in Zion bleiben konnte, bis ich geheilt war. Er hat mir auch die Möglichkeit geschenkt, daß ich noch einige Wochen länger dort weilen und so an der Unterweisung teilnehmen konnte, und zwar dadurch, daß Frau Congdon mich als Gast in ihr Haus aufnahm."

Durch die Freundlichkeit von Frau Congdon wurde Martha Wing ein zweimonatiger Aufenthalt in Chicago ermöglicht. Gegen Ende ihres Aufenthaltes arbeitete sie ungefähr vierzehn Tage bei einer Bank, und zwar zügig und mit ganzem Einsatz, um die neugeschenkte Kraft zu testen.

Weiter berichtet Martha Wing: „Gleich nach meiner Heilung machte ich eine höchst erstaunliche Erfahrung. Meine Muskeln waren noch unentwickelt, aber ich fühlte keine Ermüdung, als ich sie gebrauchte. Vielmehr empfand ich eine wohltuende Leichtigkeit und eine Kraft, die mich stützte und aufrecht hielt, bis die Muskeln durch die Betätigung entwickelt waren und ich so auf natürliche Weise zu Kräften kam."

Am 29. Juni kehrte Martha Wing als eine vollkommen gesunde Frau nach Davenport, Iowa, zurück. *Sie hatte sich auf den Felsen gestellt, die Herrlichkeit Gottes war an ihr vorübergegangen und hatte sie durch und durch gesund gemacht.*

Kapitel 9

Ein Blick ins verheißene Land

Nachdem Martha Wing nun geheilt worden war, verlor sie keine Zeit, sondern machte sich sofort daran, ihr Gelübde einzulösen; hatte sie doch dem Herrn versprochen, sie werde in Seinem Weinberg für Ihn arbeiten, sobald Er sie gesund machen würde. Auch empfand sie nun das starke Bedürfnis, nachzuholen, was sie in den Jahren ihrer Untätigkeit versäumt hatte.

Es gab in Davenport, Iowa, bereits einige Gläubige, die für die Wahrheit der göttlichen Heilung und für tiefere göttliche Erkenntnisse offen waren. Am Sonntag, dem 2. Juli, zwei Tage nachdem sie von Chicago zurückgekehrt war, trafen diese sich mit ihr und schlossen sich zu einer Gemeinschaft zusammen. Am darauffolgenden Mittwoch, dem 5. Juli, kamen sie wieder zusammen und wählten Martha Wing als Leiterin der Versammlung.

Am nächsten Sonntag sollte Martha Wing offiziell mit ihrem Dienst beginnen. So ist es nicht verwunderlich, daß sie einen Tag vorher, am Samstag, dem 8. Juli, vom Feind aufs heftigste angegriffen wurde. Der Zeitpunkt seines Angriffs war geschickt gewählt, und er hatte es zweifellos darauf abgesehen, sie vernichtend zu schlagen, um dadurch zu verhindern, daß sie mit ihrem Dienst beginnen konnte. Sie wurde nämlich wieder von einem ihrer alten Leiden befallen. „Es war wirklich schlimm", so berichtete sie. Aber ihr waren die Kunstgriffe und Absichten Satans nicht mehr unbekannt. Sie hatte es gelernt, dem Teufel zu widerstehen, wenn er wie eine Flut über sie kam. So tat sie es auch bei diesem schweren Angriff und wurde noch in derselben Nacht von dem Übel befreit.

Ihre große Freude darüber, daß ihr nun die Möglichkeit gegeben war, für Gott zu leben und zu wirken, brachte sie in einigen Gedanken zum Ausdruck, die sie am 17. Juli niederschrieb.

„Für Gott zu leben – welch ein Vorrecht! Einst bedeutete es für mich ein Opfer, so zu leben. Hingabe war für mich eine schwere Pflicht, etwas, was ich für Gott tat. Heute weiß ich, Hingabe bedeutet, Gott für mich handeln, in mir und durch mich wirken zu lassen. Sie besteht darin, daß ich mein erbärmliches Messing aufgebe, um feines Gold dafür zu empfangen, daß ich mein wertloses Leben gegen die Fülle der Liebe Jesu eintausche."

Von Anfang an wurde Martha Wing in Davenport zu Kranken gerufen, die sie dann in ihren Häusern aufsuchte, um ihnen zu dienen. Eine von denen, derer sie sich annahm, war eine arme Frau, die Brand an ihrem Fuß hatte. Sie nahm die gute Botschaft von Jesus, der auch von aller Krankheit heilt, gerne an und war entschlossen, dem Herrn zu vertrauen und im Glauben zu erwarten, daß Er sie heilen werde. Ihr Mann und auch mehrere Freunde widerstanden ihr allerdings sehr. Martha Wing hatte ein wahres Hirtenherz, und so stand sie diesem leidenden Schäflein treu zur Seite. „Am dritten August blieb ich die Nacht bei ihr und betete für sie, während sie große Schmerzen hatte. Zeitweise waren zehn bis fünfzehn Personen im gleichen Zimmer anwesend."

Dieser kurze Eintrag läßt uns kaum ahnen, in welcher Situation Martha Wing sich in jener Nacht befand. Es waren ziemlich primitive, rauhe Männer, die sich im gleichen Raum aufhielten; sie waren sehr wütend, fluchten fast beständig und beschimpften sie. Aber die kleine, feinfühlige Frau behauptete sich unerschrocken gegenüber diesen „brüllenden und zähnefletschenden Löwen", die sie von allen Seiten umgaben. „Es war meine erste, wirkliche Mutprobe", schrieb sie. In sich selbst war sie natürlich völlig wehrlos, aber Gott stritt für sie, und Er gab einen machtvollen Sieg.

Als Martha Wing am Sonntag, dem 20. August, morgens erwachte, stellte sie fest, daß sie Zahnschmerzen und eine geschwollene Wange hatte. Dieser „Tag des Herrn" war für sie von besonderer Bedeutung; sie sollte nämlich als Leiterin der Versammlung in Davenport bestätigt werden. Dies bedeutete für sie, daß es in ihrem Dienst für den Herrn wieder einen Schritt vorwärts ging, und das war für den Feind ohne Frage ein Ärgernis. Er schien entschlossen zu sein, sooft sie voranging, sie daran zu hindern und ihr, wenn irgend möglich, eine Niederlage beizubringen.

Trotz ihrer Beschwerden diente sie an jenem Tag wie gewöhnlich. „Am Abend wurde es plötzlich viel schlimmer", schrieb sie in ihr Tagebuch und fügte noch hinzu: „Schwellung nahm sehr zu, konnte Lippen nicht mehr bewegen. Auch die andere Gesichtshälfte schwoll an und tat weh. Als Antwort auf Gebet wurde noch Sonntagabend die rechte Seite augenblicklich besser, nur die linke Gesichtshälfte war noch geschwollen, heilte dann aber auch nach und nach." Während der nächsten drei Tage fühlte sie sich sehr schwach und krank, doch am Mittwoch, dem 23., trat eine entscheidende Wende zur Besserung ein. „Später erfuhr ich", so berichtet sie, „daß Dr. Dowie zu dieser Zeit für mich gebetet hatte. Es war eine Neuralgie, doch hatte ich nur wenig Schmerzen." Es handelte sich hierbei um ein Leiden, das früher von Zeit zu Zeit immer wiederkehrte. Sie fügt dann aber noch hinzu: „Darf fortwährend erfahren, wie der Herr in dieser Angelegenheit meine Gebete erhört."

Martha Wing blieb während dieser Prüfungen in inniger Gemeinschaft mit dem Herrn und erwartete im Glauben die völlige Befreiung, bis sie dann auch wirklich gegeben wurde.

„Ich habe das Buch ‚Die Fülle des Segens' von S. F. Smiley gelesen und bin dadurch reich gesegnet worden", schreibt Martha Wing in ihrem Tagebuch anschließend, nachdem sie über ihre Befreiung von der Neuralgie berichtet hat. Sie hatte dieses Buch in Chicago, einen Tag bevor sie nach Davenport zurückkehrte, erworben und in den darauffolgenden sechs Wochen betend durchgelesen. An dem Tag, an dem sie damit zu Ende war, ging sie sogleich daran, es nochmals zu lesen. In diesem Buch von S. F. Smiley geht es in erster Linie um eine eingehende Erklärung der Taufe des Heiligen Geistes. Sie spricht von der Erfahrung, die dem Jünger Jesu nach seiner Bekehrung zuteil wird, und zeigt, daß er durch diese in das verheißene Land, das Land aller geistlichen Segnungen, die den Gläubigen zugesagt sind, eintritt.

„Bin ich willig, habe ich ein ganzes Ja dazu, von dem Heiligen

Geist Gottes getauft zu werden, und zwar nach Geist, Seele und Leib, so daß Er mich durch und durch heiligt und tadellos auf das Kommen des Herrn bewahrt?" so lautet eine eindringliche Frage, die die Autorin an den Leser richtet. Dann nimmt sie Bezug auf die Verheißung Christi „Ich komme zu euch" und zeigt, daß gerade darin der eigentliche Sinn und das Wesen der Taufe des Heiligen Geistes besteht. Es geht hierbei um die Gegenwart Jesu, es ist eine Person, die zu uns kommt: „Ich komme zu euch! Ich werde euch wiedersehen! Ich werde mich offenbaren!"

Im Hinblick auf Martha Wings spätere Entwicklung sind gewisse Gedankengänge, die in diesem Buch immer wiederkehren, sehr bedeutsam. Die Verfasserin weist wiederholt darauf hin, daß „unser ganzes Sein verwandelt und auch unser Leib Seinem Herrlichkeitsleibe gleichgestaltet werden soll", und sie verbindet diesen Gedanken mit der Geistesfülle, die wir mit der Taufe des Heiligen Geistes empfangen. Weiter zeigt sie, daß Christus durch diese Erfahrung zu uns kommen, sich in diesem Tempel des Heiligen Geistes offenbaren und den Leib völlig unter Seine Kontrolle bringen möchte.

Martha Wing war, während sie das Buch „Die Fülle des Segens" las, geistlich gesehen ohne Frage den Grenzen des verheißenen Landes sehr nahe. Gott hat sie aus Ägypten und durch die Wüste geführt. Er hat sie auf eine außergewöhnliche Weise Schritt für Schritt geleitet. Er hat sie beständig mit Manna gespeist und ihr von dem „geistlichen Felsen", Christus, zu trinken gegeben. Es steht außer Zweifel, daß auch das Buch von S. F. Smiley sehr zu ihr geredet und der Ruf Gottes sie schon zu diesem Zeitpunkt erreicht hat, der Ruf, in das „gelobte Land" einzugehen und es in Besitz zu nehmen. Aber sie hat aus irgendwelchen Gründen den Jordan damals noch nicht überschritten; sie ist noch jahrelang an seinen Ufern stehengeblieben. Erst nach sieben Jahren hat sie die Taufe des Heiligen Geistes erlebt und das „gelobte Land" betreten, um es in Besitz zu nehmen. In der Zwischenzeit hat sie es von ferne gesehen und etwas von seiner Schönheit erblickt und sogar von seinen Früchten, den Trauben Eskols, gegessen. Sie hat schon einen Vorgeschmack von den Segnungen haben dürfen, die sie eines Tages wirklich empfangen sollte! *Aber es ist eben doch ein Unterschied, on man nur einen Vorgeschmack von den Segnungen Gottes bekommt, oder ob man alles in Besitz nimmt, was Gott für uns bereithält, um mit aller Gottesfülle erfüllt zu sein.*

Kapitel 10

Mitfolgende Zeichen

Am 29. August 1899 trat Martha Wing eine Stellung als Generalsekretärin beim „Lend-a-Hand Club“ in Davenport an. Dieser Verein war von sozial gesinnten Bürgern gegründet worden und hatte ein Erholungs- und Sozialzentrum für die werktätigen Frauen der Stadt eingerichtet.

Es bedeutete für Martha Wing einen weiteren Fortschritt, wenn sie nun einer regelmäßigen, täglichen Beschäftigung nachging und dies in einem Arbeitsbereich, in dem sie in besonderer Weise Gelegenheit hatte, anderen ein Zeugnis zu sein. So ist es nicht verwunderlich, daß der Feind sie auch bei diesem wichtigen Schritt hart anfocht: Sie hatte eben mit ihrer neuen Arbeit begonnen, als sie hohes Fieber und Schüttelfrost und nachts häufig Schweißausbrüche bekam. Dieser Zustand hielt mehrere Tage an, aber dann wurde sie eines Abend auf Gebet hin augenblicklich geheilt.

Sie hatte eine verantwortungsvolle Position und zeitweise sehr viel zu tun. Oft war es erforderlich, daß sie neben den Aufgaben, die sie tagsüber zu bewältigen hatte, viele Dinge auch noch abends erledigen mußte. Um sich zu vervollkommnen, nahm sie an einem Kursus für Kurzschrift teil, den sie im Frühjahr 1900 mit sehr gutem Ergebnis abschloß.

Neben ihrer täglichen Arbeit und ihrer Teilnahme an dem Kursus leitete sie die Versammlung in Davenport. Sie setzte sich in ihrer freien Zeit unermüdlich für das Werk des Herrn ein. Sie konnte wirklich mit Recht sagen, sie habe „kaum einen Moment der Muße gehabt“.

Den Übergang ins zwanzigste Jahrhundert erlebte Martha Wing in Chicago, wo sie zu einem kurzen Besuch weilte. Am 29. Dezember hatte sie sich von Davenport auf die Reise gemacht und kam noch rechtzeitig in Chicago an, um dort an dem von Dr. Dowie für diesen Anlaß vorbereiteten Sonderprogramm teilnehmen zu können. Von 6,30 Uhr am Sonntagmorgen, dem 31. Dezember, bis 7,00 Uhr am Montagmorgen, dem Neujahrstag 1900, „gut vierundzwanzig Stunden lang, fanden beständig sehr bewegte Versammlungen statt“, die jeweils nur ganz kurz unterbrochen wurden.

Den Hauptgottesdienst bildete eine nächtliche Versammlung, in der über dreitausend Personen den Beginn des neuen Jahrhunderts feierten. Kurz nachdem die Glocken der Stadt das Neue Jahr eingeläutet hatten, enthüllte Dr. Dowie eine Karte, den Plan jener Stadt, die den Namen „Zion“ tragen sollte. Es sollte „eine Stadt Gottes, eine Stadt für Gott“ sein, und sie sollte nach dem von Gott gegebenen Plan errichtet werden. Dort sollten die Einwohner in einer absolut christlichen Umgebung und völlig abseits von dem bösen Einfluß der Welt wohnen und leben können. Das Baugelände war ungefähr vierzig Meilen nördlich von Chicago zwischen den Städten Waukegan/Illinois und Kenosha/Wisconsin, direkt am Michigansee gelegen und umfaßte eine Fläche von 6500 Morgen schönen Ackerlandes.

Für einen Moment war die versammelte Menge still und starr vor Erstaunen. Dann brach ein stürmischer Applaus los, der immer von neuem aufwogte, als die großen Vorteile dieser Sache dargelegt und erklärt wurden.

Nach einer Pause versammelte sich die Menge morgens um 2,00 Uhr aufs neue zu einer ausgedehnten Gebetszeit. „Welch ein wunderbarer Anblick war dies doch! In dicht gedrängten Reihen, von vorn bis hinten, von unten bis zur höchsten Sitzreihe oben auf der Empore knieten Tausende nieder und vereinigten ihre Herzen in diesen feierlichen Stunden des heraufdämmernden neuen Jahrhunderts im gemeinsamen Gebet zu Gott.“ Gegen Ende der Versammlung sang H. Worthington Judd – er war der Mann, der das Baugelände ausgesucht und dessen Kauf in die Wege geleitet hatte – mit seiner schönen, vollen Tenorstimme das Lied: „Geh vorwärts, o Zion!“ Zum Schluß sangen alle mit immer noch frischen und kraftvollen Stimmen die herrliche, alte Doxologie:

„Ehre dem Vater und dem Sohn, dem Heil'gen Geist
auf Seinem Thron!
Der heiligen Dreieinigkeit sei Lob und Preis in Ewigkeit!"

Bei diesem Anlaß war also feierlich bekanntgegeben worden, daß man im Begriff sei, jene Stadt zu bauen, in der Martha Wing dann fast dreißig Jahre leben sollte.

Am 3. Januar 1900 kehrte Martha Wing nach Davenport zurück. In den darauffolgenden Monaten segnete der Herr ihren Einsatz für die Sache des Reiches Gottes, so daß sich ihr Wirkungsbereich nicht nur auf Davenport beschränkte, sondern sich bald auch auf die benachbarten Städte Moline und Rock Island/Illinois, auf der anderen Seite des Missisippi gelegen, erstreckte. Im August wurde eine ganze Anzahl von Gläubigen und Neubekehrten getauft, darunter auch Marthas Schwester Nettie.

Die Tatsache, daß Martha Wing so eifrig dem Herrn diente und die göttlichen Wahrheiten bezeugte, konnte den Vorstandsmitgliedern des „Lend-a-Hand Club" nicht verborgen bleiben. Einige von ihnen nahmen Anstoß daran, daß sie aktiv in einer Gemeinde mitarbeitete, die solche Lehren wie die der göttlichen Heilung verkündigte, und sie befürchteten, sie könnte diese auch unter die Mädchen bringen, die in ihrer Mittagspause zu dem Vereinszentrum kamen und an den dort gebotenen Darbietungen teilnahmen. Aus dem Grunde trat sie am 31. August 1900 von ihrem Posten als Generalsekretärin zurück.

Rückblickend auf die letzten eineinhalb Jahre schrieb Martha Wing im November 1900 an eine Freundin: „Ich darf mich bester Gesundheit erfreuen. Während des vergangenen Jahres hat Satan einige Male versucht, seine Macht an mir zu beweisen und meine früheren Leiden wieder über mich zu bringen. Ich danke Gott, daß Er mich bei diesen Anfechtungen jedesmal – meist augenblicklich – völlig und eindeutig geheilt hat."

Außer den bereits berichteten Heilungen, die sie erlebt hat, erzählt Martha Wing bei anderer Gelegenheit folgendes:

„Bevor ich irgend etwas über göttliche Heilung wußte, hatte ich ein sehr schlimmes Nagelgeschwür. Wir hatten in unserer Familie öfter so etwas, und wissen, wie schlimm das sein kann. Ich hatte dann immer noch rechtzeitig ein Stück Zitrone darauf gelegt und dadurch nur eine Woche lang Schmerzen gehabt. Nachdem mir dann diese biblische Wahrheit aufgegangen war, plagte mich wieder ein solches Geschwür, und der Teufel sagte: ‚Wenn du nun aber doch nicht geheilt wirst? Es wäre sicherlich viel besser, ein Stück Zitrone aufzulegen als womöglich dann die Hand nicht mehr gebrauchen zu können.‘

Ich sah mir das Geschwür an; es tat weh und verursachte Schmerzen bis hinauf zur Schulter. Da drehte ich mich um und sagte zum Teufel: ‚Wenn ich auch meinen Daumen verlieren sollte, werde ich keine Zitrone auflegen!‘ Augenblicklich verließ mich der Schmerz, und der Daumen tat nicht mehr weh; ich ging zu Bett und dachte gar nicht mehr daran. Am Morgen war das Geschwür reif geworden. Es brach auf, der Eiterpfropf kam heraus, und es war dann nicht einmal mehr eine Narbe zu sehen!“

„Das vergangene Jahr war das glücklichste meines Lebens. Ich habe wohl auch einige Fehler gemacht, und es tut mir leid, daß ich sagen muß, ich habe auch gesündigt, und diese Sünden scheinen rückblickend unentschuldbar zu sein. Aber ich danke Gott, daß ich es gelernt habe, nicht einfach darüber hinwegzugehen, sondern gründlich Buße über Dinge zu tun, die ich einst als ‚kleine Sünden‘ betrachtete und die zu einer Barriere zwischen Gott und mir wurden.

Habe immer noch viel zu lernen. Täglich gibt es wichtige Lektionen für mich, aber ich bin nicht mehr widerwillig, wenn es gilt, darauf einzugehen. Es hat sich gezeigt, daß die Wahrheit der göttlichen Heilung ein „wunderschönes Tor“ zu einer völligeren Erkenntnis Gottes und Seiner Liebe ist, ein Eingang zu solchen Höhen und Tiefen Seiner Liebe, wie es sich manche von uns nicht im Traume vorstellen konnten.“

Als für Martha Wing die Zeit kam, sich nach einer anderen Beschäftigung umzusehen, betete sie, daß der Herr ihr den richtigen Arbeitsplatz zeigen möchte. Natürlich dachte sie, sie müßte unter den vielen Stellenanzeigen in der lokalen Zeitung die passende

Stelle suchen. Als sie die Zeitung zur Hand nahm, richtete der Herr ihre Aufmerksamkeit sofort auf ein Inserat und machte ihr klar, daß dies die Stelle sei, um die sie sich bewerben sollte. Die „Tri-City Electric Company“ (Drei-Städte-Elektrikzitätswerk) hatte diese Stelle ausgeschrieben. Es handelte sich um ein aufwärtsstrebendes, erfolgreiches Unternehmen, dessen Niederlassungen sich in Davenport und Moline befanden, und das als einziger Lieferant diese beiden Städte wie auch Rock Island mit Elektrizität versorgte. Nachdem sie sich um diese Stelle beworben hatte, wurde sie sofort angenommen und als Sekretärin des Geschäftsführers der Zweigstelle in Davenport eingestellt.

Das Gehalt – vier Dollar die Woche – war niedrig, doch nicht ungewöhnlich für jene Zeit. Sie war gewiß, daß der Herr sie an diesen Platz gestellt hatte, und so akzeptierte sie diese niedrige Bezahlung, obwohl für sie dadurch ein echtes Problem entstand. Sie gab dem Herrn immer den Zehnten von ihrem Einkommen, aber nun fand sie doch, daß es unmöglich sei, von solch einem kleinen Gehalt den Zehnten zu geben und auch noch Kost und Logis zu bezahlen. Sie wollte aber auf keinen Fall Gott vorenthalten, was Ihm gehörte, selbst wenn sie persönlich dann Not leiden müßte. Doch nachdem der Herr sie geprüft hatte, erwies Er sich wunderbar an Seinem treuen und gehorsamen Kind. Herr Wheelock der Geschäftsführer der Zweigstelle, war von der Intelligenz, dem Fleiß und der Tüchtigkeit seiner neuen Sekretärin derart beeindruckt, daß er ihr Gehalt gleich nach der ersten Woche aufbesserte. Nun konnte sie ihren Zehnten geben und ohne weiteres auch allen ihren Verpflichtungen nachkommen.

Während Martha Wing in der „Tri-City Electric“ arbeitete, wurde Herr Wheelock nicht nur von ihrer Leistungsfähigkeit beeindruckt, sondern er sah auch, daß Gott in ihrem Leben war. Der Geist Gottes begann, ihn zu Christus zu ziehen, und schließlich kam es so weit, daß er sich der Versammlung anschloß, deren Leiterin seine Sekretärin war. Auch seine Schwester bekehrte sich – sie besorgte den Haushalt für ihn und seine Kinder, die ihre Mutter verloren hatten – und wurde eine eifrige Christin und eine der persönlichen Freundinnen von Martha Wing. Hinter allem stand ganz offensichtlich das Handeln Gottes. Er hat diesen prominenten Geschäftsmann der Stadt zu der kleinen Gemeinde hinzugetan und dafür gesorgt, daß Martha Wing einen Arbeitgeber bekam, der dem Werk des Herrn wohlgesinnt war. Herr Wheelock gestattete ihr sogar, ihren Platz im Büro während der Arbeitszeit zu verlassen, wenn sie von Kranken gerufen wurde.

Eines Tages traf im Büro eine dringende Bitte ein. Eines der treuesten Glieder der Gemeinde war schwer erkrankt und bat Martha Wing um ihren Besuch. Zu diesem Zeitpunkt war sie aber bereits im Dienst für den Herrn unterwegs. Bei ihrer Rückkehr fand sie diesen Notruf vor und eilte sogleich, um auch dieser Frau, die auf der anderen Seite des Mississippi wohnte, beizustehen und für sie zu beten.

Als sie das Haus erreicht hatte, begegnete sie vor der Haustür dem ungläubigen Sohn der Frau. Er wies sie schroff ab, indem er ihr zu verstehen gab, daß man sie nicht mehr brauche, da seine Mutter bereits gestorben sei. Er wollte die Tür schon schließen, als sie ihn noch fragte, ob es ihr nicht wenigstens gestattet sei, den Leichnam ihrer Freundin zu sehen. Widerwillig ließ er sie ein. Die Nachbarn hatten diese Frau in dem Glauben, daß sie tot sei, schon für die Beerdigung hergerichtet und aufgebahrt. Als Martha Wing ihre Freundin dort liegen sah, legte sie die Hand auf ihr Haupt und – in dem Augenblick öffnete sie zum Erstaunen aller Anwesenden ihre Augen, lächelte und erhob sich.

Martha Wings gesegneter Dienst für den Herrn konnte nicht verborgen bleiben. Auch Dr. Dowie wurde auf sie aufmerksam und schlug vor, daß sie ordiniert werden sollte. So wurde sie zusammen mit einer großen Anzahl von Kandidaten am 24. Mai 1901 in Chicago für den Dienst am Evangelium ausgesondert und ordiniert. Unter den Kandidaten befand sich übrigens auch eine junge Frau, die Martha Wing damals wohl nur mit Namen kannte, die aber einige Jahre später eine ihrer engsten Freundinnen und Mitarbeiterinnen wurde: Lydia Leggett, die später George A. Michell heiratete.

Nachdem Martha Wing nach Davenport zurückgekehrt war, begann für sie eine Zeit eifriger Wirksamkeit für den Herrn. Zu Beginn des Sommers bewegte sie die Gemeindeglieder dazu, in Davenport, Rock Island und Moline von Tür zu Tür zu gehen und diese Städte systematisch durchzuarbeiten. Während der Sommermonate setzte sie diesen Dienst mit ihrer Gruppe unermüdlich fort, obwohl die meisten, denen sie die Botschaft von Jesus brachten, uninteressiert und gleichgültig waren. Neben diesem Besucherdienst hielt Martha Wing auch Straßenversammlungen, die allerdings „wenig oder keine Resultate brachten".

Aber sie gab nicht nach und ließ sich nicht entmutigen. Sie suchte nach Wegen und Möglichkeiten, wie sie Menschen für Christus gewinnen konnte, und fand heraus, daß sie am meisten Erfolg hatte, wenn sie einzelne persönlich ansprach und ihnen ein Exemplar „Blätter der Heilung" gab; diese Blätter enthielten immer aufrüttelnde und glaubenweckende Predigten und Zeugnisse, die dem Leser die rettende und heilende Macht Gottes vor Augen führten.

Die Zeugnisse derer, die durch den Dienst von Martha Wing geheilt worden waren, haben auch andere im Glauben ermutigt. Im Juni wurde sie zu einer deutschen Frau gerufen, die einen Schlaganfall gehabt hatte und dann völlig gelähmt war. Am nächsten Tag war die Frau schon „so weit wieder hergestellt, daß sie sich auf die Veranda setzen konnte. Sie war geistig völlig verwirrt und abwesend gewesen, nun aber war sie auch geistig wieder gesund. Am darauffolgenden Sonntag konnte sie schon draußen hin- und hergehen." Diese Frau wurde außerdem auch von Rheumatismus und von einem Herzleiden geheilt – durch das Gebet des Glaubens.

In einem anderen Fall wurde ein Mann geheilt, der von seiner Kindheit an immer an einem Katarrh gelitten und für Heilmethoden und Medikamente Hunderte von Dollar ausgegeben hatte. Martha Wing lud ihn ein, zur Versammlung zu kommen. „Ich war zu krank, um gehen zu können", so bezeugte er später, „aber auf das Gebet hin gab Gott mir die Kraft, dorthin zu gehen. Ich war wirklich sehr krank, als ich zum Gebet niederkniete. Als ich mich dann erhob, merkte ich noch keine Besserung. Doch Preis sei Gott, bevor ich die Versammlung verlassen hatte, war mein altes Leiden völlig verschwunden. Ich warf alle meine Medizin fort und habe auch meine Brille beiseite gelegt. Ich stütze mich ganz auf die kostbaren Verheißungen Gottes. Er hat mich gesund gemacht."

Ein weiteres besonders erwähnenwertes Wunder war die Rettung und Heilung einer einundachtzigjährigen Frau, die seit vierzig Jahren vom Glauben abgefallen war. Nachdem sie vom Glaubensweg abgekommen war, hatte sie ihre Bibel ins Feuer geworfen. In ihren alten Tagen hatte ihr dann jemand „Blätter der Heilung" gesandt, deren Inhalt sie so ergriff, daß sie nicht genug darin lesen konnte. Das hatte zur Folge, daß sie wieder an Gott glauben konnte und die Bibel für sie ein neues Buch wurde. Später wurde sie von einem Fußleiden geheilt; wegen dieses Leidens war sie vorher mehrmals am Fuß operiert worden. Es handelte sich um ein Gewächs, das immer wiederkam, nachdem es wegoperiert worden war.

Die Schwester von Martha Wings Chef bezeugte, daß der Herr ihre Augen berührt habe, so daß sie ihre Brille nicht mehr brauche.

So hat der Herr Sein Wort auf Seine Weise durch Zeichen und Wunder bestätigt und Menschen zu der Versammlung hinzugetan.

Kapitel 11

. . . und die Flamme soll dich nicht versengen

„Es wäre besser, Sie würden gleich nach Hause fahren", so drängte Herr Wheelock seine Sekretärin. Er war sofort zum Büro der „Tri-City Electric Company" geeilt, nachdem er erfahren hatte, daß ein schreckliches Feuer in Ost-Davenport wütete und daß es mit großer Geschwindigkeit nordwärts zu dem höher gelegenen Stadtteil „Mount Ida" raste. Er dachte sofort an seine Sekretärin und fragte sie, ob sie nicht in der Gegend wohne. Ja, dort wohnte sie.

Martha Wing verließ eilig das Büro. Draußen sah sie, daß schwarze Rauchwolken den Himmel verdunkelten. Viele Menschen versuchten wie sie, ihre Häuser zu erreichen, bevor das Feuer sie vernichten würde. Es war unmöglich, mit der Straßenbahn zu fahren – alle Wagen waren überbesetzt. So blieb ihr nichts anderes übrig, als zu Fuß nach Hause zu eilen. Sie mußte einen Weg von gut drei Kilometern ziemlich steil bergan gehen. Es war für sie immer ein mühsamer Weg, doch an diesem schwülen Julitag, dem 25. Juli 1901, empfand sie, als sie so inmitten der Menschenmenge durch die heißen, staubigen Straßen dahineilte, den Weg besonders anstrengend. Sie wußte, daß sich die vernichtenden Flammen dem Haus, in dem sie wohnte, in wildem Tempo näherten, und so lief sie, so schnell es ihr nur möglich war.

Dieses Feuer war kurz zuvor am Ufer des Mississippi ausgebrochen; man hatte dort zunächst nur einen kleinen Rauchwirbel entdeckt. Als die Feuerwehr anrückte, sah der Brand noch ziemlich harmlos aus, so, als ob größere Haufen Brennholz angezündet worden wären. Doch innerhalb von zwanzig Minuten entwickelte er sich zu einer „knisternden und prasselnden Flammenhölle", die die ganze Stadt zu zerstören drohte.

Das Wetter begünstigte eine rasche Ausbreitung des Feuers. In Davenport war es schon längere Zeit sehr heiß gewesen. Am Tag zuvor hatte das Thermometer eine Temperatur von 41°Celsius angezeigt. Seit vielen Wochen hatte es nicht mehr geregnet, und so war in der Stadt alles dürr und trocken. Als die Feuerwehrleute das Feuer in den Holzhaufen bekämpften, kam ein starker Südwind auf, der sie in ihren Bemühungen behinderte; er wehte einige Funken in einen großen Haufen Sägemehl. Von dort aus griff das Feuer rasch auf ein nahegelegenes, großes Holzlager über.

Nun schien das Schicksal der ganzen Umgebung besiegelt; niemand war mehr imstande, das Unglück aufzuhalten. Das Feuer sprang auf riesige Stapel von Holzschindeln und Bauholz über. Dann erfaßte es ein Sägewerk und die angrenzenden Häuser, in denen sich die Büros und Lager der Holzfirma befanden. Es wurde nochmals Alarm gegeben, weitere Löschzüge rückten in Eile heran. Inzwischen waren Hilferufe aus ganz Ost-Davenport gekommen. Es bestand kaum eine Aussicht mehr, daß die Feuerwehren diesen riesigen Brand in ihre Gewalt bringen könnten. Die Schläuche verbrannten stellenweise, und so waren die Verbindungen zu den Hydranten abgeschnitten. Dann sprangen die Flammen plötzlich mit einem heulenden Windstoß auf die andere Seite der Riverstreet über und rasten auf die nächstgelegenen Häuser und Geschäfte zu.

In wilder Flucht rannten die Bewohner um ihr Leben. Auf den schmalen Straßen von Ost-Davenport lag der Staub mehrere Zentimeter hoch. Fahrzeuge und Pferdewagen wurden durch die schreiende Menge geschoben und getrieben. Den Frauen wurden in diesem Durcheinander die weinenden Kinder von der Hand gerissen, Männer schrien mit heiserer Stimme. Alle drängten den Hügel hinauf – in der Hoffnung, dort oben in Sicherheit zu sein. Diese bergan stürmende Menge bot ein Bild schrecklicher Verwirrung.

Das alles wurde von einem hohl dröhnenden, gewaltig brausenden Getöse, das die berghohen, roten Flammen verursachten, übertönt. Es war erst um die Zeit der Abenddämmerung, aber die Schwarzen Rauchwolken hatten den Himmel derart verdunkelt, daß es so finster war, als wäre es bereits Mitternacht. Das riesige Holzlager war zu einem einzigen feuerspeienden Vulkan geworden. Die Flammen schlugen etwa 100 Meter in die Höhe. Der Sog des Aufwindes war so stark, daß er jeweils immer zugleich vier bis sechs brennende Holzscheite mit sich hinauf in die Höhe riß und diese dann irgendwohin in die weitere Umgebung geschleudert wurden, um dort neue Brände zu entfachen. Die Häuser um das Holzlager herum standen alle in hellen Flammen. Bäume brannten nieder wie Streichhölzer. Viele Häuser, die bei dem heißen Klima der letzten Monate völlig dürr und ausgetrocknet waren, gingen infolge der ungeheuren Hitze plötzlich in Flammen auf, bevor sie überhaupt mit dem Feuer in Berührung gekommen waren. Die Feuerfront raste mit solcher Geschwindigkeit voran, daß die Feuerwehrleute machtlos waren.

„Man konnte immer wieder beobachten, wie das aus einer Feuerwehrspritze strömende Wasser von den Flammen aufgeleckt und verschlungen wurde, bevor es überhaupt auf den eigentlichen Brandherd gefallen war. Das Wasser konnte gar nicht bis zum brennenden Material gelangen; es verdunstete in der heißen Luft", schrieb ein Reporter, der Augenzeuge dieses großen Feuers gewesen war.

Die hölzernen Gehwege wurden zu feurigen Pfaden und bildeten eine Brücke für den Großbrand, so daß dieser über eine Schlucht hinweg den Berg hinaufrasen konnte. Unterdessen wurden auch schon im „Mount Ida Bezirk" viele Häuser, Stallungen und Hinterhäuser durch brennende Scheite, die überallhin durch die Luft geflogen kamen, in Brand gesteckt. Nun drohte ganz Ost-Davenport von diesem ungeheuren, rasenden Großbrand vernichtet zu werden. Jedermann dachte in dieser Situation an den Großbrand von Chicago.

Um die Häuser nördlich des Holzlagers zu retten, sprengte man mit Dynamit breite Gräben; auf diese Weise hoffte man, das um sich fressende Feuer aufhalten zu können. Ganz Davenport wurde von den Detonationen erschüttert, während mit den Dynamitladungen tiefe Furchen in den Boden gerissen wurden. Der Erfolg war gleich null; die Flammen sprangen über die gesprengten Querrinnen und das Feuer breitete sich weiter aus.

Die Feuerwehren von Rock Island und Moline beratschlagten, was zu tun sei, damit sich das Feuer nicht auch noch bis zum Geschäftsviertel hin ausweite. Ein letzter verzweifelter Versuch wurde unternommen, indem Feuerwehrleute und Freiwillige der drei Städte auf dem Gelände der Firma U. N. Roberts Co. Schlauchverbindungen legten.

Die Häuser dieser Holzhandlung waren durch einen günstigen Wind zunächst von den Flammen verschont geblieben; nun aber rauchten sie bereits, und die Angestellten der Firma versuchten, sie durch nasse Zeltplanen feucht zu halten. Würden nämlich diese Berge von Holz und die Lagerschuppen der Holzfirma Feuer fangen, gäbe es keine Möglichkeit mehr, die Flammenhölle davon abzuhalten, westwärts über den Hügel hin und möglicherweise bis zum Geschäftszentrum vorzudringen. Als die Männer hier bei diesem letzten Versuch die Schläuche legten, standen die Dächer der angrenzenden Häuser bereits in hellen Flammen.

Diese Einzelheiten waren Martha Wing freilich nicht bekannt, als sie heimwärts eilte. Aber sie konnte sehen, daß das Feuer bereits ganz in der Nähe ihrer Wohnung wütete, nur einige Häuserblocks entfernt. Endlich hatte sie das Haus Nr. 734 in der 14. Straße von Ost-Davenport erreicht. Schon war der schwarze Rauch bis zu diesem Haus vorgedrungen. Es war ihr klar, daß es innerhalb kurzer Zeit niederbrennen würde, und so rannte sie die Treppe hinauf in ihr Zimmer, um zu retten, soviel sie nur konnte. Doch als sie in ihr Zimmer trat, konnte sie keinen klaren Gedanken fassen. Sie stand einen Moment da und dachte an ihr Sparbuch. Dann aber sah sie ihre Bibel mitten auf dem Bett liegen, und sie nahm sie in die Hand. Es schien ihr, dies sei alles, was sie brauche.

So ging sie nur mit ihrer Bibel wieder hinunter. Von der Veranda aus konnte sie nun deutlich sehen, wie das Feuer mit großer Geschwindigkeit immer näher kam. Dichte Rauchschwaden schlugen gegen das Haus. Während sie dies alles beobachtete, kamen ihr die Worte aus Jesaja 43,2 in den Sinn:

„... und die Flamme soll dich nicht versengen."

Das war das Wort Gottes für sie! Sie erhob die Hand gegen die drohenden, unbezwingbaren Flammen, indem sie diese Verheißung im festen Glauben für sich in Anspruch nahm.

In dem Augenblick schlug der Wind um. Das Haus und auch die Nachbarhäuser waren gerettet!

Als ihr klar wurde, was geschehen war, ging sie wieder ins Haus und hinauf in ihr Zimmer, legte die Bibel mitten aufs Bett und dankte Gott für Sein machtvolles Eingreifen und die wunderbare Bewahrung.

Doch zu diesem Zeitpunkt erkannte sie noch nicht das volle Ausmaß des Wunders, das Gott für Seine Dienerin vollbracht hatte. Als der Wind umschlug, wurden die Flammen gegen den Fluß getrieben, wo das Feuer in kurzer Zeit ausbrannte und erlosch. So wurden das Haus, in dem sie wohnte, und ihre Nachbarschaft in diesem Stadtteil verschont, weil das alles verwüstende Feuer zum Stehen gekommen war, und auch die ganze Stadt vor einer möglicherweise völligen Zerstörung bewahrt.

Sehr bedeutsam ist das Zeugnis eines Reporters im „Morning Democrat" am folgenden Tag: „Das Feuer konnte zu keinem Zeitpunkt wirksam bekämpft werden. Von Anfang an konnte es niemand aufhalten, außer an einigen Stellen an der Peripherie. Es konnte bis zuletzt nicht unter Kontrolle gebracht werden, sondern hörte von selbst auf zu brennen. Und wenn alle Schläuche von Iowa zur Bekämpfung jenes feurigen Vulkans eingesetzt worden wären, hätten diese nichts ausgerichtet."

Dann heißt es weiter: „Es schien unmöglich zu sein, das Hauptlager der Firma Roberts vor dem Flammenmeer zu schützen. Doch da war es auf einmal, als würde der Wind innehalten. Es sprühten keine Funken mehr durch die Luft, und die Feuerwehr bekam Zeit, sich neu zu formieren. Inzwischen war das Feuer oben auf dem Berg zum Stillstand gekommen; der Brand hatte nachgelassen."

Niemand konnte eine einleuchtende, natürliche Erklärung für diesen Vorgang geben; „oben auf dem Berg“ hatte nämlich eine kleine Frau gebetet, und Gott hatte geantwortet, und so war die ganze übrige Stadt bewahrt geblieben.

Innerhalb der kurzen Zeit von etwa drei Stunden waren zwanzig Morgen Stadtgebiet mit Häusern und Geschäften niedergebrannt. Die Höhe des Schadens wurde auf etwa 1,25 Millionen Dollar geschätzt. Die Hitze, die sich während der Feuerbrunst entwickelt hatte, war so groß, daß die Straßenbahnschienen sich verkrümmt hatten. Mindestens zweihundertfünfzig Personen waren obdachlos geworden. Einige hatten zwar Brandwunden, doch war niemand ums Leben gekommen. „Obwohl es ein tragisches Feuer war, das größte in der Geschichte der Stadt, war es doch zugleich auch ein ‚Wunderfeuer‘,“ so bemerkte der „Morning Democrat“ zum Schluß.

Das Gebet des Gerechten vermag in der Tat viel, wenn es ernstlich ist.

Kapitel 12

In trügerischen Gewässern

Im September 1901 besuchte ein Prediger die Gemeinde in Davenport, um eine Reihe von besonderen Versammlungen zu halten. Martha Wing hatte als Vorbereitung mit Gliedern der Gemeinde einige Tausend Einladungszettel verteilt.

„Die Versammlungen waren reich gesegnet", berichtete Martha Wing, „und die Leute zeigten ein immer größeres Interesse. Gegen Ende der Vortragsreihe waren es viele, die nach der Wahrheit suchten. Als die Besucher am Schluß der letzten Versammlung hinausströmten, hörte man von solchen, die zum erstenmal gekommen waren, daß sie es bedauerten, nicht schon früher gekommen zu sein. Wir glauben, daß Gott hier eine Tür aufgetan hat und daß Er in diesen drei Städten nun ein noch größeres Werk tun wird."

Ohne Zweifel stand dies auch im Plane Gottes. Doch leider war es Martha Wing nicht vergönnt, dieses „größere Werk" erleben zu dürfen. Wie sehr hatte sie immer wieder darum gebetet und in aller Treue darauf hingearbeitet - doch nun, als der Herr in dieser besonderen Weise zu wirken begann, wurde sie auf ein anderes Arbeitsfeld berufen.

Dr. Dowie prüfte sorgfältig die regelmäßig in seinem Büro eintreffenden Berichte der verschiedenen Prediger, die mit ihm zusammenarbeiteten. Wenn er feststellte, daß sich jemand als besonders tüchtig erwies, berief er diesen Mitarbeiter gewöhnlich in sein Hauptbüro, um ihn irgendwo anders einzusetzen, wo er nach seiner Meinung nötiger gebraucht wurde oder entsprechend seinen Fähigkeiten wichtigere Dienste tun konnte. So ist es nicht verwunderlich, daß er Martha Wing im Herbst 1901 nahelegte, ihre Arbeit in Davenport aufzugeben und nach Chicago zu kommen.

Selbst ein flüchtiger Beobachter hätte sofort gesehen, daß es für

Martha Wing jetzt nicht der richtige Zeitpunkt war, ihren Wirkungsbereich zu verlassen. Die Versammlung war in der Zeit, in der sie dort dem Herrn diente, beständig größer geworden, und nun schien es, daß eine reiche Ernte bevorstand, nachdem sie den kostbaren Samen des Wortes Gottes unter viel Gebet gesät hatte. Später war es Martha Wing klar geworden, daß sie nach dem Willen des Herrn hätte in Davenport bleiben und nicht weglaufen sollen, da Er ihren Dienst dort so offensichtlich gesegnet und bestätigt hatte. Schließlich hatte doch der Herr Selbst ihr das Licht und den Glauben gegeben, dieses Werk zu tun. Er, der Oberhirte, hatte ihr ein Hirtenherz für die Schafe jener speziellen Weide gegeben.

Doch zu dieser Zeit sah sie noch keine andere Möglichkeit, als den Anweisungen von Dr. Dowie Folge zu leisten. Sicherlich mußte solch ein Mann Gottes wie er, ein erfahrener und geschätzter Prediger, den Willen des Herrn besser kennen als sie, eine junge Christin und Anfängerin im Werk des Herrn. Deshalb gehorchte sie ihm demütig und ohne zu zögern, wie immer sie innerlich auch empfand. Sie dachte, sein Wille würde mit dem Willen Gottes übereinstimmen, und so werde dieses auch der richtige Weg sein, den sie zu gehen hätte.

Tatsächlich brauchte Dr. Dowie für sein gigantisches Bauprojekt „Zion City“ tüchtige Leute, und so sah er sich nach fähigen Männern und Frauen um, die ihm bei der Verwirklichung seiner Pläne helfen sollten. Er berief viele seiner Prediger, von denen er dachte, daß sie die geeigneten Mitarbeiter für dieses Werk wären, ins Hauptquartier. Es war sein Plan, zuerst einmal ein großes Missionszentrum aufzubauen, von dem aus dann Missionare und Evangelisten in alle Welt gesandt werden sollten. In der Zwischenzeit - bis dies errichtet worden war - sollten die meisten dieser Reichsgottesarbeiter verschiedene Aufgaben beim Aufbau des Zentrums übernehmen; für geistliche Dienste gab es zu der Zeit sehr wenig Gelegenheit. Dies war eigentlich nur als Übergangslösung gedacht, doch leider wurde sie für viele zu einem Dauerzustand und zu einer Sackgasse, aus der sie nie wieder herausfanden. Viele kamen auf diese Weise von dem Weg ihrer eigentlichen Berufung ab und verloren die göttliche Bestimmung für ihr Leben ganz aus den Augen.

Es waren wirklich trügerische Gewässer mit verborgenen Untiefen und lauernden Gefahren, in die Martha Wings Lebensschifflein zu dieser Zeit hineingeriet. Sie verließ Davenport im November 1901 und reiste nach Chicago. In diesem Monat feierte sie ihren siebenundzwanzigsten Geburtstag. Diesen Tag betrachtete sie als einen wichtigen Meilenstein in ihrer Laufbahn; er bildete den Abschluß eines bestimmten Zeitabschnittes ihrer geistlichen Erfahrung. Viele Jahre später bemerkte sie: „Von meinem dreiundzwanzigsten bis zum siebenundzwanzigsten Lebensjahr war ich wie eine Schatzkiste, in die der Herr die Wahrheiten Seines Wortes hineingelegt hat.“ Er hatte Sein Kind während dieser vier Jahre unterwiesen und in die biblischen Wahrheiten eingeführt, und sie war eine willige und gelehrige Schülerin gewesen.

Sie hatte sich in früheren Jahren gewisse Studienmethoden angeeignet und es sich zur Gewohnheit gemacht, eine Sache gründlich zu studieren. Diese Gewohnheit übertrug sie dann auch auf das Bibelstudium, wovon ihre Notizbücher und Hefte, die sie zu dieser Zeit benutzte, ein beredtes Zeugnis ablegen, denn sie schrieb alles sorgfältig nieder, was ihr wertvoll und wichtig geworden war. Hier folgt als Beispiel eine von ihr aufgestellte Liste von Themen, die sie in den Evangelien studiert hat:

Gleichnisse, Vergleiche, Gegenüberstellungen
Heilungsberichte
Begebenheiten aus dem Leben Jesu, außer Heilungen
Jesu Lehre über das Gebet
Jesu Lehre über den Glauben und darüber, wie man Gott suchen soll
Göttliche Heilung.

Einige dieser Studien waren ihr so wertvoll, daß sie diese auf die leeren Seiten am Ende einer Bibel schrieb, die sie einige Jahre später besaß, speziell die Aufzeichnungen über die Heilungsberichte und über göttliche Heilung.

Es scheint, daß sie in Verbindung mit ihrem intensiven Studium des Alten Testaments zu dieser Zeit auch zum erstenmal das Buch von Josephus „Antiquities of the Jews“ (Altertümer der Juden) las, wobei sie dessen Inhalt sorgfältig mit der Bibel verglich, viele Bemerkungen über das Buch machte, Unterschiede und Abweichungen feststellte und eigene Beiträge niederschrieb. Einige Jahre später nahm sie dieses Buch wieder zur Hand, studierte es nochmals sehr genau und schrieb viele Erklärungen und Anmerkungen an den Rand. Außerdem studierte sie noch das andere Buch von Josephus: „Wars of the Jews“ (Die Kriege der Juden). Die vielen Anmerkungen, die sie darüber niedergeschrieben hat, stellen eine Kurzfassung dieses bemerkenswerten Buches dar. Es handelt von der Zerstörung Jerusalems im Jahre 70 n. Chr. und enthält also einen Bericht, aus dem wir ersehen können, wie eine Anzahl der Prophezeiungen Christi in Erfüllung gegangen sind.

So las und forschte Martha Wing mit großem Eifer in der Schrift und in den Büchern, und zwar neben ihrer schweren beruflichen Tätigkeit und ihrem geistlichen Dienst!

Wenn man um diese Einzelheiten weiß, wird einem das Zeugnis besonders eindrücklich, das Martha Wing in Chicago - ungefähr zwei Wochen nachdem sie dorthin gegangen war - gegeben hat: „Ich war zweieinhalb Jahre lang bettlägerig und völlig arbeitsunfähig. Nach meiner Heilung stand ich dann zweieinhalb Jahre im Berufsleben. Es ist mir bewußt, daß ich von meiner natürlichen körperlichen Konstitution her niemals die Kraft gehabt hätte, so angestrengt zu arbeiten. Ich habe fast ein Jahr hindurch nachts nur vier bis fünf Stunden geschlafen und ein Arbeitspensum von zwei Frauen geleistet. Dabei bin ich nicht eine Stunde wegen Krankheit meinem Arbeitsplatz ferngeblieben und habe auch keine Versammlung versäumt. Ich meine, es ist schon etwas ganz Außergewöhnliches für jemanden, der fast von Geburt an schwächlich und invalid gewesen ist.“ Man könnte noch hinzufügen, daß dies selbst für einen Menschen mit normaler Körperkaraft und guter Gesundheit eine außergewöhnliche Leistung bedeutet hätte.

Martha Wing

Dieses Bild wurde mit dem Zeugnis ihrer Heilung im Jahre 1900 veröffentlicht

Zion-Heim, Chicago

Martha Wing war im Jahr 1899 einige Wochen hier, als sie Heilung suchte. Im Jahr 1901 kam sie wieder hierher, um dem Herrn zu dienen.

Kapitel 13

Auf Nebenwege geraten

In Chicago arbeitete Martha Wing bis zum Ende des Jahres 1901 zunächst als Stenotypistin im Verwaltungsbüro des Missionswerkes. Dann erhielt sie die Stelle als Sekretärin bei dem Direktor eines Unternehmens, das sich zu dem wichtigsten und größten Industriebetrieb der Stadt Zion, der „Zion Lace Industries“ (Spitzenfabrik Zion), entwickeln sollte. Die Tatsache, daß man gerade sie für diese verantwortungsvolle Stelle auswählte, zeigt, daß sie in hohem Ansehen stand, denn in dieser Position hatte sie neben ihrer Tätigkeit als Sekretärin die Aufgabe, alle Frauen, die in diesem Betrieb angestellt waren, seelsorgerlich zu betreuen. Zu Beginn des Jahres 1902 zog sie darum in die neu entstehende Stadt Zion, die im Juli des vorhergehenden Jahres offiziell eingeweiht worden war, und so wurde sie zu einer aktiven Mitarbeiterin bei der Bildung einer theokratischen Gesellschaft, die nur von Gott und Seinen Gesetzen regiert werden sollte.

Martha Wing wohnte in Zion zunächst im Hospiz „Edina“. Es war ein hotelähnliches Heim und dazu errichtet worden, Angestellte der Spitzenfabrik und anderer Betriebe und außerdem auch zukünftige Siedler zu beherbergen, bis die Wohnviertel bezugsfertig wurden. In diesem Hause lebten die Bewohner in Harmonie, Frieden und Reinheit beieinander wie in einer großen Familie. Der Heimbetrieb wurde von einem Angestellten des Missionswerkes geleitet, und für die geistliche Betreuung dieser großen Familie war einer der Prediger verantwortlich. Eine Zeitlang war dies die Aufgabe von Martha Wing. Sie hielt die tägliche Familienandacht und unterrichtete in einer Bibelklasse – natürlich nur abends, nachdem man viele Stunden gearbeitet hatte.

In einer dieser Bibelstunden fühlte Martha Wing sich geleitet, die Klasse über das Gedankenleben eines Christen zu belehren und las dazu Philipper 4,8:

„Weiter, liebe Brüder, was wahrhaftig ist, was ehrbar, was gerecht, was rein, was lieblich, was wohllautet, ist etwa eine Tugend, ist etwa ein Lob, dem denket nach!“

Dieses Gebot, so erklärte die Lehrerin, stehe in der Bibel, damit es nicht nur gelesen, sondern auch befolgt werde; jeder wahre Christ sollte es wörtlich nehmen – so wie es geschrieben steht – und ausleben. Die Folge der Belehrung war, daß alle Bewohner des Heimes dazu angeregt wurden, dieses Wort auch wirklich im praktischen Leben anzuwenden.

Die Serviermädchen kamen zum Beispiel überein, sich bei ihren Tischgesprächen nach diesem Wort zu richten. Begann eines von ihnen damit, eine Geschichte zu erzählen, vielleicht, nachdem es etwas von den Gesprächen im Eßsaal aufgeschnappt oder erlauscht hatte, dann wurde gefragt: „Ist es auch wirklich so – ist es wahr?“ Wenn man dann nicht ganz sicher war, durfte es nicht weitererzählt werden. Konnte die Geschichte dieser Prüfung standhalten, dann wurde sie noch anhand der anderen in diesem Vers aufgeführten Normen geprüft. Auch die Männer nahmen sich vor, in ihren Räumlichkeiten diesem Gebot Folge zu leisten. Einer hatte die Gewohnheit, auf seiner Geige zu spielen. Diese Musik mag an sich gut gewesen sein – vielleicht sogar klassisch –, gewisse Stücke aber erinnerten einen der Mitbewohner an sein früheres Sündenleben, von dem er inzwischen erlöst worden war. Er sagte dies offen dem Geigenspieler, und dieser empfand, daß er solche Stücke lieber nicht spielen sollte, da sie den Bruder belasteten und ihm zum Ärgernis wurden.

Das Bestreben aller Heimbewohner, diesem einfachen und praktischen Gebot zu gehorchen, hatte natürlich seine Auswirkungen. Das geistliche Leben aller Beteiligten wurde verändert. Noch viele Jahre später konnte man diese Auswirkungen feststellen und sich an die Lektion erinnern, die damals alle Glieder der Hausgemeinschaft veranlaßte, sich vorzunehmen, nur Gedanken Raum zu geben und Dinge auszusprechen, die vor Gott wohlgefällig sind.

Der geistliche Dienst von Martha Wing beschränkte sich nicht nur auf das Heim und die Fabrik. Es war ihr Verlangen, die Botschaft von der Errettung, Heilung und einem Wandel in der Heiligung denen zu bringen, die sich noch in der Finsternis befanden, und so leitete sie eine Gruppe von Mitarbeitern aus dem Heim und der Fabrik dazu an, in den benachbarten Städten Haus für Haus zu besuchen. An jedem Sonntagvormittag fuhren sie nach Waukegan oder nach Kenosha, um die Botschaft des Evangeliums in die Häuser zu bringen und Straßenversammlungen zu halten.

Einer von denen, die bei verschiedenen Einsätzen mit ganzer Hingabe mitarbeiteten, war ein hochgewachsener, gutaussehender junger Mann, Henry Walker Robinson. Er war einer der ersten Siedler in dieser Stadt. Im Jahr zuvor war er zusammen mit seinem Freund, William Marlatt, von Toronto, Kanada, nach Zion City gekommen. Er hatte gehört, daß „Gott in ihrer Mitte“ sei, und so wollte er sich zunächst einmal selbst davon überzeugen, ob dies auch wirklich so war. „Ich hatte einen inneren Kampf, und es bereitete mir Schwierigkeiten, mich mit der Lehre von Zion anzufreunden. Schließlich wurde mir aber klar, daß ich selbst vor Gott nicht richtig stand, und nun war ich überzeugt, daß das, was in Zion gelehrt wurde, von Gott war. Ich ersuchte einige Gläubige, für mich zu beten. Diese Gebete wurden erhört, und Gott hat mich gesegnet.“

„Harry“, wie man ihn nannte, wurde am 7. April 1874 in England geboren. Seine Eltern, Thomas und Eliza Jope Robinson, waren mit ihm, als er noch ein kleiner Junge war, nach Kanada ausgewandert. Er war der einzige Sohn, der Stolz und die Freude seiner Mutter, die ihn hingebungsvoll umsorgte. Als junger Mann fühlte er sich berufen, Gott zu dienen, und später stellte er sich für den Dienst im Reiche Gottes zur Verfügung.

Martha Wing und Harry Robinson hatten im Heim und auch sonst beim Dienst für den Herrn täglich Kontakt. Harry war ein gebildeter junger Mann, angenehm im Umgang und sehr eifrig im Dienst für den Herrn. Schon bald entdeckten Martha und er, daß sie manche gemeinsamen Interessen hatten und geistesverwandt waren. Es dauerte dann auch nicht lange, bis Harry Martha zu umwerben begann.

Nun war Martha Wing aber schon bevor sie Harry Robinson kennenlernte innerlich zu der Überzeugung gekommen, daß es Gottes Wille für sie sei, ledig zu bleiben, damit sie, ohne abgelenkt zu werden, ganz für den Herrn und Seine Sache dasein könne. Dr. Dowie jedoch ermutigte alle jungen Frauen in seinem Werk zu heiraten, Kinder zur Welt zu bringen und sie für Gott und Zion aufzuziehen. Schließlich hatte er doch in so vielen Dingen recht, und so meinte sie, sie könnte in dieser Sache vielleicht im Irrtum sein. Und doch war in ihrem Herzen jene tiefe Überzeugung, und sie konnte beim besten Willen nichts anderes denken, als daß Gott diese in sie hineingelegt habe.

Martha Wing befand sich im Tal der Entscheidung. Was sollte sie tun? Für sie gab es nur eins, was sie in dieser Welt begehrte, daß der Wille Gottes in ihrem Leben geschehen möchte! Etwas anderes kam für sie gar nicht in Frage, bedeutete es nun ledig zu bleiben oder zu heiraten. Aber die gegenteilige, in Zion vertretene Ansicht und die Ratschläge, die ihr gegeben wurden, brachten sie in Verwirrung. Schließlich aber gab sie Harry Robinson eine Absage.

Um so gewissenhafter und hingebungsvoller widmete Martha Wing sich den ihr zugewiesenen Aufgaben im Büro, im Heim und in dem Dienst auf dem Erntefeld des Herrn, während alle um sie herum in fieberhafter Eile und Geschäftigkeit an dem Aufbau einer Stadt arbeiteten.

Man bekommt einen Begriff von dem unglaublich schnellen Wachstum der Stadt Zion, wenn man sich vergegenwärtigt, daß diese Stadt neun Monate, nachdem ihre Tore für die Siedler geöffnet wurden, zu einer „nach dem Gesetz des Staates Illinois amtlich eingetragenen Stadt" erklärt werden konnte, und zwar am 31. März 1902.

Am gleichen Tag wurde der „Shilo-Tabernakel", der Platz für 6300 Personen bot und das einzige Gotteshaus der Stadt darstellte, als Stätte der Anbetung und des Gottesdienstes eingeweiht. Er wurde in vierundsechzig Tagen errichtet, und zwar größtenteils mitten im tiefsten Winter, zu einer Zeit, in der der Boden so hartgefroren war, daß man Sprengstoff verwenden mußte, um die Erdarbeiten vorantreiben zu können. Innerhalb eines Jahres mußte dieses Gebäude noch erweitert werden, so daß es dann 8000 Menschen fassen konnte!

Zehn Wochen später, am 19. Juni 1902, wurde das Hospiz „Elia" eröffnet, ein großes Hotel, das dem gleichen Zweck dienen sollte wie das „Haus Zion" in Chicago. Es hatte – außer den öffenlichen Räumlichkeiten wie Eßsaal usw. – 345 Zimmer. Man sagte, daß es zu jener Zeit in den Vereinigten Staaten nur noch zwei Hotels in Holzkonstruktion gab, die größer waren als das in Zion. In diesem Gebäude wurden allerlei Gäste, besonders aber solche, die Heilung suchten, untergebracht. Manche auswärtige Prediger, die zu diesem Werk gehörten, übernachteten regelmäßig im Hospitz Elia, wenn sie einen Besuch in Zion machten. Andere Prediger hatten hier vorübergehend eine Bleibe, wenn sie an einen anderen Ort versetzt werden sollten. Einige Prediger wohnten beständig im Hause. Im Spätsommer zog auch Martha Wing ins Hospitz Elia, nachdem sie sich einige Zeit – es waren wahrscheinlich ihre Ferien – in Fondulac, Wisconsin, aufgehalten hatte, um dort zu dienen.

Im September 1902 kam Martha Wing in diesem Hause zum erstenmal mit einem Ehepaar in Kontakt, mit dem sie später im Werk des Herrn eng zusammenarbeitete: Elder Brooks und dessen Frau. „Elder" ist in Amerika ein Titel und bedeutet soviel wie Gemeinde-Ältester. Diesen gesegneten Gottesmann nannte man nie anders als „Elder Brooks".

Eins der Heilungszeugnisse, die Martha Wing tief beeindruckt haben, als sie zum erstenmal die „Leaves of Healing" (Blätter der Heilung) las, war das Zeugnis von Frau Brooks, die damals noch Sara M. Leggett hieß und in Chesley/Ontario, Kanada wohnte. Nach der Diagnose des Arztes hatte Sara Leggett einen bösartigen Tumor und war bereits sterbenskrank, als sie über eine Distanz von fünfhundert Meilen auf einer Tragbahre nach Chicago gebracht wurde, wo sie auf das Glaubensgebet von Dr. Dowie hin augenblicklich geheilt wurde. In ihrem Zeugnis hat sie dann eingehend berichtet, wie sie monatelang einen Kampf gehabt und wie der Herr sie Schritt für Schritt geleitet habe; aus dem Grund bedeutete dieses Zeugnis für Martha Wing während der Zeit, als sie selbst Heilung suchte, eine große Inspiration und Ermutigung.

Inzwischen hatte Sara Leggett Elder Eugene Brooks, einen tüchtigen und erfolgreichen Prediger, geheiratet. Die Gemeinde, in der er als Pastor wirkte, wuchs während seiner Amtszeit innerhalb von zwei Jahren um fünfhundert neue Mitglieder. Er war ein mutiger und furchtloser Kämpfer für die göttlichen Wahrheiten und zugleich ein treuer Hirte, den die Gemeindeglieder achteten und liebten. Elder Brooks war erst kurz zuvor mit seiner Frau von Victoria, British Columbia, gekommen, wo sie ebenfalls erfolgreich für den Herrn gearbeitet hatten. Ungefähr vierzig ihrer Gemeindemitglieder waren dann aber nach Zion umgezogen, und so hielten Brooks es für ratsam, sich irgendwo anders hinsenden zu lassen. Während sie auf die Nachricht warteten, wo sie als nächstes eingesetzt werden sollten, wohnten sie im Hospiz Elia, und dort waren sie die Zimmernachbarn von Martha Wing. Im Oktober wurden sie dann nach Toronto gesandt, wo sie vier Jahre später wieder mit Martha Wing zusammentrafen.

Elder Brooks und seiner Frau war es aufgefallen, daß zu Martha Wing abends, nach der Arbeit im Büro, oft noch verschiedene Besucher kamen. Sie wußten allerdings nicht, daß es sich dabei fast immer um Menschen handelte, die sich in großer Not befanden. Oft kam es nämlich vor, daß sie von Kranken gerufen wurde oder daß diese selbst zu ihr kamen, nachdem andere bereits für sie gebetet hatten, ohne daß irgendeine Änderung eingetreten wäre. Man wußte, daß sie Vollmacht im Gebet hatte, und während dieses Zeitabschnitts ihres Dienstes wurde jeder geheilt, für den sie betete. Als sie nämlich selbst Heilung suchte und schließlich durchgebetet hatte, schenkte Gott ihr die Gabe der Heilung, was ihr zu diesem Zeitpunkt allerdings noch verborgen war. Während sie dann aber den Heilungsdienst ausübte, betete sie nicht ohne weiteres für jeden Kranken, sooft sie dazu aufgefordert wurde, vielmehr verfuhr sie mit diesen Hilfesuchenden so, wie Gott mit ihr verfahren war. Wenn auf ihr Gebet hin keine Änderung eintrat, ging sie der Sache auf den Grund und suchte herauszufinden, was der Erhörung des Gebets um Befreiung im Wege stand. In anderen Fällen belehrte sie den einzelnen in großer Geduld, wenn es an Erkenntnis fehlte, und vermittelte dem Heilungsuchenden Licht über die göttlichen Wahrheiten, um ihn zu befähigen, die überschwenglich großen und kostbaren Verheißungen in Anspruch zu nehmen. Sie fragte nicht danach, wieviel Zeit und Mühe es kosten würde; wenn man sich einmal hilfesuchend an sie gewandt hatte, nahm sie sich der Sache an und gab nicht nach, bis die betreffende Person durch die Gnade Gottes die Befreiung oder Heilung wirklich erfahren hatte.

Die Bevölkerung in Zion nahm ständig zu, und so gab es in der Stadt immer mehr Männer, die vollzeitlich für den geistlichen Dienst zur Verfügung standen. Darum wurden die Kranken angewiesen, sich an diese zu wenden. Das führte dazu, daß Martha Wing immer weniger Gelegenheit hatte, ihre Gaben und anvertrauten Pfunde im Dienst des Herrn zu gebrauchen. Nun ist es ja ein Gesetz im Reiche Gottes, daß man mit den anvertrauten Pfunden handeln muß, wenn man sie nicht verlieren, sondern mehr dazugewinnen will. Martha Wing kam erst einige Jahre später zu der Erkenntnis, daß sie zu dieser Zeit in ihrem geistlichen Dienst nachgelassen hatte, und zwar nicht, weil sie ihr Pfund vorsätzlich vergraben hätte, vielmehr hing dies mit den äußeren Umständen zusammen. Es wurde ihr klar: Gott hätte trotz dieser schwierigen Umstände von ihr erwartet, daß sie mit den ihr anvertrauten Pfunden handelte, so gut es eben möglich war. Andererseits muß aber doch auch gesagt werden, daß sie sich in ihrer freien Zeit immer bereitwilligst für allerlei Dienste zur Verfügung stellte, wo immer sie eine Gelegenheit fand und soweit ihr dazu Freiheit eingeräumt wurde.

So fuhr sie im Winter 1902/03 zum Beispiel mit einer Gruppe von geübten „Stadtmissionaren“, deren Leiterin sie war, jeden

Sonntagmorgen nach Chicago. Dort führte sie nach einem vorher genau festgelegten Plan einen systematischen Besuchsdienst durch, indem sie und ihre Mitarbeiter von Tür zu Tür gingen und den Menschen die Botschaft von Jesus Christus brachten. Dazu mußten alle um 5.00 Uhr morgens aufstehen, denn als erstes wollten sie einem Gottesdienst beiwohnen, der um 6.30 Uhr stattfand und als „Frühmorgen-Lobpreis- und Gebets-Opfer" bezeichnet wurde. Anschließend fuhren sie mit dem Zug nach Chicago. Dort ging Martha Wing mit ihren „Soldaten" fröhlich durch die Straßen, um das „Evangelium des Friedens" in jedes Haus und in jede Wohnung des vorher bestimmten Bezirks zu bringen. So verbrachten sie den ganzen Vormittag im Dienste des Königs. Nachdem sie einen kleinen Imbiß genommen hatten, kehrten sie wieder rechtzeitig nach Zion zurück, um dort an dem Hauptgottesdienst der Woche teilzunehmen, der Sonntag nachmittags stattfand und drei bis vier Stunden dauerte. So sah Martha Wings „Ruhetag" aus, nachdem sie sechs Tage jeweils zehn Stunden in der Fabrik gearbeitet, abends noch an Gottesdiensten teilgenommen und auch sonst manche seelsorgerlichen Dienste getan hatte.

Sie arbeitete nach wie vor in der Spitzenfabrik als Sekretärin des Direktors. Dieses Unternehmen entwickelte sich rasch aufwärts, und Martha Wings Aufgabenbereich nahm ständig zu. Neben ihren regulären Pflichten als Sekretärin übernahm sie dann auch noch die Aufgabe, alle zwei Wochen die Lohnliste für die fast fünfhundert Angestellten in der Fabrik fertigzustellen. Obwohl zunehmend höhere Anforderungen an sie gestellt wurden und es galt, immer noch mehr Zeit und Kraft zu opfern, pflegte sie dennoch treu den persönlichen Umgang mit dem Herrn. Dies war allerdings nur möglich, indem sie morgens sehr früh aufstand und auch tagsüber jede Gelegenheit wahrnahm, um mit dem Herrn allein zu sein. Oft wählte sie für den Weg zur Arbeit oder für den Heimweg einen stillen, abgelegenen Weg, um mehr Zeit zu haben, mit dem Herrn allein zu sein. Wie sehr verlangte sie nach Ihm, wie sehr sehnte sie sich nach Seiner Gegenwart! Wie begehrte sie, Ihn besser kennenzulernen und in ihrem Glaubensleben voranzukommen!

Im Frühjahr 1903 zog Martha Wing in ein Privathaus. Die Bevölkerung in Zion war inzwischen beträchtlich gewachsen, und so wurde die Stadt in Bezirke eingeteilt. In jedem Bezirk wurde ein Mitarbeiter des Missionswerkes für die geistlichen Belange der Bewohner verantwortlich gemacht. Auch Martha Wing wurde ein Bezirk zugeteilt. Es war ihre Aufgabe, regelmäßig alle Bewohner und Familien ihres Gebietes zu besuchen, den einzelnen in ihren geistlichen Problemen beizustehen und wöchentlich einmal in einem der Heime mit ihrer ganzen Gruppe eine Gebetsversammlung abzuhalten. Jede Woche kamen sämtliche Mitarbeiter zusammen, um alle Aktivitäten in der großen Gemeinde zu besprechen und zu koordinieren. Diese Versammlungen besuchte sie regelmäßig. Sie war eine der eifrigsten und tüchtigsten Bezirksleiter; sie hatte in den Mitarbeiterzusammenkünften immer ein Wort oder eine Ermahnung aus der Schrift für alle bereit, die mit ihr im Gemeindedienst standen, und man schätzte sie und ihren Rat sehr, da sie ihnen in geistlicher Hinsicht wirklich ein Vorbild war.

Zweifellos war Martha Wing in ihrem Dienst glücklich und arbeitete eifrig beim Aufbau der Stadt mit – und doch stiegen über dem Horizont ihres Lebens dort in Zion dunkle Wolken auf. Davon zeugen einige Gedichte, die sie in den Jahren 1902 und 1903 verfaßt hat. Sie schreibt darin von Freunden, die sich als „Feinde“ entpuppten, und von „giftigen Pfeilen erbarmungsloser Zungen“, die das Herz verwundeten. Diese Ausdrücke weisen auf tiefe Betrübnis und innere Kämpfe hin. Sie offenbaren auch eine gewisse Empfindlichkeit, die ihr von Natur aus eigen war. Dieser schwache Punkt in ihrem Wesen trat besonders dann in Erscheinung, wenn sie in irgendeiner Angelegenheit wegen ihres Verhaltens kritisiert, oder wenn sie mißverstanden und in ihren Motiven falsch beurteilt wurde.

Aber Gott wollte Sein Kind nun von diesem fleischlichen Wesen befreien und dahin bringen, daß es dem eigenen Ich völlig gekreuzigt und gestorben sei. Sie hatte ein großes Verlangen, daß der ganze Wille Gottes in ihrem Leben geschehen und Sein Plan verwirklicht werden möchte. Aber bis sie dahin gekommen war, hatte sie einen äußerst schmerzhaften Prozeß zu durchstehen. Während sie über diese göttliche Berufung und den Pfad, der vor ihr lag, nachdachte, fragte sie sich in einem ihrer Gedichte:

Mit Christus gestorben – bedeutet dies tatsächlich,
Daß mein eigen Ich stirbt,
Daß ich die Hoffnungen und Pläne dieser Jahre
Unnachgiebig töten soll?

Muß ich sterben? Allem sterben,
Was mir das Leben so lieb gemacht,
Hoffnungen und Plänen, die ich hegte,
Verbindungen, die ich pflegte,
Und die im Lauf der Jahre sich formten und knüpften?

Am 1. Oktober 1903 schrieb Martha Wing das Gedicht: „Gethsemane". Darin geht sie auf die Leiden des Heilandes ein. Sie zeigt dann, wie jedes Kind Gottes, das den ganzen Weg mit Jesus gehen will, „auch selbst ganz allein durch sein dunkles Gethsemane zu gehen hat". Gott stellte sie zu dieser Zeit vor sehr entscheidende Fragen: War sie wirklich bereit, den ganzen Weg des Kreuzes zu gehen, den Weg der zu ihrem Gethsemane und zu ihrem Golgatha führte? War sie gewillt, sich selbst zu sterben, damit sie dann zu neuem Leben auferstehen und Christus sie völlig in Besitz nehmen und erfüllen konnte?

„Wenn man im geistlichen Leben nicht mehr vorwärts schreitet, dann geht man zurück", sagt Bruder Lawrence. Wie Martha Wing vier Jahre später bezeugte, ging sie zu dieser Zeit tatsächlich zurück. Natürlich nicht in die Welt. Auch nicht in ihrem persönlichen Verhältnis zu Gott – hierin war sie viel treuer als die meisten Christen es gewöhnlich zu sein pflegen. Auch hat sicherlich nicht ihr Eifer im Dienst für den Herrn nachgelassen. Sie war nach wie vor eifrig beschäftigt, wahrscheinlich zu eifrig, was sich auf ihr geistliches Leben nicht zum Guten ausgewirkt hat.

Keiner der Gläubigen, die sie kannten, hätte irgendwie feststellen können, daß Martha Wing in ihrem geistlichen Leben zurückgegangen wäre. Im Gegenteil, was sofort ins Auge fiel, war ihr eifriges Wirken, ihre Ausdauer, die sie auch bei mühsamer Arbeit im Dienst für die Sache des Herrn zeigte, ohne schwach zu werden. Sie hätte mit Madame Guyon sagen können: „Was ich im göttlichen Lichte als Untreue erkannte, würden andere als meine Tugenden betrachtet haben.“ Aber Gott sah, daß sie dennoch nachgelassen hatte, wenn es äußerlich auch nicht wahrnehmbar und von ihr sicherlich nicht beabsichtigt war. Nicht an eifriger Wirksamkeit im Dienst für den Herrn, sondern an der ersten Liebe zu Ihm Selbst fehlte es ihr.

Das hatte auf Geist, Seele und Leib negative Auswirkungen – wie konnte es auch anders sein! Sie hatte nun mit allerlei Schwierigkeiten zu kämpfen und war innerlich verwirrt. Seit ihrer wunderbaren Heilung, die sie vier Jahre zuvor erlebt hatte, wurde sie nun zum erstenmal gesundheitlich hart angefochten, und sie konnte über die körperlichen Schwachheiten einfach nicht den Sieg bekommen. Ihre übersprudelnde Lebenskraft,der sie sich hatte erfreuen dürfen, ließ nach. Sie konnte ihr reichliches Arbeitsmaß zwar immer noch bewältigen, mußte aber ein merkliches Nachlassen ihrer Kraft feststellen.

Es ist immer traurig, ja tragisch, wenn ein Kind Gottes von dem vollkommenen Willen Gottes abweicht, und doch ist es auch wahr, daß „denen, die Gott lieben, alle Dinge zum Guten mitwirken, denen, die nach dem Vorsatz berufen sind“, Röm. 8,28. In dem Ausdruck „alle Dinge“ sind auch unsere Fehler einbegriffen. Die Fehler, die Martha Wing in diesen Jahren machte, wirkten sich auch insofern zum Guten aus, als andere Diener des Herrn daraus lernen konnten, indem sie verborgene Gefahren im Glaubensleben erkannten; wer immer dies wirklich zu Herzen genommen hat, dem blieb mancher Kummer und schmerzliche Verlust, wie Martha Wing ihn hinnehmen mußte, erspart.

Sicherlich hängt diese Entwicklung im geistlichen Leben von Martha Wing damit zusammen, daß sie sich bei ihrer anstrengenden Arbeit im Büro und im Gemeindewerk zu sehr verausgabte. Außerdem litt sie zusammen mit den Gläubigen der ganzen Stadt und Gemeinde unter der Tatsache, daß die geistlichen Führer des Werkes in ihrem Glaubensleben sehr nachgelassen hatten; das mußte dazu führen, daß im ganzen Werk das geistliche Leben zurückging. In den stundenlangen Versammlungen offenbarte sich nicht mehr die belebende Kraft Gottes. Die Gottesdienste waren sonst sehr lebendig, und man war zwanglos beieinander, nun aber wurden sie mehr und mehr von Liturgien und Zeremonien bestimmt. Viele wurden aus verschiedenen Gründen in zunehmendem Maße der Versammlungen überdrüssig und sehr entmutigt.

Um diese Zeit warb Harry Robinson erneut um die Hand von Martha Wing, seiner Auserwählten. Man hatte auf sie seit Jahren einen gewissen Druck ausgeübt und ihr immer wieder nahegelegt zu heiraten. Und so sagte sie nach langem Zögern endlich doch „ja".

Wahrscheinlich spielte bei ihrem Entschluß auch eine bestimmte Überlegung eine wichtige Rolle: Falls sie diesen jungen Prediger heiraten würde, brauchte sie keinen irdischen Beruf mehr auszuüben, und sie hätte die Möglichkeit, sich vollzeitlich im Dienst für den Herrn einzusetzen. Es war ihr schon lange klar gewesen, daß sie dazu berufen war; vier Jahre lang stand dieser Dienst nun schon an zweiter Stelle. Dr. Dowie setzte sich sehr dafür ein, daß auch Frauen dem Herrn dienten, aber er wünschte, ja bestand darauf, daß sie heirateten. Harry erhielt zu dieser Zeit gerade die Nachricht, daß er in Detroit, Michigan, eingesetzt werden sollte.

So schlossen Martha Wing und Harry Robinson am 10. August 1905 in Zion den Ehebund. Anschließend hatten sie einen dreiwöchigen Ferienaufenthalt in Men Mac Dhui, einem Landbesitz von Dr. Dowie am „Weißen See" bei Montagu, Michigan. Dort wurde das „Park-Hospiz Bethanien" am 15. August offiziell seiner Bestimmung übergeben. Dieses Heim sollte solchen, die Stille und Einkehr suchten, um mit Gott allein zu sein, als Erholungsstätte

Henry und Martha Robinson

aufgenommen in Detroit, kurz nach ihrer Hochzeit im Jahr 1905

dienen. Eine wunderschöne Fahrt mit dem Schiff über den Michigansee brachte die Gäste in das neu eröffnete Ferienhaus. Das frischvermählte Ehepaar Robinson gehörte zu den ersten Gästen dieses Hauses.

Kapitel 14

Xanthippe oder Fußmatte

Am 1. September 1905 machten Robinsons sich auf den Weg nach Detroit, Michigan, um dort gemeinsam mit ihrem Dienst zu beginnen. Außer in Detroit hatten sie auch noch eine Gemeinde in Toledo, Ohio, zu betreuen; das bedeutete, daß sie ständig zwischen den beiden Städten hin- und herreisen mußten. Sie wirkten nun treu und zu aller Zufriedenheit in den Gemeinden, die ihnen anvertraut worden waren. Harry Robinson hatte in erster Linie die Gabe des Predigens – und er war ein hervorragender Prediger –, seine Frau aber hatte mehr die Gabe des Lehrens. So ergänzten sie einander in ihrem Dienst.

In einem alten Heft finden sich noch die Aufzeichnungen von einigen Bibellektionen, die Martha Robinson zu dieser Zeit hielt. Am 19. November begann sie zum Beispiel mit einer Reihe von Lektionen über das Thema: „Die Anfangsgründe der Lehre Christi". Als erstes sprach sie über Buße, am Sonntag darauf über Glauben.

Die vielen Notizen in diesem Heft zeugen von einem fleißigen, persönlichen Bibelstudium, das sie während dieser Zeit durchgeführt hat. Ganz besonders hat sie sich mit den Themen „vom Geist" und „vom Fleisch" befaßt. In ihren Aufzeichnungen behandelt sie eingehend die in den Briefen der Apostel enthaltenen Lehren über diese Themen. Unter ihren Notizen über das Thema „vom Geist" befindet sich eine Liste über die vierzehn Eigenschaften der Liebe, wie sie im ersten Korintherbrief beschrieben werden. Diese Studien stehen zweifellos im Zusammenhang mit ihrer damaligen geistlichen Erfahrung.

Durch verschiedene Umstände hatte der Herr Martha Robinson zu der Einsicht gebracht, daß sie nicht „vollkommen in der Liebe" sei. Er ließ es nämlich zu, daß man sie des öfteren auf eine

„unverschämte und ganz gemeine Art und Weise“ behandelte und sie persönlich beschimpfte und beleidigte. Sie wurde zu unrecht beschuldigt und falsch beurteilt und oft wegen irgendeines Verhaltens getadelt, bei dem sie es doch nur gut gemeint hatte. Diese grobe Ungerechtigkeit machte ihr sehr zu schaffen und lastete schwer auf ihr.

Sie reagierte zunächst auf natürliche Weise – sie empörte sich und war dann zunehmend verbittert und kämpfte mit der Versuchung, sich irgendwie zu rächen. Aber schon bald war ihr klar, daß sie die Wahl hatte, entweder ihre natürlichen Regungen zu überwinden oder selbst von diesen unglücklichen Umständen besiegt zu werden. Verzweifelt sagte sie in ihrem Gebet: „Du weißt, Herr, ich kann entweder eine Xanthippe (ein zänkisches Weib) oder eine Fußmatte sein.“ Sie sah deutlich, wie sehr sie in ihrem Verhalten von der göttlichen Norm der Liebe abwich. Da sie das Verlangen hatte, Gott zu gehorchen, wie schwer die Prüfung auch sein mochte, die es zu bestehen galt, gab sie sich ernstlich dazu hin, eine Fußmatte zu sein, auf die andere treten durften – „mag ein jeder mich behandeln, wie es ihm gefällt; ich werde ihn doch lieben.“

Es war ihr bewußt, daß sie diese Liebe nicht hatte und daß sie ein großes Maß der Gnade Gottes benötigte, um ihren Vorsatz verwirklichen zu können. Und sie wußte auch, daß sie mit Freimütigkeit kommen durfte, wenn sie die Fülle Seiner Gnade empfangen wollte. Dies tat sie dann auch, nachdem sie zu dem Schluß gekommen war, daß Gott ihr in ihrer geistlichen Not sicherlich ebenso zu Hilfe kommen werde, wie Er es vor einigen Jahren in ihrer leiblichen Not getan hatte. Sie begann mit großem Ernst nach einem bestimmten Plan zu beten, daß Gott sie in der Liebe vollkommen machen möchte.

Es gab immer viel zu tun, und ihre Zeit war sehr ausgefüllt. Neben ihren häuslichen Pflichten half sie ihrem Mann bei den Diensten in den Versammlungen, bei den Hausbesuchen und bei den Vorbereitungen, die für die verschiedenen Aufgaben getroffen werden mußten. Allein schon die Reisen nach Toledo und zurück nahmen einen großen Teil ihrer Zeit in Anspruch.

Obwohl sie immer viel zu tun hatte, nahm sie sich doch jeden Tag die Zeit, zwei Stunden lang um diese Liebe zu beten. Sie war fest entschlossen durchzubeten und wollte einen ganzen Sieg erleben. Sie schlug 1. Korinther 13, das Kapitel der Liebe, auf und betete über jedes einzelne Wort und jeden Satz. Indem sie sich anhand dieser göttlichen Normen prüfte, sah sie, wie sehr ihr die wahre Liebe fehlte. Sie erkannte, daß sie im Fleisch wandelte, solange sie dieses Kapitel nicht wirklich auslebte. Und weiter wurde ihr klar: Gott erwartete von ihr, daß sie alle mit Freuden liebte, jeden, ohne Ausnahme. Während sie weiterhin so betete, wurden im Lichte dieses Kapitels die Werke des Fleisches in ihrem Leben offenbar, und unter der Wirkung des Heiligen Geistes begann sie, diese wirklich zu hassen; sie nahm sich fest vor, in ihrem Leben fortan alles radikal auszumerzen, was im Gegensatz zu jenem Kapitel stand – in Gedanken, Worten und Werken, in ihren Blicken und Gefühlen. Es wurde ihr klar, daß sie nicht darüber reden sollte, wenn sie zu leiden hatte. Sie erkannte, daß es Ausdruck eines oberflächlichen Wesens sei, wenn sie anderen immer gleich ihr Leid klagte. „Die Liebe ist langmütig", das bedeutete für sie, daß sie niemandem mehr etwas übelnehmen durfte, und es galt, diese Langmut dann auch noch „mit Freuden" zu beweisen, Kol. 1,11.

Tag für Tag suchte sie mit diesem Anliegen das Angesicht des Herrn. Die Tage wurden zu Wochen und die Wochen zu Monaten – zwei Monate waren bereits vorüber, und sie betete immer noch Tag für Tag. Die Prüfungen hielten unvermindert an, das Feuer wurde sogar noch heißer und loderte wilder als je zuvor. Doch sie lernte ihre Lektionen, und Gott gab ihr den Sieg. Langsam begann ihr ein Licht aufzugehen, und dieses leuchtete immer klarer und heller: „Es muß das ‚Leben des Sohnes Gottes' sein, das mich hierzu befähigt, nur durch Sein mir innewohnendes Leben werde ich imstande sein, dieses Kapitel in meinem Alltag auszuleben."

„Drei Monate lang betete ich täglich zwei Stunden um Liebe", so erzählte sie einige Jahre später einer Freundin. Aber dann fügte sie noch lächelnd und mit einem Zwinkern in ihren tiefgründigen, braunen Augen hinzu: „Das zeigt, wie weit ich davon entfernt war!"

Am Ende des dritten Monats hatte sie durchgebetet. Sie hatte sich dazu hingegeben, eine Fußmatte zu sein, auf die andere treten durften; ihre Hingabe war nun verwirklicht. Fortan konnte sie in der vollkommenen Liebe wandeln – und sie tat es auch –, selbst dann, wenn sie aufs äußerste herausgefordert wurde. Ihre Gebete waren auf eine überaus wunderbare Weise erhört worden, und alle ihre Mühe hatte sich mehr als gelohnt!

In den darauffolgenden Monaten und Jahren wurde ihre Hingabe immer aufs neue getestet. Der Herr ließ es zu, daß sie nun auch immer wieder das sein mußte, wofür sie sich hingegeben hatte: eine Fußmatte für andere. Aber das ihr innewohnende Leben des Sohnes Gottes befähigte sie dazu, und zwar auf solche Weise, daß sie es ohne Murren und Klagen, ja, mit Freuden sein konnte!

Kapitel 15

Intensiveres Suchen

Obwohl Harry und Martha Robinson in Detroit und Toledo einen gesegneten Dienst tun durften, waren sie dort innerlich doch nicht wirklich befriedigt. Sie taten ihr Bestes und setzten sich unermüdlich für die Sache ihres Meisters ein, aber sie sahen nicht die Frucht, die sie aufgrund ihrer Bemühungen und der im Worte Gottes gegebenen Verheißungen hätten erwarten dürfen. Martha Robinson diente zusammen mit ihrem Mann und fühlte sich daher auch mitverantwortlich, und so prüfte sie sich selbst in dieser Sache und forschte nach Hindernissen in ihrem Leben, die die Fülle des Segens aufhielten.

Sie war bestrebt, sich im Lichte Gottes so zu sehen, wie sie wirklich war, und sie bat Gott, Er möge ihr zeigen, wie Er sie sah. Es war im Dezember 1905, als sie in dem Bestreben, Klarheit über sich selbst zu bekommen, in der Weise betete. Sie berichtet darüber in einem Brief an ihre Schwester: „Ich fühlte mich geleitet, ein Blatt Papier zu nehmen und in deutlichen Buchstaben alle häßlichen, abscheulichen Sünden, Versagen und Schwachheiten meines Lebens in klarem, unmißverständlichem Englisch niederzuschreiben, so daß ich es dann schwarz auf weiß hatte." Dies bedeutete für sie „eine große Hilfe".

„Es ist natürlich nicht gesagt, daß jeder so geleitet wird, wie es bei mir der Fall war", fügte sie noch hinzu, „aber auf die Weise erhielt ich Klarheit und wurde ehrlich vor mir selbst. Es ist gut, wenn wir uns selbst prüfen, denn wenn wir ins Gebet gehen, um Gott zu suchen, sollten wir uns bewußt sein, wie nötig wir Seine Gnade brauchen. Zu diesem Bewußtsein kommt man jedoch nur dadurch, daß man sich selbst wirklich im Lichte Gottes sieht. Wenn wir unsere eigentliche geistliche Not sehen, werden wir uns umso mehr danach ausstrecken, daß Gott uns zu einem vor Ihm wohlgefälligen Wandel befähigt. Ein Blick in den Spiegel Gottes kann uns von jeglicher Selbstgefälligkeit und Einbildung befreien.

Dann breitete ich die Liste mit meinen Sünden, Schwachheiten und meinem Versagen vor Gott aus und kam mit meinem armseligen, elenden und nutzlosen Leben, das zu nichts Gutem mehr tauglich war, zu Ihm. Ich hatte nichts als Versagen vorzuweisen, und doch übergab ich Ihm mein ganzes Leben und schrieb meine Übergabe schließlich noch nieder. Ich schloß mit dem Herrn einen Vertrag, in dem ich mich Ihm völlig und bedingungslos auslieferte. Ich führte in dem Vertrag alles auf, was ich Ihm übergab – einen schwachen Leib, eine dürftige Ausbildung, viel Schwachheit, was mein geistliches Leben betraf, schwache Nerven, eine lose Zunge usw.

Du lachst vielleicht, aber ich wollte wirklich ehrlich mit mir selber sein", schrieb sie an Nettie. „Ich fühlte mich dabei nicht gerade geschmeichelt". Und weiter schreibt sie: „Erst wenn wir dann richtig einschätzen können, was wir Gott eigentlich geben, werden wir inne, wie sehr wenig es doch ist."

Nachdem sie sich nun mehr und mehr erkannte, wie Gott sie sah, und sich erneut Gott übergeben hatte, betete sie am 18. Dezember 1905 nochmals ernstlich – es war ein Gebet des Bekenntnisses und der Hingabe. „Ich sagte Ihm, daß ich so schwach und kalt und hilflos sei, hilflos wie ein Baby, das in der Nacht schreit; ich sei nicht einmal imstande, zu Ihm zu kommen, und unfähig, mich Ihm wirklich hinzugeben; Er müsse mich in Seine Hand nehmen und Selbst Sein Werk in und an mir tun.

Ich hatte zu der Zeit so wenig von dem Geist des Gebets, es war mir, als würden meine Worte gar nicht bis zu Ihm hingelangen. In Wirklichkeit hörte Er mein Gebet, aber ich hatte das Gefühl, als ob es nicht so wäre. Doch es war mir heilig ernst, und es war mein Verlangen, Ihn in Seiner ganzen Fülle zu haben; und Er nahm mich gerade dann und dort an – natürlich tat Er es, aber ich fühlte absolut nichts davon.

Weißt Du, was dann geschah? Ich tat zeitweise die schlimmsten Dinge, zu denen ich nur fähig war, und dieser Zustand währte eine ziemlich lange Zeit. In Wirklichkeit, von Gott her gesehen, stand es mit mir innerlich nicht schlimmer als zuvor. Aber Gott ließ dies alles zu, damit der innere Schmutz ans Licht kam und ich völlig davon überzeugt wurde, welch ein armes, nutzloses menschliches Wesen ich doch war. Gott wußte, wie hoch ich von mir selbst hielt, und daß dieser Selbstbetrug erst einmal völlig weggeschnitten werden mußte; jedenfalls begann Er Sein Werk bei mir an dieser Stelle.

Die meisten von uns haben es wirklich nötig, daß sie sich selbst in Seinem Lichte sehen. Eine allgemeine Kenntnis darüber, daß wir Sünder sind, genügt nicht. Es ist notwendig, daß wir unsere Sünden, unsere Ungerechtigkeit als solche wirklich erkennen und sehen. Wenn wir uns vorbehaltlos Seinen Händen anvertrauen, wird Er uns geben, was wir brauchen. Dann wird Er genau die Prüfungen über uns kommen lassen, die unsere Schwachheiten an den Tag bringen, so daß wir sie selbst deutlich sehen können. Oder Er läßt es zu, daß wir gerade an unserem wunden Punkt berührt oder an der Stelle verletzt werden, an der solch ein häßliches Gewächs wuchert, von dem wir befreit werden sollten.

Hierin wurde ich von Zeit zu Zeit entmutigt, dann wieder gerade dadurch angespornt, den Herrn umso intensiver zu suchen. Ich betete zeitweise mit großem Eifer, manchmal aber war ich auch ziemlich träge; so ging es auf und ab. Ich konnte nicht sehen, daß Gott sich meines Falles wirklich angenommen hatte. Und da war niemand, der mir hätte zeigen können, wie ich mich Gott überlassen sollte; ich war völlig auf die Unterweisung des Heiligen Geistes angewiesen, der mich belehrte, so gut es Ihm von außen her eben möglich war."

„... *den Herrn umso intensiver zu suchen* ..." – diese Worte kennzeichnen treffend das Leben von Martha Robinson in den darauffolgenden Monaten. Es war eine Zeit, während der sie viel und ernstlich zu Gott flehte und rief, aber auch eine Zeit, in der der Heilige Geist Seine lernbegierige Schülerin treu in den Wegen Gottes unterwies. Und sie wandte die gelernten Lektionen immer sofort in der Praxis an.

Es war während dieser Zeit, daß ihre Aufmerksamkeit speziell auf die Bergpredigt, und insbesondere auf die Seligpreisungen, gelenkt wurde – eine Bibelstelle, die ihr wohlbekannt war. Doch während sie über die Seligpreisungen nachdachte, wurde ihr klar, daß es sich hier um Dinge handelt, die wir in unserem Leben wirklich erfahren dürfen. Und da erhob sich für sie sofort die Frage: „Bin ich arm im Geist?"

Sie beschloß sogleich, jede der Seligpreisungen in der Weise durchzubeten, wie sie es damals getan hatte, als sie um Liebe betete. Sie begann hierbei mit der ersten Seligpreisung:

„Selig sind, die im Geiste arm sind, denn ihrer ist das Königreich der Himmel", Matthäus 5,3.

Wenn nun aber jemand anfängt, über diesen Gegenstand ernstlich zu beten und wirklich danach verlangt, arm im Geiste zu sein – ungeachtet der Auffassung, die er bis dahin über dieses Wort gehabt haben mag –, so wird er sehr bald dahin kommen, daß er genau wissen möchte, um was er eigentlich bittet und was Gott hiermit meint. So ging es auch Martha Robinson; sie berichtet: „Ich stolperte über diese Worte und fragte mich, was sie wohl bedeuten?"

Auf diese Frage wird am ehesten eine Antwort gefunden werden, und die Wahrheit dieser Seligpreisung wird man erst erleben können, wenn man sich von allen eigenen Ideen und Vorstellungen über diesen Gegenstand völlig entleert, um einzig und allein von Christus abhängig zu sein und sich auf Ihn zu verlassen. Erst dann kann der Heilige Geist beginnen, das Kind Gottes in den Wegen des Königreiches Gottes zu unterweisen; Armut des Geistes ist nämlich die grundlegende Voraussetzung für die Herrschaft Christi in unserem Leben.

Das Geheimnis der Armut im Geiste liegt darin, daß wir nichts sind und Jesus alles ist. Arm im Geiste zu sein bedeutet, sich bewußt zu sein, daß wir nichts sind, nichts wissen und von uns aus nichts tun können. Wahre Armut des Geistes bringt uns dahin, daß wir aufhören, von uns selbst zu sprechen, daß wir uns aufs völligste dem Heiligen Geist hingeben und uns allein auf Christus verlassen. Arm im Geiste zu sein bedeutet, von allen eigenen Gedanken entleert zu sein, den Sinn Christi, Seine Gedanken und die innere Einstellung zu haben, wie Er sie hatte. Es handelt sich hierbei um eine Erfahrung, bei der der ganze Mensch einbezogen ist. Geistliche Armut ist etwas sehr Einfaches, so einfach, daß man sie leicht mißverstehen oder verlieren kann.

Diese Beschreibung der geistlichen Armut ist zweifellos noch unvollständig, aber es handelt sich hierbei eben um etwas, was sich intellektuell nicht erfassen noch mit Worten menschlicher Weisheit beschreiben läßt. Es verhält sich so, wie Martha Robinson einmal gesagt hat: „Man versteht es nicht, bis man es selbst erfahren hat."

Aber soviel ist sicher: Zu dieser Erfahrung kommt man nicht einfach nur durch Gebet. „Dahin gelangt man nur, wenn man bereit ist, durch die Mühle zu gehen, die mit dieser Erfahrung eben verbunden ist," so belehrte sie einmal einen jungen Mann, der sich nach der Armut im Geiste ausstreckte. Und die Mühlensteine Gottes mahlen überaus fein! So fein, daß nur wenige wirklich bereit sind, durch diese Mühle zu gehen.

Martha Robinson betete weiterhin unablässig um geistliche Armut. In diesen Monaten ging sie in der Tat durch die Mühle. Gott ließ es zu, daß sie nun durch mancherlei Prüfungen zu gehen hatte, daß man ihr wehtat und sie verletzte. Aber sie wußte, daß dies für die Vollendung Seines Kindes notwendig war. „Ich brachte mein Anliegen sieben Monate lang vor den Herrn, dann gebot Er mir Einhalt und sagte, mein Gebet sei nun erhört."

Sie hatte allerdings nicht das Gefühl, daß sie die Erhörung nun „hatte", in dem Sinn, als wäre dies eine Erfahrung, über die sie ohne die innere Abhängigkeit von Christus verfügen, die sie festhalten konnte. O nein! Denn „wenn man arm im Geist ist, hat man nicht das Gefühl, als wüßte oder könnte man etwas, vielmehr hält man dann im Glauben daran fest, daß Christus im Herzen wohnt und das in und durch uns wirkt, was vor Ihm wohlgefällig ist." Armut im Geist bedeutet, daß wir dem König Raum machen, damit Er sein Reich in uns aufrichten kann. Jesus sagt: „Selig sind, die im Geiste arm sind, denn ihrer ist das Königreich der Himmel."

In der Schule des Heiligen Geistes lernte sie zu dieser Zeit, daß man arm im Geist sein muß, wenn man „ein Gefäß zu Ehren, geheiligt, dem Hausherrn brauchbar und zu allem guten Werk bereitet", 2. Tim. 2,21, sein möchte, denn das ist etwas sehr Wesentliches bei der Vorbereitung auf den Dienst im Heiligen Geist.

Und sie hat noch etwas Wichtiges gelernt; Sie fand heraus, daß die Armut im Geist der Schlüssel zu allen anderen Seligpreisungen ist. Hat jemand die erste Seligpreisung wirklich durchgebetet, dann wird sich ohne weiteres auch alles andere erfüllen. Noch bedeutsamer aber war das Licht, das ihr zu jener Zeit gegeben wurde, daß nämlich *die Armut im Geist eine offene Tür zu allen herrlichen Wahrheiten ist, die in Christus Jesus verborgen sind.*

Kapitel 16

Die Entdeckung der Taufe des Heiligen Geistes

Im September 1906 schickte Harry Robinson seine Frau für einige Wochen nach Zion. Er hatte gehört, daß in der dortigen Gemeinde ernstliche Schwierigkeiten entstanden waren, und nun wollte er gern Näheres darüber erfahren. Er war der Meinung, darüber könne man nur Klarheit erhalten, wenn man sich persönlich von der Sachlage überzeugt. Da er selbst zu diesem Zeitpunkt nicht die Freiheit hatte, seinen Wirkungsbereich in Detroit zu verlassen, sandte er seine Frau mit dem Auftrag nach Zion, die Angelegenheit zu erkunden. Bei der Gelegenheit konnte sie unterwegs auch ihre Mutter und Schwester besuchen.

Als Martha Wing Robinson ungefähr nach einem Jahr, etwa Mitte September, nach Zion zurückkehrte, fand sie dort völlig veränderte Verhältnisse vor. Damals befand sich die Stadt noch unter der energischen Leitung von John Alexander Dowie und stellte in religiöser, wirtschaftlicher und politischer Hinsicht eine einheitliche Gemeinde dar. Von außen hätte man wohl kaum feststellen können, daß die Einheit dieses Werkes ernstlich bedroht war; doch es hatte seit einiger Zeit innere Unstimmigkeiten gegeben, und diese hatten inzwischen ein derartiges Ausmaß angenommen, daß Gemeinde und Stadt hoffnungslos zerstritten und gegeneinander verbittert waren.

Genau ein Jahr zuvor hatte Dr. Dowie infolge der schweren Bürde, die auf ihm lastete, einen Schlaganfall erlitten, und er war nicht mehr imstande, seinen geistlichen Pflichten nachzukommen und die Geschäfte der Stadt zu führen. Finanzielle Probleme waren zunehmend schwieriger geworden. Die lokale Bank hatte ihren Bankrott angemeldet, die Stadt mitsamt ihren Industriebetrieben war in Konkurs gegangen. Das Schlimmste aber war, daß die meisten Bürger der Stadt das Vertrauen zu dem Mann verloren hatten, den sie so sehr geliebt und geachtet hatten und dem sie so gehorsam gefolgt waren. Im Frühjahr 1906 hatte man Dr. Dowie dann als Leiter der Gemeinde abgesetzt, und eine große Anzahl der Mitglieder trat daraufhin aus der Gemeinde aus. So zerriß das einst nahtlose Gewand der Einheit in viele Stücke.

Über der ganzen Stadt hingen schwere, dunkle Wolken der Entmutigung und Verzweiflung. Die Bewohner waren niedergeschmettert und ruiniert und schienen ohne jegliche Hoffnung zu sein; früher gehegte Hoffungen und Träume von einer Stadt Gottes auf Erden waren dahin. Über allem schien das Wort „Ikabot – die Herrlichkeit ist dahin" geschrieben zu sein!

Aber Gott hielt für Sein Volk eine Herrlichkeit bereit, die weit größer war, und von der sich niemand hätte etwas träumen lassen. Er sah, wie matt, verwundet und zerstreut sie waren, und Er hatte einen Plan: Er wollte „die zerbrochenen Herzen heilen". Den Trauernden zu Zion wollte Er „Schmuck für Asche, Freudenöl für Traurigkeit, Lobgesang für einen betrübten Geist" geben, und zwar „zu Seiner Verherrlichung". Der Geist Gottes brütete über diesem Chaos. „Und Gott sprach: Es werde Licht!"

Einige Tage, bevor Martha Robinson nach Zion kam, hatte Gott einen Mann, vom Geist Gottes gesalbt, mit der frohen Botschaft in diese Stadt gesandt, daß die Taufe des Heiligen Geistes noch heute für das Volk Gottes da sei, und daß man sie ebenso wie am ersten Pfingsttag empfangen könne.

Schon bevor dieser Prediger nach Zion gekommen war, hatte man dort Berichte über eine Ausgießung des Geistes in Los Angeles gehört. So kam es, daß sich viele für diese Botschaft interessierten und bereit waren, ihm zuzuhören. Als der Verwalter des Hospitz „Elia", George Rogers, Näheres über die Botschaft dieses Evangelisten vernahm, sorgte er dafür, daß dieser in einem der großen Räume des Hotels eine Versammlung halten konnte. Hier hatte er nun die Möglichkeit, diese „neue Lehre" vorzutragen. Nachdem er die erste Versammlung gehalten hatte, wurde ihm gestattet, am Nachmittag des folgenden Tages nochmals zu sprechen. Doch als die führenden Männer der Gemeinde in Zion innewurden, worauf diese Lehre hinauslief und welcher Art die Versammlungen waren, die sich nun entfalten würden, verboten sie kurzerhand, weiterhin im Hotel solche Gottesdienste zu halten. Daraufhin taten sich in verschiedenen Teilen der Stadt viele Türen für diese Botschaft auf, und so versammelten sich die Suchenden hin und her in den Häusern. Diese Versammlungen hatten einen derartigen Zulauf, daß die Häuser die Scharen nicht fassen konnten und die Menschen sich in Vorhallen, Eingänge und Höfe hineindrängten, um die Botschaft zu hören. Es gab unter den vielen Zuhörern natürlich auch Neugierige und Spötter, doch viele von denen, die gekommen waren, um zu spotten, blieben dann da, um zu beten!

Die Botschaft dieses Mannes war wie frisches Wasser für die dürstenden Seelen; sie stillte das Verlangen dieser ausgehungerten Herzen. Neue Hoffnung erwachte. Die Menschen begannen, den Herrn zu suchen und sich nach der Taufe des Heiligen Geistes auszustrecken, nachdem ihnen versichert worden war, daß diese allen gelte, „so viele der Herr, unser Gott, herzurufen wird". Es waren ihrer viele, die nun Gott suchten und für die alles andere zweitrangig wurde. Manche Berufstätige wurden von einem derartigen Hunger gepackt, daß sie sich Urlaub nahmen, um ununterbrochen auf den Herrn warten zu können.

„Wir gingen morgens um 9 Uhr ins Gebet und verharrten darin den ganzen Tag bis tief in die Nacht hinein", so erinnerte sich jemand, der auch dabei war. „Manche blieben die ganze Nacht im Gebet. Tag für Tag trafen wir uns, um das Angesicht des Herrn zu suchen und auf Ihn zu warten."

Als Martha Robinson in Zion eintraf, hatte diese Erweckung gerade ihren Anfang genommen. Die ganze Stadt war durch diese „neue Lehre" in Bewegung geraten. Einige sagten, diese Lehre sei von Gott, andere meinten, sie sei vom Teufel. Martha Robinson machte es sich zu Aufgabe, die Angelegenheit selbst zu prüfen. Zu dem Zweck besuchte sie die Versammlungen und durchforschte die Heilige Schrift, um zu sehen, ob diese Lehre schriftgemäß sei.

Sie hatte Gott zuvor neun Monate lang ernstlich im Gebet gesucht. So war der Boden ihres Herzens gepflügt worden und für diesen Samen wohl vorbereitet. „Ich hatte keine Schwierigkeiten, diese weiterführende Belehrung zu verstehen und anzunehmen“, sagte sie. Schon bald hatte sie „aufgrund des Wortes“ und ihres „inneren Lichtes“ erkannt, daß diese Wahrheit vor allem mit der Weissagung Joels im Zusammenhang stand: „Und nach diesem will ich meinen Geist ausgießen über alles Fleisch . . .“ Nur war sie nicht sofort davon überzeugt, daß diese Erfahrung für jeden zugänglich sei. Aber welche Fragen sie über die Taufe des Heiligen Geistes auch gehabt haben mochte, durch das, was sie am Abend des 18. Oktober miterleben durfte, wurden alle ihre Fragen beantwortet.

Als sich die meisten Versammlungsbesucher an diesem Abend auf den Heimweg machten, blieb eine junge Frau namens Marie Burgess zurück und suchte weiterhin den Herrn im Gebet. Marie Burgess hatte eine Ausbildung am „Moody Bible Institute“ abgeschlossen und war dann als Abteilungsleiterin im „Zion General Store“ sehr erfolgreich tätig gewesen. Als sie anfing, die Taufe des Heiligen Geistes zu suchen, und auch ihre Kunden zu den pfingstlichen Versammlungen einlud, verlor sie ihre Stellung; die Verwalter des Warenhauses hatten nämlich zugleich wichtige Positionen in der geistlichen Leitung der Gemeinde Zion inne. Marie Burgess nahm diese Gelegenheit wahr, um den Herrn ununterbrochen zu suchen. Sie hatte drei Tage und Nächte durchgebetet und war während dieser ganzen Zeit nicht aus ihren Kleidern gekommen. An diesem Tag hatte sie auch noch gefastet; es war nämlich ihr Geburtstag, und sie wünschte sich an diesem Tag nur ein Geschenk: *die Gabe des Heiligen Geistes*! Es war schon spät geworden, die Versammlung war zu Ende, und sie hatte die Taufe immer noch nicht empfangen. Sie war sehr enttäuscht und sprach darüber auch mit dem Herrn. Er antwortete ihr, indem Er ihr zeigte, wie sie empfangen konnte, was sie sich so sehr wünschte: sie sollte anfangen, für die Gabe des Heiligen Geistes zu danken. Plötzlich kam die Kraft des Geistes so machtvoll über sie, daß sie eine Stunde lang geschüttelt wurde. Dann begann sie in Zungen zu reden, auch hatte sie mehrere Stunden lang nacheinander verschiedene Visionen.

Zu den wenigen Zurückgebliebenen gehörten Fred Bosworth, der Kapellmeister der damals bekannten und preisgekrönten Musikkapelle von Zion, und auch Martha Robinson. Als Herr Bosworth sah, wie Maria Burgess die Taufe empfing, weckte dies auch in seinem Herzen Glauben. Bald wurde auch er mit dem Heiligen Geist erfüllt. Er wurde später ein gesegneter Evangelist von weltweitem Ruf.

Martha Robinson war, wie bereits angedeutet, auch dageblieben und durfte miterleben, wie diese auserwählten Gefäße vom Heiligen Geist erfüllt wurden, während sie selbst wachte und betete.

Marie Burgess eröffnete drei Monate später in New York City eine Missionsarbeit, die dann in Verbindung mit dem „Glad Tidings Tabernacle“ bekannt wurde. Einige Zeit darauf heiratete sie Robert A. Brown. Über 64 Jahre hat Marie Brown dann treu das Wort des Lebens in jener großen Metropole verkündigt.

Als sich Martha Robinson nach jener für sie unvergeßlichen Gebetsnacht um fünf Uhr morgens anschickte, nach Hause zu gehen, sagte sie zu Marie Burgess:

„Ich habe heute nacht miterlebt, wie zwei Menschen auf wunderbare Weise mit dem Heiligen Geist getauft wurden, und das hat mich vollkommen überzeugt.“

„Es ist mir völlig klar geworden, daß Jesus mit dem Heiligen Geist tauft, daß Er alle taufen möchte, auch mich, und ich erkenne in Ihm nun auch den Täufer mit Geist und Feuer“, schrieb Martha Robinson in ihr Tagebuch. Doch bevor der Herr sie taufen konnte, hatte sie noch „eine Zeit ernstlichen Suchens“ zu durchgehen, während der sie wichtige Lektionen lernen mußte, die für sie selbst wie auch für alle, denen sie später dienen sollte, von großem Nutzen waren. Was sie während dieser Zeit gelernt und erfahren hat, geben wir am besten mit ihren eigenen Worten wieder, die sie einige Monate später niedergeschrieben hat:

„Als ich anfing, die Taufe des Heiligen Geistes zu suchen, war ich sehr nervös, ungeduldig und unruhig. Ich wollte diesen Segen sogleich haben. Ich hatte keineswegs mit irgendwelchen Zweifeln zu kämpfen. Alle um mich herum erwarteten, daß ich sicherlich sehr bald durchdringen und den Sieg erleben würde; ebenso auch ich selbst. Wenn ich nun sah, daß andere den Segen empfingen, betete und suchte ich mit noch größerer Entschlossenheit und rief um so dringender zu Gott, und wenn dann nichts geschah, fragte ich mich, woran es nur liegen mochte; ich wurde unruhig und geriet völlig aus der Fassung. Ich lief von einer Versammlung zur anderen. Wenn dann die Versammlung nicht so verlief, wie ich es mir wünschte, ärgerte ich mich und war in meinem Geist aufgebracht, da ich meinte, ich würde dadurch Zeit verlieren.

Eines Tages sagte eine stille, kleine deutsche Frau zu mir: ‚Schwester, du hast eine zu unruhige Natur. Du mußt ganz still werden. Du bleibst nicht dabei, wenn du deine Angelegenheit dem Herrn übergeben hast. Anstatt vor Gott still zu werden, wartest du auf Einflüsse von außen und meinst, daß um dich herum erst alles in der richtigen Verfassung sein müsse. Du kommst in eine Versammlung, und wenn der Redner dir nicht paßt, gehst du fort. Wenn du das Gefühl hast, man sollte jetzt beten, es wird statt dessen aber gepredigt oder es gibt jemand ein Zeugnis, dann regst du dich innerlich auf. Du solltest dich noch gründlicher Gott ausliefern, und wenn du in eine Versammlung gehst und erwartest, gesegnet zu werden, dann solltest du den Segen so annehmen, wie Gott ihn gibt!‘

Da gingen mir die Augen auf. Ich sah, daß ich selbst am Wirken war. Ich beschloß, es fortan besser zu machen und Gott Gelegenheit zu geben, daß Er Seinen Willen in mir verwirklichen konnte. Von da an war ich in jeder Versammlung bestrebt, mich völlig dem Willen Gottes zu überlassen. Es dauerte einige Zeit, bis ich diese Lektion gelernt hatte, aber ich lernte sie. Diese Auslieferung an

Gott – gerade auch während der Versammlung – ist notwendig, wenn man einen Segen empfangen möchte. Wo die Freiheit des Geistes herrscht, gibt es viele Dinge, gegen die das Fleisch sich auflehnt, bis es völlig unterworfen ist.

Ich widersetzte mich anfangs jeglicher Gefühlsäußerung. Ich war nicht imstande, meine Augen und Sinne von bestimmten Kundgebungen, die sich um mich herum ereigneten, abzuwenden, ich mußte sie innerlich mißbilligen. Ich habe schon immer empfindlich reagiert, wenn jemand auf absonderliche Weise redete oder sich auffällig benahm. Satan setzte alles daran, daß ich meine Empfindlichkeit auf diesem Gebiet möglichst beibehielt. Ich hatte meine eigenen, sehr genauen Vorstellungen, wie alles vor sich gehen sollte. Gott half mir, alle diese Dinge nach und nach abzulegen, meinen Geist Ihm zu übergeben, meine Gedanken auf Ihn zu richten und mich nicht zu ärgern oder zu beunruhigen, wenn in der Versammlung irgendetwas eine unglückliche Wendung nahm, wenn jemand in einem Zeugnis sehr unweise redete oder sich völlig daneben benahm, vielleicht eine seelische Gefühlsbetontheit an den Tag legte oder im Gebet ungereimte Dinge sagte.

Alles das wird in den Versammlungen immer wieder vorkommen, und solange wir nicht wirklich glauben können, daß der Herr imstande ist, Selbst nach dem Rechten zu sehen und dafür zu sorgen, daß alles, was vom Fleisch oder vom Teufel ist, in Seiner Gegenwart nicht bestehen kann, geben wir Satan Raum, so daß er seine Absichten erfolgreich verwirklichen kann. Seine Absicht ist es nämlich, durch solche Vorkommnisse die Gedanken abzulenken, Widerwillen gegen die Versammlung zu erregen oder zu bewirken, daß man sich innerlich empört, da er weiß, daß Versammlungsbesucher in dieser Verfassung unmöglich einen Segen vom Herrn empfangen können. Es ist von unschätzbarem Wert, wenn die Teilnehmer einer Versammlung, in der alle nur das eine Ziel haben, Gott zu suchen, die Fähigkeit haben, völlig ruhig zu bleiben und innerlich darüber zu stehen, wenn andere sich in fleischlicher Weise aufführen oder sonst eine Störung eintritt.

In diesen Versammlungen lernte ich meine Lektion immer besser und gründlicher, bis meine Neigung – mich damit zu befassen, was andere tun oder lassen sollten und mich für Dinge verantwortlich zu fühlen, für die ich gar keine Verantwortung hatte, anstatt alles Gott zu überlassen – nach und nach überwunden wurde. Es wird mir so deutlich, daß wir viele Bürden mit uns herumtragen, die Gott uns niemals auferlegt hat, und die zu tragen wir auch gar nicht berechtigt sind; in Wirklichkeit mißachten wir die Güte Gottes, wenn wir versuchen, selbsterwählte Bürden auf uns zu nehmen. Wieviel zurückhaltender wären wir doch, einen Rat zu geben, anderen in den Sattel zu helfen, uns einzumischen und andere zu korrigieren, wenn wir die Dinge sehen könnten, wie Gott sie sieht; wir würden uns in allem nur von Ihm leiten lassen. Diese erbärmliche Wirksamkeit des Fleisches! Wieviel habe ich doch davon gehabt!

In der Zeit, als ich so die Taufe des Heiligen Geistes suchte, wurde ich sehr gedemütigt. Während andere, die weniger Erfahrung hatten und mit den tieferen Wahrheiten Gottes vermutlich weniger bekannt waren, den Segen empfingen, bekam ich meine ganze Unwürdigkeit im Lichte Gottes zu spüren. Gott ließ es zu, daß dies noch schlimmer wurde, so daß ich bald im „Sumpf der Verzagtheit“ zu versinken begann. Ich wurde inne, daß ich schon so viel Segen empfangen und diesen wieder verloren oder falsch angewendet und den Heiligen Geist betrübt und vertrieben hatte. Satan sagte zu mir, ich hätte meine Gelegenheit nun verpaßt und würde den Segen nie mehr erlangen können.

Als ich eines Tages sehr verzagt war, schloß ich mich in einen dunklen Raum ein und wartete allein auf den Herrn. Während ich betete, war es mir, als hätte ich eine Vision, die mir die Allmacht Gottes offenbarte. Ihn Selbst sah ich nicht, aber Seine Majestät, Seine Herrlichkeit, Seine Macht. Fern, weit weg in den Himmeln, viele Millionen Meilen entfernt – so schien es mir – wohnte und thronte Er in ehrfurchtgebietend-majestätischer Macht und ewiger Ruhe. Herrlichkeit und Lichtglanz waren um Seinen Thron, Friede und Reinheit umgaben Ihn. Mit Worten könnte man dies nicht beschreiben oder auch nur eine schwache Vorstellung von jener unvergleichlichen, alles überragenden, majestätischen Autorität und Machtvollkommenheit vermitteln.

Und dann sah ich noch etwas anderes: Weit, weit unten, weit entfernt von der Herrlichkeit in Seiner Gegenwart, im kalten Dunkel einer schrecklich großen, unüberwindbaren Entfernung sah ich ein Atom – ein winziges, nutzloses Atom, das hin und her geworfen wurde. Dieses Atom war ich selbst, und was mir in dieser Schau so eindrücklich vor Augen geführt wurde, war die Tatsache, daß dieses Atom gar nicht benötigt wurde, daß es als etwas Nutzloses weggeworfen war und daß es für das große Universum Gottes absolut keinen Verlust bedeutete, wenn es augenblicklich ausgelöscht würde.

Gerade als ich im Begriff war, unter dem Eindruck der schrecklichen Wirklichkeit dieses Bildes und unter der demütigenden und entmutigenden Wirkung dieser Offenbarung niederzusinken, trat in der Szenerie eine Änderung ein: Es wurde ein in seinem Anfang noch etwas schattiger Lichtpfad sichtbar, der sich von dem Atom bis hinauf zu dem großen Gott erstreckte. Unten, wo sich das Atom befand, war es ziemlich dunkel, und der Pfad war nur undeutlich sichtbar, leuchtete dann aber immer heller und klarer, bis er sich in der Herrlichkeit des großen Gottes verlor. Und als ich diesen Lichtpfad wie gebannt anschaute, wurde ich auf einmal daran erinnert, daß der gute Hirte die Herrlichkeit Seines Vaters verlassen hat und ganz allein in die Dunkelheit, die dieses Atom umgibt, in meinen verlorenen Zustand, heruntergekommen ist.

O, welch wunderbare Erleuchtung gab Gott mir dadurch über Jesus! Es wurde mir so groß, daß Er um meinetwillen Seinen Thron im Himmel verlassen hat und den ganzen Weg bis hin nach Golgatha gegangen ist. Ich sah es – und sehe es seitdem heute noch – in einem ganz neuen Licht, was es für mein Leben bedeutet, daß Jesus für mich gestorben ist und ich das Blut Jesu für meine Sünden in Anspruch nehmen darf – wo ich mich heute befände, wenn Jesus nicht für mich gestorben wäre! Seitdem sehe ich erst wirklich, in welcher Finsternis und Gottesferne der Sünder sich befindet, solange er außerhalb von Christus ist, und daß er den Weg zu

Gott nur finden kann, wenn der gute Hirte ihn führt und leitet. In dieser Vision schien nämlich genau das an mir zu geschehen: Jesus kam näher und näher, und Er führte mich mit sanfter Hand ein Stück weit den Weg hinauf.

Dann verschwand die Vision, und ich sah, daß sie genau meine Situation zeigte, in der ich mich befand. Ein kleines Stück hat Er mich auf diesem Weg weitergeführt; ich war noch nicht aus jenem trüben Zwielicht herausgekommen, aber es wurde mir bewußt, daß Er mich den Pfad des Gerechten führt, der „immer heller leuchtet bis auf den vollen Tag", und daß ich unter der Obhut des guten Hirten bin. Diese große Liebe und Allmacht Gottes haben mich tief beeindruckt."

Martha Robinson hat diesen Bericht erst fast ein Jahr später, irgendwann nach dem 31. August 1907, geschrieben und in ihr Tagebuch eingefügt. Anschließend an diesen letzten Abschnitt schreibt sie, bevor sie in dem chronologischen Bericht der dann folgenden Ereignisse fortfährt: „Nachdem ich die Taufe des Heiligen Geistes längst erlebt hatte, war ich eines Tages gerade im Gebet und machte mir Gedanken über die Tatsache, daß ich in den göttlichen Dingen so langsam vorankam, als ein wunderbarer Friede mich erfüllte und ich für einen Moment wieder das Bild von diesem Pfad vor mir sah. Er strahlte in herrlichem Licht und führte zum Herrn hinauf. Ich befand mich immer noch ziemlich weit unten auf diesem Pfad, doch in einem viel klareren und helleren Licht als damals. Gott zeigte mir nun, daß ich gleichmäßig und beständig weiterging und unablässig immer größerem Licht zustrebte."

Die Tage in Zion vergingen nur zu schnell. Bald mußte Martha Robinson zu ihrem Mann und zu dem Werk in Detroit zurückkehren. Wie verlangte sie danach, noch vor ihrer Abreise mit dem Heiligen Geist getauft zu werden! Daher war sie während der letzten zwei Wochen im Oktober viel im Gebet und wartete auf den Herrn. Einige Glaubensgeschwister suchten sie zu ermutigen und harrten mit ihr zusammen im Gebet aus.

„Komm herauf, dies Land ist so schön", sagte Marie Burgess eines Abends zu ihr.

„Das Land an diesem Weg ist wirklich schön“, antwortete Martha Robinson.

Ja, das Land an diesem Weg war schön. Jesus war ihr realer und kostbarer geworden, aber am ersten November reiste sie nach Detroit ab, ohne die Taufe des Heiligen Geistes empfangen zu haben.

Das Glaubensheim – Versammlungshaus, Zion – Illinois

Kapitel 17

Stehend auf dem Felsen

Nach ihrer Rückkehr berichtete Martha Robinson in Detroit ausführlich über die Zustände in Zion in Gemeinde und Stadt und auch über die pfingstliche Erweckung. Harry Robinson war nun allerdings nicht ein Mann, den man leicht für etwas Neues, für neue Erkenntnisse oder Erfahrungen, gewinnen konnte. Er arbeitete weiterhin mit dem Werk in Zion zusammen und diente nach wie vor in den Gemeinden, die ihm anvertraut worden waren.

Seine Frau aber suchte den Herrn mit zunehmender Intensität und Entschlossenheit, denn sie wollte alles haben, was Gott für sie bereithielt. Es schien ihr, als würde Gott ihre Gebete gar nicht beantworten. Natürlich antwortete Gott auf ihre Gebete – Er war daran, in ihrer Seele ein großes Werk zu tun und sie für die kommenden Segnungen vorzubereiten –, aber die Antwort kam eben noch nicht in der Weise, wie sie es erwartete. Doch sie ließ nicht nach und wollte sich auch nicht mehr entmutigen lassen.

Nun wußte Martha Robinson wohl, daß es als erstes galt, sich Gott vorbehaltlos auszuliefern und sich Ihm zu überlassen, wenn man den vollen Segen Gottes erlangen wollte. „Wir mögen endlos beten, daß Gott ein ganzes Werk in uns tun möchte, und es wird doch nichts geschehen, bis wir uns selbst ganz loslassen und uns Ihm ausliefern." Dies hatte sie auch getan, so gut sie es eben verstand, doch als sie den Sieg nicht erlangte, um den sie so ernstlich rang, kam sie zu dem Entschluß, daß sie sich noch einmal gründlich prüfen wollte, um zu erfahren, ob sie in ihrem Leben alles Gott ausgeliefert und ob sie sich Ihm wirklich völlig, nach Geist, Seele und Leib, hingegeben hatte.

Sie prüfte sich nun sehr gewissenhaft. Harry und ihr Heim, ihre Freunde und deren Urteil, ihre Position, ihre ehrgeizigen Bestrebungen, ihre Pläne, ihre Arbeit für den Herrn, ihre zukünftige

Arbeit, das Leben selbst – alles legte sie auf den Altar. Sie nahm den Vertrag hervor, den sie ein Jahr zuvor mit dem Herrn gemacht hatte, und schrieb dies alles noch zu den Dingen hinzu, die sie damals schon dem Herrn gegeben hatte. Nun war ihre Hingabe doch sicherlich vollkommen.

Sie verließ ihr Zimmer, um hinunterzugehen, doch als sie eben bei der Treppe angekommen war, hielt der Geist Gottes sie zurück und sagte zu ihr: „*Etwas hast du noch nicht gegeben!*“

Was konnte das nur sein? Sie überlegte. Sie hatte doch alles gegeben, was ihr in den Sinn gekommen war. Sie ging zurück in ihr Zimmer, holte den Vertrag hervor, las die schriftliche Hingabe nochmals durch und dachte angestrengt nach, was sie noch nicht auf den Altar gelegt haben könnte. Sie konnte sich beim besten Willen nicht denken, was sie dem Herrn noch vorenthalten haben mochte.

Schließlich sagte der Herr es ihr: „*Es ist dein Ruf, den du noch nicht geopfert hast*!“ So schrieb sie noch unten auf die Liste: „*Mein guter Ruf.*“

Rückblickend auf diese Begebenheit sagte Martha Robinson später einmal: „Es war nur gut, daß ich dies getan hatte, denn es dauerte nicht mehr lange, bis mein guter Ruf völlig ruiniert war.“

Ungefähr zehn Tage später gab der Herr Seinem suchenden Kind „mitten im Gebet“ eine Vision über den Zustand ihres Herzens und zeigte ihr, daß es nun „absolut leer und rein“ war.

„Aber es ist ja nur ein hohles Gehäuse!“ rief sie aus. Und sie berichtet weiter über diese wunderbare Erfahrung: „Jesus sagte darauf zu mir: ‚*Ich werde hineinkommen und eine Quelle des Lobpreisens daraus machen.*‘

Aber Er erfüllte Sein Wort zu jener Zeit noch nicht. Ich hatte dann eine Zeitlang immer jenes Empfinden von Leere und Reinheit. Tagelang ging ich immer nur umher mit einem Gefühl, als wäre mein Herz leer und schrecklich sauber; irgend etwas anderes konnte ich nicht wahrnehmen. Ich empfand weder Freude noch größere Liebe oder sonst irgendeine Veränderung. Nie habe ich gehört, daß irgend jemand solch eine Erfahrung gehabt hätte.“

Es war etwa um diese Zeit, im Dezember 1906, als der Heilige Geist über ihre Lippen das eine Wort sprach: „Getauft". Von diesem Augenblick an beharrte sie im Glauben darauf, daß sie bereits mit dem Heiligen Geist getauft sei, obwohl sie erst zwei Monate später, am 11. Februar 1907, zum erstenmal in Zungen sprach. Aber bis dahin hielt sie im Glauben daran fest, daß der Herr das Wort, das Er zu ihr gesprochen hatte, ganz erfüllen und dessen Einlösung auch offenbar machen werde.

Während dieser Wartezeit wurde ihr Glaube gestärkt und gefestigt durch einige Bibelverse aus 2. Mose 33,21 und 22. Die gleichen Verse hatte Gott schon einmal gebraucht, um sie dahin zu bringen, daß sie sich fest an Gottes Verheißungen hielt, ohne zu wanken, und dies war acht Jahre zuvor geschehen, als sie die Heilung suchte.

„Als der Herr diese Worte zu Mose sagte, befand sich dieser in seinem Glaubensleben in einer Phase, in der er immer wieder zu Gott schrie", erklärte Martha Robinson, indem sie schriftlich über ihre Geistestaufe berichtet. „Das Volk hatte gesündigt; daraufhin hatte Gott gesagt, Er werde nicht mit ihnen nach Kanaan gehen, doch gab Er Mose dann auf dessen Gebet hin die Verheißung: ‚Meine Gegenwart wird mit dir gehen, und ich werde dir Ruhe geben.' Und Mose antwortete: ‚Wenn deine Gegenwart nicht mitgeht, so führe uns nicht von hier hinauf.'

Dann begann Mose mit einem großen Verlangen zu flehen: ‚Laß mich deine Herrlichkeit sehen.' Und als Antwort auf dieses Gebet hin gab der Herr ihm die Verheißung: ‚Siehe, es ist ein Ort bei mir, da sollst du auf dem Felsen stehen. Wenn dann meine Herrlichkeit vorübergeht, will ich dich in die Felskluft stellen und will dich mit meiner Hand decken, bis ich vorübergegangen bin.'

Ich hatte eine Zeit, in der ich das Angesicht Gottes suchte und zu Ihm flehte, Er möge Sein Werk in mir tun, und diese Erfahrung entspricht der des Mose, als er mit verlangendem Herzen zu Gott rief. Danach kam ich dahin, daß ich dem Herrn wirklich vertrauen und glauben konnte, Er werde Sein Werk tun und mich mit dem Heiligen Geist taufen. Dann aber ließ Gott mich durch eine lange

Wartezeit gehen; meine Geduld und mein Glaube wurden hart geprüft, denn es gab, wie mir schien, lange keinen Fortschritt und keine Veränderung.

‚Laßt die Geduld ihr vollkommenes Werk in euch tun ...', Jak. 1,4. Wie schnell sind wir dabei, einen anderen mit diesem Wort zu ermahnen, wenn er durch eine Prüfungszeit geht. Aber wie schwierig ist es, dies zu praktizieren, wenn die Reihe an uns ist.

Ich kam zu dem Schluß, daß ich nichts weiter tun konnte, als im Glauben auf Seiner Verheißung zu stehen. Ich stellte mich auf den Felsen, Christus Jesus, und hielt mich an die unumstößliche ‚Verheißung des Vaters', deren Erfüllung nichts und niemand verhindern konnte. So hatte ich nichts weiter zu tun, als zu warten, bis ‚die Herrlichkeit Gottes vorüberging'. Als Gott immer noch nicht kam und Satan mich versuchte und ich von Zweifeln oder Besorgnis angefochten wurde, sagte ich wieder und wieder: ‚Ich muß sehen, daß ich nicht vom Felsen herunterkomme; ich muß geduldig darauf stehenbleiben und warten, bis die Herrlichkeit vorübergeht.'

Dabei habe ich manch neue Lektion gelernt. Es gibt vielerlei Umstände und Ursachen, die verhindern können, daß die Herrlichkeit vorübergeht. Ich habe festgestellt, daß es nicht nur darauf ankommt, in dieser Wartezeit Geduld zu zeigen, sondern auch wachsam zu sein.

Ich denke, Mose hat seine ganze Aufmerksamkeit auf die kommende Herrlichkeit Gottes gerichtet, und er konnte an nichts anderes denken. Wir können uns nicht vorstellen, daß er sich gemütlich niedergelassen hat, um inzwischen etwas zu lesen oder zu schreiben oder über irgendein Problem nachzudenken. Ebensowenig ist es denkbar, daß er ein bißchen geschlafen, ein Nickerchen gemacht hat, bis der Segen gekommen wäre. In solch einem Fall wäre die Herrlichkeit sicherlich niemals erschienen. Ich denke, er war hellwach, in gespannter Erwartung, über jeden Zweifel erhaben; so hielt er Ausschau nach der Herrlichkeit, dem Zeichen, an dem er erkennen sollte, daß Gott vorüberging.

Nun ist nicht jeder, der die Taufe des Heiligen Geistes sucht, in der Lage, alles beiseite zu legen und buchstäblich an einem Ort zu harren, bis der Herr ihn getauft hat. Dennoch hat jeder die Möglichkeit, sich ernstlich nach diesem Segen auszustrecken, indem er sich im Geiste auf diesen Felsen stellt und beharrlich darauf stehenbleibt in der Erwartung, daß Jesus den Heiligen Geist über ihn ausgießen wird.

Mose nahm niemand mit zu dem geheimen Ort, den Gott ihm zeigte. Zu den tieferen geistlichen Erfahrungen kommt jeder nur ganz allein. Wir mögen uns dabei in einer Versammlung oder in Gesellschaft unserer Freunde, in unseren eigenen vier Wänden, in einem Büro oder Geschäft inmitten vieler Menschen befinden – was wir von Gott empfangen oder im Geist mit Ihm erleben, wird immer direkt von Gott kommen, und niemand sonst kann an unseren Erfahrungen teilhaben. Wenn wir dann anderen bezeugen möchten, was wir erlebt haben, werden wir mit unseren Worten doch nicht die Hälfte von dem sagen können, was wir wirklich erlebt haben. Und wir stehen bei solchen Erfahrungen allein da. Wir müssen ganz allein mit Gott und beständig in Seiner Gegenwart sein, so daß wir, ob wir wachen oder schlafen, arbeiten oder beten, uns in unseren Gedanken immer nur mit Jesus beschäftigen und unseren Sinn ununterbrochen auf Ihn gerichtet halten.

Viele suchen eine Zeitlang, und wenn Gott auf sich warten läßt, lassen sie ihre Gedanken umherschweifen, sie beschäftigen sich mit anderen Dingen oder werden träge und gleichgültig, sie machen ein Nickerchen, wie ich es nannte. Wir neigen dazu, uns auf die eine oder andere Weise zu betrügen, indem wir uns vormachen, wir würden wirklich ‚auf Ihn warten'. Aber es wird nichts geschehen; wir werden endlos warten müssen, wenn wir nicht in der Weise auf Gott harren, wie Er es haben will. Man kann alle Arbeit beiseite legen, um ‚auf den Herrn zu harren', und es ist möglicherweise doch kein wirkliches Harren im Geist. Andererseits kann man beschäftigt sein und dabei doch einen harrenden Geist haben, in ständiger Erwartung und in ununterbrochener Gemeinschaft mit Gott stehen.

Ich lernte diese Lektion hauptsächlich durch die Erfahrungen, die ich nach und nach machte; ich blieb auf dem Felsen stehen und wartete – bis die Herrlichkeit vorüberging und Er mich in die Felskluft stellte und mich dort mit Seiner Hand bedeckte.

Jesus hat mich mit dem Heiligen Geist getauft, und ich befinde mich nun wirklich in der Felskluft.“

Kapitel 18

Nach Toronto gerufen

Harry Robinson hatte sich schon eingehend mit der Pfingstbotschaft befaßt, besonders seit seine Frau nach Detroit zurückgekehrt war. Er wollte alles haben, was immer Gott für ihn bereithielt, doch war er noch nicht ganz davon überzeugt, daß diese neue Lehre wirklich biblisch sei. Seine Frau machte ihm schließlich den Vorschlag, er solle doch nach Zion gehen und sich diese Versammlungen einmal selbst ansehen. Dazu entschloß er sich dann auch, und so machten sich beide rechtzeitig auf den Weg nach Zion, um am 31. Dezember 1906 den Sylvestergottesdienst mitzuerleben, der sich durch die ganze Nacht hinzog. Sehr bald bekam Harry die innere Gewißheit, daß die Pfingstbewegung wirklich von Gott ist, und begann sogleich, die Taufe des Heiligen Geistes zu suchen.

Dies war nun eine wichtige Entscheidung und hatte für ihn und seine Frau Auswirkungen von großer Tragweite. Vor allem bedeutete es, daß sie sich von der Gemeinde in Zion trennen mußten, in der sie so viel Segen empfangen hatten, und mit der sie eng verbunden gewesen waren. Zwar durfte ihnen dieser Schritt nach den traurigen Begebenheiten des vergangenen Jahres nicht mehr allzu schwer gefallen sein; doch es ging nun nicht nur darum, die Gemeinde zu verlassen, sie mußten damit auch ihren Dienst quittieren und auf ihr gesichertes Einkommen verzichten. Mit anderen Worten: es galt nun, den Schritt zu einem Glaubensleben zu wagen und Gott zu vertrauen, daß Er fortan für alle ihre materiellen Bedürfnisse sorgen und ihnen auch Türen für den Dienst öffnen würde. Das war in der Tat eine Entscheidung von großer Tragweite! Sie waren sich dessen auch voll bewußt, aber in schlichtem Vertrauen auf Gott entschlossen sie sich zu diesem Schritt, was immer er auch mit sich bringen würde.

Sobald sie aus der Organisation ausgetreten waren, hatten sie das Empfinden, als seien sie aus einem Gefängnis entlassen worden. Nun waren sie nicht mehr an die Entscheidungen der Menschen gebunden, sondern frei von diesen Ketten und konnten dem Herrn folgen, wohin Er sie führen wollte. Mit dieser befreienden Erfahrung bekam Martha Wing auch die innere Überzeugung, daß sie „nach dem Willen Gottes niemals irgendeiner Organisation angeschlossen sein sollte". Und das war sie von da an zeitlebens – in den folgenden 30 Jahren – auch nie wieder.

Harry und Martha Robinson blieben noch eine kurze Zeit in Zion und besuchten die Versammlungen und eine Bibelschule, die nur für kurzfristige Semester eingerichtet war, und die der erwähnte Evangelist leitete. Dabei suchten sie beständig den Herrn und beteten darum, daß Er ihnen die von Ihm verheißene Segensfülle geben möchte. Ihr Lehrer war zutiefst von dem Ernst beeindruckt, mit dem sie das Angesicht Gottes suchten, und er sah, daß sie für den geistlichen Dienst befähigte Leute waren.

Zu denen, die in diesen Versammlungen ernstlich den Herrn suchten, gehörte auch Lydia Leggett Mitchell, die, wie bereits erwähnt, zur gleichen Zeit wie Martha Robinson – etwa fünf Jahre zuvor – für den Dienst des Herrn ausgesondert wurde. Lydia Mitchell berichtete in ihren Briefen an ihre Schwester und ihren Schwager in Toronto, Frau Brooks und deren Mann Elder Brooks, über die Ausgießungen des Geistes Gottes. Beide waren schon seit einiger Zeit über ihren geistlichen Zustand unzufrieden und hatten um die Erfüllung mit dem Heiligen Geist gebetet. So waren sie innerlich schon zubereitet für die Botschaft von der Taufe des Heiligen Geistes. Lydia Mitchell nahm ihr lebhaftes Interesse an diesem Pfingstgeschehen wahr und äußerte gegenüber dem Evangelisten in Zion den Wunsch, er möchte doch, wenn irgend möglich, die Brooks in Toronto besuchen. War es diese Anregung, die ihn veranlaßte, im Januar 1907 in diese Stadt zu gehen oder nicht, Tatsache ist, daß er im Januar 1907 dorthin reiste und sogleich in die Gemeinde ging, der Elder Brooks als Pastor vorstand.

Dieser forderte den Evangelisten auf zu predigen und war dann von der Verkündigung tief beeindruckt. Daraufhin lud Elder Brooks ihn ein, einige spezielle Versammlungen zu halten, an denen sich fünf oder sechs pfingstliche Gemeinden der Stadt beteiligten. Sie mieteten gemeinsam die „Wolesley Hall“, die sich in der Nähe der Stadtmitte befand und wegen ihrer zentralen Lage für die Gottesdienste bestens geeignet war. Nun konnte der Evangelist mit den besonderen Versammlungen beginnen.

Am Ende eines dreiwöchigen Dienstes in dieser Stadt mußte er an seine Rückkehr denken, und er machte den Vorschlag, sie sollten – um irgendwelche Bevorzugung eines der Leiter der verschiedenen Gruppen, die an diesen speziellen Versammlungen teilnahmen, zu vermeiden – auswärtige Prediger einladen, die das Werk fortsetzen könnten, das er begonnen hatte. Diesem Vorschlag stimmte man zu, und so sandte er sogleich an Robinsons ein Telegramm mit der Einladung, nach Toronto zu kommen, indem er sie aufforderte, sich noch gleichen Tages zu entscheiden und „vor Sonnenuntergang“ Antwort zu geben.

Martha Robinson hatte nicht die innere Überzeugung, daß dieser Ruf dem Plan entsprach, den Gott für sie hatte, aber es war natürlich Sache ihres Mannes, die Entscheidung zu treffen. Sie hatte eher den Eindruck, sie sollten nach Detroit zurückkehren, zweifellos, um den Schafen jener Herde, die sie vorher geweidet hatten, wenigstens die Gelegenheit zu geben, die Wahrheit über die Taufe des Heiligen Geistes zu hören. Dies wäre für einen treuen Hirten sicherlich auch das Nächstliegende und der geistlichere Weg gewesen.

Doch für Harry Robinson war der Ruf nach Toronto in mancher Hinsicht recht anziehend. Vor allem bedeutete diese Einladung eindeutig eine offene Tür zum Dienst. Er überlegte: Würden sie nach Detroit zurückkehren, dann könnten sie nicht so ohne weiteres zu ihrer früheren Gemeinde gehen, da sie ja ihre Verbindung zu dieser Denomination abgebrochen hatten. Sein Heimatland war Kanada, und er hatte früher einmal einige Zeit in Toronto zugebracht. Vielleicht spielte auch bei seiner Entscheidung eine

Rolle, daß sein Freund William Marlatt nun dort wohnte, mit dem er eng verbunden und mit dem er damals nach Zion gegangen war. Jedenfalls nahm er die Einladung an und reiste im Februar zusammen mit seiner Frau nach Toronto. Dort fanden sie bei Marlatts Aufnahme, von deren Wohnung aus sie nur wenige Minuten zur Wolesley Hall zu gehen hatten.

Martha Robinson begann ihren Dienst in Toronto mit einer sehr sorgfältigen Bestandsaufnahme ihres geistlichen „Inventars". Unter dem 5. März schreibt sie in ihr Tagebuch: „Preis sei Deinem teuren Namen! Du hast mich errettet! Du hast mich bei meinem Namen gerufen. Du bist mein. Während ich das Gebet durchlese, das ich vor einem Jahr, am 18. Dezember 1905, niedergeschrieben habe, kann ich Dir nicht genug dafür danken, daß Du mich so geführt hast. Ich bin immer noch ein schwaches, aber nicht mehr ein sündiges Kind. Du hast meinen Glauben gestärkt und meine Gebete oftmals erhört, und ich habe auch ein gewisses Maß an Vollmacht in meinem geistlichen Dienst. Und – Preis sei Gott! – ich bin kein Feigling mehr. Mit Freuden würde ich nun mit Jesus ‚irgendwohin' gehen. Ich bin überhaupt nicht mehr nervös. Aber leider reagiere ich manchmal für einige Momente noch ziemlich gereizt und empfindlich. *Ich spreche nun nicht nur von persönlichem Gebet und Bibellesen in der Stille, sondern praktiziere es auch selber.* Ich habe in einem gewissen Maß schon die Innewohnung des Geistes und bin dem Herrn geweiht, und zwar uneingeschränkt und völlig. Preis und Ehre sei Jesus!

Seit ich mich neu Gott zugewandt habe, ist die ganze Leere, Nutzlosigkeit und Kraftlosigkeit meines Lebens offenbar geworden; doch ich habe seitdem gelernt, auf die Stimme Gottes zu hören, ich habe beständig darum gebetet, daß der Heilige Geist bei mir Einkehr halten möchte, ich habe viel in der Schrift geforscht und mich immer wieder unter die Hand Gottes gedemütigt; ich habe mich in Beharrlichkeit, in Geduld, im zudringlichen Bitten, in der Beständigkeit und Standhaftigkeit geübt. Es ging ein Absterben des eigenen Lebens und eine kostbare Reinigung von der alten, sündigen Natur vor sich, und dies hatte zur Folge, daß ich mich Dir noch völliger hingab und den kühnen Schritt zu einem Glaubensleben wagte.

Gegenwärtige Bedürfnisse und Gefahren: Ich bin wieder in Gefahr, auf meine Fähigkeiten stolz zu sein, zu autoritär aufzutreten und nicht in der Demut zu bleiben. Es zeigt sich Mangel an Glauben, Liebe, Selbstlosigkeit; sollte jegliche Unachtsamkeit überwinden, mich noch mehr nach wahrer Demut und Geduld ausstrecken.

Ich bin ausgesandt, ein Werk zu tun, für das ich viel zu klein bin, aber, Preis Gott, Er füllt den Platz aus und trägt die Verantwortung. Ich bin verwandelt, habe ein neues Herz und ein großes Verlangen nach der Fülle Gottes.

Hilf Du mir, o Gott, Deinem kleinen Kind, das nur wenig Kraft, einen schwachen Glauben hat und dem es an Weisheit mangelt. Du hast mir ein Werk aufgetragen, für das ich zu unerfahren und unzulänglich bin, doch das Wissen, daß Du meine Gebete erhört hast, stärkt mich in dem Vertrauen, daß Du das in mir wirkst, was ich nicht habe und bin.

O Herr Jesus, ich brauche Dich in meinem Leben. An diesem Tage mache ich mit Dir einen Bund, indem ich Dir verspreche, daß ich Dir nachfolgen und den ganzen Weg des Kreuzes gehen will. O, kreuzige, beschneide mich, reinige mich bis ich wirklich vollkommen in Dir bin und bleibe. Verherrliche Dich in mir. Erfülle und durchdringe mich ganz und gar mit Deinem Geist bis alle, die mich kennen, gewahr werden, daß ich mit Jesus wandle. Halte mich ganz niedrig und demütig. Nimm Besitz von meiner allzu schnellen Zunge. Laß in mir die Frucht des Geistes zur Entfaltung kommen. Hilf mir, daß ich viel Frucht bringe. Gib mir das Gebet des Glaubens für die Kranken. Wenn du willst, daß ich in Zungen spreche, dann gib mir doch auch die Auslegung.

Möchte doch die göttliche Liebe in mir jegliche Neigung zur Reizbarkeit, Selbstsucht und zum Geltungsbedürfnis überwinden. Gib mir eine große Liebe zu den Menschen. Gib, daß ich zunehmen möchte in meiner Lehrgabe. Gib mir die Vollmacht, Dämonen auszutreiben. Hilf mir, immer besser zu verstehen, wie ich mich Dir hingeben kann; hilf mir, mich Deinen Händen so völlig zu überlassen, wie der Ton der Hand des Töpfers. Heile, heilige und belebe meinen Leib. Erfülle Deinen vollkommenen Willen in mir. Heilige meine Gedanken, und gib mir viel Weisheit.

Und im Blick auf das Werk, das wir hier in Toronto tun sollen, möchte ich Dich bitten: Tue Du es für uns. Zeige uns, welche Schritte wir unternehmen sollen, wie wir vorgehen, was wir in jeder Situation sagen und tun sollen. Laß uns immer bis ins Kleinste Deinen Willen wissen, und wirke Einmütigkeit, so daß alle Deinem Willen gehorchen.

Komm herein, Herr Hesus, die Tür ist offen. Komm und halte mit mir das Abendmahl."

Eine Woche später, am 12. März, betet sie: „O Herr Jesus, komm schnell. Meine Seele dürstet nach Dir, dem lebendigen Gott. Mein Herz schreit nach Dir. Mehr als nach den Früchten oder Gaben, mehr als nach Vollmacht verlangt mich nach Dir. Komm und wohne in mir in großer Fülle, Du Sohn Gottes. Hilf mir, o hilf mir, alles, was von dieser Erde ist, fallen zu lassen und Dich anzunehmen.

O Herr Jesus, Du siehst mich, ein armes, schwaches Gefäß. Es gehört Dir. Tue damit, was Deinem Willen entspricht. O Herr, Du siehst hier Dein Werk. Du hast mich in dieses Werk gestellt und Du trägst die Verantwortung dafür, ob ich für diese Aufgabe befähigt bin oder nicht. Hilf mir bei dieser Arbeit, o mein Herr und mein Gott. Wenn Du dieses Werk wegen meiner Unfähigkeit durch mich so nicht tun kannst, dann mußt Du mir entweder eine größere und bessere Ausrüstung geben oder einen anderen Prediger hierher bringen, der dieser Aufgabe gewachsen ist, sonst wird das Werk scheitern. Stehen wir irgendwo nicht in Deiner göttlichen Ordnung, dann zeige uns, wo es bei uns fehlt. Sind wir in einem Punkt vor Dir nicht wohlgefällig, dann zeige es uns bitte. Wir bitten Dich um Weisheit. O teurer Jesus, gib mir Weisheit. Gib, daß ich Deinen Willen erkennen kann. Offenbare Dich, o mein Gott und Heiland, in größerer Fülle."

Im weiteren Verlauf des März und April ging es durch eine „lange Periode der Unfruchtbarkeit, der Leere und des Versagens; treue Besucher blieben auf einmal von den Versammlungen fern. Es war keine Kraft da."

Dies war natürlich nicht nur unbefriedigend, sondern auch demütigend, es war eine wahre Glaubensprüfung, besonders auch deswegen, weil man sie als tüchtige Reichsgottesarbeiter empfohlen hatte und es allgemein bekannt war, daß sie vorher im Werk des Herrn sehr erfolgreich gewesen waren. Die Situation wurde derart kritisch, daß – wie Martha Robinson berichtet – „wir schon davon sprachen, uns der East-End-Mission anzuschließen und unsere Arbeit aufzugeben. Aber Gott ließ es nicht zu. Wir hatten die Absicht, zur East-End-Mission zu gehen, um fortan dort zu bleiben und zu wirken. Doch wir waren innerlich gehalten und konnten es einfach nicht tun."

Die East-End-Mission war eine lebendige Gemeinde, die von James Hebden und dessen Frau geleitet und daher oft auch die „Hebden-Mission" genannt wurde. Jeden Abend füllten Scharen von ernstlich suchenden Menschen den Saal, und Gott goß Seinen Geist in machtvoller Weise aus; Sünder und Gläubige wurden überführt, fielen vor Gott nieder, schrien um Errettung und riefen den Herrn um Reinigung des Herzens und um die Taufe des Heiligen Geistes an. Über dem großen Saal befanden sich Wohnungen, und es gab genügend Räume, so daß dort außer Hebdens auch weitere Mitarbeiter wohnen konnten. Es wäre für Robinsons nun ein guter Ausweg aus ihrer wirklich entmutigenden Situation gewesen, wenn sie sich der East-End-Mission angeschlossen und dort mitgearbeitet hätten. Dieser Weg wäre für sie deshalb so anziehend gewesen, weil sie dort zugleich hätten wohnen können. Aber – so berichtet Martha Robinson – Gott gestattete ihnen nicht, diesen Weg einzuschlagen. Es folgten nun „Tage des Wartens auf Gott", in denen sie Ihn um Licht für den weiteren Weg baten. Während dieser Zeit empfand Martha Robinson ein immer stärker werdendes Verlangen nach Gott, und ihr Gebet wurde immer dringlicher, Jesus in Seiner ganzen Gottesfülle zu erkennen.

„Am Sonntagmorgen, dem 5. Mai, kam ein Gebetsgeist in

machtvoller Weise auf mich", berichtet sie, „und ich mußte aus tiefstem Herzen rufen: ‚*Laß mich sterben, laß mich sterben und Christus Jesus in mir leben*'." Die innere Not, die sie dabei empfand, war so groß, daß sie diese Zeit des Flehens nur als „zwei Gethsemane-Stunden" bezeichnen konnte, in denen sie immer wieder rief: „O Gott, tue Dein Werk in mir!"

Dieser Sonntag und die folgenden beiden Tage waren „drei Tage des Fastens und Betens". Sie bekam „eine innere Gewißheit, aber kein Licht – keine Anweisung", wie sie sich angesichts der schwierigen Situation des Werkes verhalten, welchen Weg sie einschlagen sollten. Und wieder notiert sie: „Unser Werk ist wie tot", und sie ruft: „O Gott, nimm Du die Sache ganz in Deine Hand!"

Am nächsten Tag aber, dem 8. Mai, bekam sie Licht. „Als ich in der East-End-Mission im Gebet war, hat Gott mir einiges gezeigt. Er breitete wie ein Panorama einen Plan für das Werk aus. Er zeigte mir, daß ich Handzettel und Karten drucken lassen und wie ich alles im einzelnen ausführen soll."

Mit der ihr eigenen Sorgfalt und Bedachtsamkeit verbrachte Martha Robinson „die nächsten vier Tage, vom 8. bis 12. Mai, im Gebet, wartete auf Gott wegen dieser offensichtlichen Leitung. Sonntag, den 12. Mai, kraftlose kleine Versammlungen wie immer, und doch läßt Gott es nicht zu, daß wir weggehen". Am gleichen Tage vertiefte sich in ihr die Überzeugung, daß es sich wirklich um einen Plan und eine Leitung des Herrn handelte, und sie informierte ihren Mann darüber. Am nächsten Tag, „als ich immer noch darüber betete und wartete, daß der Herr mir zeigen würde, was ich tun sollte, ob ich wirklich in die Stadt hinuntergehen und die Sachen drucken lassen sollte, sagte der Geist immer wieder: ‚Geh! geh! geh!' Und ich ging.

In der Zeit vom 13. bis 24. Mai war ich körperlich krank und in meinem Geist tief bekümmert." Diese „schwere Bürde" hing zum Teil mit der Tatsache zusammen, daß ihr Mann noch nicht die Taufe des Heiligen Geistes empfangen hatte. So mußte sie während dieser Zeit, in der er im Gebet verharrte und danach trachtete, mit dem Heiligen Geist erfüllt zu werden, ihren Weg allein weitergehen. Dies bedeutete für sie eine besondere Belastung, wie es auch aus ihrer Eintragung vom 18. Mai hervorgeht. „Ein Tag schwerer Bürde – ein Tag der Einsamkeit, der Krankheit und Hilflosigkeit. Es war mir so schwer, daß ich allein wandern muß und niemand habe, der im gleichen Geist mit mir arbeitet."

Am nächsten Tag, Sonntag, dem 19. Mai, kann sie berichten: „Habe den Sieg in dieser Sache", und in bezug auf die Versammlungen schreibt sie, diese seien „gut besucht" gewesen, und: „Ich war unter dem Geist."

„Wieder eine Woche des Flehens und Rufens zu Gott, Er möge die Kraft des Heiligen Geistes senden, Tage außergewöhnlichen Flehens, Stunden voll Seelenqual, in denen der Geist das Fleisch zu äußerst anstrengendem Flehen antrieb – bis ich schließlich fühlte, ich müsse darum beten, hiervon befreit zu werden. Betete in Zungen, in Englisch und in ‚Seufzern'. Gott, wie lange noch, o, wie lange noch?"

Am 22. Mai schreibt sie dieses Gebet in ihr Tagebuch: „Bin immer noch ein hilfloses Baby, das zu Dir schreit. O Gott, laß mich schneller wachsen. Mit meinem ganzen Sein, Dichten und Trachten verlangt mich danach, Christus zu gewinnen. Ich achte alles für Kot, daß ich Christus gewinnen, daß ich Ihn und die Kraft Seiner Auferstehung erkennen möchte.

Mich verlangt nach einem größeren Maß, nach einer Ausgießung des Heiligen Geistes, ich möchte ganz in Seinen Fluten untergetaucht sein.

O Herr, Herr, wie lange noch? Ich muß Dich haben, Jesus, wunderbarer Jesus. Ich möchte sterben, damit Du in mir leben kannst. O Gott, mein Gott, lehre mich, wie ich beten soll. Ich möchte ‚mit Christus in Gott verborgen' sein, dann werde ich Dir nicht mehr im Wege stehen. Jesus, Jesus, komm mir zu Hilfe!"

Am Samstag, dem 25. Mai, notiert sie, nachdem ihr Gebet um Befreiung von diesem intensiven Flehen im Geist erhört worden war: „Das flehentliche Bitten hat nachgelassen. Ruhe in Jesus. Gebetsgeist in der Abendversammlung."

Die nächsten Eintragungen sprechen für sich selbst:

„26. Mai. Versammlung am Nachmittag gut besucht, die Kraft Gottes war gegenwärtig. Alle Verantwortlichkeit verschwunden. Ich war unter der Kraft Gottes. Ebenso auch am Abend, doch waren weniger Leute da wegen des Regens. Befinde mich immer noch in dieser Ruhe.

26. bis 30. Mai. Mir ist, als habe der Herr zu mir gesagt: ‚Komm beiseite und ruhe ein wenig.' Keine Sorgen, keine Bürde – habe alles Jesus übergeben – nur, daß ich mich im Geist beständig mit dem Gedanken beschäftige und darum bete, für Kranke beten und Dämonen austreiben zu dürfen. Der Geist drängt mich, darum zu bitten.

Donnerstag, 30. Mai. Ein wundervoller Tag. Am Morgen hoffte ich im stillen, an diesem Tag ganz allein zu sein, um zu beten; so war es mein Plan, meine Arbeit zuerst zu erledigen und dann den ganzen Tag auf Gott zu warten. Aber Gott wußte, was kommen würde, und Er veranlaßte mich, sogleich zu beten. Ich sang eine Stunde lang in Zungen – es waren seltsame, sonderbare, fremdländische Melodien, und ich wechselte dabei immer wieder in eine andere Sprache über. Da kam Harry heim, und wir packten und sahen unsere Sachen durch und brauchten dazu den ganzen Nachmittag."

Ihre Sachen haben sie in Vorbereitung auf den bevorstehenden Umzug gepackt, der am nächsten oder übernächsten Tag stattfinden sollte. Seit ihrer Ankunft in Toronto waren sie bei Marlatts in Pension gewesen. Nun hatte „Tante Mattie", die Tante von Martha Robinson, die inzwischen Witwe geworden und nach Toronto gezogen war, sie eingeladen, bei ihr zu wohnen.

Wie bereits anfangs berichtet, war es der Ehemann von Tante Mattie, Onkel William Blair, der zu der großen Krise im geistlichen Leben der jungen Mattie den Anstoß gegeben hatte, als er zu ihr sagte: *„Ich habe den Eindruck, der Herr möchte, daß du nur für Ihn lebst und arbeitest."* Onkel William war zuletzt Pastor an einer Methodistenkirche in Mimico, einem Vorort von Toronto, gewesen und war dann dort am 1. März 1904 – also drei Jahre zuvor – gestorben. Er lebte nun nicht mehr, aber Seine Werke waren ihm nachgefolgt. Der Weg, den er seiner Nichte vor Jahren gewiesen hatte, sollte sich in ihrem Leben als der Weg ihrer göttlichen Bestimmung erweisen. Eigentlich war es ja eine wunderbare Fügung, daß Martha Robinson gerade am Vorabend jener Zeit, in der sie tatsächlich nur noch „für Ihn leben und arbeiten" sollte, sich bei ihrer Tante wiederfand, bei der sie damals war, als jener spezielle und bestimmte Ruf des Herrn sie zum erstenmal erreichte.

Nachdem Robinsons mit den Vorbereitungen für den geplanten Umzug zu Tante Mattie fertig waren, schreibt Martha Robinson: „Um vier Uhr gingen wir ins Gebet. Der Geist des Gebets kam auf uns beide, und nach einiger Zeit fingen wir an, laut zu beten. Während ich betete, kam der Geist Gottes auf mich und erfüllte mich ganz und gar. Ehre sei Gott! Meine Hände zitterten, und mein ganzer Körper schien verwandelt. Ich redete in verschiedenen Sprachen. Auch Harry wurde jetzt vom Wirken des Heiligen Geistes erfaßt, und wir hatten eine Gebetsgemeinschaft wie nie zuvor, seit wir die Geistestaufe suchten. – Am Abend kam der Geist Gottes wiederum machtvoll über mich. Die Versammlung war gut besucht und gesegnet.

31. Mai. Er führt mich an stille Wasser und auf grüne Auen. Es ist ganz still geworden. Ich denke, Er will, daß ich jetzt Kräfte sammle, und Er beabsichtigt, mich noch mehr in die Tiefe zu führen. Ich spüre, daß das eigene Ich jetzt am Absterben ist. Der Geist Gottes hat mich jetzt mehr unter Seiner Kontrolle. Preis sei Gott, daß ich an diesem Morgen mit Harry wieder Gebetsgemeinschaft im Geist haben durfte! O Gott, bringe ihn hinein in Deine Fülle!

O Gott, ich vertraue Dir, daß Du diesen unwürdigen Ton umgestalten und formen, daß Du mit mir zum Ziel kommen wirst. Du läßt die Frucht des Geistes in mir zur vollen Entfaltung kommen. Du wirst mir die Gaben geben, die Du für den Dienst als notwendig erachtest. Du wirst mir die ‚Zeichen' geben, ‚die da folgen werden denen, die da glauben'. Du wirst mir Christus Selbst geben, so daß Er in mir beständig wohnt und lebt. *O wunderbarer Gedanke, welch großes Geheimnis! Daß Gott in mir wohnen will – der große, ewige Gott in diesem Gefäß von Ton!*

1. Juni. Gestern sang der Geist Gottes wieder eine Zeitlang durch mich in Zungen. Wunderbar! Immer noch Ruhe und Frieden. Alle Verantwortung habe ich in Gottes Hand gelegt. Ich darf innige Gemeinschaft mit Jesus haben. O Herr, führe mich weiter, bringe mich in noch tieferes Einssein mit Dir. Möchte der Heilige Geist doch aufs völligste von mir Besitz ergreifen. Heute ist es mein großes Verlangen, daß Jesus in meinem alltäglichen Leben – in allem, was ich rede, in meiner Ausdrucksweise, in allem, was ich tue – sichtbar werden möge. Mein Herr und mein Gott, wirke Du es in mir.

Hatten am Abend im Saal eine Gebetszeit. Ein Dutzend Leute waren gekommen. Fräulein J. hat die Taufe des Heiligen Geistes empfangen. Ich bitte den Herrn, Er möge mir zeigen, was das Zittern bedeutet. Ich selbst habe auch ein wenig gezittert. O Gott, ich muß es von Dir erfahren, was das zu bedeuten hat.

Und – o mein Gott, ich habe immer noch nicht die völlige Gemeinschaft mit Jesus in innigster Liebe zu Ihm. Herr Jesus, komm in mein Herz, das sich nach Dir sehnt, und laß uns miteinander ein Fest der Liebe feiern. Der Heilige Geist nimmt mich mehr und mehr in Besitz. Möchte Er mich die Liebe Christi erkennen lassen, die alle Erkenntnis übersteigt.

2. Juni. Meine Seele schreit nach dem lebendigen Gott. Jesus, Jesus, Jesus, komm Du zu mir! O Gott, wie sehr verlangt mich nach Dir! O Gott, wie sehne ich mich nach Dir! O daß Jesus – Jesus – in mir geoffenbart werden möchte! Ich will nur Jesus haben. Nichts als nur Christus kann befriedigen. Ich muß Ihn und die Kraft Seiner Auferstehung erkennen.

Meine Seele schreit nach dem lebendigen Gott. Jesus, Jesus, komm mir zu Hilfe! Lieber Herr Jesus, möchte ich doch ganz von mir selbst errettet und in Dir verloren sein, so daß nicht mehr ich es bin, sondern Christus, der in mir lebt!

Die Kraft Seiner Auferstehung möchte ich erfahren – doch was ich damit erbitte, weiß ich eigentlich gar nicht. Der Heilige Geist weiß es. O, möchte ich nach Geist, Seele und Leib Seine Auferstehungskraft erfahren!

Hatte ein Gespräch mit G. und dann mit ihm gebetet; seine Liebe ist am Erkalten. Gott, bringe ihn zurück zu Dir. Der Versammlungssaal war heute voll; die Kraft Gottes gegenwärtig. Es hat sich bezahlt gemacht, geduldig auf Ihn zu warten, bis Er eingreift.

Herr, halte mich ganz niedrig zu Deinen Füßen. Hilf mir, beständig auf Dich zu warten. Mehr, mehr von Gott möchte ich haben. Laß mein Eigenleben für immer, für immer, für immer verschwinden und laß Christus in mir leben. Ich möchte nur ein Gefäß sein, das die Welt geringachten mag – doch was macht das schon aus!

4. Juni. Wir dürfen die Güte und Fürsorge Gottes in zeitlichen Dingen erleben und erfahren, wie Er uns in Seiner großen Liebe ein Heim und liebe Freunde schenkt. Aber, mein Gott, in meinem Geist bin ich noch nicht befriedigt. Ich danke Dir für die wunderbaren Heimsuchungen Deiner Gnade, für die Ausgießungen des Geistes. Aber was muß es doch sein, nur noch im Geist – unter Seiner Kraft – zu leben, so daß das Fleisch sich nicht mehr behaupten kann.

Immer noch rufe ich zu Gott und strecke ich mich danach aus, mit Christus gestorben zu sein. Möchte ich doch wirklich gekreuzigt sein! Mein Herr, ich habe es erwählt, den Weg des Kreuzes zu gehen. Ich habe alles niedergelegt. Ich habe mein eigenes Leben aufgegeben und hingegeben, doch es lebt immer noch. Mein Vater, wirke es in mir, daß ich wirklich endgültig ans Kreuz komme und dort sterbe und hinfort nur noch im Auferstehungsleben des Sohnes Gottes lebe. Ich möchte Ihn und die Kraft Seiner Auferstehung erkennen und nie mehr das Empfinden haben, von Ihm getrennt zu sein!

Jesus, Jesus, offenbare Dich in Deiner ganzen Fülle. Meine Seele schreit zu Dir – ich muß Dich, nur Dich haben. Tot sein – was bedeutet es? Laß es mich in seiner tiefsten Bedeutung erkennen und erfahren. Dann werde ich auferstehen in Neuheit des Lebens.

Gib heute abend eine Botschaft für die Menschen, die kommen werden. Ich bitte Dich, brauche mich dazu, die Seelen zu Deinen Füßen zu bringen, Nicht mir, sondern Dir soll alle Ehre gegeben werden. Halte mich ganz aus dem Blickfeld der Menschen. Halte mich tief erniedrigt. Gib mir Weisheit, Jesus, gib mir Dich Selbst.

5. Juni. Es ist Urlaubszeit. Mein Verlangen ist, allezeit unter der Kraft des Geistes zu sein. Es wird mir immer klarer, daß Zeiten der Stille notwendig sind. Aber ich bete, daß ich von mir selbst befreit werden und daß das Fleisch sterben möchte. Ich bin solch ein schwaches, kleines Gefäß. Gott kann mich nur in begrenztem Maße gebrauchen. Auch dem Leibe nach fehlt mir die Kraft. Ich werde manchmal ungeduldig und wünschte, daß Dein Werk in mir schneller vonstatten gehen möchte. Herr, halte mich niedrig und still zu Deinen Füßen. Hilf mir, Dir immer ganz hingegeben zu sein, so daß Du Deinen Willen tun kannst.

Momentan machen wir zum erstenmal in finanzieller Hinsicht eine Glaubensprüfung durch. Wir schauen auf zu Gott und erwarten, daß Er Seine Verheißungen einlöst. Wir trachten an erster Stelle nach dem Reich Gottes. Alles andere ist Seine Sache.

7. Juni. Es scheint, daß der Herr sich wieder eine Zeitlang zurückzieht. Ich habe Ihn am ‚Fenster' gesehen; meine Seele schreit nach Ihm. Ich laufe durch die Straßen der Stadt. ‚Hat jemand meinen Geliebten gesehen?'

Gestern war der Heilige Geist den ganzen Tag über gegenwärtig, aber als die Abendversammlung kam, war die Kraft nicht mehr da. Ich konnte mich Ihm nicht so hingeben. Gott hat uns gesegnet, aber es war alles nicht so, wie es hätte sein sollen.

Mein Gott, muß ich meine Lektionen auf Kosten Deiner Kinder lernen? Wo liegt der Fehler? Mein Herr und mein Gott, lehre mich und zeige mir, was Du mir sagen willst und was ich wissen muß. Diese Woche habe ich wenig Zeit im Gebet verbracht; habe mehr in groben Zügen über einige Hauptthemen gesprochen. Herr, liegt es daran? Du hast uns dieses Heim gegeben und uns mit diesen Menschen zusammengeführt, Du hast uns diese Hilfe zuteil werden lassen; zeige mir, wie ich mich hier unter diesen Umständen verhalten soll.

Wir sind immer noch ohne Geld, nur daß wir eben gerade genügend Fahrgeld haben. Und doch haben wir alles, was wir brauchen. Wie wunderbar, daß Gott es so gelenkt hat, daß wir gerade jetzt kein Geld für Lebenshaltungskosten auszugeben brauchen! Wir leben wie kleine Kinder, und wie es der Vater alles führt, so ist's gerade recht. Bis zu dem Augenblick, als wir Gäste in diesem Haus wurden, hatten wir genügend Geld für den Lebensunterhalt und die Miete.

Habe mir eine schlimme Erkältung zugezogen und darüber noch nicht den Sieg bekommen. O gnadenreicher Vater, Deine Geduld ist groß. Hilf meinem Unglauben, hilf mir, im Glauben alles für mich in Anspruch zu nehmen, was ich nach Geist, Seele und Leib brauche.

Ich muß Christus in Seiner Fülle haben. Nur Christus kann das innere Verlangen stillen. Ich muß eine tiefere Offenbarung Seiner Selbst haben.

Es ist mein Verlangen, so völlig Gott hingegeben zu sein, daß das Fleisch in keinerlei Weise mehr die Verwirklichung des Gotteswillens verhindern kann.

Mache mich los. mache mich los, o Gott, von jedem und von allem.

8. Juni. Ich strecke mich immer noch nach dem Herrn aus. Verbrachte den gestrigen Nachmittag und Abend in der East-End-Mission. Durfte in meiner Erkältung einige Erleichterung erfahren.

Die Mitarbeiter von Bruder Fischer haben Wunderbares erlebt. Die „Feuersäule der Herrlichkeit" (2. Mose 13,21) war über sie gekommen, während sie im Gebet waren; sie leuchtete nicht nur im Raum, sondern wurde auch über dem Haus sichtbar, so daß die Feuerwehr kam, um das Feuer zu löschen, das man gesehen hatte; aber da war kein irdisches Feuer. Wir befinden uns wahrlich in einer wunderbaren Zeit.

Eine Frau in East End, die mir völlig fremd war, gab mir gestern einen Dollar, und so haben wir wieder für eine Zeitlang genügend Fahrgeld. Nun haben wir wieder alles, was wir brauchen. Sie sagte dabei zu mir, sie habe sich gedrungen gefühlt, mir das Geld zu geben. Wir wissen, warum.

Ich habe immer noch diesen inneren Drang, mich nach Gott auszustrecken. Die Kraft des Geistes ist nicht auf mir. Meine Seele schreit nach Gott. ‚Wie der Hirsch schreit nach frischem Wasser, so schreit meine Seele, Gott, zu Dir. Wann werde ich dahin kommen, daß ich Gottes Angesicht schaue?' O Gott, ich weiß, ich bin in Deinen Händen. Du verwirklichst Deine Ziele. Du möchtest mich bestimmte Lektionen lehren. Aber o, ich möchte Jesus allezeit bei und in mir haben. Ist dies ein Wunsch, der nie erfüllt werden kann? Wenn Er sich auch nur ein wenig zurückzieht, hungere und dürste ich nach Ihm. O, daß Jesus sich doch in noch mächtigerer Weise offenbaren und ich Ihn und die Kraft Seiner Auferstehung erkennen möchte und, Herr – ja – die Gemeinschaft Deiner Leiden! Herr, bringe mich dahin.

Es scheint, ich soll in jeder Hinsicht für Gott abgesondert sein und darf mich nicht an irgendwelchen allgemeinen Gesprächen beteiligen. Seitdem ich hier bin, habe ich zu viele Besuche gemacht. Ich muß oft mit Gott allein sein. In den letzten vier oder fünf Tagen habe ich die Gegenwart Jesu verloren, die mich beständig überschattete – diese Kraft des Geistes, die mich erfüllte und innerlich erbeben ließ. Ich weiß, daß ich diesen Segen wieder erlangen werde, aber, o Herr, laß mich aus dieser Erfahrung lernen.

9. Juni. Sonntagmorgen. Gestern abend in der Gebetsstunde wich die dunkle Wolke von mir, ich kam wieder in die Gegenwart des Herrn und wurde wunderbar gesegnet. Und nun, o Herr, ist dieser Tag in Deinen Händen. Ich vertraue Dir, daß Du alles geben wirst, was wir brauchen. Bin von der Erkältung völlig genesen.

Ich habe Dich darum gebeten, mir zu helfen, daß ich mich Dir völlig hingebe. Gib, daß ich es lerne, dies nicht in eigener Kraft zu versuchen. Die Verantwortung für diese Sache liegt in Deinen Händen. Habe mich Dir nach Geist, Seele und Leib völlig hingegeben. Ich gehöre nicht mehr mir und trage auch keine Verantwortung mehr. Ich halte mich für tot. So ist nun, o Herr, alles, was hinfort geschieht, von Dir und nicht von mir. Ich übertrage Dir die Verantwortung für mich. Tue Du es alles für mich, lieber Herr.

10. Juni. Während ich an Freunde schrieb, hat der Herr mich an eine Erfahrung erinnert, und ich fühle mich geleitet, etwas davon mitzuteilen. Ich berichtete über die Zeit, als wir auf den Herrn warteten und wegen der Entwicklung des Gemeindewerkes im Gebet waren. Die ganze Zeit – ungefähr schon seit drei Wochen – war ein Geist heftigen und dringlichen Flehens auf mir. Ich schrie zu Gott – mit unaussprechlichen Seufzern –, ich schrie nach Jesus. Es war gerade zu diesem Zeitpunkt, daß der Herr begann, mir zu zeigen, was es um die Kraft Seiner Auferstehung und die Gemeinschaft Seiner Leiden ist. Er zeigte mir ein solch abgesondertes Leben, wie ich es mir nie vorgestellt hätte. Die Welt fiel von mir ab, ich stand entblößt und einsam da. Ich kann es nicht beschreiben – dieses schreckliche Empfinden von Einsamkeit, dieses Gefühl, von allen verlassen zu sein; es war, als befände ich mich inmitten einer großen Wüste – allein mit Gott.

Ich begann zu beten, ‚O Gott, laß doch auch meinen Mann zu mir kommen.‘ Dann bat ich Gott, daß mir doch sonst jemand in dem Werk beistehen möchte, aber Er ließ es mir nicht zu, weiter so zu beten.

Es war ungefähr um diese Zeit, daß ich eine Auslegung in East End bekam. Frau Hebden sprach in Zungen. Ich weiß jetzt, daß diese Botschaft speziell an mich gerichtet war. Während sie sprach, hatte ich eine Vision. Es war, als stünde ein Bild direkt im Redefluß ihrer Worte. Ich sah in der Vision eine öde, dürre, zerklüftete Gegend unter einem seltsam eintönig grauen Himmel. Fern im Hintergrund stand gegen den grauen Himmel ein Kreuz.

Sie sprach dann davon, daß Jesus allein über die kahlen Hügel von Judäa wanderte, und dieses Wort ‚allein‘ ließ mich an Seine völlige Absonderung von allem in geistlicher Hinsicht denken. Weiter sagte sie, daß alle, die an Seiner Herrlichkeit teilhaben wollen, willig sein sollen, ihr Kreuz auf sich zu nehmen und den gleichen Pfad zu gehen, den Er gegangen ist. In jenen Tagen, in denen ich so im Geist flehen und seufzen mußte, durchlitt ich diese Einsamkeit; immer wieder sah ich jenes Bild vor mir, jenes Kreuz gegen einen kalten, grauen Himmel, und immer wieder mußte ich am Ende meines Gebetes um Seine Hilfe flehen, und ich konnte dann nur noch sagen: ‚Dein Wille geschehe, ich bin bereit, ganz allein zu gehen.'

Gestern war die Nachmittagsversammlung gut besucht. Abends waren nur sehr wenige gekommen. Ich war geleitet, etwas über meine persönliche Erfahrung zu sagen. Professor Farmer und ein Herr Schmidt waren gekommen. Wir hatten miteinander eine lange Unterhaltung und beteten noch zusammen. Wir sprachen über göttliche Heilung.

11. Juni. Wir haben gestern an der Gebetsnacht in East End teilgenommen. Gute, interessante Versammlung. Eine besonders große Kraft im Gebet war eigentlich nicht da. Wir hatten ein interessantes Gespräch mit Professor Campbell und dessen Frau vom McMaster-College.

Gestern abend habe ich mit dem Herrn einen Bund gemacht und darum gebetet, daß Liebe, diese Frucht des Geistes, sich in größerem Maße in meinem Wesen offenbaren möchte. Möge Gott mich ausrüsten und mit einer großen Liebe erfüllen, besonders auch mit einer glühenden Retterliebe, denn ich habe sie nicht.

Schon seit einigen Tagen ist der Geist nicht in solcher Fülle wie vorher auf mir gewesen. Ich flehe auch nicht mehr so dringlich zum Herrn, wie ich es vorher tat. Und doch ist es mein einziges Verlangen, beständig im Geist, unter Seiner wunderbaren Kraft, zu sein.

Eine kurze Zeitlang war ich gestern abend, während ich in der East-End-Mission sprach, unter Seiner Kraft.

12. Juni. Meine Seele verlangt und schreit immer noch nach Jesus. Wann werde ich die volle Offenbarung Seiner Selbst erleben, wie Er sie verheißen hat? Ich strecke mich beständig danach aus, Ihn und die Kraft Seiner Auferstehung zu erkennen.

O Gott, mein Gott, laß Dein Werk noch schneller in mir vorangehen. Gib mir ein größeres Maß des Heiligen Geistes, ein beständiges Erfülltsein. Ich möchte so leben, daß ich jeden Augenblick meines Lebens in Ihm bleibe, daß jeder Atemzug in Ihm und durch Ihn geschehe; ich möchte tot sein, so daß Christus in mir leben kann.

Und ich bete für das uns anvertraute Werk. Gott segnet. Einige suchen Jesus, aber ich empfinde immer noch, daß mir die wahre Vollmacht fehlt. Es geschehen keine machtvollen Zeichen. Es fehlt bei uns an wahrem Glauben. O Gott, von Dir kommen alle Segnungen – mache uns zu Kanälen, durch die Deine Segnungen zu anderen fließen. Treibe Dämonen aus, heile die Kranken, rette, heilige, taufe mit dem Heiligen Geist. Hier sind wir – willige, aber schwache Werkzeuge. Gebrauche uns, o Herr, mein Gott, bringe Seelen zu Dir. Bringe Seelen zu Dir.

In dieser Woche war der Versammlungsbesuch sehr schwach. Herr, Du weißt, warum. Ich weiß es nicht. Herr, wenn es an uns liegt, dann zeige es uns. Liegt der Fehler nicht bei uns und sind diese Umstände so nach Deinem Willen, dann hilf uns, daß wir unsere Hände daraus halten und Dir vertrauen.

Wir befinden uns gerade in einer kleinen Glaubensprüfung hinsichtlich der finanziellen Situation. Tagelang reichte es immer gerade noch für das Fahrgeld. Jetzt beträgt unsere Barschaft fünfzig Cents. Der Herr hat genug für uns. Das Vieh auf tausend Hügeln ist Sein. Herr, hilf uns, still zu bleiben und zuzusehen, wie Du in Deiner Liebe für uns sorgst.

15. Juni. „Herr, zeige mir deine Wege und lehre mich deine Steige. Leite mich in deiner Wahrheit und lehre mich! Denn du bist der Gott, der mir hilft; täglich harre ich dein. Meine Augen sehen stets zu dem Herrn; denn er wird meinen Fuß aus dem Netze ziehen. Siehe an meinen Jammer und mein Elend und vergib mir alle meine Sünden!“ Psalm 25,4. 5. 15. 18.

Herr, Du siehst das Herz an. Du hast Geduld. O Herr, wie barmherzig bist Du!

Herr, gedenke an unseren Bund und an meine Bitte, daß ich von Deiner Liebe erfüllt sein möchte. Darin liegt mein großer Mangel.

Herr, gib mir die wahre Armut im Geist und die Fähigkeit und Willigkeit, mich belehren zu lassen. Mache mich sanftmütig, barmherzig und friedfertig. Hilf mir, mein Licht leuchten zu lassen. O Herr, hilf mir, das ganze fünfte, sechste und siebente Kapitel des Matthäus-Evangeliums auszuleben. Hilf mir, immer bereit zu sein, zu vergeben und nicht über andere zu Gericht zu sitzen. Hilf mir, Dich beständig ernstlich zu suchen. O Herr, hilf mir, den Willen meines Vaters zu tun.

Gott hat es verheißen, daß Er mich ganz erfüllen wird. Doch bis jetzt bin ich es noch nicht. Obwohl ich mir bewußt bin, daß der Heilige Geist in mir wohnt, obgleich ich weiß, daß Er mich gebraucht und mich zu Seinem Zeugen macht, trotz wunderbarer Salbungen, die ich erleben darf – schreit meine Seele beständig zu Gott und sehnt sich nach Ihm.

Und ich danke Ihm, daß es so ist. Nur dieser Hunger und Durst nach Ihm bewirkt, daß ich Ihn empfangen werde. Bei allem Versagen und aller Unvollkommenheit, bei meiner Schwachheit und meinem Zukurzkommen weiß ich doch ganz gewiß, daß es mich mehr nach Gott als nach irgend etwas anderem in der Welt verlangt, daß ich alles verlassen habe, um Jesus nachzufolgen, daß ich vorbehaltlos Gottes Eigentum bin. Und doch strecke ich mich danach aus, mehr von Ihm zu empfangen.

Während ich mich an dem Wort Gottes messe, sehe ich, wie mir noch so manches fehlt. Die Frucht des Geistes hat sich noch kaum entfalten können. Mir fehlt Liebe, Freude, Freundlichkeit. Ich sollte mich tiefer erniedrigen, sollte demütiger und geduldiger sein. Mir fehlt der wahre Glaube. Bis jetzt bin ich noch nicht soweit, daß ich – wie ich es früher schon getan habe – die Hände auf die Kranken legen kann, so daß sie dann genesen. O Gott, soll ich warten, bis Du mir eine klare Führung schenkst, aus der ich ersehen kann und die mich gewiß macht, daß ich dies tun soll, oder soll ich einfach im Glauben vorwärts gehen, mit den Kranken beten und das Resultat dann Dir überlassen? Aber da liegt ja gerade mein Mangel – es fehlt mir an dem Glauben, der mutig vorwärts geht. Und doch, sollte ich nicht im Gehorsam handeln und die Hände auflegen und Dir dabei völlig vertrauen?

Welch ein hilfloses, schwaches Baby bin ich doch! Ich gebe anderen Anleitung, Glaubensschritte zu tun, bevor ich selbst richtig gehen kann. O Herr, um der Ehre Deines Namens willen bitte ich Dich: Mache mich Dir gebräuchlich.

Ich bin körperlich nicht stark genug, um anderen so dienen zu können, wie ich es sollte. Ich kann Dir nicht so zur Verfügung stehen, wie Du es haben möchtest. Gott, mein Gott, sei Du mein Helfer.

Sonntag, 16. Juni. Bin mir immer selbst im Wege. Ich rede nichtige und unnötige Worte, und sollte mir immer zuerst überlegen, was ich sagen soll. Willst Du mein ganzes Wesen nicht so mit Gott, dem Heiligen Geist, erfüllen, daß Er allein es ist, der durch mich spricht? Ich warte auf Dich, Jesus, mein Heiland. Der Pfad, den Du mich führst, kommt mir so seltsam vor. Ich würde sagen, ich bin zurückgegangen, denn ich empfinde nicht mehr jene wunderbare, erfüllende, mich innerlich durchdringende Gegenwart des Heiligen Geistes, wie ich es eine Zeitlang erlebte, als Er Mund, Verstand und Leib gebrauchte, ohne Rücksicht auf meine Ideen und Pläne.

Doch ich vertraue Dir, daß Du mich weiterführen wirst. Wenn Du mir in dieser Sache etwas zeigen willst, dann möchte ich mich gerne von Dir belehren lassen. Das weiß ich, Du hast Dich meiner angenommen und wirst mich zu der Fülle des Segens führen. Möchte ich es doch lernen, nun im Glauben ebenso hoffnungsvoll und zuversichtlich zu wandeln wie in jener Zeit, als ich mich noch auf meine Gefühle verließ.

Vielleicht liegt es daran: Ich habe die Gegenwart Gottes, die mich innerlich erbeben ließ, in mir gefühlt, aber nun muß ich es lernen zu glauben, daß Er da ist, auch wenn ich Seine Gegenwart nicht verspüre, und ich sollte mich Ihm um so freudiger hingeben, mich im Aufblick auf Ihn an die Arbeit machen und Ihm vertrauen, daß Er mich vor eigenen Worten und Werken bewahrt. Die größten Schwierigkeiten habe ich, wenn ich in der Versammlung aufstehe, um zu sprechen. Meistens gelingt es mir, mich Ihm einfach hinzugeben und Ihn durch mich sprechen zu lassen. Aber zu verstehen, in welcher Anordnung in der Versammlung jeweils alles vor sich gehen soll – die Führung Ihm zu überlassen, so daß wir zu dem Zeitpunkt singen, wenn Er es uns sagt, ins Gebet gehen, wenn Er uns den Wink dazu gibt, Gelegenheit zu Zeugnissen geben oder zum Lobpreis auffordern auf Seine Weisung hin – das ist eine andere Sache. Wenn ich mit der Kraft des Heiligen Geistes erfüllt bin, handle ich spontan und unwillkürlich. Doch ich muß es lernen – und darin habe ich noch nicht volle Klarheit, wie ich dahin kommen kann –, dem Heiligen Geist allezeit die Leitung der Versammlung zu überlassen.

Gestern verwandte ich viel Zeit dazu, mich anhand des Wortes Gottes zu prüfen. Wie sehr versage ich doch noch! Aber Er hat das gute Werk in mir angefangen, und ich brauche nicht entmutigt zu sein.

Wir werden immer noch mit Geld sehr kurz gehalten. Haben jetzt noch 10 Cents und genügend Fahrkarten für heute. Herr, ich suche Dein Reich, aber befreie mich gänzlich von den Zweifeln der Vernunft.

Herr, hilf mir, daß ich mich in bezug auf die Bedürfnisse dieses Tages einfach auf Dich verlasse. Gib, daß ich mich Dir völlig überlassen kann, so daß ich in allem Deinen Willen tue. Die Verantwortung für die Versammlungen liegt nicht auf mir, habe sie Dir übergeben.

17. Juni. Beständig schreie ich zu Gott, diesmal für H. O Gott, zeige ihm, was er braucht. Befreie ihn von sich selbst. Herr, gib ihm Beständigkeit. Nur Dein Heiliger Geist kann ihm die Wahrheit zeigen.

Gestern waren die Versammlungen nur schwach besucht, doch es waren gute Versammlungen. Herr, laß Ströme lebendigen Wassers von mir fließen. Schenke Dich mir in großer Fülle. Ich flehe, daß Ströme kommen möchten, so daß man nur noch schwimmen kann. O Herr, wir drucken Einladungen und sprechen vom Wasser des Lebens, das für alle da sei, und dann finden die Menschen nur ein kleines Rinnsal, wo doch eine überfließende Fülle des Lebenswassers da sein sollte. O Herr, mein Gott, laß uns Deine Hilfe erfahren.

Wir befinden uns hinsichtlich des Geldes immer noch in einer

Glaubensprüfung. Sind im Besitz von nur fünf Cents und vier oder fünf Fahrscheinen. Nun, Preis dem Herrn für diese Prüfung! Sie hat mir gezeigt, daß ich noch ziemlich schwach bin. Obwohl ich es gar nicht will, mache ich mir Sorgen. Herr, laß mich auch hierin zur Vollkommenheit gelangen.

18. Juni. Jesus, Du kannst Dich Selbst nicht verleugnen. Du bleibst treu. Darin kann ich ruhen. Es umgeben mich dunkle Wolken, und ich kann meinen Weg nicht sehen, aber umso mehr sehne ich mich nach dem Licht Deines Angesichts. Ich sage wohl auch mit David: „Wann werde ich dahin kommen, daß ich Gottes Angesicht schaue?“ Aber ich sehne mich nach einer größeren Fülle Gottes. O daß die Ströme des Lebens sich ergießen, daß sie überfließen möchten! Unser Werk scheint wiederum zurückzugehen. Es ist so wenig Kraft da. O Gott, laß die Ströme des Lebenswassers in Fülle fließen.

Ich überlasse es Gott, für unsere zeitlichen Bedürfnisse zu sorgen. Er ist mein Gott, mein Vater, Er weiß, was wir brauchen – besser als wir. Er wird uns alles geben, was wir bedürfen. In dieser Zeit unseres Geldmangels hat Er uns in Seiner Gnade ein angenehmes Heim gegeben, gutes Essen und jeglichen Komfort. Bis jetzt ist es noch nicht vorgekommen, daß wir etwas gebraucht haben und es nicht da gewesen wäre. Doch nun sind wir ziemlich am Ende, und es wird Zeit, daß Gott eingreift. Preis Seinem Namen!

Gestern abend hatten wir nur noch zwei Fahrscheine. Harry sagte zu mir, ich solle damit zur Versammlung fahren und er wolle zu Fuß gehen. Zunächst schien es, daß dies die einzige Möglichkeit sei. Dann dachte ich: Wenn wir das tun, bedeutet dies, daß wir etwas benötigt haben und Gott es nicht gegeben hat. Das kann Gott doch nicht zulassen! Wir beide werden je einen Fahrschein benutzen und hinfahren und Gott vertrauen, daß Er unseren Heimweg bezahlt. Und er tat es auch. In der Versammlung gab Er uns zwei Dollar, und außerdem hat ein Freund uns unseren Heimweg bezahlt.

21. Juni. Nun ist es um mich herum wirklich dunkel geworden. Mit unseren Versammlungen steht es wieder sehr bedenklich. Wir

sehen keine Frucht, und ich habe keine Leitung und kein Licht. Herr, mein Gott, komm Du mir zu Hilfe. Wo liegt der Fehler? Was willst Du, daß wir tun sollen? Ich werde stehenbleiben und ausharren, wenn auch alle weggehen sollten – wenn Du dies von mir verlangst, aber laß mich nicht ausharren, wenn es nicht nach Deinem Willen ist.

22. Juni. Alle Deine Fluten und Wogen sind über mich gegangen. O, hilf Du mir! Ich rufe aus der Tiefe. Errette mich! Ich muß Jesus haben. Wunderbarer Heiliger Geist, offenbare mir Jesus noch völliger. O mein geliebter Herr, warum ziehst Du Dich zurück? Ich gehe durch die Straßen und suche meinen Geliebten. Er hat durchs „Gitter" geschaut. Warum kommt Er nicht zu meinem Herzen, das auf Ihn wartet und sich nach Ihm sehnt? Ich weiß, es gibt eine noch größere Offenbarung Jesu für mich. Wie gerne will ich sterben, wenn Er nur hereinkommt. Laß mich sterben, daß Er in mir Gestalt gewinnt. O Jesus, Jesus, laß mich Dich finden. Ich weiß, es gibt eine Liebesverbindung mit Dir, von der ich noch kaum eine Ahnung habe.

Ich sehe es heute klarer denn je, welch eine Sünde es ist, sich von der Gemeinschaft mit Jesus abzuwenden. Was könnte ich heute schon im Dienst des Herrn sein, wenn ich mich Ihm gleich ganz hingegeben hätte, wie der Ton sich dem Töpfer überläßt?

Ich fühlte mich heute innerlich wieder zu intensivem Flehen zu Gott gedrängt. Es ist mir zum Bewußtsein gekommen, wie äußerst unwürdig ich doch vor Gott bin. Wer bin ich, daß ich Ihn darum bitten sollte, eine überfließende Quelle zum Lobpreis Gottes zu sein? Und doch bitte ich darum, ja, beständig bitte ich Ihn darum. Es ist nicht das Gefäß; es ist Seine Kraft, die mich für Ihn gebräuchlich machen kann.

Wie leer, wie fruchtlos und nutzlos ist doch mein Leben! Vor acht Jahren habe ich mich Gott völlig hingegeben. Dann bin ich wieder davon abgewichen und drei Jahre lang untreu gewesen. Im letzten Jahr habe ich Gott gesucht. Welch ein langer Pfad ist dies gewesen, wie habe ich mich beharrlich nach Gott ausgestreckt, wie mußte ich mich durch die Dunkelheit meiner Herzenskälte und Todesnacht hindurchtasten! Und welch kleines Stück bin ich erst vorwärtsgekommen – und doch wie weit! Ich danke Dir, Herr, für all Deine Hilfe und für alle Segnungen, die Du mir hast zuteil werden lassen. Aber, o Herr, mein Gott, mein Herr und Gott, vollende Dein Werk. Meine Seele dürstet nach Dir.

Gestern hat der Heilige Geist immer wieder diese Worte durch mich gebetet, ‚in dem Namen Jesu', als ob Er mich über die Kraft dieses Namens belehren wollte. Jesus, hilf mir zu begreifen, welche Kraft in Deinem Namen liegt. Mir scheint, in meinen Gebeten geht es zur Zeit immer nur um die eine Bitte: ‚Mache mich zu einem Seelengewinner.' O Herr, wie lange noch?

Sonntag, 23. Juni. Nach einer Zeit intensiven Flehens gibt Gott mir in Seiner Gnade immer wieder eine Zeit der Ruhe. In letzter Zeit mischte sich in meinen Frieden auch zunehmend eine Freude. An diesem Morgen bin ich sehr glücklich in dem Herrn, Preis Seinem Namen!

30. Juni. Ein neuer Sturm ist über mich hereingebrochen, die Winde fegten über meine Seele dahin. Ich konnte mich vor ihrer Wucht nur niederbücken. Am Donnerstag nach der Abendversammlung – es war eine Gebetsversammlung, die Kraft des Geistes war machtvoll gegenwärtig – hat der Teufel mich an der Stelle angegriffen, von der ich weiß, daß er mich in diesem Punkt schwächen kann, und so bin ich dann zwei Tage lang durch tiefe Wasser gegangen.

Gestern war die Seelenqual, die ich durchzumachen hatte, einfach schrecklich. Ich war fast den ganzen Tag unten in East End und konnte nur weinen und für Harry beten, daß der Segen der Taufe im Heiligen Geist auf ihn kommen möchte. Ich fürchte, diese Not hat mich so überwältigt, daß ich nahe daran war, das Gebet der Verzweiflung zu sprechen. Für einige Zeit hatte ich das Empfinden, daß es keinen Wert hat, in diesem Werk weiterhin zu stehen und den Dienst zu versehen, solange Harry nicht mit dem Heiligen Geist getauft ist. Aber heute habe ich wieder den Sieg darüber, und ich weiß, ich muß einfach weitergehen in dem Namen Jesu, meinen Dienst tun und alles weitere Ihm überlassen.

Harry ist in East End, um den ganzen Tag auf den Herrn zu harren.

Heute vormittag hatte ich eine wunderschöne Zeit. Ich fing an, in Zungen zu sprechen und dann zu singen, wie ich es oft tue. Ich sang aber diesmal so hohe Töne, wie ich es selbst normalerweise nie hätte tun können. Ich hatte eine Halleluja-Zeit. Habe einiges auch ausgelegt. „Ich sang einen Vers, der etwa so lautete:

> ‚Zu Deinen Füßen, Herr, falle ich nieder,
> Denn Du bist für mich nun alles in allem.‘

Ein anderes Lied hatte folgenden Inhalt:

> ‚O mein Jesus, wie liebe ich es zu warten
> Zu den Füßen meines wunderbaren Heilands,
> Und ich preise Dich, weil Du jetzt
> Mich so herrlich erfüllen willst.‘ “

Während Martha Robinson weiterhin im Geist sang und den Herrn anbetete, machte sie eine für sie völlig neue Erfahrung. Sie merkte, daß ihre Hand automatisch Bewegungen des Schreibens machte. Über diese Art des Wirkens des Heiligen Geistes war sie sehr erstaunt und etwas verwirrt; sie fragte sich, was es bedeuten solle.

„Sofort hielt meine Hand inne, und dann erlebte ich etwas Seltsames. Der Geist Gottes begann, irgendetwas auf höchst schmerzerfüllte Weise durch mich auszurufen, dann sprach Er auch auf Englisch: ‚O nein, nein‘ – und ich wußte, was damit gesagt werden sollte. Er seufzte in dieser Weise, weil ich Ihm widerstrebt hatte und im Begriff war, diesen neuen Segen zu verlieren. Und ich begann, im Geist furchtbar zu weinen, es kam eine Furcht über mich, und ich empfand Reue. So betete ich wieder und wieder: ‚Vergib mir, Herr. Ich will Dein Wirken nicht ablehnen. Tue mit mir, was Du willst.‘

Sogleich zitterte meine Hand heftig, und bald begann ich aufs neue zu singen und zu schreiben. Ich sang solch einen schönen Vers über den Heiligen Geist in englischer Sprache, aber ich kann mich jetzt nur an eine einzige Zeile erinnern: ‚Füll mich mit Deiner Gottesliebe'.

Habe in dieser Woche die C.-A.-Versammlungen besucht. Es findet hier eine Konferenz statt. Sie suchen die pfingstliche Taufe, aber sie fürchten, der Heilige Geist könnte auf eine nicht so ruhige, moderne und elegante Weise wirken, wie sie es gern haben möchten. Sie sind sehr ängstlich, und so offenbart Er sich überhaupt nicht unter ihnen.

O Herr, hilf uns, daß wir uns vor Dir beugen und uns Dir ganz hingeben. O Gott, hilf mir, mich selbst aufzugeben und mich Dir mehr und mehr hinzugeben.

Der Herr gibt uns in Seiner Gnade immer wieder, was wir im täglichen Leben brauchen. Aber das ist nicht das Wichtigste.

6. Juli. Es scheint mir, als stünde ich vor einer Wand. Ich sehe keine Möglichkeit, da hindurch- noch herumzukommen. Ich bin nicht imstande, den Willen Gottes zu erkennen. Die Versammlungen sind klein und werden immer kleiner. Harry hat die ganze Woche über in East End auf den Herrn gewartet. Ich bin an dem Punkt, daß ich – wie mir scheint – keinen Glauben mehr habe weiterzugehen, bevor Harry den Segen erlangt hat. Es kann zwar sein, daß Satan mir diesen Eindruck vermittelt und mich zweifeln macht, aber es kann auch sein, daß es wirklich so ist, wie ich es jetzt sehe. Ich weiß, daß ich seit meiner Geistestaufe immer einen harten Kampf gehabt habe. Ich kann den Segen nicht so behalten und darin bleiben, wie es sein sollte. Als Harry die beiden Male wirklich im Geist war, hatte ich gleich den Sieg, und man konnte sehen, daß sich dies segensreich auf die Versammlungen auswirkte. Vielleicht muß ich in dieser schweren Prüfung doch standhalten, bis ich den Sieg habe, um dann fortan absolut unabhängig zu sein. Andererseits entspricht es aber gar nicht der göttlichen Ordnung, daß ich den Dienst allein tue, während Harry überhaupt nicht mitarbeitet."

Harry Robinson war der Meinung – und zwar in Übereinstimmung mit den meisten Gläubigen in den pfingstlichen Kreisen jener Tage –, er dürfe nicht am Wort dienen, solange er nicht die Taufe des Heiligen Geistes erlebt habe. Natürlich erwuchs für seine Frau daraus eine peinliche Situation.

„Heute hat mich diese Bürde wieder zu Boden gedrückt. Wie geduldig ist Gott mit mir; aber Er weiß auch, wie sehr ich leide. Hatte heute am ganzen Leib Schmerzen, wie es scheint, infolge meiner Herzensnot. O Gott, gib mir Kraft und Glauben und Mut. Vor fünf Monaten bin ich mit dem Heiligen Geist erfüllt worden, und doch ist noch so wenig Frucht zu sehen!

Andererseits möchte ich alle Segnungen, die mir geschenkt worden sind, dankbar anerkennen. In mir ist die Quelle, aus der das Lebenswasser beständig fließt. Trotz der Bürde, die auch heute auf mir lastet, darf ich verspüren, daß der Geist des Gebets da ist. Ich darf in beständiger Gemeinschaft mit Gott stehen und wunderbare Erfahrungen mit dem Heiligen Geist machen, wenn ich allein bin. Heute abend war ich im Saal; ich sang und sang in Zungen. Dann schrieb ich wieder, doch diesmal nicht mit solcher Freiheit und Kraft. Weiß nicht, ob der Geist mich immer ganz unter Seiner Kontrolle hatte. Ich möchte die Fülle des Geistes haben, nicht nur die Quelle des lebendigen Wassers zur eigenen Erbauung, sondern eine überfließende Fülle! O Gott, gib, daß ich überfließe, so daß das Leben anderer gesegnet wird und sie eine Berührung mit Dir erfahren. O Gott, mein Gott, erfülle mich, erfülle mich, erfülle mich! Laß mich für Dich gebräuchlich werden.

Laß in mir die Liebe, die Retterliebe, immer noch zunehmen. Wenn ich hier am falschen Platz bin, Gott, mein Gott, dann bringe mich dahin, wo ich nach Deinem Plan sein soll. Ich weiß, daß meine Gebete erhört werden, und ich weiß, daß Du mich für Deine Sache gebrauchen wirst. Ich merke, daß das Werk der Reinigung und Beschneidung beständig in mir vor sich geht. Aber die Zeit fliegt dahin. O, daß der Geist Gottes doch so mächtig über mich ausgegossen würde und solch eine Fülle von Kraft über mich käme, daß das Eigenleben auf machtvolle Weise in den Tod Jesu hineingenommen würde, damit Sein Werk in mir endlich vollendet werde. Dieses elende Ich, warum will es nicht sterben?

11. Juli. Immer noch warte ich darauf, daß das Wirken Gottes in mir deutlicher in Erscheinung treten möchte. Ich empfinde, daß es notwendiger ist als alles andere sonst, den Willen Gottes zu erkennen. Sicherlich ist auch Weisheit etwas sehr Wichtiges. Ich bitte Gott ernstlich darum, mir zu zeigen, was wir hinsichtlich der Versammlungen tun sollen. Zum erstenmal fühle ich mich geleitet, sie zu schließen und mich nach einer anderen Arbeit umzusehen. Harry wartet in der East-End-Mission auf den Herrn und sucht die Taufe des Heiligen Geistes. Preis Gott, es scheint ein Licht zu dämmern. Ich habe seinetwegen eine solche Bürde auf mir gehabt und im Geist so viel gelitten und gefleht, daß er durchdringen möchte, aber Gott macht endlich doch alles wohl. Es scheint, daß dies die verwundbare Stelle war, an der Satan mich angreifen konnte.

Gerade während ich daran denke, Versammlungen hier aufzugeben, kommt von Toledo eine Anfrage, ob ich nach Fostoria, Ohio, gehen könnte, um dort Versammlungen zu halten. Ist dies der Wille Gottes? Ich bin zu Seinen Füßen, um Seinen Willen zu erfahren. O Gott, gib, daß ich Deine Führungen klarer erkennen kann und laß nicht zu, daß irgend jemand mich beeinflußt und daß ich nur aufgrund von Gefühlen, Eindrücken oder Umständen etwas unternehme.

War im Saal, bevor die Versammlung begann. Ich öffnete den Saal und hatte eine kleine Gebetszeit. Nachdem ich angefangen hatte, in Zungen zu singen, sang ich dann eine ganze Hymne in Zungen, die offensichtlich nach jedem Vers mit einem Chorus endete, der immer wiederkehrte. Eine neue Zeit hat für mich begonnen. Zuletzt habe ich den Chorus dann auch in englischer Sprache bekommen. Er lautete so:

Wie schön ist es zu singen,
Ja, Dir wir nun bringen
den Weihrauch des Preisens.
O, Ehre sei Dir!

Wie so oft, bewegte ich die Hände im Takt zu der Melodie, während ich in Zungen sang. Ich habe zuerst gar nicht bemerkt, daß meine Hände Bewegungen machten, als würden sie das Lied auf einem Klavier begleiten. Als ich es wahrnahm, ging ich sofort zur Orgel, indem ich immer noch den Chorus sang, und begleitete nun meinen Gesang, und zwar mit geschlossenen Augen, und es gab dabei keinerlei Mißklang, ich mußte auch niemals nach dem richtigen Ton suchen. Die Melodie ist zum Teil in Moll, und ich beherrsche die Moll-Akkorde nicht so gut, so daß ich die zum jeweiligen Akkord gehörenden Töne auf der Orgel durch Probieren immer erst suchen muß, bis es richtig klingt. Doch nun griff ich die Moll-Akkorde – solch wunderschöne Klänge – so sicher und leicht wie die anderen Akkorde. Zum erstenmal habe ich erlebt, daß ich unter der Kraft des Geistes gespielt habe.

17. Juli. Bin seit einigen Tagen durch tiefe Wasser gegangen. Die Fluten sind über meine Seele gekommen, und eine Zeitlang schien es, als würde ich darin untergehen. Ich hatte auf mir solch eine Bürde, war sehr entmutigt und mußte viel weinen. Ich fürchte, in meinem Herzen hat Bitterkeit Raum gefunden; ich halte mir mein Versagen immer wieder vor – aber das alles wird die Liebe doch niemals tun.

Ich halte nun keine Versammlungen mehr; habe diese Arbeit aufgegeben. Hierzu hatte ich zwar keine klare, bestimmte Leitung, doch ich glaube, Gott hat mir erlaubt, dies zu tun. Ich bin etwas verbittert, nicht Gott gegenüber, wegen einiger Dinge in meinem Leben. Ich hatte das Empfinden, daß etwas in meinem Wesen dem Werk Gottes im Wege steht – dem Werk, das Er in mir getan hätte, wenn ich Seiner Leitung hätte folgen können. Aber ich muß mich erst einmal tief vor Ihm beugen, damit Er meinen rebellischen Sinn, meine Härte, von mir nehmen kann. Gott tut so viel für mich, und ich bin doch so unwürdig. Harry kommt in geistlicher Hinsicht so gut vorwärts, daß ich ermutigt bin. O Gott, hilf mir, vorwärts zu eilen. Gib mir heute einen gesegneten Tag.

Heute abend möchte ich etwas schriftlich festhalten, was mich selbst betrifft und mir für die Zukunft zur Warnung dienen soll. Ich habe festgestellt: Wenn ich in einer Prüfung versage, dann gibt der Herr mir Zeit, und Er prüft mich dann nochmals in derselben Angelegenheit.

Ungefähr vor drei Monaten waren wir schon einmal entschlossen, die Versammlungen aufzugeben, nachdem wir im Gebet lange auf den Herrn gewartet hatten. Da zeigte der Herr mir, daß wir weiterarbeiten sollten. Das habe ich auch getan, und eine Zeitlang hat der Herr das Werk gesegnet. Dann hatten wir gewisse Schwierigkeiten, mit denen ich einfach nicht fertig wurde. Dies hatte zur Folge, daß ich einen bestimmten Segen, den ich empfangen hatte, wieder verlor.

Die Besucherzahl ging schlagartig zurück, und die in den Versammlungen geoffenbarte Kraft ließ nach. Die Weisung des Herrn, mit den Versammlungen fortzufahren, war klar und eindeutig gewesen, so konnte ich diese Führung nicht anzweifeln. Als ich mich aufs neue entschloß, weiterzuarbeiten, kam wiederum eine große Segensfülle über mich; ich empfing neue Kraft und durfte wunderbare Erfahrungen machen. In den Versammlungen machte sich eine deutliche Wandlung bemerkbar. So hatte ich allen Grund, an der Leitung, die offensichtlich vom Herrn war, festzuhalten.

Wenn die Besucherzahl in den Versammlungen zurückging, zweifelte ich deshalb nicht an der Führung des Herrn, vielmehr hielt ich mich umso fester daran, indem ich mir dann darüber im klaren war, daß ich selbst irgendwo in meinem geistlichen Leben abgewichen war, und zwar wegen der Schwierigkeiten, mit denen ich zu kämpfen hatte. Aber ich blieb bei meinem Entschluß auszuharren, bis Gott mir zeigen würde, daß ich meinen Platz verlassen solle. Ich hatte immer den deutlichen Eindruck, die Versammlungen sollten wegen irgendeines bestimmten Planes, den Gott mit diesem Werk haben mochte, weiterhin gehalten werden. Vielleicht sollte nach einer gewissen Zeit ein anderer Prediger kommen oder etwas dergleichen geschehen. Ich war zu der Überzeugung gekommen, Gott wolle, daß ich hier bleiben sollte, und nachdem ich viel darüber gebetet hatte, war es mir, als wolle Gott sagen: ‚Bleibe standhaft, habe Geduld. Wenn die Zeit da ist, wirst du belohnt werden.‘

Ich hielt aus, obwohl die Umstände oft derart waren, daß ich schon fast glauben mußte, ich hätte einen Fehler gemacht. Schließlich wurde ich so sehr entmutigt, daß ich meinte, ich könnte diesen Druck nicht länger ertragen. Ich konnte den beständigen Einwendungen meines Verstandes gegen meinen Vorsatz, auszuharren, nicht mehr widerstehen, und so sagte ich weinend zum Herrn, daß es doch keinen Sinn mehr habe. Ich war derart entmutigt, daß Er mich so nicht mehr gebrauchen konnte, und ich fragte Ihn, ob ich von diesem Dienst nicht entbunden werden könnte.

Ich erbat mir von Ihm ein Zeichen und sagte, falls Er wolle, daß ich bleibe, dann sollte sich alles in ganz bestimmter Weise ergeben. Ich glaube, Er ist darauf eingegangen, und so hat Er mich nun von dieser Last freigemacht. Aber einen Sieg bedeutet dies für mich nicht. Es geht mir in dieser Hinsicht wie Elia, Gott ernährte ihn durch die Raben, aber er war nicht an dem Platz, an dem Gott ihn haben wollte. Es war nicht das Beste, was Gott für ihn bereitgehalten hatte.

Dem vollkommenen Willen Gottes hätte es entsprochen, wenn ich still und standhaft ausgeharrt hätte und den Leidensweg weitergegangen wäre, bis Gott mir Seinen Willen kundgetan hätte. Das wäre besser gewesen, als meiner Bitte zu entsprechen und mich den Weg meiner Wahl gehen zu lassen, einfach nur, weil ich zu schwach war. Wenn es Sein Wille gewesen wäre, daß die Versammlungen eingestellt werden sollten, dann hätte Er es mir klar zeigen können, so daß ich innerlich doch siegreich aus der Situation hervorgegangen wäre, in dem Wissen, daß Sein Wille geschehen sei – wie schwierig die ganze Lage auch ausgesehen hätte. Wenn Er wollte, daß ich standhaft blieb, um nachher auch die Freuden des Sieges miterleben zu können, dann ist mir nun das alles verlorengegangen.

Elder Brooks hat sich geleitet gefühlt, das Werk weiterzuführen. Wenn dies dem Willen Gottes entspricht, dann ist er also beauftragt, den Platz auszufüllen, von dem ich fortgelaufen bin. Gott hat es in Seiner Geduld zugelassen, aber es war nicht das beste Teil, das Er mir eigentlich zugedacht hatte. Und doch ist Er in allem sehr gut zu mir, indem Er mich in der Gemeinschaft mit Harry so reich segnet, nachdem ich einen solch langen Weg einsam und unglücklich und alleine gehen mußte. Aber ich bin mir darüber im klaren, daß ich diese Lektion wahrscheinlich doch lernen mußte und es in Zukunft unter Beweis stellen muß, daß ich bereit bin, Gott – und Gott allein – zu gehorchen, und zwar auch gegen den Willen irgendeines Menschen, mag er mir noch so nahestehend und lieb sein.

Ich bin wirklich sehr schwach und unwürdig. Das Beste, was ich tun kann, ist, das verwickelte Garn in Gottes Hände zu legen und es Ihm zu überlassen, es zu entwirren und alles wieder in Ordnung zu bringen – so gut es unter den gegebenen Umständen eben möglich ist.

O Herr, hilf mir, daß ich nicht noch einmal fortlaufe, bevor ich von Dir gesandt bin. Hilf mir, ganz still zu bleiben und jeden Augenblick immer nur einen Schritt zu tun, und zwar den, den Du mir zeigst."

So war nun der Dienst von Martha Robinson in der Wolesley Hall beendet und damit auch der erste Abschnitt ihres Wirkens in Toronto.

Kapitel 19

In der Schule Gottes

Da Martha Robinson nun keine Versammlungen mehr zu halten hatte, gab sie sich ganz dem Gebet hin, und so harrte sie beständig auf den Herrn. „Ich danke Gott für diesen schönen Tag; ich preise Ihn dafür, daß die Quelle des Lebenswassers fließt", schreibt sie in ihrem Tagebuch am 18. Juli. „O Herr, welch ein Segen ist dies für mich! Meine gegenwärtige Erfahrung besteht in einer großen inneren Stille. Befinde mich in einer stillen Wartezeit."

Dann fährt sie fort, indem sie einen Rückblick über das Werk gibt, das Gott in ihrer Seele getan hat, seit sie im Heiligen Geist getauft wurde und seit der Zeit, als sie mit ihrem Dienst in Toronto begann:

„Während ich meine Erfahrungen überschaue, werde ich inne, daß Gott ein bestimmtes Werk in mir getan hat. Ich bin ganz und gar von der Welt abgesondert worden. Diese scheint von mir abgefallen zu sein – irgendwohin tief unter mir, und ich stehe auf einer höheren Ebene, auf welche Gott herniederschaut; von hier aus erscheint die Welt so klein und die Ewigkeit so groß. Die Welt hat mir nichts mehr zu geben. Aber ich bin nicht frei von meinem eigenen Ich. Es scheint manchmal, als ob der Tod meines alten Wesens überhaupt noch nicht stattgefunden hätte. Bin in den Schwierigkeiten so rebellisch gewesen – mein Fleisch hat protestiert. O Gott, laß mich schneller sterben. O Gott, beuge und demütige mich noch mehr. Ich sehe jetzt: Ich habe so oft um die Gnade gefleht, in Deinem Kreuzestod zu sterben, und Du hast mich dann in Beantwortung meiner Gebete Wege geführt, die schwer zu verstehen waren, und hast mich dadurch beschnitten und unter Deinem Winzermesser sehr zusammenschrumpfen lassen. Gott, hilf mir, stille zu halten und zuzulassen, daß Du alles wegschneidest. Vielleicht weiß ich gar nicht, was ich damit erbitte, aber das macht nichts, ich habe es nötig, und ich lasse mir an Deiner Gnade genügen. Hilf mir, Deine Hilfe anzunehmen. Ich weiß, Du konntest mir in meinem Dienst nicht große Segnungen und Erfolge anvertrauen. O Gott, bringe mich dahin, daß Du mir vertrauen kannst.

Wenn ich hier schon meine Fehler schriftlich festhalte, möchte ich auch nicht versäumen, über die Barmherzigkeiten Gottes zu berichten. Er sorgt beständig für unsere Bedürfnisse, obwohl wir nun ganz ohne Gemeinde sind. Er hat uns kürzlich zweimal 10 Dollar von außerhalb der Stadt zukommen lassen, außerdem erhielten wir kleine Beträge von einer Seite her, von der wir es niemals erwartet hätten.

20. Juli. Gestern war ein gesegneter Tag. Am Morgen erwachte ich mit Schmerzen im Körper, und zwar dort, wo ich seit zwei oder drei Jahren, doch besonders im letzten Jahr, schon so viel Schwachheit erlebt und so wenig Sieg gehabt habe. Aber heute nahm ich zum erstenmal im Glauben die absolute, völlige, endgültige Heilung in Anspruch. Ich hatte die Gewißheit, daß der Herr mich heilen werde und dachte, der Sieg sei schon da. Doch dann wurde ich auf ernstliche und ungewöhnliche Weise körperlich angefochten, aber anstatt zu zweifeln, konnte ich nun ganz still bleiben, und ich bin sicher: Gott hat begonnen, mich vollkommen zu heilen. Diese Prüfung mit all den Krankheitssymptomen ist nur vorübergehend.

Am Nachmittag machte ich mich auf den Weg zur East-End-Mission, aber ich dachte, ich sollte am besten zuerst ein Paar Schuhe kaufen. Vor drei Monaten hatte ich gesagt, ich müsse ein Paar neue haben, da die, die ich habe, bald aufgetragen wären; aber sie sind heute fast so gut wie damals (‚sind nicht alt geworden'), und gestern konnte ich nun ein Paar neue Schuhe kaufen. Hatte einfach den Eindruck, ich solle sogleich gehen und fand einen Schuhladen, der Ausverkauf hatte; ich erhielt ein Paar zu einem außerordentlich niedrigen Preis. Ein Beispiel von Gottes Fürsorge in kleinen Dingen.

Dann ging ich hinunter zur East-End-Mission und kam gerade während einer Gebetsversammlung an. Preis Gott, Harry kam unter die Kraft Gottes und lag vier Stunden lang, wie er sich ausdrückte, ‚in den Armen des Herrn'. O, ich bin so dankbar zu sehen, wie er durchdringt zu dem Segen.

Ich harre auf den Herrn und erwarte, daß Er Sein Werk in mir vollendet, daß Er mich sanftmütig und demütig im Geist macht, mich mit Liebe und Geduld erfüllt. Ich versage so schrecklich, bin noch so voll von mir selber. Es scheint mir manchmal, daß es mit mir schlimmer statt besser wird. Andererseits ist es mir klar: Es liegt daran, daß ich mich selbst viel deutlicher sehe. Nun gut, ich bin in Gottes Händen, und es ist Seine Sache, das Werk zu vollenden.

22. Juli. Keine Züchtigung empfinden wir, wenn sie da ist, als eine Freude. Wahrlich nicht, aber möge sie die friedsame Frucht der Gerechtigkeit hervorbringen. Es scheint, als ob durch die Züchtigung eine Traurigkeit auf mich gekommen ist; Gott hat diese Züchtigung in meinem Leben zugelassen, aber ich weiß: ‚Freude kommt am Morgen'. Vielleicht muß dies alles dazu dienen, mich Ihm völlig zu unterwerfen, mich stille zu machen und in die rechte Stellung zu bringen.

Gestern war ich mit Harry in der East-End-Mission. Es war dort den ganzen Tag über wirklich wunderbar. Abends hatte ich eine sonderbare Erfahrung. Frau Hebden bat mich zu sprechen. Es herrschte eine beträchtliche Bewegung im Raum, als ich mit meiner Botschaft begann. Während ich sprach, kam ich unter die Kraft des Geistes, ich sprach in Zungen und bebte dabei am ganzen Körper, weiß aber nicht, ob es auch sichtbar geschah; es schien mir, als ob sich die ganze Versammlung inmitten eines rauschenden Windes befände. Die ganze Zeit über, während ich sprach, hatte ich diesen Eindruck.

O Gott, ich bin immer noch vor Dir; ich bin noch nicht im Dienst und immer noch unter dem beschneidenden Messer. Ich bitte Dich, hilf mir, demütig und sanft zu bleiben, ungeachtet der Umstände, in denen ich mich gerade befinde. In mir regt sich ein rebellischer Geist, wenn mir in bestimmten Dingen Ungerechtigkeit widerfährt. Kann es nicht ertragen, für etwas getadelt zu werden, was ich in guter Absicht getan habe, oder mißverstanden und falsch beurteilt zu werden. Wenn ich mir selbst gestorben wäre, dann würden mich diese Dinge nicht verletzen. Mache mich ‚tot‘, mein Herr und mein Gott.“

Unter dem Datum des 24. Juli berichtet Martha Robinson über einige Dienste, die der Herr ihr zu dieser Zeit auftrug, indem sie nämlich einzelnen Menschen persönlich helfen durfte:

„Gestern schaute ich zu Frau L. hinein. Fand sie in großer Not wegen ihres kleinen Mädchens namens Emily, 13 Jahre alt. Der Geist Gottes war über sie gekommen und hatte sie in machtvoller Weise von ihren Sünden überführt, und es scheint, daß niemand imstande ist, ihr zu helfen. Frau L. wollte mich holen lassen, doch Herr L. fürchtete meine Lehre sehr. Daraufhin sagte Frau L., sie werde beten, daß ich kommen möchte, wenn es Gottes Wille sei; so kam ich hinein. Dieses veranlaßte sie dazu, mir den Zustand des Kindes zu schildern und ernstlich ans Herz zu legen. Möge der Herr mich gebrauchen, so daß ihr wirklich geholfen wird.

Gestern abend ging ich zur Versammlung von Elder Brooks, und auf dem Heimweg hatte ich eine lange Unterredung mit Georg. Ich bete ernstlich für ihn und bringe ihn vor den Thron Gottes.

25. Juli. Herr, stelle meinen Fuß auf höheren Grund. Ich habe es nötig, daß Gott dies tut. Wahrlich, ich befinde mich auf einer niedrigen Stufe. Seit einiger Zeit bitte ich Gott um die Gabe, die Geister unterscheiden zu können. Kürzlich hat der Herr mir zweimal einen bösen Geist in einer Person gezeigt. Während ich eines Tages besonders ernstlich um die Gabe der Unterscheidung und um die Vollmacht, die Geister zu erkennen, betete, kam mir plötzlich der Gedanke: ‚Weißt du auch, was du erbittest? Die Macht, die Dämonen zu erkennen, muß notwendig auch die Vollmacht einschließen, sie auszutreiben.‘ Das bedeutet, in mitunter schwierigen und unangenehmen Situationen in göttlicher

Autorität aufzutreten und einzugreifen. Ich bat Gott, mein Gebet zu erhören und mir diese Vollmacht zu verleihen.

Heute morgen war ich wiederum in der gleichen Angelegenheit vor dem Herrn. Ich empfand es so stark, wie notwendig es doch ist, verstehen zu können, welche Dinge in besonders bewegten Versammlungen wirklich von Gott geleitet und gewirkt sind.

Wir waren zur East-End-Mission gegangen. Während wir alle zum Gebet auf den Knien waren, kam ein betrunkener Mann herein, fiel auf seine Knie und fing an zu weinen und zu beten, daß Gott sich seiner erbarmen möge. Während alle für ihn beteten, fühlte auch ich mich geleitet, für ihn zu beten, und als ich dieses tat, wandelte sich mein Gebet, und – wie es schon ein- oder zweimal vorgekommen ist – ich fing an, dem bösen Geist in dem Mann zu gebieten. Ich bekam deutlich den Eindruck, daß ich aufstehen und dem Dämon befehlen sollte auszufahren, aber ich blieb unschlüssig. Ich fühlte direkt die Worte aus mir herauskommen, und dabei kam eine Kraft über mich. Aber alles Mögliche ging mir durch den Sinn, besonders machte ich mir Gedanken darüber, wie Harry es aufnehmen würde, ebenfalls auch Frau Hebden. Harry könnte den Eindruck haben, ich würde mir in irgendeiner Weise zu viel anmaßen und zu weit gehen; so argumentierte ich mit dem Herrn. Schließlich sagte ich: ‚Ich glaube, es ist ein Dämon.‘

Sofort sprach der Heilige Geist durch mich: ‚Es ist ein Dämon‘. Dann empfand ich aufs neue, ich sollte aufstehen und dem Dämon befehlen auszufahren, aber ich ließ diese Gelegenheit vorübergehen, und die Kraft wich von mir. Da sagte ich: ‚Herr, was soll ich tun, ist es wirklich ein Dämon?‘ Und der Geist sagte durch mich immerfort: ‚Ja, es ist einer, es ist ein Dämon, es ist ein Dämon‘, und immer noch zauderte ich – bis eine mächtige Überzeugung über mich kam, aber ich konnte nur weinen. Dann betete ich laut und bat Gott, mir meine Feigheit zu vergeben. Ich war ganz zerbrochen und wollte nun dem Dämon gebieten auszufahren, aber die Kraft war dahin. Und der Mann änderte dann seinen Sinn.

Meine Handtasche lag dort, und er mußte sie erblickt haben – armer, gebundener, elender Sünder; er nahm sie und verschwand damit, während ich über meine Schwachheit weinte. Es geschah mir auch recht, daß der Dämon mir so zuvorgekommen war.

Nun, ich bete zu Gott, Er möge den Sünder überführen und dafür sorgen, daß ich meine Handtasche wiederbekomme. Gott helfe uns allen, tauglicher für Ihn zu werden, damit Er uns gebrauchen kann. Ich habe darum gebetet, daß Gott die Erhörung meiner Gebete nicht zurückziehen möge, sondern mich mit einer heiligen Kühnheit ausrüste, so daß ich für solche Situationen stark genug bin und die Erhörung meiner Gebete auch verkraften kann und zu schätzen weiß.

Trotz meines Versagens war ich den ganzen Tag wunderbar gesegnet und gestärkt nach dem inwendigen Menschen. Doch am Abend bekam ich eine kalte Dusche, und eine dunkle Wolke kam über mich – nun, Gott läßt es eben zu, daß ich diese Art von Züchtigung immer noch durchmachen muß.

26. Juli. Die Wolke hängt immer noch über mir, doch ich sehe den Sieg in meine Seele kommen. Ich kann es schon besser ertragen, mißverstanden und zu Unrecht beschuldigt zu werden, und ich kann bei all dem doch ganz still bleiben. Ich begehre nicht mehr so auf und empfinde nicht mehr diesen Widerstand, in dem ich mich zu rechtfertigen suchte. ‚Die Liebe ist langmütig und freundlich.'

O Gott, mache mich darin ‚tot', daß ich mich nicht mehr darum kümmere, was andere denken. Ich sehe, daß ich in jeder Hinsicht abgesondert für Gott leben muß. Meine große Schwierigkeit liegt darin, daß ich mich von anderen davon abbringen lasse, genau der Leitung des Geistes zu folgen, indem ich mir dann einrede, die Leitung des Herrn, wie ich sie sehe, würde mißverstanden werden, man würde über mich urteilen, ich sei anmaßend, wenn ich behaupte, klare Leitung von Gott zu haben.

Mir fehlt noch die Feuertaufe. Jesus ist doch gekommen, um mit dem Heiligen Geist und mit Feuer zu taufen. Ich weiß nicht, was das alles in sich schließt, doch ich möchte die ganze Erfüllung der Verheißung erleben und bitte um die Feuertaufe. Ich bin mir dessen bewußt, daß ich kalt, hart und steif bin und das Feuer nötig habe, um im Schmelztiegel Gottes weich gemacht, geschmolzen und geläutert zu werden. Ich muß von Seinem Feuer ganz verzehrt werden. Gott, gib mir das Feuer, das Feuer! Warum sollte ich kurz vor der Erfüllung der ganzen Verheißung stehenbleiben? Ich bitte um die Taufe mit Feuer. O Gott, bringe Deinen vollkommenen Willen in mir zur Auswirkung. *Mache aus mir das, was ich nach Deinem Plan sein soll. O Herr, ich ergebe mich Dir. Du bist mir zu wunderbar!*

27. Juli. Gestern war ein Tag des Segens. Nachmittags kam eine herrliche Salbung über mich, und ich konnte nur preisen und mich in Ihm freuen, im Geist lachen und in Zungen singen. Dieser segensreichen Erfahrung folgte eine Zeit tiefer Stille und großen Friedens am Abend. Es kam mir vor, als schwebte ich auf Wogen der Stille und Ruhe dahin. Heute hat Gott mir, wie es scheint, den Weg geöffnet und geebnet, auf Ihn harren zu können. ‚Sitzend zu den Füßen Jesu.' Wie sehr haben wir das nötig! Gott hat etwas vor und ist in mir an der Arbeit. Ich habe den deutlichen Eindruck, daß ich in Seiner Schule bin.

Manchmal kann ich Sein Wirken in mir deutlich wahrnehmen. Dann wieder muß ich einfach stille sein und vertrauen. Ich bitte Ihn beharrlich darum, Seinen Willen erkennen zu können. Er belehrt mich auf mancherlei Weise, indem Er es zum Beispiel zuläßt, daß ich den deutlichen Eindruck habe, ich solle bestimmte Dinge tun, die in Wirklichkeit aber gar nicht Seinem Willen entsprechen, und dann verschließt Er jede Tür, um mir zu zeigen, daß ich mich geirrt habe. Anfangs war ich dann ganz verwirrt, doch ich glaube nun, Er will mich durch diese Erfahrungen dazu bringen, zwischen meinen eigenen Eindrücken und der Leitung von oben zu unterscheiden. Da ich ja in der Schule bin, lerne ich eine Lektion um die andere.

Es ist mir klar geworden: *Um einen Einblick in die Gedanken Gottes erhalten zu können, müssen wir von unseren eigenen Gedanken frei sein.* Er muß buchstäblich durch uns denken. Um den Willen Gottes erfassen zu können, müssen wir unsere Gedanken fernhalten von allem, was sie beeinflussen könnte. Bedingungen, Ratschläge, Meinungen, Eindrücke, Neigungen, Wünsche und Gefühle – alles muß abgelegt werden, von allem müssen wir uns entleeren; dann sollten wir unvoreingenommenen Sinnes und ganz entleert in die Stille gehen und Gott zu uns reden lassen, entweder direkt – das tut Er manchmal auch – oder indem Er uns eine bestimmte, beständige, unmißverständliche und klare Überzeugung gibt.

Auch bin ich daran zu lernen, *daß man in bezug auf starke Eindrücke vorsichtig sein muß.* Wenn wir einen ganz bestimmten, inneren Eindruck bekommen, mag dieser von Gott sein, aber wir sollten dann zuerst einmal innehalten, still vor Gott werden, uns vor Ihm von allem Eigenen entleeren und Seinen Sinn zu erfahren suchen. Wenn der Eindruck von Gott ist, wird er sich vertiefen, immer stärker und zu einer klaren, beständigen, unmißverständlichen Überzeugung werden. Wissen wir uns von Gott geführt, dann können wir trotz allem Widerstand feststehen.

Und hierin liegt die dritte Lektion: *Wir müssen einen festen Stand einnehmen.* Nachdem wir eine Sache klar erkannt haben, sollten wir anderen Eindrücken, jeglichem Schwanken, aller Unschlüssigkeit und allen Zweifelsfragen widerstehen. Wir sollten alles abweisen und unterlassen, was dazu angetan ist, uns in Verwirrung und Zweifel zu bringen, weil es uns zu einem Hindernis wird, das nächste Mal den Willen Gottes zu erkennen. Er möchte uns Seine Segnungen nicht umsonst gegeben haben. Dürfen wir von Ihm eine klare Weisung empfangen, dann will Er auch, daß wir gehorchen, sonst wird Er sie nicht mehr geben.

Viertens *braucht es viel Geduld.* Gott ist nie in großer Eile. Die Ewigkeit ist Sein. Er will nicht, daß wir Ihn treiben. Die erste Voraussetzung, Seine Stimme hören zu können, ist, daß wir still und geduldig werden. Alle Ratlosigkeit, Furcht, Eile und Unruhe stellen ein Hindernis dar. Gott bewegt sich und wirkt in großer Ruhe. Er spricht nicht durch Wirbelwinde und Erdbeben zu unserem inneren Ohr. Durch diese richtet Gott auch eine bestimmte Botschaft aus, zu Seinem Kind aber spricht Er auf sanfte Weise, mit stiller, leiser Stimme. Es muß stille sein, still in der Seele, um Ihm begegnen und Seine Stimme hören zu können. Darin gilt es treu zu sein, treu und gehorsam; darin müssen wir uns beständig üben, still zu werden und still zu bleiben bis Gott redet.

Unser Gott ist ein eifersüchtiger Gott. Wenn wir Ihm nicht völligen Gehorsam leisten, wird Er uns nichts von Seinen unermeßlichen, tieferen Schätzen geben, die nur einem völlig ausgelieferten Leben zuteil werden. Und wenn in uns noch eine Neigung ist, aus Seiner Gegenwart wegzulaufen und des Wartens überdrüssig zu werden, ehe Er Seine Stimme vernehmen läßt, hält Er mit dem Segen zurück. Gerade dieses Warten in Geduld bewirkt ja, daß unser Geist in Berührung mit Gott kommt und unser inneres Ohr auf Seine Stimme eingestellt wird. Diese Stille, dieses Warten, diese Geduld und Ergebung bringt jeden Mißklang in unserem Wesen mit Seiner Harmonie in Einklang. Wenn Er uns mit Seinem göttlichen Finger berührt und mit leiser Stimme von Seiner göttlichen Erkenntnis zu uns spricht, hallen in uns die gestimmten Saiten wider, und wir haben Seinen Sinn in uns.

O gnadenreicher Vater, bringe mich in Harmonie mit Dir Selbst. Nimm jede Note meiner eigenen Wahl hinweg, die einen Mißklang verursacht, und laß Deinen Sinn den meinen regieren und jeden eigenen Gedanken gefangennehmen. Wenn wir so auf Gott warten, vielleicht tagelang, um eine klare Weisung für unseren Weg und Dienst zu erhalten, werden wir manchmal durch viele Eindrücke und sogar dadurch verwirrt, daß sich ganz unerwartet eine Tür auftut, so daß wir dann geneigt sind, dies als eine Fügung Gottes zu betrachten. Aber gerade dadurch werden wir geprüft. Satan ist immer geschäftig und darauf aus, jemanden zu verschlingen, und sicherlich besonders dann, wenn ein Kind Gottes zu Jesu Füßen auf Seine Weisung wartet. Gott wirkt niemals ziellos. Satan weiß – wie geringfügig eine Angelegenheit sein mag, in der wir das Angesicht Gottes suchen –, Gottes Entscheidung wird immer so ausfallen, daß sie dem Reich der Finsternis Schaden zufügt. Es ist darum das Ziel Satans, das Kind Gottes abzulenken, so daß es nicht den Weg einschlägt, den Gott ihm weisen möchte, und dazu ist ihm jedes Mittel recht. Da er weiß, daß er es nicht zum Ungehorsam verführen kann, wird er als ein Engel des Lichts kommen und, wenn irgend möglich, es durch Irreführung, betrügerische Eindrücke oder Umstände auf den falschen Weg zu ziehen versuchen.

Gott steht hoch über dem allen und läßt diese Prüfung zu. In Seiner großen, ewigen Ruhe schaut Er auf die beunruhigte Seele und sieht über die gegenwärtige kritische Situation hinaus. Er weiß, wenn Er zu nachsichtig ist, wird Sein Kind nie die Lektion lernen, auf Seine Stimme zu hören. Und Er weiß auch, daß diese Auseinandersetzung es nicht schwächen, sondern stark machen wird. Sollte es den rechten Weg verfehlen und Satan eine Zeitlang den Sieg behalten, so wird diese Erfahrung – so schmerzlich sie auch sein mag – doch dazu dienen, daß diese ungeduldige Seele daraus eine Lehre zieht und die Wege besser verstehen lernt, die Gott mit Seinen Kindern geht. Die Lektion, die wir einmal gelernt haben, hat Gott dann als ein Instrument in Seiner Hand, durch das Er Seinen Willen besser verständlich machen kann. Nachdem der menschliche Wille Ihm völlig ausgeliefert und unterworfen ist, wird nun der Wille Gottes durch den Gehorsam Seines Kindes verwirklicht werden.

Es ist besser, die Versuchungen zu ertragen und unter eigenem Versagen leiden zu müssen, als einfach aufzugeben und als ein Diener des Herrn in Unwissenheit auf einer niedrigeren Ebene dahinzuleben. Als Seine Freunde haben wir ein Recht zu wissen, was Er tut; und nur Seinen Freunden, die in einem innigen, persönlichen Verhältnis zu Ihm stehen, kann Er dieses Wissen verleihen."

„Der Herr hat mich stille Wege geführt", berichtet Martha Robinson in ihrem Tagebuch unter dem 16. August. „Keine bemerkenswerten Prüfungen, Führungen oder Erfahrungen. Jede Tür zum Dienst für den Herrn – außer einigen stillen, bescheidenen Diensten – ist verschlossen. Hatte gerade eine Wartezeit, während Harry ernstlich die Taufe des Heiligen Geistes gesucht hat. Er war in der East-End-Mission geblieben. Nun ist er nach Simcoe zu einem Dienst gereist.

Es bedeutet für mich eine besondere Ermutigung zu sehen, daß Gott mir die Fähigkeit verliehen hat, auf Ihn zu harren, still zu sein, den inneren Frieden zu bewahren und alles Ihm zu überlassen. Eile, Aufregung und Gedränge scheinen aus meinem Leben hinweggenommen zu sein. Ich darf in Seine Ruhe eingehen.

Auch darf ich feststellen, daß meine Gebete erhört werden. Ich habe es in meinem Leben immer als etwas Schreckliches empfunden und kaum ertragen können, wenn ich in meinen Beweggründen mißverstanden wurde. Ich versuchte dann, alles ins richtige Licht zu rücken und zu erklären und überdachte die Angelegenheit immer und immer wieder. So hat Er es zugelassen, daß ich durch eine schreckliche Beschneidung zu gehen hatte und daß ich immer wieder mißverstanden wurde. Durch diesen Prozeß hat Er mich wachgerüttelt und mir die Augen für meine große Empfindlichkeit geöffnet. Ich habe ernstlich gebetet, daß ich diese Sache unter die Füße bekommen möchte und bin zufrieden, wenn nur Gott mich versteht. Preis Seinem Namen, Er wird mein Gebet sicherlich erhören. Vorgestern wurde ich auf eine ganz andere Weise geprüft. Nach einiger Zeit aber durchströmte mich ein wunderbarer Friede. Stundenlang befand ich mich in einer triumphierenden Stille. Selbst mein Körper schien in eine große Ruhe einzugehen, die von Freude durchdrungen war.

27. August. Ich denke, ich sollte unsere gegenwärtigen Erfahrungen schriftlich festhalten. Vor zwei Wochen war Harry in Simcoe. Mein Geld war bis auf zehn Cent ausgegeben. Im Vertrauen auf den Herrn ging ich am Morgen zur East-End-Mission. Dort traf ich Herrn D., der mich fragte, ob ich bereit wäre, aufs Land zu fahren und in seinem Hause einzukehren. Er gab mir 90 Cent für die Fahrkarte. So fuhr ich dorthin. Frl. D. bezahlte mir die Rückfahrt.

Auf dem Heimweg erinnerte ich den Herrn daran, daß meine Zimmermiete und Wäscherechnung fällig seien. Ich bat Ihn, für alles zu sorgen und es so zu fügen, daß ein Brief auf mich warte, der Geld enthält. Und tatsächlich – als ich nach Hause kam, lag da ein Brief von Frau F. in Detroit mit 9,92 Dollar. Davon konnte ich nun die Miete und die Rechnung für die Wäsche bezahlen sowie die Lebensmittel einkaufen, die wir im Augenblick gerade brauchten, und es blieben noch ungefähr 6 Dollar übrig.

Von Harry kam ein Brief, in dem er mich bat, nach Simcoe zu kommen, und so begann ich zu planen. Gleichzeitig erinnerte ich mich daran, daß ich den Zehnten noch nicht gegeben hatte, und daß ich für Brooks einen oder zwei Dollar auf die Seite legen sollte. Später erfuhr ich, daß sie zu diesem Zeitpunkt gerade in Not waren. Von meiner Handlungsweise hingen, wie ich nun glaube, die darauf folgenden Ereignisse ab. Anstatt der Leitung, die in diesen Gegebenheiten lag, zu folgen, rechnete ich aus, daß das Geld, das ich noch hatte, die Ausgaben hier gerade eben decken und noch für die Reise nach Simcoe reichen würde. Während ich das Fahrgeld für meine Reise bezahlte, kam mir der Gedanke, hiermit hätte ich zugleich den Zehnten gegeben. Welch ein Oberplaner war ich doch! Nach der wunderbaren Fürsorge Gottes Ihm gegenüber noch zu geizen!

Am Ende reiste ich gar nicht nach Simcoe! Harry kam heim, und wir lebten eine Woche lang von dem Geld. Aber als die Miete fällig wurde, konnten wir zum erstenmal nicht zahlen. Schließlich war das Geld am Samstag so weit ausgegeben, daß es gerade noch für die Fahrkarten am Sonntag und für einen Laib Brot reichte. Harry ging zu Marlatts und holte die Früchte und Tomaten, die wir dort noch hatten. Diese bildeten zusammen mit Brot und etwas Butter unser Mittagessen. Abends waren wir bei S. zum Tee. Sonntag morgen aßen wir nochmals von den Tomaten, den Früchten und vom Brot – Butter war nicht mehr vorhanden – und gingen zur East-End-Mission. Dort verbrachten wir den Tag.

Am Montag hatten wir gerade noch zwei Fahrscheine und zwei Cent. Wir verzehrten den Rest Brot und Tomaten bis auf eine Schnitte Brot, die wir als Lunch nach East-End mitnahmen. Bis zum Nachmittag war ich innerlich gar nicht ruhig. Ich machte mir Sorgen und war beschwert. Fortwährend betete ich und dachte darüber nach. Harry hatte mehr Glauben. Schließlich wurde es mir klar, daß nicht eher Hilfe kommen könnte, bis ich Sieg darüber hatte. Ich übergab unsere Angelegenheiten dem Herrn und hatte dann wieder den inneren, wunderbaren Frieden.

Dann machten wir uns nach reiflicher Überlegung mit unseren beiden Fahrkarten auf den Weg nach East End, indem wir dem Herrn vertrauten, daß Er uns wieder nach Hause bringen werde. Wir aßen unser trockenes Brot und genossen es als Abendessen. Dann waren wir oben zum Tee eingeladen und bekamen auch Brot und Butter dazu. Nach der Versammlung gingen wir zusammen zur Tür hinaus. Wir hatten beide kein Geld. Allem Anschein nach war keine Möglichkeit, nach Hause zu kommen. Es wäre ein Weg von etwa acht Meilen gewesen (fast 13 km), doch wir haben uns darüber eigentlich weiter keine Gedanken gemacht. Auf einmal sagte Harry: ‚Ich habe noch vier Zwei-Cent-Briefmarken bei mir!' ‚Aber der Schaffner wird sie nicht nehmen', wandte ich ein. ‚Wir könnten sie ja in Geld einwechseln', meinte er. In dem Augenblick erinnerte ich mich an unsere übrigen zwei Cent, und er ging in einen Laden, verkaufte seine Briefmarken, und siehe da, wir kamen triumphierend nach Hause, sicher und ohne einen Penny!

Diesen Morgen hatten wir nichts als einige Früchte und kein Geld. Wir standen spät auf, so brauchten wir kein Frühstück. Wir beteten dann zusammen und hatten eine stille Wartezeit. Da unterbrach Tante Matties Stimme die Stille; sie rief zu uns hinauf: ‚Ich würde gern einen Handel mit euch machen. Wenn ihr mir meine Gardinen aufhängt, werde ich fürs Mittagessen sorgen.' Und so geschah es. Wir hängten die Gardinen auf und hatten eine reichliche Mittagsmahlzeit. Tante Mattie hatte nichts von unserem Mangel gewußt. Es war ihr einfach nur darum zu tun, daß die Gardinen aufgehängt wurden.

Dann gingen wir wieder die Treppe hinauf. Wir wären gern nach East End gefahren, doch wir hatten kein Geld. So gingen wir ins Gebet, und ich fing an, in Zungen zu sprechen. Ich sagte immer und immer wieder ein Wort, als wäre es eine Botschaft, konnte jedoch keine Auslegung bekommen. Ich sang dann in Zungen und erhielt dazu nun die Auslegung. Dies dauerte eine Stunde lang. Wir hatten direkt ein Fest mit dem Herrn! Dadurch war es dann zu spät geworden, zur Versammlung zu gehen; wir hätten ja auch keine Möglichkeit gehabt, dorthin zu kommen. Aber nun hatten wir gar kein Verlangen mehr zu gehen.

Tante Mattie hatte Harry gefragt, ob er für sie etwas in der Stadt besorgen könne, und so wollte er jetzt gehen. Da erinnerte ich mich, daß noch weitere Briefmarken da waren, und ich holte sie – fünf Cent wert, genug, um die Fahrt hinunter bezahlen zu können. Er ging dann weiter nach East End.

Es wurde Abend, und es war Zeit, Abendbrot zu essen. Da rief Tante Mattie mich wieder hinunter; ich sollte mit ihr zusammen essen. So ging ich betend hinunter. Ich mußte bemerken, daß ich kein Brot hatte, und sie sagte nicht, ich solle gehen, um Brot zu holen, sondern sie nötigte mich, von ihrem Brot zu nehmen. So hatte ich Tee und Brot. Aber ich war innerlich nicht ganz befriedigt und zweifelte, ob dies der Weg des Herrn wäre.

Ich war vor dem Abendbrot ein wenig unruhig geworden. Die Geduld hatte in mir noch nicht ihr vollkommenes Werk tun können. So steht's mit uns heute abend – und wir preisen beide deshalb doch den Herrn. Es interessiert uns nun zu sehen, wie der Herr es hinausführen wird. Jedenfalls muß Er bald etwas tun. Herr Manly spricht zur Zeit in East End über göttliche Heilung und über das Gebet mit den Kranken. Wir brauchen wirklich diese Belehrung oder vielmehr eine neue Inspiration und Ermunterung zu diesem Dienst. Ach, wie konnten wir nur zurückgehen von einer Erfahrung in Christus? Wenn ich an die wunderbare Gesundheit denke, die mir geschenkt wurde – wie bin ich darin zurückgegangen! Und doch bin ich – dem Herrn sei Preis und Dank dafür – immer noch ein Wunder Seiner Gnade, denn es geht mir soweit gut.

Harry ist sehr im Geist gewachsen und erlebt wunderbare Segnungen. Wir haben zusammen eine glückliche Zeit in Jesus."

Über die einzelnen Erfahrungen in ihrem Glaubensleben während der folgenden sechs Wochen können wir nichts erfahren, denn in Martha Robinsons Tagebuch fehlt eine Anzahl Seiten. Die nächste ausführliche Eintragung jedoch berichtet im einzelnen darüber, welche Lektionen sie in ihrem Vertrauen auf Gott in bezug auf ihre materiellen Bedürfnisse zu lernen hatten.

„7. Oktober. Es ist bald ein Jahr her, seit wir anfingen, aus Glauben zu leben, und Gott hat für alle Bedürfnisse gesorgt. Tatsächlich, neun Monate lang hat Er nicht nur für alles gesorgt, Er hat im Überfluß gegeben! Dann begann unsere Prüfung, von der ich einiges niedergeschrieben habe. Gott hat gesehen, wie notwendig es war, daß wir bestimmte Dinge lernen, und so haben wir inzwischen auch wirklich manches gelernt.

Erstens, unser Stolz ist kräftig heruntergeschnitten worden. Hinter dem, was wir als Eifer für die Ehre Gottes ansahen, verbarg sich in Wirklichkeit größtenteils – wie Gott uns gezeigt hat – ein Zurückschrecken vor Demütigungen. So ließ Gott es zu, daß wir auf mancherlei Weise gedemütigt wurden, und Er sorgte Selbst für Seine Ehre.

Zweitens, es wurde uns klar, daß wir sehr selbstsüchtig mit unserem Geld umgegangen waren. Anstatt für uns nur soviel zu verbrauchen, wie es gerade notwendig war, und das Übrige Gott und den Kindern Gottes zu geben, gaben wir in selbstsüchtiger Weise nahezu alles aus, was einkam – außer dem Zehnten.

Drittens, wir verstanden es nicht, uns dementsprechend einzurichten und mußtes es lernen, sparsam hauszuhalten.

Viertens, wir wußten nicht, daß man in Prüfungen den Sorgen keinen Raum geben darf. Unser Glaube schien wirklich vollkommen zu sein, solange das Geld hereinkam; doch sobald Zeiten der Prüfung über uns kamen, fingen wir an, in unseren Gebeten heftig zu ringen. Aber wir haben erkannt, daß sich in dieser Art Gebet ein gut Teil Angst verbarg.

Fünftens, während wir unsere Herzen erforschten, wurden wir gewahr, daß wir doch noch an den irdischen Dingen hingen, daß wir nicht Augenblick für Augenblick in völliger Abhängigkeit von Gott lebten; denn so sollte es doch sein, wenn man wirklich aus Glauben lebt, und nur durch diese Lebensweise werden wir dahin kommen, daß wir uns von allem überflüssigen Besitz lösen.

Sechstens, der Herr hat uns einige Lektionen über die Geduld erteilt. ‚Laßt die Geduld ihr Werk an euch vollenden', ist leichter gesagt als getan; wir sind manchmal noch sehr ungeduldig geworden. Harry konnte sich kaum enthalten, arbeiten zu gehen.

Gerade jetzt sind wir absolut ohne einen Penny. Am Ende der Woche war alles ausgegeben. Herr H. gab uns am Mittwochabend 51 Cent. Diese waren gerade wieder ausgegeben, als Frau C. einen Dollar für einige Broschüren ‚Holy Ann' sandte und Harry schrieb, er solle das Wechselgeld behalten, das 55 Cent ausmachte. Dafür konnten wir Butter und ein Stück Suppenfleisch kaufen und auch die Fahrscheine für Sonntag besorgen.

Heute, Montag, sind wir fast mittellos, und doch konnten wir uns satt essen. Wir haben Milch, Brot, Kartoffeln, Bohnen und Tee. Was wollen wir noch mehr? Aber am Mittag begannen Harry und ich aufzuzählen, was wir alles nicht haben. Wir haben keine Milchmarken mehr, keine Brotmarken, keine Butter, keine Eier, keinerlei Frucht. Endlich kamen wir darauf, daß wir doch besser täten, unsere Segnungen aufzuzählen, statt von dem zu reden, was wir nicht haben. Da waren wir ganz überrascht zu sehen, was wir alles haben. Denn wir brauchen nicht mehr, als für diesen Tag nötig ist. Wenn wir auch keine Brotmarken mehr haben, so sind doch noch zwei ganze Brote da. Wir haben zwar keine Milchmarken mehr, aber es ist doch noch fast ein halber Liter Milch da, und zu den Mahlzeiten, die wir heute hatten, war Butter nicht erforderlich. So steht's also.

Wirklich – wir sind in der Schule des Herrn. Wir leben immer nur für einen Tag, eine Stunde, einen Moment. Es ist, als lägen wir in einem Militär-Zeltlager. Der General hat noch nicht gesagt, wann wir aufbrechen und wohin wir marschieren werden und welche Aufgaben uns an unserem Bestimmungsort erwarten."

Die ersten Mitarbeiter von Martha Robinson

George A. Mittchell *1861–1933*		**Lydia Leggett Mitchell** *1871–1953*
	Eva MacPhail Leggett *1876–1958*	
Sara Leggett Brooks *1866–1949*		**Elder Eugene Brooks** *1856–1954*

Kapitel 20

Die Offenbarung Christi

Als Martha Robinson den vorangegangenen Bericht schrieb, wohnte sie mit ihrem Mann bereits einen Monat lang im Hause von Familie Brooks. Früh im September war Sara Brooks mit ihren beiden Kindern zu Freunden an der Georgian Bay gereist, wo ihr die Möglichkeit geboten wurde, sich von einer ernsten Krankheit zu erholen. Nachdem sie abgereist waren, besorgten Robinsons für Elder Brooks den Haushalt. Gegen Ende der dritten Woche reiste Elder Brooks zu seiner Frau, und Robinsons waren nun allein im Hause.

So kam es, daß sie eine Gelegenheit hatten, ununterbrochen auf den Herrn zu harren. Harry besuchte oft die Versammlungen der East-End-Mission, die von dort aus etwa neun Meilen entfernt war, auf der anderen Seite der Stadt, seine Frau aber blieb so viel wie möglich zu Hause und wartete auf Gott. Dieses stille Heim am äußersten westlichen Stadtrand hatte der Herr als den Ort ausersehen und bereitet, an dem Er ihre Gebete erhören und Seinen Sieg an ihr offenbaren wollte, und zwar nach Geist, Seele und Leib.

Nachdem Martha Robinson von den Lektionen in ihrem Glaubensleben erzählt hat, bringt sie nun eine kleine Zusammenfassung ihrer geistlichen Erfahrungen in den vorangegangenen Tagen.

„Samstagabend, 5. Oktober. Wir, Harry und ich, fühlten uns beide geleitet, miteinander über einen Plan zu sprechen, der in unseren Gedanken – unabhängig voneinander – Gestalt angenommen hatte; es handelte sich um eine literarische Arbeit. Doch wir haben diese Pläne in Gottes Hand gelegt. Möge Er uns darin weiterhin leiten, wenn dieser Gedanke wirklich von Ihm ist.

Am letzten Freitag, dem 4. Oktober, brachte ich den Abend im

Gebet zu und empfing einen Segen. Jesus war mir sehr nahe. Ich war verlangend und suchend nach einer völligeren Offenbarung Seiner Gegenwart und bin es auch immer noch. Ich preise Gott für alles, was Er mir schon gegeben und was sich dann in meinem Leben auch als ein bleibender Segen erwiesen hat; aber ich warte auf eine noch tiefere Offenbarung.

O Herr Jesus, komme bald; offenbare Dich völliger, mich verlangt nach Dir! Die Welt liegt weit hinter mir. Jesus ist für meine Seele der Schönste von Zehntausend, der Eine, der wirklich lieblich und herrlich ist. Doch Er zeigt sich nur am ‚Fenster', und dann ist Er wieder fort. O mein Geliebter, komm herein zu mir.

Habe wieder mit Krankheit zu kämpfen gehabt. Ich wurde wirklich auf der ganzen Linie geprüft. Doch es wird mir nun klar, daß es reiner Unglaube ist, wodurch mein Körper schwach bleibt. Habe kaum Kraft, zu gehen oder irgendeine praktische schwerere Arbeit zu verrichten. In der letzten Woche war ich ungewöhnlich behindert. Ich fühlte die ganze Woche, wie es immer schlimmer wurde, und Freitag war ich schließlich richtig krank; es schien, als würde ich Rippenfellentzündung bekommen. Aber die geistliche Erquickung, die ich am Freitagabend empfing, brachte mich in eine wunderbare Berührung mit Jesus, ich konnte Ihn im Glauben erfassen und berührte den Saum Seines Gewandes, um befreit zu werden, und – Preis dem Herrn – Er gab die Befreiung, obwohl eine Erkältung immer noch nicht weichen will, ganz allein deswegen, weil es mir an Glauben für eine sofortige und vollkommene Befreiung mangelt. O Gott, mehre meinen Glauben. Gib mir wieder diesen einfältigen, starken Glauben an Jesus, meinen Heiler, den ich früher schon hatte.

Ich glaube, es wäre mir zum Segen gewesen, wenn ich einiges darüber niedergeschrieben hätte, wie Gott in letzter Zeit zu uns geredet und uns gesegnet hat, aber die Zeit eilt so schnell dahin. Der Tag, an dem wir Frau B. besuchten, war besonders segensreich. Zuvor hatte Herr A. in der Craig-Mission eine Predigt darüber gehalten, wie wir uns selbst für tot und mit Christus gekreuzigt halten sollen. Dies hat mir innerlich geholfen.

Bei Frau B. entfaltete sich dann eine Diskussion darüber, wie wir uns selbst zu kreuzigen haben. Es wurde solch ein Wortgefecht, daß ich mich geleitet fühlte zu sagen: ‚Aber wenn wir zuviel Zeit daran wenden, darüber nachzudenken, wie wir uns selbst kreuzigen müssen, und ständig an uns selbst arbeiten und uns beschneiden – werden wir dadurch nicht einfach nur eine andere Seite unseres Eigenlebens entwickeln und pflegen? Sollten wir uns nicht vielmehr selbst vergessen und unsere Augen auf Jesus richten und in Ihm vorwärtsgehen?‘

Jener Wortführer meinte darauf: ‚Aber es ist uns doch befohlen, uns selbst zu verleugnen.‘

‚Ja, aber was heißt es, sich selbst zu verleugnen?‘ sagte eine englische Dame frei heraus, ‚wie verleugnete Petrus den Herrn? Er sagte ‘ich kenne den Menschen nicht.‘ Wie hat Gott mir diese wenigen Worte erleuchtet. Sie halfen mir zu einer tieferen, innigeren Erfahrung.

25. Oktober. Es ist wieder Freitag, und ich bin allein mit Gott. Ich erinnere mich daran, daß ich auch an einem Freitag die Taufe im Heiligen Geist empfing. Heute nachmittag hatte ich, während ich allein vor dem Herrn war, ein ähnliches Erlebnis, so etwas wie eine neue Geistestaufe, wenigstens was die Zungengabe betrifft. Es kam ein Geist des Gebets über mich, und ich betete um die Auslegung. Sofort begann ich zu stammeln wie jemand, der gerade die Geistestaufe empfängt und anfängt, in Zungen zu reden. Ich stehe unter dem deutlichen Eindruck, daß dies mit meinem Gebet zusammenhängt, denn es war gerade so, als ob jemand eine neue Sprache bekommt. Vielleicht fehlt es bei mir an einer noch völligeren Hingabe.

Ich beabsichtigte, heute auszugehen, aber da ich eine solch wunderbare Zeit mit dem Herrn habe, werde ich zu Hause bleiben. Ich hatte vor, hinunterzugehen und einen Teil der Miete zu zahlen. Der Herr hat uns wieder reichlich versorgt, und so sind wir in der Lage, Brooks ein wenig zu helfen, da sie uns doch so viel Freundlichkeit erweisen. Zweifellos erleben wir momentan fortwährend wunderbare Dinge.

Wenn wir nur völlig davon überzeugt wären, daß wir uns gerade dort befinden, wo Gott uns haben will, dann wäre ja alles gut. Aber es ist so merkwürdig still. Und doch weiß ich, daß der Same jetzt im dunklen Erdreich liegt; er ist da hineingefallen, um zu sterben – das glaube ich. Sicherlich will Gott mir zeigen, wie gut Er auch ohne mich in Seiner Regierung des Universums auskommt. Doch damit wir nicht ganz und gar entmutigt werden, gibt Er uns einigen Erfolg.

Habe gesundheitlich einen harten Kampf gehabt. Es schien, als hätte ich eine Schwäche im rechten Bein, so daß ich überhaupt nicht gehen konnte. Habe viel um Heilung gebetet. Aber schließlich habe ich's dem Herrn hingelegt und alle Verantwortung Ihm übergeben. Ich lebe nun immer nur für einen Tag. Jeder Tag ist Sein Tag. Es ist Seine Sache, mir Kraft zu geben, damit ich den Pflichten des Tages vollkommen nachkommen kann. Ich tue jeden Schritt in Ihm. Wenn die Umstände es erfordern, daß ich einen weiten Weg gehen muß, dann tue ich es; und wunderbar war die Veränderung, seit ich es so mache. Doch scheint die Schwachheit in meinem Bein zu bleiben. Sogar beim Gang ums Haus herum spüre ich es. Ich verlasse mich einfach auf Ihn, und Er gibt dann die nötige Kraft.

An dieser Stelle kam mir der Gedanke, daß Tante Mattie vielleicht mit mir zusammen an diesem Nachmittag zur Versammlung von Herrn A. gehen würde, wenn ich sie darum bäte. Ich hörte auf zu schreiben und ging hinunter, fand sie aber sehr beschäftigt. Dann fuhr ich zu Familie S., wo Harry gerade war. Auf dem ganzen Weg dorthin war ich unter der Kraft des Geistes. Als ich dort ankam, konnte ich gar nicht verstehen, warum ich überhaupt gegangen war. Während ich mit ihnen sprach, schien es mir, als seien sie meilenweit weg. Ich befand mich irgendwo hoch oben in den Himmeln. Dies empfand ich so stark, daß Frau S. etwas bemerkt haben mußte und mich ins Wohnzimmer schickte, wohin ich auch ging, um dort allein zu beten.“

Während Martha Robinson auf den Herrn harrte, empfing sie „im Verlauf des Nachmittags drei neue Zungensprachen“. Mitten darin wurde sie gewahr, daß der Heilige Geist auch auf Englisch durch sie redete. Während sie sich dem Herrn hingab, bemerkte sie, daß sie das englische Wort „pay", d. h. „bezahle", sagte.

„Blitzschnell durchfuhr mich der Gedanke, daß ich die Miete ja noch nicht gezahlt hatte. Wir besaßen sieben Dollar, aber weil verschiedene Dinge eingekauft werden mußten, wollten wir davon nur vier Dollar für die Miete geben, doch hatte Gott am Morgen zu mir gesagt, wir sollten fünf Dollar bezahlen. Ich hatte noch gezögert und schließlich ein Zugeständnis gemacht, indem ich sagte, falls auch Harry meine, daß wir es so machen sollten, sei es mir recht.

Fortwährend sagte ich nun an diesem Nachmittag ‚pay', ‚pay'.

‚Ja, Herr', antwortete ich, ‚was soll ich bezahlen?' Ich erwartete als Vervollständigung des Satzes: ‚Zahle die Miete'. Für einige Zeit empfing ich nun nichts mehr in englischer Sprache. Dann fing ich an, ‚m'-Laute zu machen, und jetzt sagte ich klar und deutlich ‚money', ‚pay My money' (zahle mein Geld). Ein wenig später: ‚Pay My money to', und noch etwas später, während ich betete: ‚Pay My money to Brooks, zahle Mein Geld an Brooks. Dies alles war für mich ein ganz neues Erlebnis. In dem Augenblick, in dem ich einen Laut bekam, eilte meine Phantasie voraus, und so konnte das Wort nicht vollendet werden. Der Heilige Geist mußte mit mir wie mit einem törichten Kind umgehen. Ich habe beobachtet, wie Leute versuchten, Leckerbissen ins Maul eines Pferdes zu stecken, wie sie den Moment abwarteten, in dem das Pferd es nicht bemerkte, und dann den Bissen schnell hineinschoben. Geradeso schlüpften die englischen Worte herein. Ich redete in Zungen – in verschiedenen neuen Sprachen – und war daran so sehr interessiert, daß ich für einen Moment die englische Botschaft vergaß. Da schlüpfte das englische Wort wieder herein.

Nachdem ich den ganzen Satz bekommen hatte, ‚zahle Mein Geld an Brooks, war ich davon überführt, daß ich zurückhielt, was Gott für sie gegeben hatte, und ich versprach, alle fünf Dollar zu geben.

Aber an diesem Morgen, Samstag, 26. Oktober, bekamen Harry und ich zwei Dollar in einem Brief. Sofort wußte ich, daß auch diese für Brooks bestimmt waren, und plötzlich kam mir ein Gedanke, der mich vollkommen überzeugte: Alle acht Dollar, die wir in Händen haben – oder eigentlich sind es neun, doch acht sind für die Miete fällig – müssen wir für die Miete geben. Ich betete, daß auch Harry es sehen möchte, und sogleich kam auch ihm die Erleuchtung. Wenn wir die acht Dollar nun für die Miete zahlen, haben wir noch einen Dollar, den wir für Milch schuldig sind, und es bleibt dann noch etwas Wechselgeld. So sind wir nun sehr gespannt darauf, was der Herr als nächstes tun wird.

26. Oktober. Harry und ich kamen seit einiger Zeit Samstag abends bei Familie L. zum Gebet zusammen. Seit dem Abend, als ich während eines Besuches bei ihnen in Zungen gesprochen hatte, haben sie ernstlich die Taufe des Heiligen Geistes gesucht, und zwar die ganze Familie. Am Vormittag war Harry hinübergegangen, um zu sehen, ob wir erwartet wurden. Wir gingen dann zu L. hinüber, und am Abend beteten wir zusammen. Sehr bald begann ich in Zungen zu reden. Herr L. betete ernstlich, daß mir die Auslegung gegeben werden möchte, und er sagte dazu, ‚es könnte vielleicht eine Botschaft für mich sein, o Herr'.

Auf einmal sprach ich die Silben deutlicher aus, und kurz darauf sagte ich mehrmals: ‚Beuge dich tief hinunter – ganzes Herz'. Etwas später sagte ich immer wieder: ‚Hochmütig', und ‚neun'.

Später sagte Herr L. – und ich wußte im Geist, daß es so war –, daß die Botschaft für ihn gewesen sei und daß er vor neun Jahren eine ähnliche Botschaft bekommen habe – daß er hochmütig sei und sich von ganzem Herzen demütigen solle."

So wurde „das Verborgene des Herzens offenbar", und es konnte nicht anders sein, als daß Herr L. von der Echtheit des Dienstes von Martha Robinson überzeugt wurde und bekennen mußte, daß Gott wahrhaftig in ihr war, 1. Kor. 14,25.

Hier wird uns nun zum erstenmal über eine solche Erfahrung von Martha Robinson berichtet, daß sie unter der Inspiration des Heiligen Geistes einer anderen Person eine Botschaft in englischer Sprache übermittelte, durch die der Geist Gottes das Verborgene des Herzens offenbarte und Dinge ans Licht brachte, die lange Zeit verborgen gewesen waren, Dinge, von denen sie selbst nichts wußte, die aber dem Betreffenden wohlbekannt waren, so daß dieser erkannte, daß das an ihn gerichtete Wort nicht das Wort eines Menschen, sondern in Wahrheit das Reden Gottes war. Diese Gabe wurde in der darauf folgenden Zeit noch weiter entfaltet und zur Vollkommenheit gebracht. Es waren viele, die von der Echtheit des Dienstes, den Martha Robinson in dieser Weise tat, überführt wurden. Viele Gläubige haben bekannt, daß es sich in ihrem Glaubensleben als eine große Hilfe erwiesen hat, wenn sie das Wort des Tadels oder der Ermahnung, das aufgrund dieser Gabe der Erkenntnis gegeben wurde, annahmen und darauf eingingen.

Am Tage nach dieser neuen Erfahrung, am Sonntag, dem 27. Oktober, fährt sie fort zu berichten: „Wir waren an diesem Tag in East End und erlebten herrliche Versammlungen. Ich war unter der Kraft Gottes. Wirklich, ich befinde mich schon seit zwei oder drei Tagen unter einem ‚Regenschauer'. Am Nachmittag fand eine Versammlung für Suchende statt, in der die Kraft Gottes machtvoll gegenwärtig war und das ganze Haus erfüllte. Herr Campbell wurde im Heiligen Geist getauft, mehrere Suchende wurden zu Boden geworfen, viele weinten. Das dauerte bis in die Abendversammlung hinein.

Am Abend kam Frau Hebden wieder unter eine besondere Salbung. Sie legte zum erstenmal alles aus, was sie in Zungen redete.

Gott gab durch sie eine mächtige Botschaft für die Sünder; es war eine Warnung. Da fühlte ich mich gedrängt, einen Altarruf ergehen zu lassen. Es kamen viele zum Altar. Der Geist der Überführung war über der ganzen Versammlung. Nach einer langen Zeit des Gebets, der Fürbitte und des Singens sprach nochmals der Geist Gottes durch Frau Hebden in Zungenrede und Auslegung: ‚Die Versammlung ist zu Ende, die Gelegenheit ist versäumt. Geh' hin, Sünder, geh' hin! Verurteilt, verdammt, dem Verderben geweiht!' Es waren feierlich ernste Worte, die Furcht und Erschrecken auslösten.

Montag, 28. Oktober. Das nächste, was der Herr in finanzieller Hinsicht tat, war, daß Er uns etwa zwei Stunden, nachdem wir die Miete gezahlt hatten, einen Dollar gab. Am nächsten Tag bekamen wir 50 Cent, und heute zehn Dollar. Welch ein wunderbarer Vater!

Heute abend wollten wir nach East End gehen, doch Harry war müde und hatte eine Erkältung, und ich empfand keine Neigung zu gehen. Während ich darüber betete, sagte ich: ‚O Herr, welch ein Segen wäre es doch, wenn ich Dich einfach fragen dürfte und Du mir zeigen würdest, was ich tun soll.' Da begann ich zu sagen: ‚Nein, nein'; ich stand auf, ging in einen anderen Raum und fing ernstlich an zu beten, denn ich wollte mich niemals irgendeiner Täuschung hingeben; aber ich sagte wieder und wieder: ‚Gehe nicht.' Und immer noch betete und flehte ich dringlich, daß ich vor Irrtum bewahrt werden möchte. Ich bat darum, daß die gleichen Worte noch einmal kommen möchten, aber statt dessen sprach ich die Worte: ‚Sagte ich es dir nicht?' und redete in Zungen weiter. Dies geschah mehrmals hintereinander.

O mein Herr und mein Gott, wenn Du daran bist, solch eine Gabe in mich hineinzulegen, so daß ich das Vorrecht habe, vom Heiligen Geist Anweisungen zu empfangen, wie erstaunlich, wie wunderbar wäre das! Halte mich niedrig, mache mich demütig, hilf mir, besonnen, weise und geduldig zu sein. Laß nichts Fleischliches hineinkommen. Führe mich Deinen Weg.

Ich dachte, Harry würde früh zu Bett gehen, und ich könnte dann mit dem Herrn allein sein; aber er tat es nicht, bis es schon nach zehn Uhr war. Ich war etwas enttäuscht, daß ich nicht meine Zeit allein mit Gott haben konnte. Der Teufel versuchte, mich zum Ärger zu reizen und erweckte in mir ein Gefühl, als wäre ich schuldig und müsse deshalb aufbleiben. Ich hüllte mich in eine Decke ein – denn nur in der Küche war es warm –, ging ins Wohnzimmer, betete und fragte, ob ich aufbleiben solle. Plötzlich kam die Antwort auf Englisch, und zwar in einem sanften Tonfall, wie man zu einem törichten Kind spricht: ‚Geh zu Bett.' Es ist wohl nicht nötig zu sagen, daß ich es gerne tat.

Monatelang hatte ich um Weisheit gebetet, um Erkenntnis des Willens Gottes, um die Fähigkeit, zu wissen, wann Er zu mir spricht. Gerade bevor ich diese neue Erfahrung hatte, war ich viel vor Gott im Gebet mit dem Anliegen, daß Er mich befähigen möchte, immer zu wissen, was Sein Wille ist. Doch ich hatte dann einige entmutigende Erfahrungen gemacht, die ich nicht verstehen konnte. Aber es wäre höchst wunderbar, wenn Er mir vertrauen könnte und auf diese Weise zu mir reden würde.

Ich habe noch nicht über unsere kleine römisch-katholische Frau berichtet. Vor einigen Tagen waren Harry und ich bei Frau H. zum Tee eingeladen. Sie hat eine Untermieterin, eine junge Frau L., die gerade anwesend war. Nach dem Abendessen gingen wir alle ins Gebet, und Frau L. wurde vom Heiligen Geist überführt. Sie weinte und betete dann lange und ernstlich, zuerst auf Französisch, dann auf Englisch, anfangs leise und dann offen und freimütig. Nun kommt sie mit ihrem Mann schon in die Versammlungen. Gestern abend hatte ich eine Unterredung mit ihm. Diese Finsternis, in der die Katholiken sich befinden, ist wirklich schrecklich.

Dienstag, 29. Oktober. Wir hatten Wäsche, und ich habe den ganzen Tag schwer gearbeitet. An diesem Abend sagte der Geist wiederholt zu mir: ‚Gehe'. Ich ging ins Wohnzimmer, um für eine kurze Zeit mit dem Herrn allein zu sein, blieb aber eine Stunde lang, und es kam mir vor, als wären es nur Minuten gewesen. Ich sang in Zungen, auch auf Englisch: ‚Ich tue so gern Deinen Willen, o Gott.'

30. Oktober. Immer häufiger erlebe ich seltsame Dinge. Gestern abend fragte ich den Herrn, was ich tun solle. Es war mir, als wolle Er mir sagen, ich solle unter den Mädchen in der Fabrik wirken, in der Frau L. arbeitet. Frau L. hatte mir gesagt, ich solle um 11 Uhr vorbeikommen und nach einem Herrn A. fragen. Die beiden Besitzer sind Herr B. und Herr A. Doch als ich gestern abend den Herrn um Seine Weisung für heute bat, kam folgende Botschaft: ‚Gehe morgen um 10 Uhr in die Stadt zur Fabrik.' Ich fragte dann, nach wem ich fragen solle, und es wurde mir gesagt,

ich solle nach Herrn B. fragen. An diesem Morgen nun kam eine Karte von Frau Bi., in welcher sie mich bittet, heute um 10 Uhr zu ihr zu kommen. Ich betete, und sofort kam die Antwort: ‚Gehe um 10 Uhr zur Fabrik, danach zu Frau Bi.' Ich gehorchte. Herr B. war freundlich und gab mir die Erlaubnis.

Dann ging ich zu Frau Bi. Frau H., die einen Tumor hat, war gerade dort. Die Kraft des Geistes kam über mich, ich sprach viel in Zungen und gab eine Botschaft an Frau H.: ‚Habe Geduld! Diese Worte sind für Frau H. Habe Geduld! Sei nicht geduldig gegenüber dem Teufel! O nein, nein, nein! Habe Geduld!'"

Inmitten dieser neuen und seltsamen Erfahrung zweifelte und zögerte Martha Robinson, denn es geschahen Dinge, die sie zu dieser Zeit noch nicht verstehen konnte. Und so schreibt sie: „Wenn Gott durch mich redet, dann möchte ich, daß auch nicht der geringste Unglaube Seinem vollkommenen Wirken im Wege stehe. Andererseits möge Gott verhindern, daß das Fleisch mitwirkt und sich eigene Gedanken einmischen; o, daß auch nicht ein einziges eigenes Wort als Botschaft von Gott gegeben werden möchte! O Gott, mein Gott, befreie mich von allem, was nicht von Dir ist."

Nachdem sie über die Ereignisse dieses Tages berichtet hat, hört sie auf, irgendwelche Eintragungen in ihrem Tagebuch zu machen, und das gerade zu dem höchst interessanten, aufregendsten und wichtigsten Zeitpunkt ihres Lebens und ihrer geistlichen Erfahrung! Vielleicht folgten immer neue Erlebnisse zu schnell aufeinander, so daß sie gar nicht dazu kam, das alles niederzuschreiben. Vielleicht ließ der Herr es auch nicht zu, weil diese Dinge zu heilig und nur für sie persönlich bestimmt waren. Überdies können wir aus ihren Tagebuchaufzeichnungen und aufgrund ihrer eigenen Aussagen ersehen, daß sie von Natur aus sehr zurückhaltend war und nicht gerne über Erfahrungen sprach, die sehr persönlicher Art waren. Daher können wir über die Geschehnisse des in mancher Hinsicht wichtigsten Monats ihres Lebens, dem November 1907, nur aus kurzen Erwähnungen in ihren Briefen, Predigten und Gesprächen mit engsten Mitarbeitern etwas erfahren.

Außerdem war auch die auffallende Veränderung in ihrem persönlichen Leben und öffentlichen Dienst ein beredtes Zeugnis für ihre Erlebnisse in diesem Monat, denn es hat eine derartige Wandlung stattgefunden, daß sie von allen, die sie vor und nach diesen Ereignissen kannten, wahrgenommen wurde.

Fast neun Monate lang hatte Martha Robinson nun gefleht: „Jesus, ich muß Dich erkennen. Es ist mein Verlangen, Dich zu erkennen." Später erklärte sie: „Ich habe zu Gott geschrien, Er möge mich dahin bringen, daß ich nie, nie mehr etwas mit mir selbst zu tun habe. Ich sagte einfach zu meinem Gott: ‚Ich möchte gern vollkommen 'tot' sein. Ich möchte, daß überhaupt keine Martha Robinson mehr da ist. Ich möchte gern dahin kommen, daß der Herr mich in die Hand nimmt und so verwandelt, daß nicht das Geringste mehr zurückbleibt, was der alten Martha Robinson ähnlich ist. O Jesus, ich flehe, daß Du Selbst kommst und ich ausziehe. Ich möchte gern, daß der Heilige Geist von meinem Leibe Besitz ergreift.'"

Für Gott war nun die Zeit gekommen, auf diesen großen Herzensschrei Seines suchenden Kindes zu antworten. Zu ihrer Ermutigung und um sie für die letzte Runde dieses Ringens anzuspornen, gab der Herr ihr etwa am 30. Oktober eine Botschaft mit folgender Aufforderung und Verheißung:

„Bete, Meine Tochter. Der Herr wird zu dir kommen in der ganzen Fülle, nach der du so verlangst. Bete, Mein Kind, denn der Herr wird so zu dir kommen, wie du es ersehnst, in der Fülle der Freude."

Nachdem sie dieses Wort vom Herrn bekommen hatte, betete Martha Wing Robinson um ein Vielfaches intensiver. In den folgenden Tagen und Wochen rang sie vor Gott und weinte vor Ihm wie nie zuvor. Wie verlangte sie danach, „völlig zu vergehen" und Christus zu gewinnen, so daß Er Sein Leben in ihr leben möchte.

Wahrscheinlich um die Zeit ihres 33. Geburtstags am 14. November kam der Geist Gottes in besonderer Weise auf sie und half ihr in ihrer Schwachheit. Nun trat Er Selbst für sie ein und sprach über ihre Lippen ein Gebet, eine Bitte von nur drei Worten: „Laß mich sterben." Wie das Tick-Tack einer großen Standuhr, so kam es ihr vor, war dieses einfache Gebet, das gleichmäßig und unaufhörlich von ihrem Herzen zum Throne Gottes drei Tage und Nächte lang emporstieg.

Am Abend des dritten Tages beschloß Harry Robinson, zur East-End-Mission zu gehen, um einen Prediger von England zu hören. Nachdem er gegangen war, entschloß sich seine Frau, auch an diesem Abend wieder zu beten. Der einzige gemütliche Raum war die Küche, in der ein altmodischer Kohlenofen geheizt wurde. Darum stellte sie einen Stuhl vor die geöffnete Ofentür und kniete daneben.

Auf einmal hörte das fortwährende Beten in ihrer Seele auf. Da war kein Laut mehr in ihrem Inneren. Ihr ganzes Wesen war in das große Schweigen Gottes gehüllt. Für Gott war nun der Augenblick gekommen, ihr ständiges Gebet zu erhören und ihr sehnlichstes Verlangen zu stillen – daß Er „in Seiner ganzen Fülle" zu ihr kommen möchte. Sie hatte „durchgebetet, durchgeglaubt, durchgeliebt und war gehorsam gewesen bis zuletzt." Weil sie vollkommenen Gehorsam bewiesen hatte, konnte Jesus Sich ihr nun Selbst offenbaren und auch ihren Leib mit Seiner Gegenwart erfüllen und darin als König herrschen.

Was in dieser denkwürdigen Nacht im einzelnen vor sich ging, ist Gott allein bekannt. Soviel jedoch erfahren wir: Während Martha Robinson sich in jenen heiligen Stunden in der machtvollen Gegenwart Gottes befand, kam der Herr Jesus Christus zu ihr und vollzog das Wunder, durch das sie aus sich heraus- und in Ihn hineinversetzt wurde. Sie war sich ihrer selbst so wenig und so sehr Christi bewußt, daß sie sich zu dem Zeitpunkt nicht völlig darüber im klaren war, was eigentlich mit ihr vor sich ging. Sie wußte nur, daß Er hereingekommen war, um bei ihr zu wohnen.

„Ich hörte den Herrn etwas zu mir sagen, und Seine Worte kamen ganz einfach über meine Lippen", so erinnerte sie sich später an dieses Erlebnis, „aber ich merkte zunächst gar nicht, daß Er meine eigenen Lippen gebrauchte. Ich war erstaunt, daß der Herr laut und vernehmlich zu mir redete." Dann habe sie auf einmal ausgerufen: *„Jesus, Du bist hier, doch wo bin ich?"*

Erst später begriff sie die Bedeutung und Tragweite dieses Erlebnisses in jenen gesegneten Stunden. Sie hatte in der Tat „eine Verwandlung durchgemacht, die sich in keiner Weise mit irgend etwas vergleichen ließ, von dem ich je gehört hatte. Diese Erfahrung umfaßte den ganzen Menschen, vom Scheitel bis zur Fußsohle. In einem Augenblick war ich vergangen und ein Größerer war da. Geist, Seele und Leib waren nun gänzlich unter eine neue, göttliche Kontrolle gekommen. Ich wurde vom natürlichen ins geistliche Wesen versetzt, und zwar nach Leib und Seele." In diese Verwandlung war auch die Befreiung von jenen Krankheiten und Gebrechen einbegriffen, die sie während der vergangenen drei Jahre geplagt und behindert hatten.

Es war wirklich eine neue Martha Robinson, zu der ihr Mann in dieser Nacht heimkehrte. Sie brauchte ihm gar nichts darüber zu berichten; in dieser Situation hätte sie auch wenig sagen können. Ihre neue Erfahrung sprach für sich selbst, denn es mußte ja auffallen, daß Christus in ihr in machtvoller Weise gegenwärtig war, so daß sogar ihre Körperbewegungen bei der Verrichtung ihrer verschiedenen häuslichen Aufgaben durch den Einen, der ihr innewohnte, beherrscht und geleitet wurden.

Was Martha Robinson in den darauffolgenden Wochen empfunden haben muß, beschreibt sie später mit folgenden Worten: *„Ich wurde mir dessen bewußt, daß ich gestorben war, und daß Christus gekommen war, um in mir den Platz einzunehmen, den ich zuvor innehatte.* Jetzt war ich mir nur noch Christi bewußt und verborgen in Gott – es ist ein gewaltiges Geheimnis. Die Gegenwart Gottes kam auf mich, und ich war in dieser wunderbaren Erfahrung tief gebeugt vor Gott. Ich fühlte, mein Gott war bei mir eingezogen und hatte mich gleichsam ausgeschaltet. Mein Verstand schien überhaupt nicht zu arbeiten und mein Geist weit weg im Himmel zu sein. Christus hatte sich, wie es mir schien, meinen Leib geliehen. Christus lebte nun in mir, und es war mir, als lebte ich überhaupt nicht mehr. Es war viel wunderbarer als irgend etwas, was ich bisher erfahren hatte. *Ich würde sagen, es war einfach Er Selbst!*"

Der Herr erklärte ihr dann auch, was an ihr an jenem bedeutungsvollen Abend geschehen war; Er sagte ihr, dies sei *„das Geheimnis der Innewohnung Christi“*. „Ich stellte fest, daß dies ein Vorgeschmack von dem war, was Gott in den letzten Tagen an den Seinen tun will.“

Kapitel 21

Nur von Ihm geleitet

Kurz nachdem Martha Robinson diese wunderbare Erfahrung gemacht hatte, schrieb ihr Mann an Frau Brooks; er berichtete ihr darüber und legte ihr nahe, doch bald zurückzukommen.

„Als ich unser Haus in Toronto betrat, fand ich darin die Gegenwart des Herrn, die sich in machtvoller Weise kundtat", so erinnerte sich Sara Brooks später. „Gott war in unser Haus gekommen. Was Frau Robinson erlebte, ließ sich nicht vergleichen mit allem, was ich je gehört oder gesehen hatte. Die machtvolle Gegenwart Christi tat sich vor allem auch dadurch kund, daß Er durch sie sprach, und zwar durch das Wort der Weisheit und der Weissagung. Ich war überwältigt und zutiefst beeindruckt von dieser gewaltigen Offenbarung des Herrn. Wenn Er durch Frau Robinson sprach, war mir deutlich bewußt, daß es Christus war, der zu mir redete. Meine Seele war in Liebe und Ehrfurcht gebeugt vor meinem himmlischen Vater um der Worte willen, die Er in Seiner Gnade zu mir gesprochen hatte. Diese Begegnung mit Ihm bewirkte, daß in mir ein starkes Verlangen geweckt wurde, Ihn zu erkennen und in ein noch tieferes Verhältnis zu meinem Gott zu kommen.

Niemand sollte denken, es sei etwas ganz Unglaubliches, daß der Herr auf diese Weise über die Lippen von sterblichen Menschen redet, denn Gott hat denen, die sich von aller Befleckung des Fleisches und des Geistes reinigen, ja verheißen: ‚Ich werde in ihnen wohnen und unter ihnen wandeln, und ich werde ihr Gott sein, und sie sollen mein Volk sein', 2. Kor. 6,16–7,1."

„Meine wunderbare Erfahrung besteht in einer tieferen Erkenntnis der Person Jesu durch den Geist der Weissagung", schrieb Martha Robinson einige Monate später an ihre Schwester Nettie. Dann schrieb sie einiges über die verschiedenen Gaben des

Heiligen Geistes, wie sie diese empfangen und praktiziert hatte und darüber vom Herrn belehrt worden war. Um diese Belehrung zu erklären und zu veranschaulichen, führt sie einige Beispiele aus ihrer persönlichen Erfahrung an:

„Die Gaben der Weisheit und der Erkenntnis verleiht uns der in uns wohnende Heilige Geist. In der Gabe der Weissagung haben wir es direkt mit Christus und denen zu tun, durch die Er redet. Dagegen befaßt sich die Gabe der Erkenntnis mit Menschen, Dingen und Ortsangaben. Durch die Gabe der Weisheit erhalten wir die entsprechende Anleitung.

Ich würde zum Beispiel durch die Gabe der Erkenntnis erfahren können, was irgendwo geschieht. Eines Tages kam ich nach Hause und fand, daß Harry mit dem Schlüssel fortgegangen war. Durch die Gabe der Erkenntnis wurde mir gesagt: ‚Er ist bei Familie B.' Und wirklich, ich fand ihn dort.

Einmal brauchte ich dringend Geld. Ich betete darüber, und Gott antwortete durch die Gabe der Erkenntnis: ‚Donnerstag wird ein Brief von Herrn K. kommen, der 5 Dollar enthält.' Und das Geld kam. Hier handelt es sich nicht um die Gabe der Weissagung.

Durch die Gabe der Erkenntnis sagte ich: ‚Heute in einem Monat, am 14. November, wird ein Brief von Harrys Mutter kommen; dieser wird Geld enthalten und die Nachricht, Harrys Vater sei krank, und Harry solle nach Montreal kommen.' Am 14. November kam der Brief.

Durch die Gabe der Weisheit erhalte ich Anweisungen, was ich im einzelnen tun soll. Durch diese Gabe sagt der Geist Gottes zum Beispiel: ‚Gehe zu E.'; so gehe ich. Dann sagt Er: ‚Bleibe hier stehen.' Da käme dann eine bestimmte Person, mit der ich nun ein Gespräch anknüpfe. Sie weiß natürlich nicht, wie dieses Zusammentreffen zustandegekommen ist und nimmt an, es handle sich um einen Zufall. Ich stelle fest, daß sie gerade eine bestimmte Not hat. Der Geist Gottes gibt mir die rechten Worte, und ich spreche nur aus, was Er mir eingibt. Die Wirkung ist erstaunlich und segensreich. Die Betreffenden kommen später zu mir und erzählen, sie hätten sich zu dem Zeitpunkt in einer Notlage befunden, und ihnen sei gerade im richtigen Augenblick geholfen worden, oder sie hätten eine bestimmte Befreiung erfahren.

Kleine Ereignisse von untergeordneter Bedeutung werden nicht in der Weissagung, sondern durch die Gabe der Erkenntnis vorausgesagt. Der Geist der Weissagung als Prophetie kam nur wenige Male auf mich, um durch mich dann eine wirklich prophetische Botschaft auszurichten. Ich kann mich jetzt nur an eine prophetische Botschaft erinnern, die ich in der Versammlung einer Mission hatte. Die ganze Versammlung zerschmolz und sank zu Boden unter dem Eindruck dieser gewaltigen Offenbarung. Es war eine Weissagung über das Kommen Christi und über die Trübsal. Ich ‚sah es'. Propheten sehen, was sie aussprechen, darum wurden sie auch ‚Seher' genannt. Wenn das Wort der Weisheit über meine Lippen kam, dann wurden einfach nur meine Lippen gebraucht; aber wenn es sich um eine prophetische Botschaft handelte, dann kam sie in und durch mein ganzes Wesen, und meine Seele lachte oder weinte, je nachdem, was ich schaute und als prophetische Botschaft weiterzugeben hatte.

In dem Geist der Weissagung hatte ich es, wie bereits gesagt, direkt mit der Person Christi zu tun; es war also nicht nur ein Reden unter der Kontrolle des Geistes. Die Gabe, die gewöhnlich betätigt wurde, war die Gabe der Weisheit. Es war die Gabe der Erkenntnis, nicht die der Weissagung, durch die ich kleine, alltägliche Ereignisse voraussagte; manchmal war es auch durch die Gabe der Weisheit. Gewöhnlich werden diese Gaben nicht unterschieden."

Diese Ausführungen stellen natürlich keineswegs eine erschöpfende Erklärung dar, weder der erwähnten Geistesgaben noch der persönlichen Erfahrungen, die Martha Robinson machen durfte; das gibt sie auch selbst zu verstehen, nachdem sie einiges berichtet hat: „Ich kann diese verschiedenen Erfahrungen hier ja nur kurz erwähnen." Später sollte sie einmal eingehende Belehrungen über die Gaben des Geistes geben und zeigen, wie man das Wort der Weisheit in der Predigt, in der öffentlichen und persönlichen Belehrung und Wegweisung anwendet.

Nun offenbarte Christus Sich in ihrem Leben aber nicht nur durch diese Wirkungen des Heiligen Geistes, so wunderbar diese auch waren. Die Kraft Gottes ruhte offensichtlich auf ihr und war in ihr auf solch eine machtvolle Weise wirksam, daß sie auch in allen ihren körperlichen Bewegungen ganz unter der Kontrolle und Leitung des Heiligen Geistes stand, sowohl bei ihren Aufgaben im Haushalt als auch bei ihren Ausgängen, Besuchen und Diensten für den Herrn.

Natürlich konnte es nicht verborgen bleiben, wenn Gott einen Menschen auf solch besondere Weise gebrauchte, denn durch sie wurde das Leben anderer gesegnet und verwandelt – es geschahen echte Wunder.

Selbstverständlich gab es Menschen – darunter auch gute und sogar sehr geistliche –, die ihre Erfahrungen anzweifelten, weil sie niemals jemanden gesehen oder von jemandem gehört hatten, der alles, was er tat, durch den Herrn tat. Aber Martha Robinson wurde auf außergewöhnliche Weise geführt und geleitet. Wer ihren Lebenswandel und die Frucht ihres Dienstes sah, mußte bestätigen, daß darin nichts Unkorrektes zu finden war.

Kapitel 22

Durch das Tal der Demütigung in das „gelobte Land“

„Bist du bereit, um Meinetwillen als eine Versagerin angesehen zu werden?“ so fragte der Herr Martha Wing Robinson eines Tages im Dezember 1907. Da sie sich ganz Gott geweiht und hingegeben hatte, war sie mit allem einverstanden, was Er auch immer für sie bestimmte, obwohl sie nicht ahnte, was ihre Einwilligung mit sich bringen würde.

Wie wir anhand der vorliegenden Notizen feststellen können, war es gerade um diese Zeit, als ihr der Herr zwei Wege für ihr weiteres Leben mit der Aufforderung vorlegte, zwischen diesen zu wählen. Er sagte, beide seien nach Seinem Willen, und Sein Segen werde mit ihr sein, für welchen Weg sie sich auch entscheiden würde. Sie hatte die Wahl, dem Herrn entweder als eine erfolgreiche Evangelistin zu dienen, durch die viele Menschen gesegnet würden und deren Dienst von dem üblichen Ruhm und Beifall begleitet wäre – oder für Ihn nur ein verborgenes Gefäß zu sein, das verhältnismäßig unbekannt bleiben würde; auf diesem Weg würde sie von vielen mißverstanden werden und große Leiden würden ihr Teil sein.

Für den natürlichen Menschen wäre der erstere Weg sicherlich sehr anziehend gewesen. Aufgrund ihrer Erfahrungen in den vergangenen neun Jahren hätte sie als junge Dienerin des Herrn wohl Ursache gehabt zu glauben, daß sie wirklich erfolgreich sein würde. Aber Martha Robinson war ja aus dem Bereich, in dem der natürliche Mensch sich bewegt, in dem er denkt und lebt, ausgegangen – hinein ins geistliche Wesen, in ein Leben im Geist, so daß sie sozusagen keinen eigenen Willen mehr hatte, sondern „ihr Wille in dem Willen eines anderen aufgegangen war“. Darum sagte sie: *„Jesus, ich weiß nicht, welchen Weg ich wählen soll. Wähle*

Du für mich!" Und der Herr wählte für sie den verborgenen Weg, den Leidensweg.

Nun führte Er Martha Robinson in die größte Prüfung ihres ganzen Lebens hinein; es war eine Erprobung, die für alle ihre weiteren Erfahrungen unbedingt notwendig und auch grundlegend war. Eines Tages sprach der Herr zu ihr: „Ich werde nun all diese wunderbaren Gaben und Kräfte, die du zu deiner Freude empfangen und mit denen du Mir dienen durftest, wieder zurückziehen." Sie erklärte sich sofort damit einverstanden. Darauf sagte der Herr, sie werde dann aber zu dem Schluß kommen, Er hätte Seine Gaben und Kräfte zurückgezogen, weil sie Ihm in irgendeiner Sache mißfallen habe, doch versicherte Er ihr sogleich, dieses werde keineswegs die Ursache sein.

Sie wurde nun noch eine Zeitlang auf übernatürliche Weise vom Herrn geleitet und gebraucht, gerade so, wie sie es bis dahin erfahren hatte, seit der Herr ihr vor einigen Wochen begegnet war. Man konnte zunächst keinerlei Veränderung feststellen, und so vergaß sie mit der Zeit das Wort der Weissagung, das der Herr zu ihr geredet hatte.

Nach und nach jedoch wich dann die Kraft Gottes von ihr. Sie konnte gar nicht verstehen, was eigentlich geschehen war. Sie wußte nur, daß sie Jesus so innig liebte wie zuvor, und war sich Seiner machtvollen Gegenwart in ihrem Herzen bewußt, doch die Tatsache, daß Gott nicht mehr so in ihr und durch sie wirkte, wie Er es zuvor getan hatte, beunruhigte sie. Schließlich fragte sie sich doch ernstlich, in welchem Punkt sie dem Herrn wohl mißfalle, daß Er Seine Kraft so offensichtlich zurückgezogen habe.

Diese Entwicklung hatte zur Folge, daß viele, bei denen sie in hohem Ansehen stand und die durch ihren Dienst sehr gesegnet worden waren, das Vertrauen zu ihr verloren. Bald hatten fast alle sie verlassen, so daß sie kaum noch Freunde hatte; nur Marlatts und Brooks hielten auch weiterhin treu zu ihr. Mit Blitzesgeschwindigkeit gingen in Toronto Gerüchte über die Veränderung in Martha Robinsons Leben und über deren Ursachen um. Einige meinten nun, die Bestätigung für ihre Annahme zu haben, daß ihre Erfahrungen nicht von Gott wären.

Andere meinten, ihr Verstand müsse infolge ihres intensiven Betens gelitten haben. Überall wurde in dieser Weise über sie geredet, Sachverhalte wurden verdreht und entstellt. Diese Dinge wurden auch Personen mitgeteilt, die weit weg an anderen Orten wohnten, die sie kannten und sie und ihren Dienst in früheren Tagen sehr geschätzt hatten. Es war nur gut, daß sie damals auch ihren guten Ruf dem Herrn hingegeben hatte, denn nun war dieser vollkommen ruiniert.

Schließlich erschien eines Morgens, als sie gerade das Frühstücksgeschirr abwusch, einer der leitenden Pastoren der Stadt an ihrer Tür. Er war gekommen, um sie, wie er andeutete, zurechtzuweisen. In seiner Überheblichkeit behauptete er, er habe schon von Anfang an gewußt, daß mit ihr irgend etwas nicht stimme, daß sie vor Gott nicht richtig stehe, und er forderte sie auf, dieses als Tatsache anzuerkennen und zuzugeben, daß ihre Erfahrungen nicht vom Geist Gottes gewirkt worden waren. Vollkommen ruhig und gefaßt hörte sie sich seine demütigenden und bitteren Anklagen an. Offenherzig gestand sie, daß ihr selbst manches ein Rätsel sei und daß sie sich einige Dinge, die sich erst kürzlich zugetragen hätten, nicht erklären könne. Doch sie wisse trotz allem ganz bestimmt, daß Gott in besonderer Weise mit ihr gewesen sei und sie zu Seiner Verherrlichung gebraucht habe, was ja auch ganz offensichtlich sei. Demütig, doch bestimmt, erklärte sie, sie könne unmöglich sagen – und sie wolle es auch nicht wagen zu sagen –, daß ihre Erfahrung vom Teufel gewesen sei.

Da wandte sich der Prediger an ihren Mann: „Ich sagte Ihnen ja schon, daß sie sich so verhalten würde. Da kann ich ihr leider nicht helfen.“ Mit diesen Worten ging er fort. Dieser arme Mann mußte bald darauf seinen Dienst als Prediger aufgeben; er starb in Unehren als ein einsamer Mann, und niemand trauerte ihm nach.

Alle diese Kränkungen und ungerechten Urteile ertrug Martha Robinson still und in Demut, sie hatte Gnade, sich nicht dagegen aufzulehnen. Als aber zuletzt so ziemlich jedermann sie verurteilte – sogar solche, die ein geistliches Verständnis hatten und die sie kannte –, fing sie an, sich ernstlich zu fragen, ob sie vielleicht am Ende doch recht hätten.

Nun wurde auch Harry Robinson, der die Taufe im Heiligen Geist noch nicht erlebt hatte, völlig entmutigt, und er empfand eine starke Abneigung gegen alles Pfingstliche. Deshalb beschloß er, zusammen mit seiner Frau alle Verbindungen zu dieser Bewegung abzubrechen. Außerdem verbot er seiner Frau, jegliche Offenbarung des Geistes zu betätigen und in Zungen zu reden. Sie unterstellte sich ihrem Mann ohne Widerrede.

Zu dieser Zeit erhielt Harry die Nachricht, daß sein Vater in Montreal krank sei – so wie der Herr es durch Martha vorausgesagt hatte –, und seine Mutter bat ihn zu kommen, um ihr bei der Pflege des Kranken zu helfen. Diese Wende der Ereignisse schien ihm sehr gelegen zu sein. Er würde also nach Montreal reisen, und seine Frau sollte ihm so bald wie möglich folgen. Dort wären sie dann weit weg von allen pfingstlichen Freunden und Einflüssen. Das war der Ausweg aus ihren Schwierigkeiten! Sofort brach er nach Montreal auf und seine Frau begann damit, die entsprechenden Vorbereitungen zu treffen, um ihrem Mann dann nachzureisen.

So befand sich Martha Robinson nun wahrlich in einer Nacht der Prüfung und Anfechtung. Ihre Freunde hatten sie verlassen. Wie es schien, hatte auch Gott sich von ihr gewandt. Sie war nun recht bestürzt und entmutigt. Doch ließ sie sich trotz allem nicht einen Moment davon abbringen, Jesus zu lieben und anzubeten. Ungeachtet der Umstände, die sie gar nicht verstehen konnte, gab sie ihre innere Gemeinschaft mit dem Sohne Gottes nicht auf.

Später erklärte der Herr ihr, aus welchem Grund Er sie durch dieses dunkle Tal gehen ließ: Er wollte feststellen, wie sie sich in solch einer Situation verhalten würde, ob sie über den Verlust ihrer geistlichen Kräfte und Gaben trauern und vielleicht Gott Vorhaltungen machen werde. Er wollte sie prüfen, ob sie mehr die Gaben liebe als den Geber, ob sie Jesus um Seiner Selbst willen liebe und Er ihr genug sei, wenn ihr auch alles andere genommen würde, einschließlich der Segnungen und Erfahrungen, mit denen Er Selbst sie beschenkt hatte. *So war sie nun verlassen und wandelte völlig im dunkeln, ohne irgendeinen Lichtstrahl zu sehen, und blieb dabei doch fest im schlichten, nackten Glauben an ihren Gott.*

Nachdem sein Vater gestorben war, bat Harry Robinson seine Frau, auch nach Montreal zu kommen. Als Martha im Januar 1908 im Haus ihrer Schwiegermutter eintraf, empfing diese sie nur mit einem knappen, kühlen Willkommensgruß. Sie war wohl sonst eine gute Frau, aber ihr fehlte das geistliche Verständnis für die Wandlung, die während des vergangenen Jahres im Leben ihres Sohnes und ihrer Schwiegertochter eingetreten war, seit sie die Pfingstwahrheiten erkannt und sich dafür geöffnet hatten. Sie war eine sehr fürsorgliche Mutter, und so bemitleidete sie nun ihren einzigen Sohn. Für die mißliche Lage, in die sie gekommen waren, machte sie seine Frau verantwortlich, von der sie glaubte, sie sei einem Irrtum verfallen. Sie behandelte sie darum auch sehr geringschätzig und ließ sie bei jeder Gelegenheit ihre Mißbilligung fühlen. Martha gab sich alle erdenkliche Mühe, freundlich zu sein, doch, ob sie redete oder schwieg, sie vermochte nicht, ihrer Schwiegermutter zu gefallen.

Mit Harrys Entschluß, alle Beziehungen zu seinen pfingstlichen Freunden abzubrechen, stimmte seine Mutter voll überein. Insbesondere unterstützte sie ihn in seinem Wunsch, seine Frau von allem, was mit Pfingsten zu tun hatte, sowie von längeren Gebetszeiten abzuhalten. Zu diesem Zweck ließ sie Martha vielerlei Hausarbeiten verrichten, von denen manche recht mühsam und schwierig waren, ja, sie behandelte ihre Schwiegertochter wie ein Dienstmädchen.

Freundlich und bereitwillig fügte Martha sich allen Anordnungen. Mit ganzer Hingabe führte sie jede ihr aufgetragene Arbeit „im Namen des Herrn Jesus ... als dem Herrn und nicht den Menschen“ aus. Glücklicherweise hatte sie längst gelernt, daß es wohl wünschenswert, doch nicht unbedingt notwendig sei, auf den Knien und mit den Lippen zu beten. Sie hatte gelernt, ohne Unterlaß zu beten, und kannte das innere Gebet, das beständig von dem Altar des Herzens in Liebe und Anbetung wie Weihrauch aufsteigt. Diese Art des Betens kann niemand und nichts hindern oder aufhalten.

Dieser schwierige Zustand hielt einige Zeit unvermindert an. Doch immer war es ihr Bestreben, in der vollkommenen Liebe zu bleiben. Nach einiger Zeit aber fürchtete sie doch, daß infolge der üblen Behandlung vielleicht ein ganz klein wenig Groll in ihr Herz gekommen sei. Hatte sie bei all dem, was inzwischen geschehen war, vielleicht doch etwas von der vollkommenen Liebe eingebüßt, die ihr als Antwort auf ihre Gebete geschenkt worden war? Sie fing aufs neue an, über 1. Korinther 13 zu beten, und erforschte ihr Herz gründlich, ob sich darin nicht doch eine winzige Wurzel von Bitterkeit verbarg. Sogleich gebot ihr der Heilige Geist Einhalt und bestätigte ihr, daß sie von ihrer früheren Gebetserhörung auch nicht im geringsten etwas eingebüßt habe. Auch in den folgenden Wochen erduldete sie diese widerwärtigen Umstände, indem sie langmütig und freundlich blieb und freudig alles auf sich nahm.

Aber Martha Robinson wurde mit der Zeit angesichts ihrer gegenwärtigen Lage trotzdem so entmutigt, daß sie schließlich sterben wollte und sogar darum betete. Da tadelte sie der Herr und sagte: „Ich möchte nicht, daß du darum bittest zu sterben.“ Dann erklärte Er ihr: „Durch dieses Gebet hast du die Tür für eine Krankheit geöffnet. Vorerst werde ich jedoch diese Krankheit zurückhalten, aber etwas später wird sie über dich kommen und du wirst deswegen einen Kampf durchzustehen haben.“ Gehorsam hörte sie sofort auf, in dieser Weise zu beten. Sie beugte sich unter den vollkommenen Willen Gottes.

In dem Verlangen nach geistlicher Gemeinschaft schloß Harry Robinson sich einer kleinen Versammlung an. Diese Gemeinde hatte in ihrem Glauben vieles mit dem Werk in Zion gemeinsam. Man glaubte in diesem Kreis auch an die göttliche Heilung. Offenbar war diese Gemeinde hirtenlos, und als es sich herumsprach, daß Harry Robinson ein Prediger sei, bat man ihn, dieses Amt in der Gemeinde zu übernehmen.

Martha Robinson begleitete ihren Mann zu den Gottesdiensten und setzte sich unter die Zuhörer. Niemand ahnte, daß sie auch zum Dienst des Herrn berufen war. Wenn während der Versammlungen den Gemeindegliedern eine Gelegenheit zum Zeugnis gegeben wurde, gab auch sie, wenn sie so geleitet war, ein kurzes Zeugnis. Ihre schlichten Worte wurden den Zuhörern zum Segen, denn sie verherrlichte immer Jesus und lenkte die Aufmerksamkeit auf die Gegenwart des Herrn in ihrer Mitte. Einige Gemeindeglieder kamen nachher zu ihr und sagten, daß sie durch ihr Zeugnis gesegnet worden seien und Hilfe empfangen hätten. Einer von ihnen ging zu Harry Robinson und schlug vor, daß seine Frau mit ihm zusammen am Wort dienen sollte.

Martha Robinson wußte, daß dieses auch dem Willen des Herrn entsprach. Aber es war ihr klar, daß sie von sich aus nichts unternehmen konnte. Sie wußte, falls sich für sie die Tür zum öffentlichen Dienst je wieder öffnen sollte, dann müßte Gott Selbst sie öffnen, denn diese war jetzt noch fest verschlossen und zugeriegelt. Sie hatte sich gehorsam und ohne zu klagen dem Verbot ihres Mannes gefügt, wie es eine christliche Ehefrau auch tun sollte. Demütig und ohne darüber zu reden, hatte sie diese Sache Gott hingelegt. Mit gutem Gewissen hätte sie ihren Ruf, dem Herrn zu dienen, nie aufgeben können. Auch die Tatsache, daß Gott sie für den Dienst in Seinem Weinberg außergewöhnlich ausgerüstet und mit Seinen Gaben beschenkt hatte, konnte sie nicht verleugnen. Still betete sie darüber und bat den Herrn, Er möge verwirklichen, was Er sich vorgenommen habe – bis sie endlich durchgebetet hatte. Und nun antwortete Gott auf wunderbare und unerwartete Weise.

Als Harry Robinson eines Tages mit großer Freiheit und Beredsamkeit predigte, hielt er plötzlich inne und sagte: „Nun wird meine Frau aufs Podium kommen und diese Predigt fortsetzen."

Ohne zu zögern erhob sie sich von ihrem Platz und ging zum Podium. Gefaßt und ruhig, als hätten sie es vorher so abgemacht, setzte sie die Predigt ihres Mannes fort. Die Leute waren sehr erstaunt über ihre ungewöhnlich klaren Ausführungen, über solch eine offenkundige Bibelkenntnis und über ihre Fähigkeit, die Schrift auszulegen. Nun waren sie alle überzeugt, daß sie zusammen mit ihrem Mann in der Gemeinde dienen sollte, und man beschloß, daß sie fortan ihren Platz auf dem Podium neben ihrem Mann einnehmen sollte. So war nun das scheinbar Unmögliche doch geschehen, und zwar durch ihren Glauben und Gehorsam. Gott hatte für sie gestritten und die Tür zum Dienst wieder geöffnet.

Zu dem Zeitpunkt, als Harry Robinson mit seinem Dienst in dieser Gemeinde begann, besuchten nur wenige die Versammlungen – es war nur eine Handvoll Leute. Doch dann hatte die Zahl beständig zugenommen. Nun aber, als beide zusammen am Wort dienten, war der Raum bald überfüllt. Dieser Umstand veranlaßte die Gemeinde, bei der Leitung ihrer Denomination den Antrag zu stellen, sie möchten Herrn und Frau Robinson ordinieren, Herrn Robinson offiziell als Pastor in ihrer Gemeinde einsetzen und Frau Robinson beauftragen, die Leitung einer Bibelschule zu übernehmen. Die Kirchenleitung empfand jedoch, es wäre gut, wenn Herr Robinson zunächst für ein Semester ihre theologische Schule in Ashland, Ohio, besuchen würde. Dieser Vorschlag gefiel Harry Robinson, zumal er diesen Gedanken auch als naheliegend empfand, und so nahm er ihr Angebot an und verließ Montreal im August 1908, um sich im Seminar für das Herbstsemester einschreiben zu lassen. Auf dem Weg nach Ohio besuchten sie Freunde, bei denen er seine Frau ließ, während er seine Reise zum Seminar in Ohio fortsetzte. Am Reiseziel wollte er sich dann erst einmal nach einer passenden Unterkunft für sie umsehen.

Als es dann soweit war, daß Martha Robinson ihrem Mann folgen sollte, machte auch sie sich auf die weite Reise. Ihr Weg führte über Toronto, wo sie gerade an einem Wochenende im November eintraf. Sie stellte ihre Koffer im Bahnhof ein, da sie die Reise erst nach dem Wochenende fortzusetzen gedachte und schaute zu Marlatts hinein.

Marlatts freuten sich sehr, sie wiederzusehen, und baten sie sogleich dringend, doch länger als nur über den Sonntag bei ihnen zu bleiben. Herr Marlatt, von Beruf Spediteur, sagte zu ihr: „Dein Platz ist hier in Toronto. Gib mir deinen Gepäckschein!" Nachdem der Herr ihr klar gezeigt hatte, was sie tun sollte, gab sie den Schein her. Die folgenden Ereignisse bewiesen dann auch eindeutig, wie richtig diese Führung war, und auch ihr Mann konnte nur bestätigen, wie gut es doch sei, daß sie in Toronto geblieben wäre.

Am Samstagabend fand bei Marlatts gerade eine Hausversammlung statt. Zu denen, die zusammenkamen, gehörte auch Elder Brooks, der Martha Robinson vor ihrer Abreise nach Montreal völlig mißverstanden und ihr sehr widerstanden hatte. Am Anfang jenes Jahres hatte auch er die Taufe des Heiligen Geistes empfangen, nachdem er diese fast ein Jahr lang gesucht hatte. Nun war er sehr froh, sie hier zu treffen.

Während der Versammlung kam die Kraft Gottes in machtvoller Weise auf die kleine Gruppe. Ein anderer Prediger, der vorher Martha Robinson ebenfalls Widerstand entgegengebracht hatte, brach laut in Zungen aus mit einer Botschaft für sie. Der Herr tat ihr kund, Er wolle, daß sie die Berufung, die Er hatte an sie ergehen lassen, die sie aber in den vergangenen Monaten nicht hatte ausüben dürfen, nun wieder aufnehme und ihr Folge leiste.

Am nächsten Tag sprach der Herr in einer ganz unerwarteten Weise zu ihr. Nachdem ihre Gastgeber zu einem Sonntagabendgottesdienst gegangen waren, ging sie in ihr Zimmer, um auf den Herrn zu warten. Während sie so vor dem Herrn war, fragte Er sie, ob sie bereit sei, hier so lange zu bleiben, wie Er es haben möchte. Natürlich wollte sie das. In dem Augenblick offenbarte sich der Herr und erstattete ihr die Gaben und Kräfte wieder, die Er in Seinem souveränen Willen und aus einer bestimmten Absicht vor ungefähr einem Jahr zurückgezogen hatte.

Als Marlatts spätabends zurückkehrten, sprach der Herr durch Sein Gefäß zu ihnen und fragte sie, ob sie damit einverstanden wären, wenn Martha Robinson noch eine Weile bei ihnen bliebe. Herr Marlatt sagte, sie könne, wenn nötig, ein Jahr lang bleiben. So blieb sie in Toronto und nahm sich nun sehr viel Zeit, auf den Herrn zu harren.

Ihr Mann kam in Ohio inzwischen zu der festen Überzeugung, daß es nicht im Willen des Herrn gewesen war, die dortige Schule zu besuchen. Er war ganz unzufrieden und sah sich nun nach einer anderen Möglichkeit um, dem Herrn zu dienen. Man schickte ihn zunächst nach Indiana und dann in eine Pionierarbeit in Missouri. Dort fand er einen in geistlicher Hinsicht harten Boden vor. Die Entbehrungen und Prüfungen, die er im ersten Jahr seines Glaubenslebens in Toronto durchgemacht hatte, waren nichts im Vergleich zu dem, was er nun in Missouri erleben mußte. Damals hatte Gott immer wunderbar für sie gesorgt. Manchmal hatten sie sogar mehr als genug; so konnten sie bezeugen, daß sie niemals Mangel leiden mußten. Nun aber, da er finanziell von einer Organisation abhängig war, litt er Not und hatte er wirklichen Mangel. Seine Arbeit blieb fruchtlos, und sie befriedigte ihn überhaupt nicht. Schließlich wurde ihm klar, daß er sich auf seinen Verstand verlassen hatte, als er sich auf den Weg in die Vereinigten Staaten gemacht hatte, um dem Herrn dort zu dienen, denn der Segen Gottes ruhte weder auf ihm persönlich noch auf seinem Dienst. Da entschloß er sich, nach Kanada zurückzukehren, nur fehlte ihm hierzu das Reisegeld. Als er dann endlich doch nach Toronto reisen konnte, kam er als einer, der von Gott hart gezüchtigt worden und nun bereit war, zur pfingstlichen Gemeinschaft zurückzukehren.

In diesen Wochen konnte der Herr im Leben von Martha Robinson und durch sie auch im Leben anderer manchen herrlichen Sieg schenken. Ein ganz besonderes Ereignis war ihre Befreiung von Krankheit, als sie dem Tode nahe war. Es handelte sich um die Krankheit, von der ihr der Herr in Montreal im vergangenen Sommer sagte, als sie darum betete, sterben zu dürfen.

Den Höhepunkt erreichte diese Krankheit an einem Sonntagabend. Marlatts waren zu einem Gottesdienst gegangen und hatten sie auf ihren eigenen Wunsch hin allein im Hause gelassen. Obwohl ihr Zustand äußerst kritisch wurde, blieb sie doch ganz ruhig, während sie ihre Lage und die möglichen Folgen überdachte. *„Dies sieht aus, als wäre es der Tod“*, sagte sie zu dem Herrn.

„Es ist der Tod", antwortete Er. *„Fürchtest du dich?"* fragte Er sie. *„Nein, Jesus. Du hast mich gewiß nicht so weit gebracht, um mich nun fallenzulassen."*

Für eine Weile blieb sie ganz still. Plötzlich erhob sich der Geist des Herrn in ihr und gebot mit lauter Stimme dem Tod, zu weichen.

Sie war sofort befreit und geheilt – das konnte in den darauffolgenden Tagen jeder sehen, denn sie nahm an Gewicht zu und wurde zusehends stärker.

Gott hatte es so geplant – nach Seinem Willen sollte Martha Wing Robinson diese Erfahrungen gerade zu diesem Zeitpunkt machen, und zwar ganz allein, damit sie von Gott Selbst belehrt werden konnte – ohne menschliche Unterstützung und ohne Hilfe aus geistlichen Büchern. Wie schon erwähnt wurde, hatte sie noch nie jemanden gesehen oder von jemandem gehört, der ähnliche Erfahrungen gemacht hätte. So wandelte sie auf Wegen, die noch nie betreten worden waren, auf Wegen, die ihr so neu und so seltsam vorkamen, daß sie sich oft wunderte und sich Gedanken darüber machte. Auf diesem Wege konnte sie nur im Glauben wandeln.

Eines Tages kam durch die freundliche Führung Gottes eine Frau in das Haus von Marlatts und brachte ein Buch für Frau Robinson: „Das Leben von Madame Guyon". Gott hatte dafür gesorgt, daß dieses Buch gerade zur rechten Zeit in ihre Hände kam. Es bedeutete für sie eine große Ermutigung zu sehen, daß sie auf Pfaden geführt wurde, die doch nicht ganz und gar unbekannt waren. Sie fand darin die Bestätigung der Wege, die Gott sie geführt hatte.

Am 12. Februar 1909 schrieb sie einen Brief an ihre Mutter, in dem sie darüber berichtet, was Gott in den drei vorangegangenen Monaten getan und wie Er ihr jetzt die Tür zum Dienst geöffnet habe.

„Gott hat sich meiner in einer wunderbaren Weise angenommen und mich in ‚das gelobte Land' gebracht, in ein Land, darin Milch und Honig fließt und worin Er Selbst gegenwärtig ist. Ich habe eben erst die Grenze überschritten – die großen befestigten Städte und mächtige, schreckliche Feinde sind noch vor mir. Aber ich vertraue dem Herrn, daß Er weiterhin für mich streiten wird.

Wir kommen in Marlatts Haus zu kleinen Hausversammlungen zusammen; daran nehmen nur Personen teil, die Gott auswählt und zu uns sendet. Da wir hier ungehindert beieinander sein können, überlassen wir uns ganz der Leitung des Geistes. Er zeigt uns jeden Augenblick, was wir tun und wann wir jeweils mit den Versammlungen beginnen sollen. Wahrlich, Er tut Großes in diesen Zusammenkünften. Es sind so schöne, heilige, ruhevolle Versammlungen!

Harry ist wieder hierher zurückgekommen. Es war so Gottes Wille. Er ist schon drei Wochen hier. Es geht ihm gut, und der Herr segnet ihn.

Eines Abends sprach Jesus zu uns darüber, wie Er auf uns warten muß. Er sagte: ‚Ich warte auf euch. Ich sehne mich nach euch. Ich bin eurem Herzen sehr nahe. Wenn ihr im Gebet wart, habt ihr Meine Gegenwart gefühlt. Ihr merktet, wie Ich euch berührt habe. Der Augenblick, in dem ihr euch Mir geöffnet habt, brachte Mich zu eurem Herzen. *Ihr braucht nur einen Augenblick zu warten. Ich aber warte viele, viele Jahre auf die, die Mein Eigentum sind.* Wenn der Vorhang des Fleisches, der noch zwischen uns ist, einmal zerreißt, dann werdet ihr erkennen, wie sehr Ich auf euch gewartet habe‘."

Im gleichen Brief berichtet Martha Robinson über eine weitere Botschaft des Herrn, in der Er ihr sagte: „Mein Kind muß es lernen, im Glauben zu wandeln." Dann deutet sie in ihrem Brief an, daß der Herr ihr nicht im voraus sagt, was sie tun solle, sondern daß sie jeweils warten muß, bis es so weit ist, „damit ich lerne, passiv in Ihm zu ruhen. Ich hoffe zuversichtlich, daß ich diese Lektion, die Er mir beibringen will, noch besser lerne: mich damit zu begnügen, daß ich jeden Augenblick nur gerade das weiß, was notwendig ist, und im übrigen in Seinem Willen ruhe, mir keine Gedanken über irgend jemanden mache, sondern alle Verantwortung Ihm überlasse. O, wie schön ist es zu gehorchen und so im

Frieden zu leben. Aber während wir uns beständig Seinem heiligen Willen hingeben, wird unser fleischliches Wesen, unser Wille, unser Verstand, unsere Ehrsucht und Begehrlichkeit gekreuzigt.

Möge Gott Dich segnen und zu einem Gefäß machen, das Ihm ganz geweiht ist. Er sagt: ‚Ein Gefäß ist nichts. Es hat keine Gefühle, keine Wünsche, keinen Willen, keine Pläne. Es ist ganz in den Händen des Eigentümers.' Preis und Ehre sei Seinem Namen!"

Kapitel 23

Das Glaubensheim in Toronto

„Es ist die junge Frau, von der Ich dir vor zwei Wochen gesagt habe. Nun habe Ich sie zu dir geführt“, sagte der Herr zu Martha Robinson, als Frau Marlatt ihr meldete, eine junge Dame, Fräulein Eva MacPhail, sei da und wünsche sie zu sprechen. Fräulein MacPhail hatte am gleichen Tag kurz vorher zum erstenmal von Frau Robinson gehört und sich schnellstens auf den Weg gemacht, um mit ihr zu sprechen, sofern es möglich wäre.

Fräulein MacPhail stammte aus einem alten schottischen Geschlecht, in dessen Adern Märtyrerblut floß. Während sie im Moody-Bibel-Institut in Chicago studierte, empfing sie eine mächtige Taufe im Heiligen Geist. Sie war eine tatkräftige, tüchtige Mitarbeiterin im Reich Gottes und hatte eine große Liebe zu den Verlorenen. Nachdem sie ihr Studium am Moody-Bibel-Institut abgeschlossen hatte, entschloß sie sich, als Missionarin nach China zu gehen und wurde auch angenommen, und zwar von der Presbyterian Church of Canada. Doch dann wurde sie sehr unsicher und unruhig über ihre Entscheidung, und während dieser Zeit der inneren Ungewißheit verlor sie die Freude, die sie mit der Taufe im Heiligen Geist empfangen hatte. So nahm sie sich vor, einen Tag – und zwar am 14. Februar 1909 – zu fasten und zu beten, um Gewißheit darüber zu bekommen, was der vollkommene Wille des Herrn für sie wäre. Während sie an diesem Tag im Gebet war und auf den Herrn wartete, machte Er es ihr klar, daß sie zur Präsidentin des Frauen-Hilfsbundes gehen und ihr sagen solle, sie würde nicht nach China gehen. Als sie versprach, dies zu tun, wurde ihr Herz wieder von jener Freude erfüllt, die sie inzwischen verloren hatte.

Bevor Fräulein MacPhail am nächsten Tag zu dem erwähnten Büro ging, besuchte sie noch ihre Freundin, Frau P. Toews, deren

Mann Professor für moderne Sprachen an der Universität von Toronto war. Sie hatte Professor Toews und dessen Frau in pfingstlichen Versammlungen in der Stadt kennengelernt. Diese gebildeten Leute waren wirklich demütig und offen für die göttliche Wahrheit. An jenem Tage war gerade Frau Mallaby, eine Witwe, bei ihnen und nähte für Frau Toews. Im Hause von Frau Mallaby wohnte damals auch Elder Brooks mit seiner Familie.

Als Frau Mallaby die Geschichte von Fräulein MacPhail hörte, gestattete sie sich, ihr einen Vorschlag zu machen: „Der Herr zeigt mir, daß sie mit Frau Robinson sprechen sollten. Sie hält sich gerade in der St. Albansstr. Nr. 5 auf und hat sich dorthin für drei Monate zurückgezogen, um mit dem Herrn allein zu sein.“ Bei diesem Vorschlag fühlte Fräulein MacPhail innerlich sofort, daß sie darauf eingehen sollte. Sie machte sich auf den Weg zum Missionsbüro, zog dort ihre Anmeldung zum Missionsdienst zurück und ging dann direkt zur Adresse von Marlatts. Am späten Nachmittag kam sie dort an. Auf ihre Frage, ob sie Frau Robinson sprechen könne, ließ diese ihr sagen, sie möchte doch auf ihr Zimmer kommen.

„Martha Robinson hatte einen kleinen Raum, der sich über der Küche befand“, berichtete Eva MacPhail später, „und dieser war sehr schlicht eingerichtet, denn darin stand nur ein eiserner Ofen, ein Stuhl und ein hölzernes Bett. Aber als ich den Raum betrat, dachte ich, ich wäre im Himmel, so machtvoll war hier der Herr gegenwärtig. Als ich eintrat, saß Frau Robinson auf dem Fußboden, in einen wollenen, blauen Mantel gehüllt. Bald waren wir so von der Herrlichkeit des Herrn erfüllt, daß wir unter der Kraft des Heiligen Geistes tanzten.“

Dann sprach der Herr durch Martha Robinson und fing an, Eva MacPhail zu belehren. Er sprach zu ihr über ihre bisherigen Erfahrungen im Glaubensleben, stellte ihre gegenwärtigen Nöte ins Licht und schenkte ihr eine mächtige Befreiung, so daß sie von gewissen Bindungen fortan völlig gelöst war. Diese Gebundenheiten hätten sie für die Reichsgottesarbeit unbrauchbar gemacht und hätten auch ihr eigenes Leben ruiniert. Wie fühlte sie sich nun so frei und glücklich! Sie war gebeugt in Demut und Danksagung, daß Gott sie in Seiner großen Barmherzigkeit gerade zur rechten Zeit auf so wunderbare Weise mit jemandem in Kontakt gebracht hatte, durch dessen Dienst sie diese große Hilfe und Befreiung erfahren durfte.

Gegen sieben Uhr kam Harry nach Hause. Er setzte sich zu ihnen, und seine Frau fuhr fort, in der Kraft des Heiligen Geistes zu dienen und zu lehren. Um acht Uhr klopfte jemand an die Tür. Elder Brooks und seine Frau waren auf sehr bestimmte Weise vom Herrn geleitet worden, von ihrem Haus auf dem Lande, das zehn Meilen entfernt lag, an diesem Abend hierher zu Robinsons zu kommen. Als sie sich beide niedergelassen hatten – der Raum war so klein, daß für Besucher nur noch auf dem Fußboden Platz war –, begann der Herr, den hier Versammelten Seinen Plan kundzutun. Er sagte, nun seien die Personen beieinander, auf die Er gewartet habe. Sie sollten nun am Mittwoch, dem 17. Februar 1909, mit regelmäßigen Versammlungen beginnen. Diese Gottesdienste sollten nicht öffentlich bekanntgegeben werden, vielmehr sollten sie es dem Herrn überlassen, nach Seiner Wahl die Menschen hierher zu führen.

An diesem Abend wurde es elf Uhr, bis die kleine Versammlung sich endlich auflöste. Die sechseinhalb Stunden, die Eva MacPhail bei Martha Robinson verbracht hatte, waren so schnell vergangen, daß es ihr schien, als seien es nur einige Minuten gewesen. Durch diese Begegnung wurden ihr Leben und Dienst vollkommen verändert. Auch war an jenem Abend zwischen den Fünfen ein Band der Freundschaft und Dienstgemeinschaft geknüpft worden, das nur noch der Tod auflösen konnte.

Die Versammlungen wurden nun regelmäßig am Sonntagnachmittag in Marlatts Haus und am Samstagabend im Haus von Frau Mallaby gehalten. Um alle Besucher unterzubringen, mußten sie bei Frau Mallaby auch auf dem Fußboden der Küche Platz nehmen. Verlangend und hungrig eilten die Gläubigen herbei, um den Herrn anzubeten und auf Ihn zu warten – wie die Quäker es zu tun pflegten –, bis Gott sich auf Seine Weise offenbaren würde. Wie wurden die Hungrigen und Dürstenden dann mit dem Brot und Wasser des Lebens gestärkt, das der Herr ihnen durch Sein Gefäß darreichte!

„Die Zuhörer empfingen großen Segen durch Martha Robinsons Belehrung, und zwar gerade dadurch, daß sie auf Christus hinwies“, so bezeugte Sara Brooks. „Sie brachte keine neue Lehre, sondern das einfache Evangelium: Jesus Christus Selbst. Er allein wurde verherrlicht. Der Herr offenbarte sich den Versammelten auf herrliche Weise, und Er tat in unserer Mitte viele Wunder Seiner göttlichen Gnade.“

Zu denen, die diese Hausversammlungen regelmäßig besuchten, gehörten auch Professor Toews und Frau. Auch sie nahmen mit den anderen, meist ärmeren Versammlungsbesuchern ihren Platz auf dem Fußboden ein. In einem dieser schlichten Gottesdienste gab Martha Robinson bekannt, daß der Herr möchte, daß jemand in seinem Haus einen Raum für Eva MacPhail zur Verfügung stelle, in dem sie ungestört auf den Herrn harren könne, so lange, wie Er es haben möchte. Professor Toews – ein etwas steifer Herr preußischer Herkunft – war es nicht gegeben, Gäste zu unterhalten, und er hatte es auch nicht gern, wenn Fremde in seinem Haus waren; er wollte nicht in seinem Privatleben gestört und in seiner gewohnten häuslichen Lebensweise eingeengt werden. Dennoch war es nun Professor Toews, der sofort ein Zimmer für diesen Zweck anbot.

Dorthin ging Eva MacPhail dann auch und harrte fünf Wochen aus, bis sie mit Kraft aus der Höhe angetan worden war. Während dieser Zeit erlebte sie eine so gründliche Verwandlung, daß sie nach Leib und Seele aus dem Bereich des natürlichen in das geistliche Wesen, in ein Leben im Geist, versetzt wurde. Der Herr nahm sie ganz in Seinen Besitz und gab ihr einen „geistlichen Sinn“, den Sinn Christi, so daß sie sich – wie sie diesen Zustand beschrieb – „nur noch Jesu bewußt war“. In Verbindung damit wurde ihr unter anderen Segnungen auch die Gabe der Weissagung gegeben.

Ähnliches erlebte auch Sara Brooks mit dem Herrn. Sie hatte jahrelang zu Gott gerufen, daß Er sich ihr offenbaren möge. In den vorangegangenen Monaten hatte Gott Seine Dienerin durch eine gründliche Entleerung von ihrem eigenen Wesen und durch die Kreuzigung des Fleisches für die nächste Erfahrung zubereitet. So konnte der Herr nun Sein Werk in ihrer Seele und in ihrem Leibe schneller voranführen. Zu dieser Zeit verlieh Er ihr die Gabe, durch den Geist das Wort der Weisheit zu reden. Etwas später bekam auch Elder Brooks eine mächtige Taufe im Heiligen Geist und damit die Gabe, die Zungenrede auszulegen, und die Vollmacht, durch den Geist des Herrn zu predigen, und zwar durch die Gabe der Weissagung und Weisheit.

In einem kurzgefaßten Bericht schreibt Sara Brooks: „Der Herr hat uns bei all unserem Tun auf übernatürliche Weise geleitet und regiert, und wir haben ganz ähnliche Erfahrungen wie Martha Robinson im November 1907 gemacht. Durch diese Begegnung mit dem Herrn wurde mein geistliches Leben völlig verwandelt; ich kam in eine tiefere Gemeinschaft mit Jesus, und auch in meinem Dienst für Ihn trat eine grundlegende Wandlung ein. Ich hatte Ihn nun gefunden, den meine Seele liebte und nach dem ich mich so sehr sehnte. Ich lebte nun ständig in Seiner Gegenwart und unter dem Schatten Seiner Flügel. Christus ist mir seitdem so real geworden. Gott hat mein Gebet, das Er Selbst in mich hineingelegt hatte, beantwortet. Es war immer mein Gebet, Er möge zu mir kommen und Sein Werk in mir tun – das Werk, das wir aus uns selbst heraus nicht tun konnten."

Viele Jahre später beschrieb Martha Robinson die damaligen Erfahrungen mit folgenden Worten:

„Als wir im Anfang darum beteten, daß das Mitgestorbensein mit Christus in unserem Leben volle Wirklichkeit werden möchte, und wir durchgebetet hatten, erfuhren wir eine Verwandlung, von der wir noch nie gehört hatten, daß irgend jemand ähnliches erlebt hätte. Diese Verwandlung erfaßte den ganzen Menschen vom Scheitel bis zur Sohle. In einem Augenblick waren wir nicht mehr da: Ein Größerer war nun an unsere Stelle getreten. Unser ganzes Sein, Geist, Seele und Leib, stand fortan auf eine ganz neue Weise unter göttlicher Kontrolle. Wir gingen aus dem Leben des Natürlichen aus, hinein in ein Leben im Geist, und zwar nach Leib und Seele. Nachdem wir diese Erfahrung gemacht hatten, eröffnete Gott das Werk, in dem wir nun stehen."

Im ersten Jahr des Werkes in Toronto waren die Gottesdienste ganz außergewöhnlich gesegnet; alle, die dabei waren, bezeugten übereinstimmend, sie hätten vor- und nachher keine Versammlungen erlebt, auf denen die Wolke der Gegenwart Gottes so machtvoll ruhte und in denen Gott auf so übernatürliche Weise wirkte. Auf dem Podium saßen Harry und Martha Robinson, Elder Brooks, dessen Frau und Eva MacPhail. Diese Fünf bildeten eine vollkommene Einheit und dienten miteinander dem Herrn; bald wurde dieser, bald jener von Gott gebraucht – wie der Heilige Geist sie gerade leitete und dirigierte –, und so ergänzten sie sich gegenseitig in ihrem geistlichen Dienst. Sie arbeiteten in völliger Harmonie zusammen, indem alle das gleiche Ziel im Auge hatten. Diese Gemeinschaft im Dienst des Herrn stellt ein wunderbares Beispiel für die Belehrung dar, die wir in 1. Korinther 12 finden: „Viele Glieder ... ein Leib", Verschiedenheit der Gaben, der Dienste und der Kraftwirkungen, aber derselbe eine Geist.

„Wir saßen in den Versammlungen still da, bis der Herr auf irgendeine Weise zu wirken begann, bis Er durch Weissagung zu uns sprach oder Frau Robinson durch die Gabe der Weisheit eine Belehrung gab. Manchmal saßen wir alle eine ganze Zeit völlig ruhig, indem wir Gott in der Stille anbeteten; dann aber erhoben wir unsere Stimmen zu einem gemeinsamen, machtvollen Lobpreis", so schrieb Eva MacPhail.

Nun ist in diesem Bericht des öfteren von Weissagungen die Rede, und es ist wichtig, daß wir uns im klaren darüber sind, was darunter zu verstehen ist. Weissagung hat hier nichts zu tun mit Ankündigung zukünftiger Ereignisse und enthält auch keinerlei Aussagen darüber. In 1. Kor. 14,3 heißt es vielmehr: „Wer weissagt, der redet den Menschen zur Besserung und zur Ermahnung und zur Tröstung." Außerdem wird in der Weissagung oftmals das Verborgene des Herzens der Menschen offenbart, wie wir es in 1. Kor. 14,25 lesen. Durch diesen Dienst wurden viele Zuhörer davon überzeugt, daß die hier geoffenbarten Gaben des Geistes echt waren. Gott zeigte ihnen, wo es bei ihnen fehlte, und so kam Sieg in ihr Leben hinein. Es war durchaus nicht so, daß man in diesen Hausversammlungen zusammenkam, um sich gegenseitig zu bewundern, auch gehörten die Glieder dieser Versammlung nicht zu jenen „Heiligen", die nur von Botschaften und Träumen lebten und Luftschlösser bauten. Nein, solcherlei Dinge ließ jener vollmächtige Dienst, das scharf durchgreifende Wort, gar nicht zu. Alles fleischliche Wesen wurde bloßgestellt. Es wurde allen die Wahrheit über ihre eigene Natur gesagt, was vielen zunächst unangenehm war. Nur die machtvolle Gegenwart Gottes konnte einen solchen Dienst ermöglichen. Gott bestätigte Sein Wort durch „mitfolgende Zeichen". Kranke wurden geheilt, viele wurden im Heiligen Geist getauft und von Gebundenheiten befreit.

An einem Abend sprach der Herr zu Beginn der Versammlung durch Martha Robinson; Er nannte vier oder fünf Anwesende, die die Taufe im Heiligen Geist noch nicht empfangen hatten, mit Namen. Alle Genannten, so sagte Er, würde Er an diesem Abend taufen, bevor sie die Versammlung verlassen hätten, falls sie bereit wären, den Heiligen Geist zu empfangen, ohne dabei in Zungen zu sprechen. Alle erklärten sich damit einverstanden. Dann sah einer der Diener am Wort im Geist, in einer Vision, wie der Herr Jesus Christus in den Versammlungsraum eintrat, wie Er von einem zum andern ging und vor jede der genannten Personen eine brennende Laterne hielt. Das war der ganze „Beweis", den sie im Augenblick erhielten.

In den darauffolgenden Tagen wurde bekannt, wie völlig jene Personen, die der Herr getauft hatte, verwandelt worden waren, und zwar waren es ihre nächsten Angehörigen, die dieses mit Erstaunen feststellten und weitererzählten. Die Frucht des Geistes, Liebe, Freude, Friede, war so deutlich in Erscheinung getreten, daß ihre Mitmenschen es wahrnehmen mußten und sehr beeindruckt waren. Innerhalb der nächsten zwei Jahre sprach dann auch einer nach dem andern von ihnen in Zungen, „wie der Geist ihnen gab auszusprechen", nur eine Frau nicht. Ihr Mann war ein

Prediger und sehr gegen das Zungenreden eingestellt. Daher hielt der Herr allem Anschein nach in diesem Fall mit dem „Beweis der Geistestaufe“ zurück.

Bis dahin fanden die Versammlungen immer noch in dem Haus statt, das Marlatts gemietet hatten und bewohnten. Ganz unerwartet erhielt Herr Marlatt am 1. April 1909 vom Hauseigentümer ein Schreiben, in dem er aufgefordert wurde auszuziehen, da das angrenzende Holzlager vergrößert werden sollte, und der Platz hinter dem von Marlatts gemieteten Haus für dieses Lager benötigt würde. „Er war ganz aufgeregt“, schrieb Martha Robinson später an eine Freundin. „Er forschte im Gesetzbuch nach einem Paragraphen, der besagt, daß Holzlager nicht zu nahe bei Gebäuden angelegt werden dürften. Er lehnte sich gegen den Gedanken auf auszuziehen, da ihm dieser Platz eben sehr gut gefiel. Er dachte, er könne verhindern, daß das Holzlager vergrößert würde, und in dem Haus bleiben, denn – so überlegte er sich – wenn die Holzfirma nicht den Hinterhof des Hauses bekäme, dann brauchte er sicherlich auch nicht auszuziehen. Ein oder zwei Tage lang war er ganz aufgebracht; dann kam es ihm auf einmal in den Sinn, man könnte in dieser Sache doch den Herrn um Rat fragen.

Frau Marlatt aber meinte: ‚Wenn Jesus will, daß wir ausziehen, dann werden wir ausziehen, und wenn Er es nicht will, dann bleiben wir hier, Holzlager hin oder her. Und sollte die Miete erhöht werden, so werden wir trotzdem bleiben, ob es uns nun gefällt oder nicht. Falls wir aber doch ausziehen müssen, dann werden wir es dem Herrn überlassen, für uns ein geeignetes Haus auszusuchen. Ich bin entschlossen, die Sache ganz dem Herrn zu überlassen und gar nichts zu unternehmen, bis Er uns zeigt, was wir tun sollen.‘

Herr Marlatt war wohl damit einverstanden, aber er wollte den Willen des Herrn in dieser Sache sofort erfahren; doch kam nicht das geringste Anzeichen irgendeiner Weisung des Herrn. Er wartete und wartete; bis zu viermal am Tag sprach er mich deshalb an. Die Kündigung lag vor. Sie hatten Untermieter, und die Einkünfte, die sie dadurch hatten, stellten einen Teil ihres Lebensunterhalts dar. Sie konnten sich nicht denken, wo sie in der Stadt ein passendes Haus finden könnten. Es war ihnen nun sehr daran gelegen, eine Weisung vom Herrn zu empfangen; daher fragten sie wohl viermal jeden Tag danach.

Ich weiß nicht, ob sie bis zu ihrem Tod je eine Antwort erhalten hätten. Schließlich kamen sie an den Punkt, daß sie sich damit abfinden müßten, im Augenblick keine Antwort zu bekommen, und nach und nach waren sie Gott soweit hingegeben, daß sie die ganze Angelegenheit in Seine Hände legen konnten. Am 1. des Monats hatten sie die Kündigung erhalten, und am 30. sollten sie das Haus geräumt haben. Um den 15. herum hörten sie auf, den Herrn zu fragen. Am 20. waren sie glücklich und zufrieden. Ungefähr um den 25. hatten sie die Kündigung vergessen, und am 29. befanden sie sich in froher Stimmung und meinten, sie wären auch bereit, sich auf die Straße setzen zu lassen; doch hatten sie den bestimmten Eindruck, Gott werde sicherlich dafür sorgen, daß sie noch bleiben könnten.

Am Abend des 29. April sprach der Herr plötzlich und ganz unerwartet durch mich: ‚Frau Marlatt, Jesus sagt, euer Haus eignet sich bestens für diese Versammlungen. Ihr werdet diesen Sommer noch hier bleiben.‘

Am nächsten Tag kam der Hausbesitzer zu Herrn Marlatt und sagte ziemlich kleinlaut: ‚Sagen Sie, Marlatt, haben Sie irgend etwas auf die Kündigung hin unternommen?‘ ‚Gar nichts‘, sagte Herr Marlatt. ‚Gut‘, antwortete der Mann, ‚es wäre uns wirklich sehr recht, wenn Sie hierbleiben würden.‘ ‚Jawohl, der Herr hat uns das schon gesagt‘, war Herrn Marlatts Antwort.“

Martha Robinson erklärte anschließend in ihrem Brief, was der Empfänger aus dieser Begebenheit lernen könnte. Sie zeigte, wie man sich zu verhalten habe, wenn man eine klare Führung des Herrn erwarte. „Als Frau Marlatt die Sache dem Herrn übergeben hatte, war diese für sie erledigt. Sie hat sich darüber weiter keine Sorgen mehr gemacht. Sie hatte Glauben und wußte, Gott kann dafür sorgen, daß sie das Haus behalten. Das Versagen von Herrn Marlatt lag darin, daß er sich mit seinem Problem nicht sofort Gott anvertraut und im Glauben passiv verhalten hatte, bis Gott eingriff. Wäre die Kündigung nur Frau Marlatts Angelegenheit gewesen, dann wäre die Botschaft am gleichen Tag gekommen, an dem sie die Sache Gott übergeben hatte. Aber der Herr wollte Herrn Marlatt die Gelegenheit geben, ebenfalls in diese vollkommene Ruhe des Gehorsams und passiven Glaubens hineinzukommen und seiner Ungeduld abzusterben; aus diesem Grund bekam er so lange keine Antwort, und Frau Marlatt mußte um ihres Mannes willen diese kleine Prüfung auf sich nehmen."

Die Versammlungen wurden also weiterhin im Hause Marlatt gehalten. Im Mai sprach dann eines Tages der Herr zu Elder Brooks und seiner Frau und ließ sie wissen, daß Er beabsichtige, sie nach Zion/Illinois zu schicken. Auch gab Er Sara Brooks den Auftrag, ihrem Bruder James Leggett und ihrer Schwester Lydia Mitchell in einem Brief mitzuteilen, daß sie und ihr Mann nach Zion reisen und am 4. Juli bei ihnen sein würden. Zu dem Zeitpunkt, als der Herr diese Anweisungen gab, war aber noch kein Geld für die Reise vorhanden. Doch als die Zeit der Abreise herannahte, sorgte der Herr für sie, so daß sie für alle Bedürfnisse reichlich genug hatten und die Fahrt antreten konnten. Beide hatten keine Ahnung, warum der Herr sie nach Zion schickte, doch hatten sie gelernt, dem Wort des Herrn zu gehorchen und alles weitere Ihm zu überlassen.

Als Elder Brooks und seine Frau dort ankamen, sahen sie, daß ihre Verwandten sich in geistlicher Hinsicht in einer traurigen Verfassung befanden. Sowohl James Leggett als auch George Mitchell hatten unter Dr. Dowie verantwortungsvolle Posten in der Gemeinde und auch in der Stadt bekleidet. Als das Werk in Zion dann aber auf tragische Weise gescheitert war, hatten sie innerlich sehr darunter gelitten. George Mitchell war als junger Mann Offizier bei der Heilsarmee gewesen, und später hatte er im Missionswerk von Zion aktiv mitgearbeitet. Nun aber hatte er den Gedanken, dem Herrn auf irgendeine Weise weiterhin zu dienen, aufgegeben. Er war innerlich leer und sehr niedergeschlagen. In einer ähnlichen Anwandlung wie Petrus – als er sich wieder seinem Fischerberuf zuwandte – hatten er und sein Schwager Farmen übernommen, um diese zu bewirtschaften.

Gleich am ersten Tag, an dem Brooks in Zion ankamen, versammelten sie sich nachmittags mit ihren Verwandten, um auf den Herrn zu warten. Während dieser Versammlung sprach der Herr durch Sara Brooks zu George Mitchell und offenbarte verborgene Dinge seines Lebens, von denen er wußte, daß diese außer Gott sonst niemandem in der Welt bekannt waren. Dadurch bekam er sofort Vertrauen und wurde davon überzeugt, daß diese Weissagung echt war. Dann forderte der Herr ihn auf, er solle den Dienst in Seinem Weinberg wieder aufnehmen. Während sie sich in der Gegenwart des Herrn befanden, offenbarte sich der Heilige Geist in ihrer Mitte so machtvoll, daß die finstere Wolke, unter der George Mitchell sich befand, wich, und er mit neuem Mut und neuer Hoffnung erfüllt wurde. Auch die anderen in dieser Gruppe erlebten die Hilfe und Befreiung des Herrn und wurden wiederhergestellt, das Feuer der ersten Liebe begann aufs neue in ihnen zu brennen. Von dem Tag an war es für sie die größte Freude, sooft es nur möglich war, zusammenzukommen und den Herrn zu ihnen sprechen zu lassen. So bereitete der Herr sie für den nächsten Schritt vor. Gott segnete sie nicht nur in geistlicher, sondern ganz offensichtlich auch in materieller Hinsicht und gab ihnen damit den Beweis, daß Seine Hand über ihnen und ihrem Haus war.

Kurz bevor Elder Brooks und seine Frau im November nach Toronto zurückkehrten, sprach der Herr zu Leggetts und zu Mitchells und sagte ihnen, sie sollten ihre Farm im kommenden Frühjahr aufgeben. Aus welchem Grunde sie das tun, was sie dann unternehmen und wohin sie gehen sollten – das wurde ihnen nicht gesagt. Es wurde ihnen einfach nur zu verstehen gegeben, daß sie nach dem Willen des Herrn ihre Farm zu der angegebenen Zeit aufgeben sollten. Der Herr hatte ihnen schon vorher Anweisungen gegeben und diese so eindeutig bestätigt, daß sie ohne zu zögern auch dieses Wort als vom Herrn nahmen und sogleich darangingen, entsprechende Vorbereitungen zu treffen. Dabei lenkte der Herr es so, daß verschiedene Umstände ihr Vorhaben begünstigten, so daß sie deutlich erkennen konnten, daß Er es war, der ihnen zu den Schritten, die sie in dieser Sache unternahmen, das Gelingen gab. Mit großer Spannung warteten sie nun auf ein weiteres Wort vom Herrn, in dem Er ihnen Seinen Willen offenbarte, und gerne wollten sie dann tun, was immer Er ihnen zeigen würde. Doch sie erhielten bis zur Abreise ihrer Gäste weiter keine Instruktionen.

Elder Brooks und seine Frau waren sehr froh, daß sie nach Toronto zurückkehren und mit Martha Robinson Gemeinschaft in der herrlichen Gegenwart des Herrn haben konnten.

Zu den Besuchern der Versammlungen im Hause Marlatt gehörte eine Frau Aman. In ihrem Haus auf Big Island hatten sich Robinsons eine Zeitlang während des vorangegangenen Sommers aufgehalten. Diese Freundin taufte der Herr im Heiligen Geist, und sie empfing reichen Segen. Sie lud Robinsons ein, sie wieder zu besuchen und in ihr Haus zu kommen. So reisten sie zusammen mit Eva MacPhail dorthin und hielten sich zwei Monate lang in der bezaubernd schönen Landschaft jener Insel auf. Die meiste Zeit brachten sie im Gebet zu; sie warteten auf den Herrn und empfingen durch Martha Robinson Belehrungen über das Wort Gottes.

Während dieser Zeit wurde Martha Robinson gezeigt, daß sie in Toronto ein Haus mit mehreren Wohnungen für die verschiedenen Diener am Wort, die der Herr zusammengeführt hatte, mieten sollten. Auch müsse in diesem Haus ein Raum für die Gottesdienste vorhanden sein. Sie wurde innerlich so geführt, darüber still zu sein und niemandem etwas über den Plan des Herrn zu sagen, bis Er ihn einem der anderen Mitarbeiter ebenfalls kundgetan hätte. Es war Sara Brooks, der der Herr das gleiche offenbarte. So wurde diese Sache durch den Mund zweier Zeugen bestätigt, denen – unabhängig voneinander – das gleiche gezeigt worden war.

Menschlich gesprochen war der 12. Dezember 1909 nicht gerade günstig, ein solches Unternehmen anzukündigen. Es war ein kalter Tag, und es herrschte eine ungünstige Witterung. Das Thermometer war nicht über null Grad gestiegen, und um die Zeit der Abendversammlung hatte es geschneit, etwa 8 cm hoch. Aber der

Herr hatte gesagt, gerade an diesem Abend solle bekanntgegeben werden, daß beabsichtigt sei, ein Haus zu mieten. Die Anweisung des Herrn wurde genau befolgt, obwohl der Gottesdienst wegen des unfreundlichen Wetters nur schwach besucht war.

Der Herr hatte sogar die Anweisung gegeben, daß das Haus schon am kommenden Mittwoch, also drei Tage später, eröffnet werden solle. Und dabei war nicht die geringste Vorbereitung für einen Umzug getroffen worden! Bis dahin hatten sie sich nicht einmal nach einem geeigneten Haus umgesehen. Und was ihr gemeinsames Barvermögen betraf, so waren nicht mehr als 10 Cent vorhanden! Es war also kaum denkbar, daß sie innerhalb von drei Tagen die Mittel für die Miete, für die Möbelierung und für den Umzug hätten aufbringen können.

Trotzdem wurde während der Versammlung, genau dann, als der Herr die Weisung dazu gab, bekanntgegeben, der Herr wünsche, daß für die genannten Zwecke ein Heim eingerichtet und am Mittwoch dieser Woche eröffnet werde. Es würden fünfundsiebzig Dollar dafür benötigt.

Kaum war dies ausgesprochen, da meldete sich ein älterer Herr, der unter den Zuhörern saß, Alexander Campbell, und gab genau fünfundsiebzig Dollar für diesen Zweck. Dann erzählte er, wie es kam, daß er genau diesen Betrag bei sich gehabt hätte. Er habe, nachdem er an diesem Abend sein Haus verlassen hatte, um zur Versammlung zu gehen, den Eindruck gehabt, er müsse umkehren und fünfundsiebzig Dollar aus der Kasse seines Kolonialwarenladens nehmen. Der innere Drang, dies zu tun, sei so stark gewesen, daß er trotz des ungünstigen Wetters und trotz der Tatsache, daß er gar nicht einsehen konnte, warum er solch eine Geldsumme bei sich tragen solle, den Weg zurückgegangen sei und das Geld geholt habe. So hat der Herr Sein Wort ganz offensichtlich bestätigt.

Doch dies war nur der Anfang von einer Kette von Wundern. Am nächsten Morgen gingen Sara Brooks und Eva MacPhail auf die Anweisung des Herrn hinaus, und unter der Leitung des Heiligen Geistes wurden ihre Schritte zu einem Haus gelenkt, das östlich vom Gebäude des Parlaments von Ontario lag. Dort mußten sie stehenbleiben, und der Herr sagte zu ihnen: „Dies ist das Haus." Dann erfuhren sie, daß es verkauft werden sollte.

Sofort begaben sie sich zum Verwaltungsbüro, um zu fragen, ob sie das Haus eventuell nur mieten könnten. Als der Eigentümer vernahm, daß es für ein christliches Werk gebraucht würde, erklärte er sich bereit, das Haus für fünfundzwanzig Dollar pro Monat zu vermieten. Das war für sie annehmbar, und so wurde gleich der Mietvertrag gemacht, ohne daß sie das Haus näher besichtigten, weil der Herr gesagt hatte, dies sei der von Ihm vorgesehene Platz. Nachdem die Sache perfekt gemacht worden war, fanden sie, daß das Haus in seiner Einrichtung und Einteilung bestens für ihre Zwecke geeignet war.

Am Mittwoch, dem 15. Dezember, genau wie der Herr es gesagt hatte, wurde das Haus bezogen, und zwar zunächst von denen, die der Herr dazu bestimmte: Elder Brooks mit seiner Frau und seinen Kindern Ruth und Eugene und Frau Mallaby mit ihren beiden Töchtern. Alles ging ganz schnell; das war aber nur möglich, weil der Herr alles vorbereitet und geführt hatte.

Nun wurde das Haus unter der Leitung des Heiligen Geistes eingerichtet, damit auch die übrigen einziehen konnten, die der Herr bestimmte. Innerhalb weniger Tage wurden Eva MacPhail und ihre Schwester Margaret zu der Hausgemeinschaft hinzugetan. Margaret hatte den Auftrag, im Gebet mitzuhelfen und zusammen mit Frau Mallaby den Haushalt der neuen Familie zu besorgen, und beide erwiesen sich dann auch als sehr tüchtig und erfinderisch in dieser Aufgabe. Nach dem Willen des Herrn sollten sie für alle irdischen Belange des Heimes sorgen, so daß die Diener des Herrn sich ganz dem „ununterbrochenen Gebet und dem Dienst am Wort hingeben konnten". Nachdem das Haus soweit bezogen worden war, trafen zuletzt auch Robinsons kurz nach Weihnachten dort ein.

Inzwischen war Herr Campbell in den Dienst des Herrn gerufen worden. So gab er sein Geschäft auf und zog ebenfalls in das Glaubensheim ein. Der Herr schenkte ihm die Fülle des Heiligen Geistes, und er wurde ein ganz außergewöhnlicher Prediger. Er war somit der Sechste, der als Diener des Herrn zu der Gruppe hinzugefügt wurde.

So hatte der Herr Seine eigenen Wege und Mittel, Seinen Plan auszuführen und die Heimbewohner des Glaubenshauses in Toronto zusammenzuführen, die Er sich dazu ersehen hatte; und selbst das Haus wurde auf Seine Weisung hin und unter Seiner Leitung ausgewählt und ausgestattet. Mit der Eröffnung des Heimes nahm die Besucherzahl in den Gottesdiensten zu, und das Werk vergrößerte sich.

Kapitel 24

Gefäße in der Zubereitung

Zu Beginn des Jahres 1910 schrieben Leggetts und Mitchells an Sara Brooks und fragten sie, ob sie vom Herrn ein weiteres Wort empfangen und Er ihr etwas über ihren zukünftigen Weg offenbart habe. Aber der Herr hatte in dieser Angelegenheit nicht mehr zu ihr gesprochen. Sie schrieben immer wieder, aber obwohl Sara Brooks „inständig zum Herrn flehte, Er möge ihr doch zeigen, was zu tun sei", bekam sie keine Antwort.

Es ging eine Woche um die andere darüber hin, und der Frühling rückte immer näher heran; so ist es verständlich, daß die Freunde in Zion zunehmend unruhig wurden; sie wollten endlich Klarheit über ihren weiteren Weg haben. Mitchells hatten kleine Kinder und mußten schließlich an ihre Familie denken. Herr Mitchell, der als Geschäftsmann gewohnt war, vorher alles genau zu planen, wurde ganz aufgeregt bei dem Gedanken an ihre unsichere Zukunft. Er und seine Frau waren durchaus bereit, zu gehorchen, welche Anweisungen der Herr Seinen Dienern auch für sie geben würde, und doch kam kein weiteres Wort vom Herrn. Diese Tatsache hat sie sehr verwirrt und wurde für sie zu einem großen Problem. Natürlich ist es wahr, was der Herr ihnen später durch Martha Robinson sagte: „Es war immer noch genügend Zeit vorhanden", nämlich zwei Monate, und bis dahin konnte Er ihnen rechtzeitig Seinen Willen offenbaren.

Den Freunden in Zion war nur daran gelegen, zu erfahren, was sie jetzt unternehmen sollten. Aber Gott ging es darum, die Gefäße selbst zuzubereiten, so daß sie „für den Hausherrn brauchbar und zu allem guten Werk bereitet" würden, 2. Tim. 2,21. Er, der allmächtige Töpfer, wollte ihnen klarmachen, daß Er sehr wohl wußte, was zu tun war und wann es soweit war. Er wollte ihnen zeigen, daß sie nur in Ihm ruhen und sich völlig passiv Seinen Händen zu überlassen brauchten, in dem Vertrauen, daß Er Sein Werk in ihnen tun und alles wohl hinausführen werde. Durch ihre Besorgnis und Ungeduld hinderten sie Ihn daran, so wirken zu können, wie es Seinem Plan entsprach. Er hat ja ein klares Gebot gegeben: „Seid um nichts besorgt", Phil. 4,6. Diesem Gebot waren sie ungehorsam, als sie so nervös und aufgeregt den Willen des Herrn zu erfahren suchten. Deshalb sprach der Herr zu ihnen zunächst einmal darüber, was in Seinen Augen ihre eigentliche Not war und wo es in ihrem Leben in geistlicher Hinsicht mangelte, und nicht – wie sie es erwarteten – darüber, was sie als ihr brennendstes Anliegen betrachteten, nämlich die Frage, wie es nun weitergehen solle. Seine Weisung würde Er ihnen schon zur rechten Zeit geben, wenn sie nur die rechte geistliche Haltung zeigten.

So befanden sich Leggetts und Mitchells auf der Töpferscheibe. Der himmlische Töpfer weiß, wie Er mit Seinen Gefäßen umgehen muß, um sie für Seine Zwecke zuzubereiten, und Er kommt niemals zu spät, auch nicht eine Minute. So war es auch in diesem Fall, obwohl es fast so aussah, als habe Gott sie im Stich gelassen.

Zu diesem Zeitpunkt kam ein Brief von einem Herrn aus dem Westen, in dem dieser Mitchells und Leggetts das Angebot machte, sie könnten seine große Farm bewirtschaften. Ein wirklich anziehendes Angebot und gerade im rechten Augenblick, so schien es wenigstens unter den gegenwärtigen Umständen. Vielleicht war dies die Antwort Gottes? Hatten sie vielleicht deshalb bis dahin keine Weisung empfangen? Sie erzählten niemandem etwas über diesen Vorschlag und waren schon bereit, ihn anzunehmen, als Frau Mitchell einen Brief von Martha Robinson erhielt.

In ihrem Brief vom 11. Februar 1910 schrieb sie unter anderem: „Wir können Euch nun in bezug auf die mißliche Lage, in die Ihr gekommen seid, nur so viel sagen, daß Ihr die direkte Glaubensverbindung mit dem Vater verloren habt. Wohl mag es sein, daß Er durch Sara Brooks zu Euch spricht, doch geht es nicht an, daß Ihr durch Sara Brooks zum Vater betet." Mit anderen Worten: Die Freunde in Zion hätten die Weisung für ihren weiteren Weg direkt von Gott erwarten und es Ihm überlassen sollen, auf welche

Weise Er Seinen Willen kundtat, denn es steht uns nicht zu, dem Herrn vorzuschreiben, welches Instrumentes Er sich bedienen soll.

Dann fährt Martha Robinson fort: „Auch das möchte ich dazu noch sagen: Hätte Gott inzwischen eine Botschaft gegeben – welchen Inhalt sie auch immer gehabt haben möchte –, so hätte sie nur durch Kanäle gegeben werden können, die selbst völlig passiv waren. Als Sara Brooks nun doch unruhig wurde, kam sie mit diesem Anliegen zu mir, und so wurde auch ich ein wenig beunruhigt, und ich muß leider sagen – wir sind auch noch keine vollkommenen Gefäße."

Glücklicherweise waren die Diener des Herrn in Toronto so gottergeben, daß sie niemals versucht haben, eine Antwort zu erzwingen oder eine Botschaft zu bringen, nur weil die Situation es erforderte oder weil jemand eine Botschaft verlangte. Sie hatten sich dem Herrn völlig hingegeben und geweiht und konnten es Ihm ganz überlassen, ob Er sie gebrauchte oder nicht. Auf diese Weise blieben sie vor jener tiefen, dunklen Grube bewahrt, in die so viele Seiner Diener gefallen sind, denen Gott Gaben verliehen hatte und die Er in Seinem Weinberg gebrauchen konnte. Und warum sind sie da hineingeraten? Sie fingen an, „aus ihrem eigenen Herzen zu weissagen", Hes. 13,2, und öffneten dadurch dem Teufel eine Tür, so daß sich dann falsche Dinge und Fanatismus einschleichen konnten.

Etwas vorher hatte Martha Robinson in ihrem Brief klargemacht, worin in der Sicht des Herrn das eigentliche Problem in dieser Angelegenheit lag, und so hat der Herr nun durch sie versucht, den Freunden in Zion angesichts ihrer mißlichen Lage und ihres Dilemmas, in dem sie sich befanden, eine wichtige Lektion zu erteilen. Was sie hier über die Geistesgaben und deren Wirkungsweise schreibt, ist für uns eine wichtige und sehr wertvolle Belehrung. Anhand dieser Erklärung kann jeder, den der Herr auf solche Weise gebraucht, sich prüfen und feststellen, ob er wirklich ein für den Hausherrn brauchbares Gefäß ist: „Als erstes ist zu sagen, daß es Gott ist, der eine Botschaft gibt. Sie stammt nicht von Menschen. Wir können sie nicht einfach dann empfangen wollen, wann es uns gefällt. Wir müssen es Gott überlassen, sie zu geben, wann und wie es Ihm gefällt. Wir können nicht zu irgendeinem gewünschten Zeitpunkt eine Botschaft aussprechen."

Diese Erklärung steht nun im direkten Gegensatz zu dem, was heute allgemein über die Gaben und deren Anwendung gelehrt wird. Denn nach der oft üblichen Lehre und Praxis können Gabenträger die Gaben nach Belieben gebrauchen, ungefähr so, wie man jederzeit Wasser je nach Bedarf einem Wasserhahn entnehmen kann. Nein – in Wirklichkeit verhält es sich so, wie Martha Robinson einmal gesagt hat: „Gott Selbst beruft Menschen zu diesem Dienst und verleiht ihnen Gaben, und über diese möchte Er, und Er allein, verfügen und sie gebrauchen können, wann und wie es Ihm gefällt."

„Bis ein Diener des Herrn dahin kommt, daß er wirklich ein Kanal für Ihn sein kann, muß er es gelernt haben, sich restlos dem Willen Gottes hinzugeben und sich Ihm völlig zu überlassen. Er muß darauf verzichten können, selbst zu wählen, er muß die Neigungen seines Herzens verleugnen, seinen eigenen Willen, seine eigenen Pläne und seine eigene Meinung aufgeben."

In ihrem Brief fährt sie fort: „Wenn Ihr von Gott eine Botschaft fordert, dann zeigt Ihr damit, daß Ihr dies aus Eurem eigenen Willen heraus tut. Wenn Ihr meint, jetzt müsse diese für Euch gegeben werden, dann wird ein Diener des Herrn, wenn er ein wahrer Kanal für Gott ist, ganz bestimmt keine bekommen.

Als Sara Brooks in Zion war, gab sie an Euch alle eine Botschaft weiter, in der Ihr aufgefordert wurdet, die Farmen im Frühjahr aufzugeben. Seitdem hat sie keine weitere Anweisung für Euch bekommen. Wir alle haben uns darüber gewundert, daß weder Sara Brooks noch ich in dieser Angelegenheit vom Herrn irgendein Wort erhielten. Als George Mitchell so unruhig und unzufrieden darüber wurde, daß keine Antwort kam, befand er sich dadurch schon außerhalb des Willen Gottes. Noch war ja längst nicht der Termin zum Umzug, es eilte überhaupt nicht; es war immer noch genügend Zeit vorhanden, in einer Botschaft vom Herrn klare Weisung zu empfangen.

Unser Gott macht keine Fehler; Er weiß, was Er tut. Er möchte gern, daß ein Gefäß sich tief vor Ihm beugt und demütigt und sich Ihm gänzlich überläßt, so daß Er jeden Augenblick darüber verfügen und es nach Seinem Willen gebrauchen kann, wo und wann es Ihm gefällt. Auch erwartet Er, daß Sein Diener Ihm jederzeit gehorcht und einsieht, wieviel Schwierigkeiten und Unruhe er sich selbst bereitet, wenn er nicht auf den Herrn warten kann. Als George Mitchell so unruhig wurde, hatte der große Töpfer ihn dennoch in Seiner Hand. Wenn er sich im Lichte dieser Wahrheit betrachtet, muß er sich doch sagen: ‚Ich wackle und zapple aber bedenklich auf der Töpferscheibe'."

Um anhand eines Beispiels klarzumachen, was der Herr sagen wollte, erzählte Martha Robinson nun ausführlich die „lange Geschichte" von Herrn Marlatt – was er in der Schule des Herrn lernen mußte, wie er unter ähnlichen Umständen den Willen des Herrn zu erfahren suchte, aber zunächst einmal Gelegenheit bekam, seiner Ungeduld abzusterben und in die vollkommene Ruhe Gottes einzugehen, bevor der Herr ihm zeigen konnte, was er tun oder wie er sich verhalten solle.

„Wißt Ihr", schrieb sie weiter in ihrem Brief, „wir sind eben nur kleine Gefäße. Und doch tun wir die Werke des Herrn. Die Botschaften, die wir weitergeben, kommen von Ihm, und was Er durch unsere Hände tut, ist Sein Werk. Aber wir können ebensowenig wie Du oder Dein Mann Dinge tun, die über unser Vermögen hinausgehen. Was ich damit meine, ist dies: Sara Brooks und ich haben zum Beispiel ein gewisses Maß von der Gabe der Weisheit, aber wir brauchen ein noch größeres Maß, um mehr ausrichten zu können. Auch empfinden wir gegenwärtig sehr, daß die Gabe der Erkenntnis noch mehr entfaltet werden sollte.

Ich weiß nicht, ob Euch klar ist, worin Weisheit und Erkenntnis sich unterscheiden. Ich möchte in diesem Brief hierüber nicht viel sagen. Weisheit lehrt uns, was wir tun sollen, aber die Erkenntnis zeigt uns, auf welche Weise alles ausgeführt werden soll.

Durch die Gabe der Erkenntnis könnte Euch zum Beispiel gesagt werden, wie und wo Ihr ein Haus für ein Glaubensheim finden könntet. Die Botschaft würde ungefähr so lauten: Geht in die und die Straße zu dem Haus Nr. 30. Ihr werdet dort eine Frau Jones antreffen – und es würde Euch gesagt werden, was Ihr im einzelnen mit der Frau abmachen und wieviel Miete Ihr zahlen sollt; alle Einzelheiten bis ins Detail könnten Euch durch eine voll entwikkelte Gabe der Erkenntnis angegeben werden.

Der Herr hat zu mir gesprochen und mir vieles über Dich und Deinen Mann gezeigt“, schrieb Martha Robinson abschließend. „Er hat mir gesagt, George Mitchell sei für den Dienst im Weinberg des Herrn bestimmt und Er habe auch Dich vor Jahren in Seinen Dienst berufen; es sei überhaupt nicht im Sinne des Herrn, daß Du ganz an die häuslichen Pflichten gebunden bist. Könnt Ihr beide, Du und Dein Mann, nun nicht soviel Glauben aufbringen, vom Herrn zu erwarten, daß Er Euch an den richtigen Platz führen wird? Nun will ich schließen, denn Sara möchte auch noch etwas hinzufügen.“

„Auch ich habe Euch hierzu kurz etwas mitzuteilen“, schrieb Sara Brooks: „Der Herr gibt mir dieses zu verstehen: Er möchte, daß Ihr in Zion bleibt und daß Ihr ganz unter die Kraft des Geistes kommt, so daß diese sich machtvoll in Eurem Leben auswirken und Euch näher zu Ihm und tiefer in Seine Gemeinschaft bringen kann. Er hat die Absicht, in nächster Zeit viele Seiner Kinder dort mit der Kraft des Heiligen Geistes anzutun, und Ihr sollt dann auch dabei sein. Geht Ihr aber an einen anderen Ort, dann werdet Ihr Eure große Gelegenheit verpassen ... Geht also nicht weg in einen anderen Staat, sondern bleibt in dem Werk, in das Gott Euch hineingestellt hat, und überlaßt Ihm die Sorge um die Konsequenzen!“

Als Mitchells diese Worte lasen, waren sie sehr erstaunt und vollkommen überzeugt, daß es nur der Heilige Geist gewesen sein konnte, der die Gedanken ihres Herzens durch die Gabe der Erkenntnis geoffenbart hatte, denn sie wußten ja, daß Sara Brooks nichts von dem Angebot aus dem Westen erfahren hatte. Darum stellten sie sich zusammen mit Leggetts unter dieses Wort und nahmen auch die Belehrungen von Martha Robinson zu Herzen. Sie gaben ihren Plan, jenes attraktive Angebot aus dem Westen anzunehmen, sofort auf und vertrauten sich nun ganz der Führung des Herrn an, um völlig passiv in Seiner Hand zu ruhen und es Ihm zu überlassen, zu welchem Zeitpunkt und durch wen Er ihnen Seinen Willen kundtun würde.

Nun ging alles ziemlich schnell. Genau eine Woche später, am 19. Februar, schrieb Sara Brooks im Auftrag des Herrn einen Brief an Leggetts, in dem Er sie mit Seinem Plan bekanntmachte. Der Brief enthielt genaue Instruktionen, nach denen sie „ein Haus mit zehn Räumen“ mieten sollten, „das sich auch dazu eignen muß, Versammlungen darin zu halten.“ Auch wurde ihnen die Gegend genau beschrieben, in der sie das Haus finden konnten. Als sie es dann gefunden hatten, stellte sich heraus, daß es sich fast genau im Zentrum der vom Herrn angegebenen Grenzen befand. Welchem Zweck das Haus dienen sollte, wurde ihnen mit folgenden kurzen Worten mitgeteilt: „Es soll nach dem Willen des Herrn ein Haus sein, das jedem offensteht, den Er senden wird – ein Heim in dem jeder Gast so lange bleiben darf, wie der Herr es bestimmt.“ Zugleich ließ der Herr Elder Brooks und seine Frau wissen, daß sie am 1. März von Toronto nach Zion umziehen sollten, um dort die Leitung des neuen Heimes zu übernehmen. Auch Leggetts zogen nach dem Plan des Herrn in dieses Heim ein, während Mitchells in einem eigenen Haus, das ganz in der Nähe lag, wohnen sollten.

Das alles geschah genau zur rechten Zeit und nach dem Plan des Herrn, so wie Er ihn geoffenbart hatte. Martha Robinson aber führte inzwischen das Werk in Toronto weiter, unterstützt von ihren Mitarbeitern, die noch dort geblieben waren.

Kapitel 25

Zelt-Versammlungen in Zion, Illinois

Als der Sommer des Jahres 1910 nahte, zeigte der Herr Seinen Dienern, daß in Zion Zeltversammlungen gehalten werden sollten. Am 1. Juli traf Martha Robinson in Zion ein, um zusammen mit ihren Mitarbeitern, die sich bereits dort befanden, in den Zeltversammlungen zu dienen. Es war Gottes Plan, vielen Gläubigen in dem „armen, ganz auf abwegige Bahn geratenen Zion", die sich nun in geistlicher Hinsicht in Not befanden, Hilfe zu bringen. Kurz zuvor war auf einem freien Platz in unmittelbarer Nähe des Glaubensheimes ein Zelt aufgestellt worden.

Die Versammlungen, die dann gehalten wurden, hätte wohl niemand besser beschreiben können als Bessie Bolund Pottinger. Sie hat diese als junges Mädchen miterlebt und ihre Eindrücke auf recht lebendige Weise geschildert:

„Meine Mutter war in ihrem großen Hunger nach Gott für vierzehn Tage zu einem christlichen Freizeitlager in Indiana gereist. Mich hat sie zum erstenmal mit meinem Vater, dem ich den Haushalt zu besorgen hatte, allein gelassen. Da besuchte mich eine Sonntagschulfreundin und fragte mich, ob ich mit ihr – nur so zum Spaß – zu einem Evangeliumszelt an der Elisha Avenue gehen würde.

‚Es sind recht merkwürdige Versammlungen', meinte sie. ‚Auf der Plattform nehmen immer mehrere Prediger, Männer und Frauen, Platz, die dann alle nur dasitzen, den Herrn preisen und spontan anfangen zu singen, in Zungen zu sprechen oder zu weissagen.' Ich war sofort einverstanden mitzugehen, und versprach ihr, sie zu begleiten, falls sie mir beim Geschirrspülen helfen würde.

Es war ein ziemlich weiter Weg, den wir an jenem warmen Sonntagnachmittag zu gehen hatten, aber meine Freundin, die bereits einige Male im Zelt gewesen war, hatte mir unterwegs viel über diese Veranstaltungen zu erzählen. Es waren ganz ungewöhnliche Dinge, die sie mir berichtete. Als wir beim Zelt ankamen, waren wir so recht auf eine unterhaltsame Zeit eingestellt und setzten uns ans Ende der allerletzten Bank.

Da saßen sie, diese Prediger, ganz in weiß gekleidet, genauso wie sie mir beschrieben worden waren, und priesen den Herrn. Uns verging aber bald das Kichern, und wir vergaßen ganz, daß wir ja gekommen waren, um ein bißchen Spaß zu haben, denn Gott war inmitten dieser ‚sonderbaren' Leute. Das Ende des Gottesdienstes fand uns weinend am Altar, kniend in den Sägespänen.

Wir waren vom Geist Gottes überführt worden und sahen auf einmal alles mit anderen Augen an; dementsprechend änderte sich auch der Ton unserer Unterhaltung auf dem Heimweg. Wir tauschten unsere Gedanken aus und besprachen unsere Eindrükke, wie wir sie nun von den Predigern bekommen hatten. Dabei beschrieben wir sie nach ihrer Kleidung, gewissen Merkmalen in ihrem Wesen oder auch nach dem besonderen Dienst, den jeder tat, da wir sie noch nicht mit Namen kannten. Frau Robinson nannten wir ‚die Kleine mit dem weißen Kleid und dem breitrandigen, weißen Hut, die von Jesus sprach, als ob sie Ihn kennen würde'. Und sie kannte Ihn, wie ich bald darauf in Erfahrung brachte.

Ich war damals dreizehn Jahre alt, sehr schüchtern und zurückhaltend im Umgang mit Fremden, und es bereitete mir Schwierigkeiten, mich im privaten Gespräch oder auch öffentlich auszudrücken; doch in meinem Herzen war es von da an eine abgemachte Sache: ‚Dein Volk ist mein Volk und dein Gott ist mein Gott', Ruth 1,16, und ich war entschlossen, mich ganz mit diesem Werk des Herrn zu verbinden.

Als meine Mutter von der Bibelfreizeit zurückkehrte, fand sie auch mich in einer Versammlung, denn ich nutzte jede Gelegenheit, um zu den Füßen Jesu zu sitzen und Sein Wort in mich aufzunehmen, wie es aus dem Munde Seiner Diener kam. Sie war eine gute Mutter, und so ging sie gleich am nächsten Sonntag nach ihrer Rückkehr mit mir ins Zelt, um zu sehen, wo ich eigentlich hineingeraten war. Doch sie war ganz zufrieden und meinte dann, sie könne verstehen, daß ich hier nun mein geistliches Zuhause gefunden hatte.

Ich kann mich noch gut an jene Begegnung mit Frau Robinson erinnern, bei der ich zum erstenmal in näheren Kontakt mit ihr kam. Damals sprach der Herr durch sie zu mir und offenbarte mir die innersten Gedanken und verborgensten Dinge meines Lebens. Sie zeigte mir dann auch, wie ich Jesus suchen und wie ich meinen starken Eigenwillen überwinden könne, dem ich hauptsächlich zu Hause freien Lauf ließ – bis der Feind, der mich gebunden hielt, selbst gebunden sein würde und ich vollkommen frei wäre. Einige Wochen später kam dann jener Augenblick, den ich nie vergessen werde – ich befand mich in einer Vormittagsversammlung, die werktags stattfand und für Suchende eingerichtet worden war – als Frau Robinson hereinkam und in der majestätischen, stillen Macht des Heiligen Geistes ihre Hand auf mich legte und leise sprechend dem Peiniger, der mich gebunden hielt, gebot auszufahren. Ich wußte sofort, daß ich nun frei und gereinigt war. Ich hatte zunächst immer noch mit Versuchungen zu kämpfen, denn die sündigen Gewohnheiten waren schon tief in mein Wesen geprägt, und ich hatte bis dahin immer danach getrachtet, meinen eigenen Willen durchzusetzen; aber Frau Robinson ließ mich fortan nicht mehr allein in diesen Versuchungen, mit denen ich in meinen jungen Jahren und in meiner Unwissenheit ohne ihre Hilfe nicht hätte fertig werden können."

Bessie berichtet anschließend noch über eine Begebenheit, die sich einige Jahre später zugetragen hat, die aber zeigt, welche Frucht aus den Zeltversammlungen hervorgegangen ist:

„Als ein ‚Gefäß' des Herrn, den sie innig liebte und dem sie ganz ergeben war, hat sie mir seelsorgerlich so helfen und beistehen können, daß mein Leben um die Zeit meines 15. Geburtstags Gott völlig ausgeliefert war und es auch immer geblieben ist. Nach einigen Jahren ging ich eines Tages zu ihr; ich war sehr bekümmert, da ich fühlte, daß ich die innere Verbindung zum Herrn verloren hatte und Ihm nicht mehr so völlig hingegeben war. Die Art und Weise, wie sie dann mit mir sprach, könnte auch anderen, die diese Zeilen lesen und vielleicht einen ähnlichen Kummer mit sich herumtragen, eine Hilfe sein. Darum gebe ich dieses Gespräch hier weiter:

‚Hattest du dich Ihm völlig hingegeben?‘ fragte sie mich.

‚Ja‘, antwortete ich.

‚Hast du deine Hingabe je wieder zurückgenommen, hast du deinen Sinn inzwischen geändert, so daß Jesus allein dir nicht mehr genügt und du Ihm nicht mehr ungeteilt gehören möchtest?‘

‚Nein, nein!‘ schrie mein Herz.

‚Gut, auch Er hat Seinen Sinn nicht geändert. Du bist in einen Bund mit Ihm getreten, und Er kann und wird ihn dir gegenüber auch halten.‘

Welch gesegnete, wunderbare Worte des Lebens, die aus dem Munde eines gottgeweihten Menschen kamen. Solche Worte behalten ihren Wert bis in Ewigkeit!“

Die Zuhörerschaft in den Zeltversammlungen bestand natürlich nicht nur aus Kindern, Neugierigen und Spöttern. Viele der regelmäßigen Besucher waren sehr geachtete, prominente Bürger der Stadt, gebildete und erfolgreiche Geschäftsleute; zu diesen gehörten auch Herr und Frau Judd.

Herr Judd hatte seinerzeit das Baugelände für die Gründung der Stadt Zion ausfindig gemacht und bestimmt. Als Sekretär und Generaldirektor der „Zion Land and Investment Association“ hatte er mit seinen Assistenten für die Grundstücke und Häuser der vielen tausend Siedler und Kapitalanleger der Stadt die finanziellen Transaktionen durchgeführt. Nachdem die Stadt besiedelt und die öffentlichen Einrichtungen und Geschäfte in Betrieb genommen waren, wurde er der leitende Beamte der öffentlichen Einrichtungen der Stadt und Verwalter der „Zion Lace Factory“, in der auch Martha Wing Robinson als Sekretärin des Geschäftsführers gearbeitet hatte. Außerdem war er Leiter des bekannten Zion-Chors, der fünfhundert weißgekleidete Sänger zählte und in dem Martha Robinson auch regelmäßig mitgewirkt hatte. Herr Judd war allgemein geschätzt und ein besonders fähiger Mann; er war in musikalischer wie auch in geschäftlicher Hinsicht außergewöhnlich begabt und tüchtig.

Nachdem Herr Judd nun derart im religiösen und öffentlichen Leben der Stadt engagiert war, mußte ihn die sowohl in geistlicher als auch in finanzieller Hinsicht tragische Fehlentwicklung in Zion zutiefst treffen. Doch er hielt trotz allem, was geschehen war, treu zu seinem Gott und war jetzt auf der Suche nach Gleichgesinnten, mit denen er Gemeinschaft pflegen und in deren Mitte er geistliche Auferbauung finden konnte. So kam er zu den Zeltversammlungen und fand hier, was seine verlangende Seele suchte.

Natürlich war es ihm ein Anliegen, daß auch seine liebe Frau an dem Segen Anteil hatte, und er lud sie zu den Versammlungen ein. Zunächst zeigte sie sich uninteressiert und lehnte ab, denn sie war weder wiedergeboren noch daran interessiert, mit religiösen Leuten zu verkehren, die von vielen als fanatisch angesehen wurden. Sie war eine tüchtige Lehrerin und eine erfolgreiche Geschäftsfrau, die seit einigen Jahren die „Mrs. Judd's School of Shorthand“ (Schule für Stenographie) leitete.

Schließlich konnte Herr Judd seine Frau doch dazu überreden, einen der Gottesdienste im Zelt zu besuchen. Gleich in der ersten Versammlung empfand sie, daß die Kraft Gottes gegenwärtig war, und so war sie bereit, ihren Mann nochmals zu einem Gottesdienst, der am Sonntagmorgen stattfand, zu begleiten. Während dieser Versammlung war es eine ziemlich lange Zeit sehr still. Martha Robinson und die anderen Diener am Wort saßen vollkommen still da, in Gemeinschaft mit dem Herrn und in Anbetung versunken, während Gott Seinen Geist ausgoß und die ganze Versammlung in eine wunderbare Stille hineinbrachte – ähnlich den Wartezeiten, wie sie in den Versammlungen der Quäker üblich waren. Für die tatkräftige Frau Judd, die von jeher gewohnt war, jeden wachen Moment auszukaufen und immer etwas Nützliches zu tun, bedeutete solche Passivität eine sinnlose Zeitverschwendung.

Als Martha Robinson dann am Schluß des Gottesdienstes einigen, die sich auf den Heimweg machen wollten, die Hand gab, konnte Frau Judd sich nicht enthalten, Bemerkungen darüber zu machen, wie die Prediger es nur fertigbrächten und es sich leisten könnten, so lange stillzusitzen und einfach nichts zu tun. Darauf gab Martha Robinson zur Antwort: „O, wir wären sogar bereit, eine ganze Stunde lang vollkommen stillzusitzen – bis Gott uns dazu bewegt, zu sprechen oder irgend etwas zu tun."

Frau Judd kam weiterhin von Zeit zu Zeit in die Gottesdienste, war aber immer noch nicht allzu interessiert; sie kam in erster Linie ihrem Mann zuliebe. Doch der Geist Gottes wirkte an ihrem Herzen. Einige Monate später erlebte sie eine herrliche Wiedergeburt. Nun war es ihr eine Freude, in den Versammlungen zu sein, und sie schätzte den Dienst der Prediger. Jedoch bereiteten ihr einige Dinge große Schwierigkeiten, besonders die Zeiten der Stille. Diese mußten nach ihrer Meinung eine erfahrene Geschäftsfrau, wie sie sich selbst bezeichnete, doch in Verlegenheit bringen. Sie bezweifelte ernstlich, ob solche Zeiten während des Gottesdienstes wirklich sinnvoll und notwendig waren. Später sagte sie einmal: „Ich bewunderte diese Menschen sehr und wußte, daß sie wirklich geistlich waren, aber ich konnte nicht verstehen, daß sie das eine nicht wußten, was mir seit vielen Jahren selbstverständlich war: daß man keine Minute ungenutzt vorbeigehen lassen sollte.

Eines Abends wollte ich mich nach einer Versammlung auf den Heimweg machen und nahm gerade meinen Mantel, als ich hörte, wie eine Frau, die regelmäßig in die Versammlungen kam, zu Frau Robinson sagte: ‚Frau F. hat gesagt, sie würde gern zu den Versammlungen kommen, aber sie könne diese Zeiten der Stille einfach nicht ertragen.' Das war die Gelegenheit, meinem Herzen Luft zu machen. Spontan rief ich den beiden zu: ‚Ja, es ist wirklich so, wir können mit diesen stillen Zeiten absolut nichts weiter anfangen, als sie eben einfach nur zu erdulden!'

Da sprach der Herr in ernstem Ton und mit lauter Stimme durch Martha Robinson und sagte: ‚Frau Judd, wie können Sie es wagen, über das größte Wunder, das in diesen Versammlungen geschieht, so zu sprechen?' Nun war ich ja in allem sehr gründlich, und so nahm ich mir vor, das größte Wunder, das der Herr in den Versammlungen tat, näher zu untersuchen. Da kam ich langsam hinter das Geheimnis, und ich erkannte, daß es sich hierbei keineswegs um Zeitverschwendung handelte; Gott hat mich reich gesegnet, während ich der Sache auf den Grund ging."

Zwei oder drei Jahre später erging an Frau Judd der Ruf des Herrn; der Heilige Geist sagte, daß sie zusammen mit den anderen dem Herrn als Sein „Gefäß" dienen sollte. Aus diesem Grund gab sie dann ihre Schulen auf. Herr Judd arbeitete weiterhin im Immobilien- und Versicherungsgeschäft, übernahm aber daneben die musikalische Leitung in diesem Werk des Herrn.

Unter denen, die den Herrn in den Zeltversammlungen ernstlich suchten, war eine feine, farbige Frau namens Ursie Naylor; sie hatte zuvor an der Wilberforce University promoviert. Während sie sich ganz dem Herrn hingab, erfüllte Er sie mit Seinem Geist. Dabei sprach sie in neuen Zungen, und zwar in einer Sprache, die sie selbst nicht kannte, die aber jemandem unter den Zuhörern vollkommen verständlich war.

Später schenkte der Herr ihr verschiedene geistliche Gaben, und sie wurde eine Mitarbeiterin im Werk des Herrn, die von Martha Robinson ganz besonders geschätzt wurde. Sie hatte in ihrem Wesen etwas Würdevolles und diente in göttlicher Autorität; durch sie erfuhren viele Menschen die Hilfe des Herrn. „Wir empfanden gleich, daß sie zu uns gehörte", so äußerte sich einmal Martha Robinsons erste Mitarbeiterin. „Sie war uns allen überlegen. Gott hat durch sie größere Dinge getan als durch uns." Später erinnerte Ursie Naylor sich daran, wie Martha Robinson einmal sagte, Gott würde in diesen letzten Tagen für die Farbigen größere Dinge tun als für die Weißen, weil ihre Rasse so verachtet sei. Sie hatte den Farbigen gegenüber keine Vorurteile, da sie als wahre Christin glaubte, daß alle Nationen von dem einen von Gott geschaffenen Menschen abstammen.

Viele Menschen kamen infolge der erlebten Misere, wie sie einige Jahre zuvor über die Bewohner der Stadt Zion gekommen war, sehr entmutigt und mit Bitterkeit im Herzen in die Zeltgottesdienste. Sie hatten ihren Gram und ihre Enttäuschung nicht überwinden können und waren so immer tiefer in den Sumpf der Verzweiflung gesunken. Doch der gute Hirte ging diesen zerstreuten und verwundeten Schafen nach. Aufgrund ihrer eigenen Erfahrungen konnte Martha Robinson sie verstehen und ihnen wieder zurechthelfen. Der Heilige Geist belehrte durch sie diese Enttäuschten, von ihrem Verdruß und ihren Anfechtungen wegzublicken und ihre Augen auf Jesus zu richten. Für sie war die Unterweisung über das Lobpreisen von unschätzbarem Wert. Sie wurden aufgefordert, den Herrn laut und anhaltend zu preisen und dadurch dem ausdrücklichen Gebot der Schrift zu gehorchen: „Freuet euch in dem Herrn allewege", Phil. 4,4, und: „Seid dankbar in allen Dingen, denn das ist der Wille Gottes in Christus Jesus an euch", 1. Thess. 5,18. „Du kannst durch jede Wolke hindurchdringen", so belehrte der Herr sie durch Martha Robinson, „du kannst dich durch jedes Gestein hindurchgraben, du kannst jede Finsternis durchbrechen, die der Teufel über dich bringen mag, wenn du den Herrn preisen wirst.

Du weißt nicht, was du erleben würdest, wenn du Tag für Tag, Stunde um Stunde, jeden Augenblick den Herrn preisen würdest. Es würde alle deine bisherigen Erfahrungen in den Schatten stellen, und du würdest beständig Jesus sehen.

In deinem Wesen würde eine wunderbare Verwandlung vor sich gehen, du hättest deine Freude an den Wegen des Herrn und an dem, was Ihm wohlgefällt, anstatt an dem, was dem natürlichen Menschen als begehrenswert erscheint; du würdest fröhlich sein in Seiner Gegenwart, Sein Segen käme über dich, und du würdest Seinen heiligen Namen preisen und verherrlichen. Die höchste Form des Dienstes, den wir Gott darbringen können, besteht darin, Ihn unaufhörlich anzubeten und zu preisen."

Sobald die Zuhörer diesen Ermahnungen gehorchten, wich jener finstere Geist der Traurigkeit und Entmutigung von ihnen. Sie kamen aus der Finsternis in den Sonnenschein Seiner Gegenwart hinein. Viele Gläubige in der Stadt erinnerten sich immer wieder mit tiefer Dankbarkeit daran, wie der Herr sie aus ihrer schrecklichen Grube herausgeholt und ihre Füße auf Felsengrund gestellt hatte, und das alles aufgrund der Belehrung über das Lobpreisen, die sie durch Seine Dienerin empfangen hatten.

Unter denen, die die Zeltversammlungen regelmäßig besuchten, war eine Anzahl Prediger, die in der Stadt Zion wohnten. Einige von ihnen waren früher einmal von Gott berufen und auf wunderbare Weise gebraucht worden; die einen hatten dann aber jeden Gedanken aufgegeben, dem Herrn noch weiterhin zu dienen, und die anderen warteten immer noch auf irgendeine offene Tür. Eine ganze Reihe von diesen Dienern des Herrn wurde wiederhergestellt und nahm die Arbeit im Weinberg des Herrn wieder auf.

Diese Versammlungen im Zelt sollten in erster Linie zur Auferbauung der Gläubigen wie auch der Reichsgottesarbeiter dienen, doch wurden dabei die Unerretteten keineswegs außer acht gelassen. Viele der Gläubigen, die treu zu den Gottesdiensten kamen, hatten Kinder, die noch nicht errettet waren. Eines Tages gab der Herr Martha Robinson den Auftrag, die Eltern von vier jungen Mädchen anzusprechen. Ihre Namen waren: Lucia, Maud, Helen und Katharine. Der Herr sprach durch Sein Gefäß, Er habe die Absicht, ihre ältesten Töchter in Seinem Weinberg zu gebrauchen, und sie sollten im Gebet für sie eintreten, daß sie gerettet und für Seinen Dienst zubereitet würden.

Drei von ihnen traten später auch wirklich in den Dienst des Herrn. Lucia ging nach Afrika, wo sie viele Jahre als Missionarin wirkte, dann aber durch die Hand eines Eingeborenen den Märtyrertod fand. Wie der Herr Helen und Katharine in Seinem Erntefeld gebrauchte, werden wir noch später sehen.

Als der September sich dem Ende näherte, war die Zeit gekommen, die Zeltversammlungen zum Abschluß zu bringen. Der Herr gab nun die Weisung, Martha Robinson solle am Montag, dem 26. September, mit ihren beiden Begleiterinnen nach Toronto zurückkehren. Der Tag, an dem sie abreisen sollten, kam, aber es war nicht genügend Geld für die Fahrkarten vorhanden. Schon nahte die Stunde, in der sie das Haus verlassen und zum Bahnhof gehen mußten! Immer noch hatten sie nicht das Reisegeld! Die Koffer waren gepackt und standen in der Vorhalle für den Abtransport zum Bahnhof bereit. Bis auf einige kleine Handgriffe, die in letzter Minute noch erledigt werden mußten, war nun alles für die Reise bereit. Martha Robinson zweifelte nicht, daß Gott das benötigte Geld zur rechten Zeit geben würde; zu oft hatte sie erlebt, daß Gott zu Seinem Wort steht. So traf sie noch in Ruhe die letzten Vorbereitungen, um sich dann gemäß der Weisung des Herrn mit den anderen auf den Weg zu machen.

Da klopfte es an der Tür. Alexander Taylor war direkt von seiner Arbeit im Kohlenlager, das ganz in der Nähe gelegen war, gekommen. Er hatte wohl zweimal eine Zeltversammlung besucht, war aber Frau Robinson und den anderen völlig fremd. Ganz zufällig hatte er gehört, daß zwei oder drei der Diener des Herrn, die die Versammlungen geleitet hatten, nach Kanada reisen würden, doch da es ihn weiter nichts anging, hatte er der Sache keine besondere Beachtung geschenkt. Er wußte nicht, daß sie gerade an diesem Tag abreisen wollten. Bevor dieser Mann nun an jenem Morgen zur Arbeit ging, sprach der Herr zu ihm. Er sagte zu diesem sehr sparsamen Engländer, während er im Gebet war, er solle etwas von dem Geld mitnehmen, das er so sorgfältig beiseite gelegt hätte. Im Laufe des Vormittags hatte er dann deutlich den Eindruck bekommen, daß er das Geld Frau Robinson bringen solle. So hatte er seinen Arbeitsplatz verlassen und sich auf den Weg zu dem Heim an der Elisha Avenue gemacht.

„Ich möchte gern Frau Robinson sprechen", sagte Herr Taylor zu der Frau, die die Tür öffnete.

„Sie ist jetzt sehr mit dem Packen beschäftigt."

Herr Taylor wartete eine Weile, bis sie schließlich herunterkam. Sie gab ihm die Hand und erkundigte sich nach seinem Anliegen.

„Wovon leben Sie eigentlich?"

„Wir leben aus Glauben."

Er verstand diese Antwort nicht und dachte, er hätte lieber gleich zur Sache kommen sollen.

„Haben Sie denn schon das Reisegeld?“ fragte er sie ganz unvermittelt.

„Nun, eigentlich nicht; wir haben nur noch ein paar Dollar.“

Da zog er eine Handvoll Dollarnoten heraus – genug für die Reise – und gab ihr diese! Einige Minuten später versammelte sich die Hausgemeinschaft zu einem kurzen Gebet, und dann machten sich alle auf den Weg zum Bahnhof.

Herr Taylor schloß sich der Gruppe an; er hätte zu seinem Arbeitsplatz ohnehin in die gleiche Richtung gehen müssen. Während der Zug schon in den Bahnhof einfuhr, fühlte er sich geleitet, Frau Robinson noch mehr Geld zu geben. Sie war gerade im Begriff, die Stufen zu dem Abteil hinaufzusteigen, als er ihr einen größeren Geldschein in die Hand drückte.

So gab der Herr noch rechtzeitig das Fahrgeld, und darüber hinaus auch genügend zum Leben in den nächsten Tagen.

Martha Wing Robinson

etwa 1917

**Martha Robinson
und ihre Mutter**

Kapitel 26

Die Glaubensheime in Zion

Nachdem Martha Robinson nach Toronto zurückgekehrt war, nahm sie dort ihren Dienst im Glaubensheim wieder auf. Während dieser Zeit gingen in dem Werk in Zion einige markante Veränderungen vor sich. Es wurde dort ein viel größeres und geräumigeres Haus mit Wohnräumen und einem Versammlungsraum gemietet. Aber immer noch wuchs das Werk, so daß es bald notwendig wurde, ein weiteres Haus zu beziehen. Im Frühling des Jahres 1911 wurde eines der hübschesten Holzhäuser in der Stadt gemietet und eingerichtet.

Im Juni reisten Robinsons wieder nach Zion und zogen nun in dieses zweite Haus ein. Im Sommer wurde wieder das Zelt aufgestellt, diesmal auf einem freien Platz direkt gegenüber dem zweiten Glaubensheim. Eine Zeitlang wurden darin Versammlungen gehalten, bis ein gewaltiger Sturm das Zelt mit einem Schlag flach auf den Boden legte – zur großen Freude der Gegner des Werkes. Daraufhin wurden die Gottesdienste in das gegenüberliegende Glaubensheim verlegt und fortan dort gehalten. Die großen Räume im unteren Stockwerk wurden entsprechend hergerichtet, so daß eine zahlreiche Zuhörerschaft gut untergebracht werden konnte.

Das Werk wuchs beständig; die Zahl der Gäste nahm weiterhin zu, und immer mehr Gläubige wollten in den Genuß der Belehrungen kommen, die der Herr durch seine Diener gab. Das Personal des Heimes in Toronto war inzwischen ebenfalls nach Zion gezogen. Durch alle diese Umstände wurde es dringend notwendig, weitere Wohnräume zu beschaffen, und so wurde im August 1911 ein drittes Haus gemietet, das ganz in der Nähe der beiden anderen Häuser gelegen war.

Nachdem Robinsons nach Zion gekommen und auch das dritte

Glaubensheim eröffnet worden war, hatte das Werk jene äußere Form angenommen, die es mit Ausnahme von geringfügigen Änderungen fortan zu Lebzeiten von Martha Robinson behalten sollte. In jedem der drei Heime lebte die Hausgemeinschaft unter der Leitung eines Predigerehepaares wie in einer Familie zusammen. Alle drei Häuser wurden unter einer gemeinsamen Verwaltung geführt; man nannte dieses Werk einfach „die Glaubensheime".

Eigentlich hatte das Werk aber überhaupt keinen offiziellen Namen. Es bestand auch keine formelle Organisation in dem Sinn, wie wir es heute verstehen, denn es gab keinen Vorstand, keinen Präsidenten, Sekretär usw. Die geschäftlichen Angelegenheiten regelten die Diener am Wort gemeinsam, indem sie im Gebet auf den Herrn warteten und sich in allen Dingen von Ihm leiten und Ihn entscheiden ließen. Diese „geistliche Einrichtung" hatte der Herr unter ihnen eingeführt, denn hier war nicht ein Mann oder eine Frau, sondern Er selbst das Haupt. Es hat sich gezeigt, daß die einzelnen Glieder der Gemeinschaft auf diese Weise stärker miteinander verbunden wurden, und daß diese „Methode" eine bessere Arbeitsgrundlage darstellte als jede menschliche Organisation, bei der Statuten aufgestellt, Vorstandsmitglieder gewählt und diese mit bestimmten Ämtern betraut werden. So war die Art, in der die Glaubensheime geleitet und verwaltet wurden, wirklich einzigartig.

Doch ebenso einmalig war auch die Haltung, die man in diesem Werk in bezug auf die Bekanntmachung der Versammlungen und die Unterstützung der Glaubensheime einnahm. Wie früher schon berichtet wurde, hatte der Herr damals, als Er im Jahre 1909 den Auftrag gab, in Toronto regelmäßige Versammlungen zu halten, Martha Robinson angewiesen, diese nicht bekanntzugeben, sondern es Ihm zu überlassen, Menschen nach Seiner Wahl zu senden. Diese Anordnung galt nicht nur für jene Zeit der Anfänge, wie man vielleicht annehmen würde, vielmehr wurde sie zum bleibenden Grundsatz.

Nur einmal wurden Handzettel gedruckt und verteilt, auf denen die ersten Zeltversammlungen in Zion bekanntgegeben wurden.

Dies war allerdings die einzige Ausnahme; sonst haben sie in Zion nie irgendwelche Versammlungsanzeigen gedruckt, verteilt oder verschickt. Solange Martha Robinson lebte, wurden niemals Briefe im Interesse der Glaubensheime ausgesandt; sie haben auch kein Mitteilungsblatt herausgegeben und keinen Bericht über das Werk veröffentlicht. Sie hatten nicht einmal eine Namenstafel unter der Hausglocke angebracht; es gab weder einen Hinweis auf das Lokal noch auf die Existenz des Glaubenswerkes – wie hätte es einen solchen auch geben können, da das Werk ja keinen offiziellen Namen hatte.

Doch obwohl selbst die einfachste Bekanntmachung fehlte, fanden Menschen aus der ganzen Welt den Weg zu diesen ungekennzeichneten, schlichten Heimen in einer kleinen Stadt des mittleren Westens. Im Lauf der Jahre wurden in den Glaubensheimen buchstäblich Tausende von Gästen – Prediger, Missionare und auch sonst viele Gläubige – aus fast allen Ländern der zivilisierten Welt, aus verschiedenen Rassen und Denominationen, beherbergt. Einer erzählte dem andern von dem Land, „darin Milch und Honig fließt", und von dem Wein, der aus den „Trauben am Bach Eskol" gewonnen wurde. So wurde das Werk durch seine Früchte bekannt und immer mehr Menschen kamen, um selbst zu schmecken und zu sehen. Die Folge war, daß sich dort eine große Schar von Menschen aus aller Welt zusammenfand, Weiße und Schwarze, Reiche und Arme, Gebildete und Ungebildete; alle aber waren in dem einen gemeinsamen Ziel miteinander verbunden: Jesus tiefer zu erkennen.

Manche besuchten nur einen der Gottesdienste, die außer samstags dreimal täglich gehalten wurden, und machten sich dann wieder auf den Heimweg. Andere nahmen noch an einer Mahlzeit teil oder blieben über Nacht. Manche blieben zwei oder drei Tage oder übers Wochenende oder gar für ein oder zwei Wochen. Jeder war willkommen und durfte bis zu zwei Wochen Gast im Hause sein. Wollte jemand über diese Zeit hinaus bleiben, dann fragten die dienenden Brüder und Schwestern den Herrn in dieser Sache. Erhielten sie vom Herrn eine zustimmende Antwort, so erwartete man von dem Gast, daß er bei den Arbeiten im Haushalt in dem einen oder anderen der drei Heime mithalf. Eine ganze Anzahl der Gäste blieb für längere oder kürzere Zeit, wie es der Herr in jedem einzelnen Fall leitete. Manche waren als Studenten im Hause und bereiteten sich auf den Dienst im Weinberg des Herrn vor. Im Durchschnitt hielten sich zur Zeit immer ungefähr fünfzig Leute – ständige Bewohner und Gäste – in den drei Häusern auf. Diese alle mußten täglich bewirtet werden. Man hatte einen gemeinsamen Einkäufer, der die Waren für alle drei Heime besorgte und diese aus einer gemeinsamen Kasse bezahlte.

Woher aber kam das Geld für den Unterhalt der Diener am Wort und des Personals und für die Bewirtung aller Gäste in den Glaubensheimen?

Weder Martha Robinson noch jemand von den Mitarbeitern verfügte über Geldmittel, es gab keine Quelle, von der man hätte laufend beziehen können, was zum Unterhalt notwendig war. Es war auch niemand da, der für die Ausgaben aufgekommen wäre. In den Versammlungen wurde nie ein Opfer erhoben, außer am ersten Sonntag im Monat; dieses Geld wurde dann immer in die äußere Mission geschickt. Man hat nie jemanden von den Heimbewohnern oder Gästen gebeten, für Kost und Logis etwas zu geben. Auch hat nie ein Prediger oder Mitarbeiter privat oder öffentlich jemals eine Andeutung hinsichtlich der Bedürfnisse des Werkes gemacht, viel weniger um eine Spende gebeten.

Doch wie konnten die Kosten für Nahrungsmittel, Heizung, Licht und Miete bestritten werden – wer hat die Mittel dafür gegeben?

Der Vater im Himmel! Die Glaubensheime waren Seine Heime, und deren Bewohner waren Seine Kinder. Er wußte genau, was benötigt wurde, und sorgte dafür, daß alles kam, was zum Leben und Unterhalt nötig war, und zwar in Beantwortung des Glaubens und der Gebete von Martha Robinson und ihren Mitarbeitern. Oft kam die Hilfe in Form von Geld oder Warenlieferung von ganz unerwarteter Seite, aber nie ließ Gott sie im Stich.

Ebenso wunderbar, wie Er für die materiellen Bedürfnisse dieser großen Familie sorgte, war es auch, wie Er das Kommen und Gehen der Besucher regelte und lenkte, denn obwohl viele ohne vorherige Anmeldung kamen, konnten mit ganz wenigen Ausnahmen immer alle untergebracht werden. Wie oft kam es vor, wenn Gäste eben ihr Zimmer geräumt hatten, daß dieses innerhalb einer Stunde schon wieder von neuen Gästen belegt werden mußte, die unerwartet gekommen waren. Nur dadurch, daß Gott selbst alles in Seiner Hand hatte und lenkte, konnte sich das Kommen und Gehen einer solch großen Zahl von Besuchern so reibungslos abwickeln; denn solche Umstände hätten – wie man sich leicht vorstellen kann – normalerweise zu einem großen Durcheinander führen müssen.

Um verstehen zu können, in welcher Absicht die Glaubensheime ins Leben gerufen wurden, müssen wir uns vor Augen halten, daß sie aus jener wunderbaren Erfahrung heraus entstanden sind, die Martha Robinson im Jahre 1907 gemacht hatte. Damals hatte sie zu Gott gerufen, er möge sie dahin bringen, daß sie nichts mehr mit sich selbst und ihrem eigenen Weg und Wesen zu tun habe, sondern daß Christus Sein Leben in ihr auslebe. Nachdem sie lange Zeit intensiv zu Gott gefleht und völligen Gehorsam gegenüber den Geboten Christi bewiesen hatte, war Er zu ihr gekommen, um sich ihr nach Johannes 14,21 und 23 zu offenbaren. Und nun wollte Gott in der ganzen Gruppe in den Glaubensheimen auf gleiche Weise wirken, wie Er es in Martha Robinsons persönlichem Leben tun konnte. In den Heimen sollte in allem bis hin zu den kleinsten Angelegenheiten des Zusammenlebens allein Sein Wille maßgeblich sein. Ihre Mitarbeiter sollten zum Beispiel auch beim Planen der Menüs, beim Zuweisen der Gäste in ihre Zimmer wie auch bei den verschiedenen Arbeiten im Haushalt nach Seinem Willen fragen und sich von Ihm leiten lassen.

Darum war es nun erforderlich, daß alle Mitarbeiter von dem einen Wunsch beseelt waren, Jesus in allem zu gefallen. Sie mußten Ihm geweiht und restlos ausgeliefert sein, so daß Er sie ganz nach Seinem Willen leiten und gebrauchen konnte, selbst dann, wenn Sein Weg und Wille ihrem eigenen, natürlichen Weg und

Wunsch entgegen war. Verfolgt man beharrlich dieses Ziel, geht man konsequent diesen Weg, so kann dieser nur zur völligen Kreuzigung des Fleisches und zur Offenbarung Christi führen. Und das war es, worauf Gott es abgesehen hatte, aus diesem Grund hatte Er die Glaubensheime eröffnen lassen. An diesem Ort sollten alle, die Er dorthin führen würde, über ihre „göttliche Berufung“ belehrt werden: „Es ist der Ruf Gottes an jeden einzelnen, ob als Prediger, Bibellehrer oder in einem irdischen Beruf tätig, sich danach auszustrecken, Jesus an jedem Tag tiefer zu erkennen, und zwar durch den Gehorsam gegenüber Seinem Wort.“ Auch sollten sie darüber belehrt werden, daß es nicht genügt, den Buchstaben des Wortes zu kennen, daß man vielmehr solange darüber beten muß, bis Sein Wort Leben geworden ist, das heißt, bis es sich in unserem Leben verwirklicht. Nach dem Willen des Herrn sollte an diesem Ort gelehrt werden, daß es gilt, die Bibel auszuleben und den Geboten Jesu zu gehorchen.

Nun wird im Wort Gottes aber ausdrücklich gesagt, daß der Feind zornig ist über die, „die Gottes Gebote halten und das Zeugnis Jesu haben“, Offenbarung 12,17. So wird jeder Christ, der es sich zum Ziel gesetzt hat, in allem den Willen Gottes zu tun, den erbitterten Widerstand Satans zu spüren bekommen. Auch müssen sich alle, die das aufrichtige Verlangen haben, sich in allen Dingen allein nach dem Wort und Willen des Herrn zu richten, auf einen harten Kampf mit ihrer eigenen Natur gefaßt machen, denn „das Fleisch streitet wider den Geist und der Geist wider das Fleisch; dieselben sind widereinander, daß ihr nicht tut, was ihr wollt“, Galater 5,17.

Auf diesem Weg gibt es dann so manche Lektionen zu lernen. Man neigt immer dazu, sich auf den eigenen Verstand zu verlassen. Es ist oft schwer, einzusehen, daß selbst unsere guten, frommen Gedanken nicht immer Gottes Gedanken sind, und daß unsere guten Wege nicht immer mit den Wegen Gottes übereinstimmen. Auch ist es nicht immer leicht zu warten, bis Gott Seinen Willen offenbart. Der natürliche Mensch ist unruhig und voreilig. Es ist wirklich so: Ein Leben der völligen Hingabe an Gott setzt nicht nur eine restlose Auslieferung an Ihn, Demut und Selbstverleugnung voraus, sondern auch Geduld und Glauben.

Gilt dies für den einzelnen – wieviel mehr dann für eine ganze Gruppe von Menschen, die alle einen starken Charakter haben und in ihrem Temperament, ihren Ideen und ihrer Verhaltensweise völlig verschieden voneinander sind. Hinzu kommt noch, daß der eine ganz andere geistliche Erfahrungen gemacht hat als der andere, und daß bei den einzelnen gewisse Unterschiede im Licht über göttliche Wahrheiten und im Verständnis für den Willen Gottes bestehen. Unter solchen Umständen kann nur die Gnade und Weisheit Gottes Harmonie schaffen und Sieg geben.

Bei aller Bemühung, den Willen Gottes in allem zu verwirklichen, gab es in den Glaubensheimen sicherlich auch mancherlei Unvollkommenheiten und manches Zukurzkommen, und dies haben die Diener des Herrn auch demütig anerkannt; sie haben niemals behauptet, daß bei ihnen alles vollkommen sei. Vorgekommene Fehler und so manches Versagen wurden ganz besonders Martha Robinson bewußt; niemandem bereiteten diese Dinge mehr Kummer, da sie tiefer als alle anderen erkannt hatte, was es heißt, „daß Christus in allen Dingen den Vorrang habe", Kol. 1,18. Doch haben Widerstand von außen und Versagen in den eigenen Reihen sich letzten Endes nur positiv ausgewirkt und zur Erfüllung des Willens Gottes beigetragen, und so wurde dieser in einem Ausmaß verwirklicht, wie es auf Erden kaum jemand für möglich halten würde.

Überdies ist Gott ihnen in ihrem Verlangen, Seine Absichten zu verwirklichen, entgegengekommen. Er schenkte den einzelnen wie auch der ganzen Gemeinschaft in den Heimen Seine besondere Hilfe, indem Er sie lehrte: „Nehmt euch jeden Tag Zeit, den Herrn im Gebet und im Glauben dafür zu preisen, daß Jesus Christus sich euch gerade an diesem Tag offenbaren werde und ihr Ihn tiefer erkennen und eine noch innigere Gemeinschaft mit Ihm haben werdet." Jeder sollte täglich im Glauben erwarten, daß Jesus sich als der verherrlichte Christus offenbaren und erweisen werde, daß Er alles in die rechten Bahnen lenkt und den Mund zum

Schweigen bringt, der im Begriff ist, unnütze Worte, Worte des Unglaubens, zu reden; ferner, daß Er alle Bedürfnisse befriedigen und Frucht hervorbringen werde. „Bittet den Herrn, daß Er euch Licht, Glauben und geistliches Verständnis geben möge, damit alles, was hier geschieht, durch den Herrn Jesus Christus getan wird."

Während die Bewohner der Glaubensheime dieses praktizierten, hielt Er Seinen Bund mit ihnen und tat überschwenglich über alles, was sie bitten oder verstehen konnten. Über dem ganzen Werk und allen Mitarbeitern ruhte beständig eine heilige Salbung, weil Christus, der Gesalbte, als der in ihrer Mitte gegenwärtige Herr erkannt und anerkannt wurde.

Kapitel 27

Das innere Leben

Ganz zu Beginn der Geschichte der Glaubensheime gab der Herr Martha Robinson durch die Gabe der Weisheit eine Botschaft, „Das innere Leben". Diese galt ursprünglich den Dienern am Wort, den „Gefäßen", wie sie gewöhnlich genannt wurden und diente ihnen – in schriftlicher Form – als Anleitung. Später wurde sie in leicht veränderter Fassung neu herausgegeben und verbreitet, so daß jeder sie lesen und sich danach richten konnte.

Der Herr gab diese Belehrung in der Absicht, um zu zeigen, wie wichtig es ist, beständig in Christus zu bleiben, und wie man in ununterbrochener Gemeinschaft mit dem Herrn wandeln kann. Auch enthielt sie eine sehr ernste Warnung, die besonders an die „Gefäße" gerichtet war; darin wurde ihnen gesagt, sie sollten nicht zu sehr mit den Segnungen Gottes, insbesondere mit den Gaben und Kraftwirkungen des Heiligen Geistes beschäftigt sein, vielmehr sollten sie sich in erster Linie nach dem Geber ausstrekken. Auch sollte ihnen an der Offenbarung der Kraft Gottes in ihrem Dienst niemals mehr gelegen sein als daran, immer in der Gegenwart des Herrn zu verharren und im persönlichen Leben beständig in der Gemeinschaft mit Ihm zu wandeln. Der Herr zeigte Martha Robinson, daß diese Instruktionen die grundlegenden Richtlinien für ein erfolgreiches christliches Leben und einen fruchtbaren Dienst darstellen, und Er gab ihr den Auftrag, jedem der „Gefäße" eine Abschrift dieser Richtlinien in die Hand zu geben, damit sie diese stets vor Augen hätten und immer wieder darauf zurückkommen und darüber beten könnten. Dies ist der Inhalt der Botschaft:

Das innere Leben

Als erstes erwartet Jesus von Seinen Gefäßen, daß sie Ihn von ganzem Herzen lieben; dann aber möchte Er, daß sie Ihn allezeit,

Augenblick für Augenblick, innerlich schauen, und dies wird ihnen auch zu einem Bedürfnis werden, wenn sie es mit ihrer Liebe zu Ihm wirklich ernst meinen.

So wird ein Gefäß, auch wenn es sich erst im Anfangsstadium einer solchen Erfahrung befindet, die meiste Zeit im Gebet zubringen, den Herrn viel preisen und immer auf Ihn warten. Es wird beständig im vertraulichen Umgang mit Jesus stehen, viel mit Ihm sprechen und Ihn oft, auch bei der Arbeit, innerlich anschauen.

Macht das Gefäß in dieser Erfahrung Fortschritte und wird es zunehmend gebräuchlich für den Herrn, dann wird es Sein Angesicht immer intensiver suchen, und – wie es immer sein wird, wenn jemand Ihn von ganzem Herzen sucht – der Herr wird ihm mehr und mehr Seine Gegenwart offenbaren.

Nun wird der Herr die Gedanken eines solchen Menschen beständig auf Ihn selbst lenken, so daß er Augenblick für Augenblick mit Jesus verbunden ist und Ihn in seinem Innern findet und wahrnimmt. Dies ist der Anfang des inneren tieferen Lebens.

Während diese Wandlung vor sich geht, wird der Herr bemüht sein, ihm durch Belehrung oder durch das Licht, das er selbst schon hat, klarzumachen, daß es nun auf das „Praktizieren der Gegenwart Gottes" ankommt. Es gilt nun, den Sinn beständig und ununterbrochen auf Jesus gerichtet zu halten und aus freiem Willen heraus und aus Liebe zu Gott jeden abweichenden Gedanken, alles Reden und Tun und alle Gefühle unter Seine Herrschaft zu bringen.

Hierin gilt es aber, sehr wachsam und konsequent zu sein. Oft verweilen die Gedanken bei einem Gegenstand, der nicht von Gott ist. Wende dich innerlich ab und zu Gott hin. Es kommen Worte, die nicht von Ihm sind. Weise sie zurück, sobald sie dir in den Sinn kommen! Schau innerlich auf Jesus und sage: *„Jesus, regiere Du in mir, denke, rede, handle Du in mir und durch mich so, wie es Dir gefällt."* Dann wird Er sich deiner annehmen und dir dabei helfen, dies zu verwirklichen.

Um so in Gott sein und bleiben zu können, ist es notwendig, zu wachen, zu beten, und auf den Herrn zu harren. Wenn du dich ganz einem solchen Leben hingibst und dich eine Zeitlang darin übst, dann wird diese innere Wandlung sich als eine bleibende Erfahrung erweisen. Aber nun ist es wichtig, daß du dich weiterhin beständig Seiner Herrschaft beugst und unterstellst, in Ihm ruhst, im Glauben stehst und allezeit in Ihm bleibst. Wenn du darin Beharrlichkeit zeigst, wird deine beständige Übung – in Gott zu leben, Ihn anzuschauen, an Ihn zu denken, kurz: „innerlich" zu bleiben –, die du jetzt noch von dir aus verrichtest, ganz vom Heiligen Geist übernommen und durchgeführt werden. Und dies ist die wahre Innerlichkeit, das tiefere innere Leben, das eigentlich jeder echte Christ kennen und haben sollte.

Nun folgt eine Warnung, die sich an alle richtet, denen geistliche Gaben anvertraut worden sind, eine Warnung, die für sie von größter Wichtigkeit ist:

Alle Gaben des Geistes erweisen sich als ein großer Segen. Gott verleiht sie Menschen nach Seiner Wahl und wie es Ihm gefällt. Treten die Gaben nun aber zu sehr in den Vordergrund und vernachlässigt man die Pflege des inneren Lebens, das Bleiben und Wandeln in der Gegenwart des Herrn und in Seiner Gemeinschaft, dann kann man alles verlieren.

In einem Brief belehrte Frau R. einmal ein Predigerehepaar über das innere Leben, und diese Belehrung sollte in diesem Zusammenhang erwähnt werden: „Manche Prediger kennen Jesus nicht genügend, und darum sind sie nicht innerlich. Würden sie Ihn durch die Kraft des Heiligen Geistes erkennen, dann könnten sie gar nicht anders als innerlich sein.

Bevor Ihr wirklich innerlich sein könnt, müßt Ihr erkennen, daß innerliche Menschen die Innewohnung des allmächtigen Gottes erfahren, und der Herr möchte, daß Ihr versteht, wie sehr es nun auf die Innewohnung des allmächtigen Gottes in Euch ankommt! Das ist die große Notwendigkeit, danach solltet Ihr Euch ausstrekken!

Wenn Ihr morgens erwacht, solltet Ihr etwa mit folgenden Worten beten: ‚*Ich weiß, daß Du, allmächtiger Gott, heute in mir wohnst.*' In der Weise solltet Ihr immer beten und dabei niemals auf Eure Gefühle achten. Wiederholt dieses Gebet immer wieder während des ganzen Tages. Erhebt Euer Herz bei der Arbeit zu Gott und sagt: ‚Ich weiß, Gott, daß Du diese Arbeit durch mich tust‘.

Wenn Ihr merkt, daß Ihr in Eurem geistlichen Leben nachlaßt, dann sagt: ‚Ich weiß, Du kannst mich erneuern; ich weiß, Du bist in mir.‘ Auch solltet Ihr sagen: ‚Mein Vater, bringe mich dahin, daß ich es immer besser verstehe, in Dir zu bleiben‘.“

Übrigens ist die Tatsache, daß der Ausdruck „das Praktizieren der Gegenwart Gottes“ in diesem Artikel über das innere Leben in Anführungszeichen gesetzt ist, bedeutsam. Dies zeigt, daß Martha Robinson mit dem Buch von Bruder Lawrence: „Das Praktizieren der Gegenwart Gottes“ vertraut war. Dieses kleine Buch gehört zum klassischen christlichen Schrifttum; Martha Robinson sagte immer wieder, es enthalte für den Leser einen besonderen Segen, denn indem er es betend lese, vermittle es ihm die Fähigkeit, genau das zu tun, was dessen Titel ausdrückt: die Gegenwart des Herrn zu praktizieren, das heißt, sich beständig der Gegenwart Gottes bewußt zu sein und vor seinem Angesicht in ununterbrochener Gemeinschaft mit Ihm zu wandeln. Deshalb hat sie dieses Buch immer wieder empfohlen und sich dafür eingesetzt, daß es weite Verbreitung fand.

Ein anderes Buch, das Martha Robinson ebenso wichtig war, das sie sehr sorgfältig durchgearbeitet und ebenfalls andern empfohlen hat, war „Die Nachfolge Christi“. In der Ausgabe, die sie im Gebrauch hatte, gibt es nur einige Seiten, die keine Randbemerkung enthalten, auf manchen Seiten hat sie die Ränder eng beschrieben. Unter der Überschrift „Dem Liebenden gefällt Gott über alles und in allem allein“ findet sich auf dem Rand eine Bemerkung in Kurzschrift: „Nicht vergessen!“ Den ersten Satz dieses Kapitels hat Martha Robinson auf eine für sie charakteristische Weise besonders gekennzeichnet; sie schreibt: „Sieh! Mein Gott und mein alles! Was will ich mehr? Und was kann ich Seligeres wünschen?“

Würde man alle Randbemerkungen in diesem Buch zusammenstellen, dann würde dies eine recht gute und ziemlich vollkommene Zusammenfassung der Lehre und Praxis von Martha Robinson darstellen. Sie glaubte, daß zumindest Teile dieses Buches direkt vom Heiligen Geist inspiriert seien und durch die Gabe der Weissagung niedergeschrieben wurden. Die Tatsache, daß ein großer Teil des Inhalts in der ersten Person geschrieben ist, als spräche hier Christus Selbst zu uns, bestätigt diese Annahme.

Es sollte hier vielleicht noch eine Bemerkung erwähnt werden, die Martha Robinson zu jener Zeit im Hinblick auf das „Praktizieren der Innerlichkeit" in einem Brief an Freunde gemacht hat: „Ich empfinde, daß ich dies bei meinem Übermaß an Arbeit noch nicht voll verwirkliche; um dahin zu kommen, müßte ich mich von Gott noch mehr ins Gebet führen lassen."

Daß Martha Robinson von einem „Übermaß an Arbeit" spricht, ist verständlich, wenn man bedenkt, daß in den Glaubensheimen außer samstags dreimal täglich Versammlungen stattfanden. Wenn sie auch nicht immer zugegen war, so lehrte und predigte sie doch in vielen dieser Versammlungen. Außerdem gab es in Verbindung mit diesem Dienst und mit der Verwaltung der Glaubensheime viele Angelegenheiten zu erledigen.

Zu alledem waren in den Heimen immer Gäste, von denen viele seelsorgerliche und leibliche Hilfe brauchten, und so hat sie viel Zeit zur persönlichen Belehrung einzelner aufgewendet. Manchmal gab es so viel zu tun, und sie wurde derart beansprucht, daß sie, wenn der Herr es ihr erlaubte und es sein mußte, achtundvierzig Stunden ohne Unterbrechung arbeitete, ohne zu schlafen oder zu essen; es war das Leben Gottes in ihr, das sie aufrecht erhielt und ihr die Kraft zu diesem aufopfernden Dienst verlieh. So kann man sich ungefähr vorstellen, wie umfangreich und vielseitig ihr Arbeitsbereich war, und wir verstehen, weshalb sie von einem „Übermaß an Arbeit" spricht.

Kapitel 28

Aufmerksames Interesse für die Not des einzelnen

„Laßt eure besondere Aufmerksamkeit immer auf den einzelnen gerichtet sein, nicht auf Versammlungen oder auf ein Werk.“ Diesen Rat gab Martha Robinson einigen jungen Predigern. „Vergewissert euch, ob die einzelnen wirklich errettet sind und ob sie überhaupt etwas über die Taufe des Heiligen Geistes erfahren haben.“

Was Martha Robinson anderen nahelegte, hat sie immer auch selbst praktiziert. Wie der Apostel Paulus bemühte sie sich darum, jeden einzelnen Menschen „vollkommen in Christus Jesus darzustellen“. Sie richtete ihr Hauptaugenmerk immer auf den einzelnen, ob Mann, Frau oder Kind, und so war ein großer Teil ihres Dienstes mehr persönlicher Art.

„Es waren viele, die diese kleine Frau förmlich belagerten, sie wünschten eine Aussprache mit ihr, wollten sie in irgendeiner Sache um Rat fragen, oder was sie auch immer für Anliegen haben mochten; für alle möglichen Angelegenheiten wurde sie in Anspruch genommen“, berichtet Ruth Brooks. „Immer aber zeigte sie liebevolle Anteilnahme und aufmerksames Interesse für jeden einzelnen. Einige von ihnen hätten wir sicherlich schnell abgefertigt. Einmal machte jemand in Gegenwart von Frau Robinson eine abfällige Bemerkung über eine etwas sonderbare Person. Darauf sagte sie, Gott liebe gerade diese Person, und auch sie liebe den Herrn, und zwar mehr als viele andere, die nach außen hin ein sehr einnehmendes Wesen hätten. Solcher Menschen, die andere gern mieden, nahm Frau Robinson sich besonders liebevoll an.“

Aber manchmal forderte der Herr Martha Robinson auch auf, von sich aus jemanden auf seinen geistlichen Zustand hin anzusprechen, ohne daß diese Person an sie herangetreten wäre und speziell um Hilfe oder Rat gefragt hätte. Dabei offenbarte sie dem betreffenden Menschen seine eigentliche Not, zeigte ihm dann aber auch den Ausweg aus dieser bestimmten Schwierigkeit. Wurde sie aber um Hilfe gefragt, dann hat sie die Angelegenheit zunächst vor den Herrn gebracht, um von Ihm zu erfahren, was sie in dieser Sache tun solle. In einem Fall sagte sie – und ähnliches hat sie so manches Mal geäußert –: „Ich möchte mich mit dieser Angelegenheit nicht befassen, solange der Herr mir nicht den Auftrag dazu gibt; doch mag es ja sein, daß Er dies eines Tages tun wird." So trachtete sie in allem danach, nur zu tun, was dem Herrn wohlgefiel. Manchmal veranlaßte Er sie, sich des Problems eines Menschen, der an sie herangetreten war, sogleich anzunehmen. Dann wieder kam es vor, daß sie dies – wie es in dem soeben erwähnten Fall war – erst nach mehr als vier Monaten tun konnte. In manchen Fällen hat der Herr auf eine bestimmte Frage, mit der jemand sich an sie gewandt hatte, überhaupt nie eine Antwort gegeben; oder Er gab ihr den Auftrag, diese Person zu jemand anderem zu schikken, den Er ihr nannte, und der sich mit diesem Problem befassen sollte.

In jedem Fall hat Martha Robinson sich niemals angemaßt, nach eigenem Gutdünken ein Urteil abzugeben oder einen Rat zu erteilen, der nach menschlichem Ermessen vielleicht gut und richtig gewesen sein mochte. Es war ihr ja längst klargeworden, daß ihre Gedanken nicht unbedingt mit Gottes Gedanken und ihre Wege nicht immer mit Seinen Wegen übereinstimmten und daß ein nach dem eigenen Verständnis gegebener Rat nicht nur gefährlich, sondern oft, ja gewöhnlich, irreführend und somit falsch und betrügerisch sein und schreckliche Folgen haben könne. Deshalb weigerte sie sich, zu einer Sache Stellung zu nehmen, wenn sie nicht ganz sicher war, daß ihr Rat dem Willen des Herrn voll entsprach. So wartete sie auf Ihn bis Er ihr genaue Anweisungen darüber gab, was sie sagen oder welchen Rat sie geben sollte.

Solche Belehrungen gab sie öffentlich oder in ihrem Büro weiter, das auch „Lehrzimmer“ genannt wurde. Oft gab der Herr ihr das, was sie nach Seinem Willen sagen sollte, ein, während sie an die Person schrieb, die sich in einer bestimmten Not an sie gewandt hatte. Auf diese Weise hatte der Betreffende die Weisung oder Belehrung des Herrn schriftlich, so daß er sie immer wieder nachlesen, darüber nachdenken, beten und sich die Weisung des Herrn somit voll zunutze machen konnte.

Ein treffendes Beispiel für eine solche schriftliche Belehrung ist ein Brief, den ein Geschäftsmann, der in den Vereinigten Staaten sehr bekannt war, am 18. Juli 1914 empfing. Er hatte in den Glaubensheimen wahres Lebensbrot für seine Seele gefunden, und so besuchte er die Gottesdienste, sooft es ihm nur möglich war. Er wartete begierig darauf, unter der Verkündigung des Wortes oder auch im persönlichen Gespräch Belehrungen oder Anweisungen zu bekommen. Seit Jahren war er immer um 2 Uhr morgens aufgestanden, um vier Stunden lang zu beten und die Bibel zu studieren, bevor er zu seinem Büro ging, in dem er den ganzen Tag arbeitete. Der Herr sah, wie sehr diesem Mann daran gelegen war, Ihm zu gefallen, und wie er sich danach sehnte, von jenen Neigungen in seiner Natur befreit zu werden, die ein Hindernis für sein geistliches Wachstum darstellten, und Er gebrauchte Martha Robinson dazu, ihm in einem Brief Hilfe zu senden.

Zunächst wurde diesem Mann klargemacht, daß er dem Feind in seinem Leben Einlaß gewährt hatte, indem er jedesmal, wenn ihn irgend etwas oder irgend jemand enttäuschte, sehr ärgerlich und gereizt reagierte und ein verdrießliches Wesen zeigte. Im Anfang, als dieses launische Wesen sich zu entwickeln begann, war es noch nicht so schlimm und fiel nicht weiter auf. Doch nach und nach, je öfter er sich dieser finsteren Gemütsverfassung hingab, bekam sie immer mehr Macht über sein Wesen, bis sie ihn schließlich regelrecht beherrschte.

„Du siehst die Dinge gewöhnlich weit schlimmer, als sie eigentlich sind, und so kommen Gefühle der Enttäuschung auf. Du wirst innerlich und auch nach außen hin finster und sehr hart und verdrießlich, und das wegen belangloser Kleinigkeiten, die Dir normalerweise kaum beachtenswert erscheinen würden", so schreibt Martha Robinson. „Diese Gefühle der Enttäuschung haben ihren Ursprung oft darin, daß Dir die Verhaltensweise Deines Nächsten irgendwie nicht paßt; es handelt sich in Wirklichkeit aber nicht so sehr um eine echte Enttäuschung über einen Mitmenschen; vielmehr steckt in Dir selbst tief verborgen ein Geist der Kritiksucht und der Verdrießlichkeit, der Dich dazu veranlaßt, an der Handlungsweise des andern ständig herumzunörgeln.

Um Sieg über diese Schwierigkeit in Deinem Leben zu bekommen, solltest Du Dir vornehmen, den Herrn allezeit zu preisen, und zwar über alle Deine eigenen Fehler wie auch über die Fehler der anderen, über alle Deine Enttäuschungen und über die Schnitzer anderer Leute. ‚Freuet euch in dem Herrn allewege' ist ein Gebot des Herrn. Du mußt ständig wachsam sein, und sobald Gefühle der Enttäuschung über Dich kommen, dagegen Stellung nehmen, ihnen keinen Raum geben, sie von Dir weisen, sie dem Herrn übergeben und dann Abstand davon nehmen und nicht mehr daran denken; Du solltest freudig sprechen, ein strahlendes Gesicht bewahren, ganz gleich, was auch geschehen mag, Du darfst in Gott ruhen und alles weitere Ihm überlassen.

Ob es sich nun um große oder nur kleine Schwierigkeiten, um eine schwere oder nur kleine Enttäuschung handelt, bleibe dabei, den Herrn zu preisen, schau weg von den Dingen und von Dir selbst zu Jesus hin, laß Dir die Gnade schenken, niemanden zu beschuldigen, weder um kleiner Dinge noch um schwerwiegender Angelegenheiten willen, mag der andere es gut gemeint haben oder nicht – überlasse es Gott.

‚Ich bin der Herr. Diese Worte richte Ich an dich. Sei ernstlich bemüht – Ich werde dir alles darreichen, was du nötig hast.'"

Später bekam er nochmals einen Brief, der ein Wort der Ermutigung enthielt. Der Herr ließ ihn wissen, Er habe gesehen, daß er Fortschritte gemacht habe und „nicht nur ein wenig, sondern sehr gewachsen" sei.

„Kannst Du in Deinem Innern die Gegenwart Jesu wahrnehmen? Nicht so deutlich, denn dazu wirst Du erst wirklich befähigt sein, wenn Du hierin mehr Licht und Erkenntnis hast. Jesus war immer in Deinem Leben gegenwärtig. Er war in Dir und hat den Lobpreis, die innere Ruhe und die Liebe in Dir gewirkt."

Dann wurde ihm gesagt, er solle den Herrn anrufen und Ihn bitten, daß Er durch die Innewohnung Christi Selbst in seinem Herzen und Leben auswirke, was vor Ihm wohlgefällig sei. Auch solle er darum beten, daß Christus durch ihn zu den Menschen rede und ihnen sage, wie sehr Er sie liebe. Von nun an – so hat der Herr ihn wissen lassen – solle er ein Werkzeug für Ihn sein, durch das Christus sich gegenüber Männern und Frauen, mit denen er im Geschäftsleben zu tun hätte, in Seiner großen Liebe zu ihnen offenbaren könnte. Wenn er eifrig bestrebt sein würde, allezeit auf den Herrn zu schauen, an Ihn zu denken, sich von Ihm leiten zu lassen und sich Seinem Willen zu beugen, dann würden durch sein Beispiel auch andere Christus von Tag zu Tag besser kennenlernen. Er solle mit anderen über Christus sprechen, wobei er sich aber immer wieder vergewissern müsse, daß er durch sein geduldiges und freundliches Wesen wirklich ein Zeugnis ist und „in der Liebe, in der Gnade und im Glauben" bleibt, denn nur dadurch werde der Name des Herrn verherrlicht.

Viele solcher Briefe und Aufzeichnungen, die Martha Robinson an ihre Mitarbeiter richtete, unterschrieb sie mit „Mrs. R." oder einfach mit „R". So haben ihre Mitarbeiter, wenn sie unter sich waren und von ihr sprachen, sie dann auch nur „Mrs. R." genannt. Da diese Unterschrift charakteristisch für sie war und sie – besonders in den letzten Jahren ihres Lebens – immer auf diese Weise unterzeichnete, wollen wir in diesem Bericht fortan auch ihr Zeichen verwenden, statt jedesmal ihren vollen Namen auszuschreiben.

Kapitel 29

Die Freundin der Kinder

Zu den Bewohnern der Glaubensheime gehörte auch eine ganze Anzahl Kinder, die Söhne und Töchter der Diener am Wort und der verschiedenen Mitarbeiter. Frau Robinsons besondere Aufmerksamkeit galt immer diesen Jungen und Mädchen. Diese aber erwiderten dankbar ihre Liebe und betrachteten sie als ihre besondere Freundin. Manchen Kindern war sie wie eine Mutter. Wie manchmal wurde sie von Gott gebraucht, um ihnen persönlich in ihrem geistlichen Leben weiterzuhelfen. Gelegentlich gab sie auch den Eltern Ratschläge, wie sie sich verhalten oder was sie zum Wohl ihrer Kinder tun sollten.

Frau R. war natürlich daran interessiert, daß alle diese Kinder sich bekehren. Einmal sagte sie zu den Eltern eines Mädchens im Auftrag des Herrn, sie sollten darauf sehen, daß ihr Kind sich bekehre, bevor es das sechste Lebensjahr vollendet habe. Diese setzten es aber als selbstverständlich voraus, daß ihre Tochter bis dahin errettet sei. So verging die Zeit, ohne daß etwas geschah, bis sie erschraken, als sie feststellten, daß ihre Tochter am nächsten Tag sieben Jahre alt werde und immer noch nicht errettet sei. Sie erinnerten sich an das Wort, das der Herr ihnen hatte sagen lassen, und es war ihnen bewußt, daß sie sich daran halten sollten. So riefen sie das Kind und machten ihm klar, wie notwendig es einen Heiland brauche. Sie erklärten ihm den Heilsplan Gottes, und der Herr ehrte ihren Gehorsam und Glauben. Die Kleine beugte sich vor Jesus, bekannte ihre Sünden und vergoß dabei viele Tränen der Reue. Noch am gleichen Tag bekam sie die freudige Gewißheit der Vergebung durch das kostbare Blut Christi.

Bei einer anderen Gelegenheit schrieb Frau R. an Freunde, ihr neunjähriger Sohn sei in Gefahr, verlorenzugehen, wenn sie ihn nicht „auf den Altar legen und ihn für Christus zu gewinnen suchen, solange er noch so jung ist". Sie machte den Eltern deutlich, daß sie diesen Jungen wie auch ihre anderen Kinder niemals wirklich „auf den Altar" gelegt hätten; wenn sie dieses getan hätten, würden sie als Familie den Segen und die Gegenwart Gottes auf eine viel herrlichere Weise erfahren haben. Auch machte sie ihnen klar, daß die Eltern, besonders aber der Vater, diesem Jungen zu wenig Liebe erwiesen hätten.

„Im vergangenen Jahr war er noch in dem Alter, in dem er sich leichter hätte formen und zum Guten beeinflussen lassen. Mit viel Liebe hättet Ihr ihm leichter dazu verhelfen können, ein freundlicher und lieber Junge zu werden, und in diesem Jahr wäre er dann soweit gewesen, sein Herz bereitwillig dem Herrn Jesus zu geben." Dann folgt eine ernste Warnung, verbunden mit einem eindringlichen Wort der Weisheit, in dem ihnen klargemacht wurde: Wenn Vater und Mutter wirklich wollten, daß ihr Junge gerettet werde, und wenn ihnen daran gelegen sei, daß er nicht völlig gleichgültig werde, dann müßten sie sich darum bemühen, daß sein Herz für Jesus gewonnen werde, solange er noch klein sei.

„Um dieses zu erreichen, sollte der Vater sich jeden Tag mindestens zehn Minuten für seinen Jungen Zeit nehmen. Wäre er einmal verhindert, dies zu tun, dann sollte er sich am folgenden Tag um so mehr Zeit nehmen. Er muß in einer offenen und herzlichen Weise mit ihm sprechen. Der Vater kann sich sicherlich nicht vorstellen, wie sehr der Junge sich darüber freuen wird. Dann sollte er niederknien, um mit ihm zu beten und ihn auf Jesus hinzuweisen. Es darf kein Tag vergehen, ohne daß nicht jemand zu ihm mit Weisheit und Einfühlungsvermögen von Jesus spricht."

Auch als alle diese Kinder dann älter wurden, zeigte Frau R. immer liebevolle Anteilnahme an ihrem Ergehen, ob sie nun in den Heimen blieben, in der Nähe oder Hunderte von Meilen entfernt wohnten. Sie interessierte sich für ihre Jugendprobleme und für ihre Studien und nahm Anteil an ihren jugendlichen Freuden und Sorgen.

Frau R. bezog sich auf eines dieser Kinder, einen zehnjährigen Jungen, als sie an dessen Mutter schrieb: „Gottes besondere Aufmerksamkeit ist auf jene Kinder gerichtet, die Ihn schon von klein auf kennen, da bei ihnen eher die Aussicht besteht, daß sie Seine Diener werden, als bei denen, die erst später in Seine Nachfolge treten. Möge er in Jesus bewahrt und immer Sein Eigentum bleiben. Grüße ihn herzlich von mir." Ein wenig später schrieb sie: „Sage ihm, er solle nie vergessen: Gott möchte, daß Jungen von klein auf fleißig sind und ihre Arbeit tun."

In einem anderen Brief bringt sie ihr reges Interesse an einer Arbeit, die ein Junge in der höheren Schule für ein bestimmtes Fach schrieb, zum Ausdruck; sie schreibt an die Eltern: „Es freut mich, aus Eurem Brief zu erfahren, daß Euer Sohn in der Schule gut vorankommt. Ich bin gewiß, daß der Herr ihm in seinen Studien helfen wird, während er auf Ihn schaut und sich von Ihm leiten läßt. Am meisten freut es mich, daß er bestrebt ist, dem Herrn Jesus im täglichen Leben nachzufolgen, Ihm zu leben und Ihm wohlzugefallen. Seine gegenwärtigen geistlichen Erfahrungen werden ihm später sehr nützlich sein. Es ist so schön, schon in jungen Jahren zu lernen, dem Herrn zu vertrauen. Er hat nun viele Gelegenheiten, anderen ein Segen zu sein, die nicht wie er die Möglichkeit hatten, Jesus kennenzulernen und Seine Liebe zu erfahren.

Das Thema, über das er seine Arbeit schreibt, hat mich sehr interessiert. Ich weiß, Jesus wird ihm dabei helfen, wenn er Ihn um Seinen Beistand bittet.

Grüßt ihn bitte von mir. Möge er unter seinen Mitmenschen, die in Finsternis leben, weiterhin als ein helles Licht leuchten."

An einem heißen Nachmittag – es war im August – lud Frau R. einen der Jungen aus den Glaubensheimen zusammen mit seiner Mutter ein, bei ihr einen Besuch zu machen. Sie hatten natürlich angenommen, daß Frau R. hauptsächlich mit der Mutter reden wollte und der Sohn nur mitkommen durfte. Doch während sie bei ihr waren, stellte sich bald heraus, daß der Herr bei dieser Gelegenheit in erster Linie zu dem Jungen reden wollte.

Dieser hatte mit seinen dreizehn Jahren schon in der Sonntagsschule eine Klasse von Jungen zu unterrichten. Frau R. freute sich über seinen Dienst, doch nahm sie die Gelegenheit wahr, den Jungen daran zu erinnern, daß er selbst auch ausleben müsse, was er andere lehre: „Praktiziere selbst, was du predigst!“

Der Heilige Geist sprach auf liebevolle Weise zu ihm und machte ihm klar, daß er die Bibel auf jeden Fall zuerst zu seiner eigenen Auferbauung studieren sollte und daß er sich in seinen Handlungen, Gedanken, Gefühlen und in seiner ganzen Einstellung von der Heiligen Schrift her leiten und bestimmen lassen solle. In diesem Zusammenhang wurde er darauf aufmerksam gemacht, was in Philipper 4,8 geschrieben steht. Dann wurde er darauf hingewiesen, daß die Frucht des Geistes in seinem Leben offenbar werden müsse. Es wurde ihm gesagt, auf welche Weise er prüfen könne, ob sich die Frucht des Geistes in seinem Leben zeige: „Frage dich, worin die Eigenschaften, die in Gal. 5,22–23 aufgeführt werden, bestehen, und prüfe dich, ob sich bei dir etwa noch Eigenschaften des alten Wesens zeigen: Haß, Traurigkeit, Unruhe usw.“

Der Heilige Geist sprach sehr ernst zu dem Jungen und sagte ihm, daß das kommende Jahr ein Jahr der Prüfung für ihn sein würde; da müsse sich nun zeigen, ob er im geistlichen Leben vorwärts- oder zurückgehen werde. Das bedeute aber nicht, daß ein Abfall unausweichlich sei, vielmehr sei er nur in Gefahr, zu fallen, wenn er nicht sehr vorsichtig wandle und wachsam sei. Dann wurde ihm gezeigt, wie er vor einem Fall bewahrt werden könne: Er solle beten, daß er von aller Selbstgefälligkeit und Überheblichkeit befreit werde. „Laß Jesus in dein Leben ein. Lebe für Ihn! Sei einfältig!“ Zuletzt warnte der Herr ihn, er solle nun nicht einfach sagen, dies sei eine gute Botschaft, und es dann dabei bewenden lassen. Vielmehr solle er diese Warnung wirklich zu Herzen nehmen. Und der Herr versicherte der Mutter, wenn sie Vertrauen fassen würde, daß Christus ihrem Sohn beistehen werde, dann könne er vor einem Fall bewahrt bleiben.

Bevor sie wieder gingen, knieten sie miteinander nieder. Der Schatten des Allmächtigen kam über sie. Alle waren sich bewußt, daß Jesus in ihrer Mitte gegenwärtig war, um Seinen Geist auszugießen, damit sie befähigt würden, das gehörte Wort zu beherzigen und zu befolgen.

Der Junge war ganz verwandelt, als er sich an jenem Nachmittag von Frau R. verabschiedete. Diese Warnung hatte ihn ernst und nachdenklich werden lassen; sie hatte bewirkt, daß er nicht furchtsam, aber vorsichtig wandelte und vorwärtsging, und er war nun entschlossen, in dem kommenden Jahr den Willen Gottes zu tun, zu wachen und zu beten.

Nachdem mehr als ein Jahr verflossen war, sprach Gott zu ihm durch Frau R. und sagte ihm, er habe die Prüfung „ziemlich gut" bestanden. Der Junge hatte natürlich gehofft, er werde zu einem Besuch bei Frau R. eingeladen, nachdem das Prüfungsjahr im darauffolgenden August überstanden war. Frau R. hätte ihn auch gern eingeladen, doch die viele Arbeit in dem Werk erlaubte es ihr nicht. Auch hatte der Herr diesen Besuch in einer bestimmten Absicht nicht zustandekommen lassen. Hierüber gab sie dann in einem Brief Aufschluß, den sie zu Weihnachten schrieb:

„Natürlich hatten wir beide das gleiche im Sinn. Ich hatte Dir ja im vorhergehenden Jahr eine wichtige Botschaft übermittelt. Darin wurde Dir aufgetragen, im kommenden Jahr sehr vorsichtig vor dem Angesicht Gottes zu wandeln, um jegliches Straucheln zu vermeiden. Du warst in jenem jugendlichen Alter – und damit entschuldigt man oft alles –, in dem junge Leute gewöhnlich gleichgültig gegenüber Gott und Seiner Gerechtigkeit werden und oftmals der Mutter nicht mehr gehorchen wollen. Um so wichtiger war es da im vergangenen Jahr, daß Du, anstatt Dich immer mehr von Gott zu entfernen, Ihm näher kamst. Als das Jahr vorüber war, dachtest Du, der Herr würde nun aufs neue zu Dir sprechen. Du hattest den Eindruck, Du würdest nun einen gewissen Höhepunkt erleben. Du erwartetest eine Einladung von Frau R. und dachtest, sie könnte Dir nun eine neue Botschaft von dem Herrn geben. Natürlich hätte Gott nichts dagegen gehabt, wenn wir zusammengekommen wären; wenn ich bei dieser Gelegenheit aber zu dieser Sache nichts hätte sagen können, wärest Du bestimmt sehr enttäuscht gewesen.

Meinst Du nicht auch, daß Gottes Wege oft anders sind als die unseren? Ganz gewiß geht Er Seine eigenen Wege, wenn es darum geht, jemanden für Seine Absichten zuzubereiten. Er ließ damals im Blick auf das bevorstehende Jahr Seinen Ruf an Dich ergehen, ja, aber Er hat Dich nicht nur für das eine Jahr, sondern für alle kommenden Jahre in Seine Nachfolge gerufen. Heute möchte Er noch viel mehr, daß Du vorankommst, und so ist dieses Jahr noch viel wichtiger als das letzte. Er sagte Dir im letzten Jahr, Du würdest im geistlichen Leben zurückgehen, wenn Du nicht sehr wachsam wärest.

In diesem Jahr möchte Er, daß Du in eine noch tiefere Gemeinschaft mit Ihm kommst. Dabei denkt Er aber nicht an etwas Ungewöhnliches. Vielmehr meint Er, Du solltest Dich immer wieder vergewissern, ob Du weiterkommst im Glaubensleben und in der Erkenntnis Gottes. Es war nicht so gemeint, daß Du am Ende des Jahres plötzlich nachlassen und das Gefühl haben solltest, Du habest das Wort des Herrn nun befolgt und erfüllt. Du solltest nicht nur bis zur Beendigung des einen Jahres wachsam sein und überwinden, vielmehr solltest Du weitergehen, tiefer gehen, und Dich danach ausstrecken, Ihn tiefer zu erkennen, und zwar nicht deshalb, weil Frau R. Dir hilfreich zur Seite steht und über Dich wacht, sondern weil Gott Dich ruft. Er hat es auf Dich abgesehen und denkt an Dich. Du solltest Dir dessen bewußt sein, daß Du inzwischen älter geworden bist und nun auf eigenen Füßen stehen mußt.

Und so war es nun Deine Sache, vorwärtszugehen und Dich zu prüfen, ob das Licht heller leuchtet und das innere Leben sich vertieft hat, nachdem Du im letzten Jahr vor einem Fall bewahrt geblieben bist. Laufe dem Herrn nicht aus der Schule, denn Er hat einen Plan für Dich. Denke aber nicht, Du müßtest irgend etwas Besonderes sein oder darstellen – das ist für einen jungen Menschen so gefährlich! Gib acht, daß Du immer einfältig bist! Nun, mein Lieber, Gott wacht über Deine Seele. Er weiß um alles, was Du tust, und möchte, daß Du immer in Ihm verborgen bist, so daß Du selbst nicht mehr im Blickfeld der Menschen stehst und Christus in Dir und durch Dich verherrlicht wird.

Nun zu dem Weihnachtsgruß. Du weißt ja, daß wir Dir zu Weihnachten auch immer gern eine kleine Freude bereiten möchten. Es darf aber nur eine Kleinigkeit sein. So sende ich Dir eine kleine Gabe, denn ich dachte mir, es wäre Dir vielleicht lieber, wenn Du Dir damit selbst etwas kaufen kannst. Hättest Du gern ein Buch? Wenn ja, dann haben wir einen Katalog, der Dir bei der Auswahl behilflich sein kann. Kaufe Dir etwas, was gut und nützlich für Dich ist!“

Viele junge Leute nehmen in ihren Entwicklungsjahren Gewohnheiten an, die ihnen in ihrem späteren Leben sehr hinderlich sind. Sie sind dann ganz unglücklich darüber und machen auch andere unglücklich. Und was das Schlimmste ist: Wenn sie diese Gewohnheiten ihrer alten Natur nicht zu überwinden lernen, werden sie von diesen völlig besiegt werden und in ihrem Glauben Schiffbruch erleiden. Je älter man wird, desto schwieriger ist es, den Sieg darüber zu bekommen, ja, in vielen Fällen ist es dann sogar fast unmöglich, weil diese Untugenden sich tief ins Wesen des Menschen eingeprägt haben, so daß dieser es schließlich aufgibt, dagegen zu kämpfen, und sich mit der Zeit einfach gehen läßt.

So bemerkte Frau R., daß sich einer der Jungen in den Glaubensheimen immer häufiger schlechtgelaunt zeigte. Als er dann sechzehn Jahre alt wurde, nahm sie diese Gelegenheit wahr und redete mit ihm an seinem Geburtstag über diese schreckliche Gewohnheit, die sich in seinem Wesen immer ausgeprägter zeigte. „Du bist eigentlich gar nicht so“, erklärte sie ihm. Weiter machte sie ihm deutlich, er habe sich diese Unart absichtlich angewöhnt, und zwar zum Teil deshalb, weil er die Vorstellung gehabt habe, es sei ein Zeichen des Erwachsenseins, wenn man sich den Mitmenschen gegenüber recht ärgerlich zeigen könne. In dieser Auffassung korrigierte der Herr ihn allerdings auf sehr unmißverständliche Weise, indem Er ihm klarmachte, daß in der Welt nichts so kindisch sei wie ein launisches Wesen. Hinter dieser Unart verberge sich das Verlangen, möglichst von allen beachtet zu werden, selbst wenn er in Kauf nehmen müsse, daß „jemand ihn packt und mit ihm den Boden kehrt“, um ihn zurechtzuweisen. Natürlich sei der Teufel sehr daran interessiert und habe alles getan, um ihn zum Zorn zu reizen und zu einem jähzornigen und dickköpfigen Jungen zu machen, der immer seinen Willen durchzusetzen sucht.

Mit Bestimmtheit, aber auch mit Nachsicht, machte Frau R. deutlich, daß es für einen Jugendlichen leichter sei, sein Temperament zu zügeln, als für einen älteren Menschen. Wer in seiner Jugendzeit Herr über seine Launen geworden sei, werde mit großer Wahrscheinlichkeit später nichts mehr damit zu tun haben. Dann wies sie darauf hin, daß ein verdrießlicher Mann, wenn er einmal heirate, seine Frau unglücklich machen werde. Doch noch schlimmer sei die Tatsache, daß solch ein launischer und verdrießlicher Mensch für das tiefere Leben im Geist untauglich ist, und daß solch eine Charaktereigenschaft das Werk vieler Prediger verdorben hat.

Dann wurde sie noch persönlicher, indem sie sagte: „Die besondere Not in deinem Leben, die in letzter Zeit auch anderen sehr aufgefallen ist, ist dein launenhaftes Wesen. Sieh zu, daß dies nicht so weitergeht. Der Herr will es nicht haben und kann solch ein Wesen nicht dulden. Gottes Auge ist auf dich gerichtet, Er möchte dich für Sich gewinnen. Sei ein Mann! Ein Mann von feinen Umgangsformen! Sei immer höflich und freundlich, auch wenn die andern nicht gerade freundlich zu dir sind! Und wenn du verdrießlich sein willst, damit andere dich beachten, komm zu Frau R., sie wird mit dir dann schon ‚den Fußboden kehren'! Denke daran: bei Gott zählt nicht eine schöne Predigt, sondern der Wandel im täglichen Leben, und ‚wer da weiß, Gutes zu tun, und tut's nicht, dem ist's Sünde'."

So gab sie ihm den guten Rat, im neuen Lebensjahr mutig voranzugehen und den guten Kampf des Glaubens zu kämpfen. „Es ist ein königlicher, ein erfreulicher Kampf! Ich wünsche dir ein erfolgreiches Jahr in Christus." Welch eine Herausforderung! Wer wollte sie nicht annehmen?

Einen Monat später erinnerte sie ihn daran, daß es sich bei dem Kampf, den er zu führen hätte, nicht um den Kampf eines Jungen, sondern um den eines Christen handle, und sie betete für ihn: „Führe ihn von Sieg zu Sieg."

Ihr liebevolles Interesse an den Jungen und Mädchen in den Glaubensheimen begleitete diese beständig und auf all ihren Wegen. Sie interessierte sich sehr dafür, was sie nach dem Abschluß der höheren Schule unternahmen, welchen Beruf sie erwählten und was für einen Arbeitsplatz sie dann bekamen, ob sie auf ein College oder eine Universität gingen. Zu einem der jungen Leute, der auf ein College zu gehen beabsichtigte, sagte sie schlicht, bevor er ging: „Wenn du jemandem helfen kannst, dann tu's. Du gehst für Christus."

Prediger hegen ja meistens die Hoffnung, daß ihre Kinder ebenfalls dem Herrn dienen werden. Bei den Predigern in den Glaubensheimen war dies nicht anders; auch sie erwarteten, und nicht nur im geheimen, daß die Kinder ihrem Beispiel folgen würden, ja, in manchen Fällen gaben sie ihnen sogar zu verstehen, daß es dem Herrn mißfiele, wenn sie irgendeinen anderen Beruf ergreifen würden. Ist es nicht die höchste Berufung, die Gott auf einen Menschen legen kann, dem Herrn zu dienen? Und warum sollten ihre jungen Leute dann nicht die Ausbildung für diesen Dienst gleich zu Hause bekommen, wo doch so viele andere zu diesem Zweck von weit her in die Glaubensheime kamen?

Doch die Weisung des Herrn in dieser Sache lautete ganz anders: „Es ist durchaus nicht so, daß die Kinder der Glaubensheime nur zu Hause die beste Ausbildung bekommen können. Es soll mit ihnen gehalten werden wie mit anderen jungen Leuten auch, und Gott wird das Seinige dazu tun." Darum ermutigte sie diese auf liebevolle Weise, der inneren Leitung Gottes zu folgen. Wurden sie geführt, eine andere Ausbildungsstätte zu besuchen, um sich dort für den Dienst des Herrn vorzubereiten, und konnte Frau R. den Willen Gottes darin erkennen, dann stand sie ihnen darin auch hilfreich zur Seite.

In diesem Zusammenhang erklärte Frau R. eingehend, wie es sich nach dem Willen Gottes mit dem Ruf zum Dienst verhält:

„Der erste Ruf zum Dienst sollte möglichst direkt von Gott kommen; Er Selbst sollte ihn ins Herz des Berufenen hineinlegen können, und die älteren Leute sollten nicht so sehr darauf sehen, erwarten oder – was noch schlimmer ist – gar fordern, daß bestimmte junge Leute in den Dienst des Herrn treten. Wir müssen es Gott überlassen, Seine Kinder so zu führen, wie Er es für gut befindet.

Freut euch darüber, wenn jemand von ihnen in den Dienst des Herrn tritt. Tut er es aber nicht, dann erwartet und steht dafür ein, daß er ebenso mit dem Herrn wandelt, wie wenn er dem Herrn vollamtlich dienen würde. Das Leben eines Jugendlichen soll euch in diesem Fall genausoviel wert sein, wie wenn er einem Ruf des Herrn in Seinen Dienst gefolgt wäre. Für den Herrn Jesus Christus bedeutet die Seele eines Christen, der im Berufsleben steht, ebensoviel wie die eines vollamtlichen Dieners am Wort."

Nach dieser allgemeinen Belehrung nimmt Frau R. auf die Tochter eines Predigers Bezug: „Sie ist noch recht jung und muß zuerst lernen, täglich und jeden Augenblick mit Jesus zu wandeln. Sie muß das Glück erfahren, Ihn zu erkennen, für Ihn zu leben, Ihm zu dienen, während Er sich ihr offenbart und sie im Glauben vorangeht, ohne daß irgendein Druck auf sie ausgeübt wird und sie beständig das Gefühl haben muß, man erwarte von ihr, daß sie willig sei, sich für den Dienst des Herrn vorzubereiten. Niemals sollten wir um des Dienstes willen einen geistlichen Wandel führen, sondern nur um Jesu willen und für Jesus, ob wir nun in Seinen Dienst treten oder nicht. Sie sollte überhaupt nicht das Gefühl haben, daß irgend jemand denke, sie habe einen Ruf zum Dienst. Vielmehr soll sie dazu angehalten werden, Jesus zu lieben, Ihm im täglichen Leben von ganzem Herzen zu dienen, sich vom Heiligen Geist leiten zu lassen und um Jesu willen andere zu lieben, da Er die Liebe ist. Er will nicht, daß wir wissen, was Er vorhat, und wir sollten auch gar nicht versuchen, dies zu ergründen. Sie ist Sein Eigentum. Überlaßt es Ihm, ihr nach und nach zu offenbaren, was Er mit ihr vorhat, und zwar wann Er will, wie Er will und was Er will."

Kapitel 30

Der Dienst an den Dienern des Herrn

Martha Wing Robinson wurde vor allem gebraucht, Diener des Herrn zu unterweisen und ihnen in geistlicher und seelsorgerlicher Hinsicht zu helfen. Sie durfte vielen Gläubigen helfen, doch ihre Stellung in diesem Werk wie auch die Umstände brachten es mit sich, daß sie hauptsächlich denen diente, die selbst im Dienst des Herrn standen. Viele der ständigen Heimbewohner waren bereits Diener des Herrn oder bereiteten sich auf irgendeinen Dienst im Reiche Gottes vor. Auch unter den Gästen befanden sich viele Prediger, Evangelisten, Missionare und andere Reichsgottesarbeiter.

Immer wieder gebrauchte der Herr Frau R., sie alle zu belehren und ihnen sehr persönliche und praktische Anweisungen zu geben, die ihnen helfen sollten, in ihrem persönlichen Glaubensleben voranzukommen und in ihrem Dienst für den Herrn fruchtbarer zu werden. Da war zum Beispiel ein feiner Mann, der ganz ungewöhnliche Gaben hatte, den Gott in Seinem Reich aber nicht so gebrauchen konnte, wie es eigentlich hätte sein sollen. Die Fruchtlosigkeit in seinem Dienst lag hauptsächlich darin begründet, daß er in seinem täglichen Leben bestimmte Gewohnheiten hatte und Dinge tat, die seinem Erfolg im Weg standen.

Im Blick auf diesen Mann gab der Herr Frau R. die folgenden Instruktionen: „Er sollte, nachdem er morgens erwacht ist, niemals liegenbleiben, um ‚weiterzudösen‘, vielmehr sollte er sofort aufstehen und, bevor er ausgeht oder irgend etwas unternimmt, einige Minuten still vor dem Herrn sein, und zwar nicht nur sitzend, sondern im Gebet auf den Knien eine innere Berührung mit dem Herrn suchen, bevor er irgend etwas anderes tut. Er sollte Jesus um Licht und Gnade für seine Seele und seinen Wandel im täglichen Leben bitten. Beschäftigt er sich mit nebensächlichen

Dingen, bevor er innerlich mit Gott in Berührung gekommen ist, dann füllen diese Dinge seinen Sinn aus, und sein Tag ist verdorben. Er muß die ersten Minuten des Tages dem Herrn geben, damit er so besonders den ganzen Morgen mit Ihm verbunden bleiben kann.

Tagsüber tut er nicht viel; er faulenzt. Es mißfällt dem Herrn, wenn ein Mensch seine Zeit vertrödelt, nichts Vernünftiges unternimmt, es sich bequem macht und das Leben so leicht nimmt. Solch ein Lebensstil wirkt lähmend und ermüdet ihn mehr als irgendeine Beschäftigung. Wenn er nicht weiß, was er tun soll, dann kann er auf jeden Fall seine Bibel nehmen und darin lesen oder in sein Zimmer gehen und ernstlich beten. Sobald er eine Neigung zum Faulenzen verspürt, soll er ernstlich zu Gott rufen. Er tut immer nur hier ein bißchen und da ein bißchen, bringt aber nie etwas Rechtes zustande."

An dieser Stelle durchforschten ihn die Augen dessen, vor dem nichts verborgen bleiben kann, der die Gedanken und Absichten des Herzens kennt; sie schauten bis auf den tiefsten Grund seines Wesens und sahen die Ursache seiner leichtfertigen Lebenseinstellung: „Er liebt Jesus nicht von Herzen. Es fehlt an der Liebe, die ihn ins Gebet treiben würde. Es fehlt an der Salbung, die Jesus in seiner Seele verklären würde, so daß er nicht anders könnte, als Ihn inniger zu lieben. Er hat niemals den Vorsatz gefaßt: ‚Ich werde heute im Gebet mit Jesus sprechen, so oft es mir nur möglich ist, und Ihn bitten, sich mir zu offenbaren!' Er sollte, auch wenn er sich schlafen legt, in der inneren Verbindung mit dem Herrn bleiben."

Es ist nun interessant festzustellen, daß dieser Prediger besonders auch auf die letzte Ermahnung einging, denn er stellte dann in seinem Tagebuch die folgenden Regeln für sich selbst auf:

„Gehe abends mit Gedanken an Gott zu Bett. Denke an Ihn, wenn du nachts aufwachst. Erwarte jeden Tag im Glauben, daß gerade dieser Tag der schönste deines Lebens sein und eine noch viel tiefere Gemeinschaft mit Gott bringen wird. Erwarte, daß jeder Tag herrlicher als der Tag vorher sein wird – daß du den Herrn tiefer erkennen und in innigere Gemeinschaft mit Ihm kommen wirst."

Wie viele Gläubige und auch Prediger täten gut daran, wenn sie sich in der Weise selbst ermahnen würden, wie es jener Prediger getan hat!

Ein anderer Prediger war sehr empfindlich. Wenn jemand an ihm etwas auszusetzen hatte oder ihn wegen seiner Arbeit oder wegen seiner mangelnden Bereitschaft zur Zusammenarbeit tadelte, war er immer gleich entmutigt und sehr niedergeschlagen. Er ließ sich sehr von seinen Gefühlen bestimmen, einmal war er auf Bergeshöhen, dann wieder schmollte er im Schatten eines tiefen Tales. Das wirkte sich natürlich negativ auf seinen Dienst aus, und seine Mitarbeiter und alle, denen er diente, litten sehr unter dem Wesen dieses Mannes. Er war in mancher Hinsicht sehr begabt, vertraute aber ganz auf seine Fähigkeiten und hatte ein sehr großes Selbstbewußtsein, wie man es ja bei vielen feststellen kann. Er mußte immer wieder belehrt werden und viele bittere Erfahrungen machen, bis er seine Lektionen gelernt hatte.

Nachdem er wieder einmal so versagt und dann darüber Buße getan hatte und ehrlich bemüht war, seine Natur und sein Fleisch zu überwinden, kam der Herr ihm durch einen Brief von Frau R. hilfreich entgegen. Darin wurde ihm gezeigt, wie er erfolgreich den guten Kampf des Glaubens kämpfen und zu einem endgültigen Sieg und Triumph über alle Werke des Feindes in seinem Leben kommen könne:

„Du solltest Dir sagen", schrieb Frau R. am 12. Febraur 1915, „auch wenn mir niemand in diesem Kampf beisteht, werde ich nicht aufhören, auf Gott zu harren, Ihn anzuschauen, Ihn inwendig wahrzunehmen und mich danach auszustrecken, Ihn zu erkennen.

Ich will damit sagen: In diesem Winter hast Du eingesehen, daß Du umkehren solltest. Du hast dieses Licht im Gebet von Gott bekommen; es war Dir klargeworden, daß Du diesen Kampf konsequent durchfechten, anhaltend darum beten und Dich danach ausstrecken mußt, Jesus zu erkennen und für Ihn zu leben. Du mußt Dir nun völlig darüber im klaren sein, daß Du auf diese Weise erst begonnen hattest, und wenn Du auf diesem Weg weitergehen willst, dann mußt Du auch in dieser innigen Verbindung mit Gott bleiben.

Gottes Ruf an Dich lautet: ‚*Komm, wandle mit Mir! Halte deine Augen auf Mich gerichtet und halte dich zu Mir, wende dich in allen Anliegen immer an Mich und bleibe in direkter Verbindung mit Mir.*' Wenn Du nun diesen Ruf als den Ruf des Herrn an Dich erkennst und Deine Augen beständig auf Jesus gerichtet sind, dann brauchst Du nur zu gehorchen, und zwar immer nur für den nächsten Schritt. Und so gehe den ganzen Weg; denke niemals Tage oder Wochen voraus!

Wenn Du infolge eines Dir bewußten oder unbewußten Versagens Deine Stellung verlierst, in der Du Dir vornahmst, mit ganzer Entschlossenheit den Kampf bis zum völligen Sieg durchzufechten, dann weißt Du nachher immer nicht recht, wie Du sie wieder einnehmen kannst. Wüßtest Du es, dann würdest Du versuchen, die verlorene Stellung wiederzuerlangen, sobald es Dir klar wird, daß Du nicht mehr in der inneren Verbindung mit dem Herrn oder zumindest ein klein wenig abgewichen bist. Wenn Du wüßtest, was zu tun ist, dann würdest Du es gewiß sofort tun. Aber Du wußtest noch nicht, daß Du in diesem Fall sagen solltest: ‚Ich werde trotz allem umkehren und mein Möglichstes tun, um den guten Kampf des Glaubens fortzusetzen.' Du hast jetzt noch nicht die rechte Ausrüstung für diesen beständigen Kampf, die in der Standhaftigkeit besteht, und das liegt daran, daß Du Dich noch nicht genügend in der Beständigkeit geübt und deren Wert noch nicht erkannt hast.

Darum möchte ich Dir sagen: Prüfe Dich in dieser Hinsicht einmal! Und denke darüber nach, welche Bedeutung die zwei Wege, ‚LIEBE' und ‚GEHORSAM', von denen heute morgen in der kurzen Botschaft gesprochen wurde, für Dich persönlich haben; denn kein Christ kann in seinem alltäglichen Leben wirklich Sieg haben, solange er diese beiden Wege noch nicht kennt. Er wird erst siegreich sein, nachdem er sich in beidem, in der Liebe wie auch im

Gehorsam, geübt und darin Beständigkeit gezeigt hat, besonders auch dann, wenn der eine Pfad zuweilen schwieriger zu sein scheint als der andere. Mit anderen Worten, in der Nachfolge Jesu ist der Weg manchmal sehr klar, mitunter aber scheint er auch dunkel und trocken zu sein.

Ich nenne den einen Pfad ‚Liebe'. Durch sie wirst Du es als eine wahre Freude empfinden zu beten, weil Du die innere Salbung verspürst. Es macht Dich glücklich, zu gehorchen und den Willen Gottes bis ins Letzte zu tun. Die natürliche Folge ist, daß Du nun ernsthafter und zuversichtlicher wirst und im Glauben zunimmst, denn Du tust ja alles aus Liebe zu dem, der Deine ganze Freude und Wonne ist, zumal Du weißt, daß dies Sein Wille ist und das Wort Gottes uns gebietet: ‚Habe deine Lust am Herrn', Psalm 37,4.

Nun, *der andere Pfad ‚Gehorsam' ist ebenso wichtig.* Man kann wohl nicht sagen, daß er noch wichtiger ist als der erstere, aber er ist ein recht schwieriger Pfad. Du bist den ersten Weg noch nicht weit genug gegangen, um alle Siege erfahren zu können, die er mit sich bringt. Wollen wir den Weg der Liebe wirklich gehen und dem Herrn unsere ganze Liebe erzeigen, dann sollten wir auch bereit sein, in Prüfungen, die uns ja nur zum Besten dienen, geduldig auszuharren. Um Jesu willen sollten wir das Kreuz bereitwillig auf uns nehmen, gerade auch dann, wenn dies gar nicht so leicht ist und die Anfechtungen häufiger und schwieriger werden. Unsere Liebe und unser Glaube erweisen sich erst als vollkommen, nachdem wir durch viele solcher Prüfungen gegangen sind.

Wie gesagt, der Weg des Gehorsams unterscheidet sich von dem Weg der Liebe darin, daß hier die Dinge nicht so leicht sind. Statt der Salbung des Geistes empfindet man hier eher Trockenheit und Dürre. Die Herrlichkeit scheint irgendwie entschwunden zu sein. Infolge eigenen Versagens kann man die Gegenwart des Herrn oft nicht mehr so wahrnehmen, und man vermißt die Wärme Seiner Liebe.

Hier läßt der junge oder noch nicht fest gegründete Christ oft in seinem Eifer nach. Es macht ihm jetzt nicht mehr so viel aus, ob er sich eines Ungehorsams bewußt wird oder nicht – das glühende Verlangen, Jesus zu gefallen, läßt offensichtlich nach. Bis dahin kannte er nur ein Ziel: Gott allezeit wohlzugefallen. Doch was ihm vorher ein Herzensbedürfnis war, wird ihm nun zu einer schweren Pflicht. Wenn er hier nicht standhaft bleibt und überwindet, wird er aufgeben und fortan nicht mehr von ganzem Herzen zu Gott aufwärtsstreben. Er wird sich gleichsam hinsetzen und, statt gläubig und geduldig auf den Herrn zu harren, jetzt von dem allmächtigen Gott erwarten, daß Er ihn so schnell wie möglich aus diesem unangenehmen Zustand heraushebt und ihm die Liebe wiedererstattet. Jeder Christ, der vorwärts und aufwärts strebt, wird solche Erfahrungen machen und diese einfache Lektion lernen.

Hat man nun seinen Weg oder die innere Verbindung zu Jesus verloren, so sollte man sich mit ganzem Ernst prüfen und nachforschen, wo, an welchem Punkt, dies geschehen ist. Vielleicht hat es gerade da angefangen, wo wir aufgehört haben, den persönlichen, inneren Kontakt und Umgang mit Gott bewußt zu pflegen. Oder man hat sich nur einmal ein bißchen gehenlassen. Vielleicht liegt es auch an einem kleinen Ungehorsam, dessen man sich gar nicht recht bewußt geworden ist. Worin immer auch die Ursache bestanden haben mag – es entspricht auf jeden Fall dem Willen des Vaters, daß wir zur Wiederherstellung der unterbrochenen Gemeinschaft mit dem Herrn die ersten Schritte des Gehorsams wiederholen, von neuem ernstlich beten, uns völlig hingeben und die ‚ersten Werke' tun, auf die Gott mit herrlichen Segnungen antwortete.

Wenn Du denkst, der Herr erwarte von Dir, daß Du bestimmte Dinge tust – tue sie sofort und mit Entschlossenheit, sobald Er es Dir zeigt; und solltest Du hierzu wenig Neigung verspüren, so tue es trotzdem mit solcher Hingabe, als würde Dir dies große Freude bereiten. Dies sind einige mehr grundlegende Gedanken und Richtlinien; nun wollen wir diese noch speziell auf Dich und Deine Situation anwenden.

Es ist nicht gut für Dich und bringt Dir nur großen Verlust ein, wenn Du im geistlichen Leben so oft aus Deiner Bahn kommst, denn dadurch wirst Du schließlich ganz von dem Ziel Deiner göttlichen Bestimmung abkommen, sofern Du Dich nicht immer sofort wieder aufraffst, den Weg unter die Füße nimmst und bis ins kleinste gehorsam bist – gerade auch dann, wenn Du gar keine Neigung mehr verspürst zu gehorchen. Gerade darin liegt die Hauptursache für die meisten Deiner großen Niederlagen. Du bist wohl im Besitz einer reichen geistlichen Erfahrung, aber inwieweit diese Dir zur Heilung dient und zum bleibenden Segen wird, hängt weithin davon ab, was Du tust und wie Du Dich verhältst, wenn Du merkst, daß Du den Weg wieder einmal verfehlt hast und die innere Verbindung in der Liebe zu Gott verloren hast."

Dann ließ der Herr durch Frau R. an den Prediger eine kleine Warnung ergehen, da Er sah, daß dieser von sich die Meinung hatte, er habe es inzwischen soweit gebracht, daß er nun feststehe. „Der Herr sagt: ‚Du bist, vielleicht unbewußt, vom Weg abgewichen und im Begriff, in deiner Liebe und Freudigkeit nachzulassen. Kehre um, tue die einfachen Schritte des Gehorsams, wie sie dir hier gezeigt werden, damit du in deinem Glaubensleben wieder in die Stellung gelangst, von der du abgekommen bist.'

Nimm Dir mehr Zeit zum Gebet und bringe die Anliegen Deines persönlichen geistlichen Lebens ernstlich vor den Herrn. Sprich mit Jesus über Deinen Ruf, den Ruf, dem Herrn zu leben und Ihm zu gehorchen, wie auch über den Ruf in Seinen Dienst. Bete in der Weise, wie Du es vorher getan hast; bete, daß der Herr Dich vor Fehltritten bewahren und Dir helfen möge durchzuhalten, dabeizubleiben und nicht mehr zu weichen oder nachzulassen. Sage Ihm, daß Du es alles für Ihn und um Seinetwillen tun möchtest. Sei unbedingt wahr. Halte Dich an diese Regeln, nicht nur für einen Tag, laß sie vielmehr Deinen alltäglichen Lebenswandel bestimmen. Laß Dich dann nicht mehr davon abbringen, sondern sieh zu, daß Du es Dir in Deinem geistlichen Leben zu einer Gewohnheit machst, den Herrn in einem unaufhörlichen inneren Gebet zu suchen, Ihn zu preisen und auf diese Weise ununterbrochen im Geist zu wandeln. Bleibe beharrlich dabei, bis diese innere Zwiesprache mit Gott zu einer festen Gewohnheit geworden ist und eine solch tiefe Liebe zu Ihm Dein Herz erfüllt, daß diese Verbindung mit dem Herrn nie mehr unterbrochen werden kann.

Hier bist Du nun aufgerufen, in dieser Weise zu beten und dem Herrn zu gehorchen, wobei es gleichviel bedeutet, ob Du voller Enthusiasmus bist, hierzu eine Neigung verspürst und Freudigkeit hast oder nicht. Ich möchte Deine Aufmerksamkeit auf eine Schriftstelle lenken, die in diesem Zusammenhang sehr wichtig ist: ‚Wer meine Gebote hat und hält sie, der ist es, der mich liebt. Wer mich aber liebt, der wird von meinem Vater geliebt werden, und ich werde ihn lieben und mich ihm offenbaren', Joh. 14,21.

Ich denke, alle ernsthaften Christen, die sich trotz Kampf und Schwierigkeiten nicht davon abbringen lassen, dem Herrn treu nachzufolgen, lernen etwas von dieser Lektion und machen die Erfahrung, daß es ihnen um dieser Liebe Gottes willen zu einer wahren Freude wird, Ihm zu gehorchen. Doch wenn Du diese überaus herrliche Liebe nicht genießen darfst, dem Herrn aber trotzdem völlig ergeben und auf der ganzen Linie gehorsam bist – einfach, weil Du fühlst, daß Du es Ihm schuldig bist, dann wirst Du bald innewerden, wie wahr doch dieses Sein Wort ist, daß nämlich der Gehorsam, der solch einer Herzenseinstellung entspringt, an sich schon Liebe ist. Du wirst entdecken, daß dieser Gehorsam eine geöffnete Tür ist und es Dir ermöglicht, Seine Liebe zu empfangen und zu begreifen und Dich ihrer zu erfreuen. Und weiter wirst Du erfahren: Wenn Du auf solche Weise konsequent und entschlossen diesen Weg der Heiligung gehst und dabei in demütigem Glauben Seine Offenbarung erwartest – dann wirst Du Ihn finden.

Die in dem oben zitierten Wort Jesu enthaltenen Wahrheiten beziehen sich keineswegs auf den Anfang des christlichen Lebens. Wer sich in seinem Lebenswandel nach diesem Wort richtet, hat schon ein gewisses Maß von dieser Liebe und diesem Gehorsam. Und wer den Herrn nur ein wenig geschaut hat, der öffnet sein Herz und begehrt, Ihn mehr zu sehen. So können wir zusammenfassend sagen: Wer sich in seinem Leben ganz nach diesem Wort ausrichtet, entwickelt einen großen und starken Glauben – den Glauben an die

OFFENBARUNG GOTTES.

Bist Du Gott wirklich gehorsam, wie diese Schriftstelle es sagt, ob der Weg auch dunkel und alles in Dir dürr und trocken ist, dann beweist Du damit, daß Du schon ein gewisses Maß an Liebe hast; und hier wird Gott Dir mit dem Zeugnis Seiner Liebe entgegenkommen. Er wird in Dir ein größeres Verlangen wecken, Ihn tiefer zu erkennen.

Wenn aber ein Christ immer wieder Fehltritte tut, vom Weg abweicht oder zurückgeht und, wie Du, beständig mit seiner Schwachheit zu kämpfen hat – Du bezeichnest sie als einen Pfahl in Deinem Fleisch und sagst, sie bereite Dir in Deinem Dienst große Schwierigkeiten –, dann sollte er sich vor Gott sagen und es auch wirklich so meinen: ‚Gott ist und bleibt derselbe. Ich mag mich wandeln, aber Gott nicht. Darum werde ich Ihn weiterhin von ganzem Herzen lieben und mich Ihm gegenüber genauso verhalten wie vorher, als mein Verhältnis mit Ihm noch ungetrübt war. Und wenn ich Ihn jetzt auch nicht klar sehen kann, so weiß ich doch, Er sieht mich. Ich werde mich weiterhin nahe zu Ihm halten. Ich gehe den Weg weiter und gehorche Ihm, und Er wird mich sicher hindurchführen. Wenn ich auch irgendwo vom Weg abgewichen oder nicht im vollkommenen Willen Gottes geblieben bin, weil ich meine alte Natur nicht völlig unterworfen hatte, so werde ich doch aufs neue ins Gebet gehen und darin beharren. Ich bin aufgerufen zu überwinden, und ich werde auch überwinden. Er weiß, daß ich es ernst meine, und ich brauche andern Menschen gegenüber kein Wort darüber zu verlieren.‘

Es gilt nun, während der Prüfungszeit unnachgiebig und stark zu bleiben und beständig auf die Stimme der Weisheit zu hören, die zu Dir sagt: ‚Paß auf, du bist wieder nahe daran abzuweichen. Halte dich fest an Mich!‘ Wenn Du mit Entschlossenheit dem endgültigen Sieg zustrebst, dann sage ich Dir: Es wird nach einer gewissen Zeit der Tag kommen, an dem diese Schwäche sich in Deinem Wesen nicht mehr halten kann, sondern endgültig weichen muß.

Sieh zu, daß Du durch die Liebe zu Gott in der hier beschriebenen Weise so schnell wie möglich zu einem Gefäß wirst, das den Erfordernissen entspricht, das die Prüfung annimmt und besteht. Diese Belehrung wird erst dann ihren Zweck ganz erfüllen, wenn sie ernstlich durchgebetet wird.“

*

Dr. McC. war Pastor einer presbyterianischen Kirchengemeinde und gehörte zu den wenigen nichtpfingstlichen Besuchern der Glaubensheime. Er war sehr verlangend nach Gott. So konnte der Heilige Geist ihn in bestimmte Wahrheiten des Evangeliums leiten, zum Beispiel in die Wahrheit der göttlichen Heilung. In seinem Verlangen nach tieferer Gotteserkenntnis war er in die Glaubensheime gekommen. Die Leiter der Heime waren ja selbst aus verschiedenen Denominationen in die Pfingstbewegung geführt worden; einige von ihnen betrachteten es daher aufgrund ihrer eigenen Erfahrung als etwas Selbstverständliches, daß Gott alle, die aufrichtig nach der Wahrheit suchen, in die Pfingstbewegung führen werde. Da war Frau R. aber anderer Meinung. Der Herr hatte ihr gezeigt, daß Er jeden Menschen ganz individuell führe. Er stelle jeden Seiner Diener dorthin, wo er seinen Fähigkeiten entsprechend wirken und für das Reich Gottes am nützlichsten sein könne, sei es nun innerhalb oder außerhalb der Pfingstbewegung.

In einem Brief legt Frau R. bezugnehmend auf Dr. McC. in klaren Ausführungen ihren großzügigen und weitherzigen Standpunkt dar, zu dem sie gekommen war, nachdem der Heilige Geist sie über diese Dinge belehrt und ihr gezeigt hatte, wie sie sich in solchen Fällen verhalten solle. Ihre Ausführungen zeigen, daß sie keinen Versuch machte, Menschen – auch wenn sie sehr gebildet und einflußreich waren – an sich zu binden oder dazu zu bewegen, sich der Gemeinschaft in den Heimen anzuschließen. Sie war von einer selbstlosen, uneigennützigen Liebe und von dem Verlangen beseelt, anderen zu helfen, und zwar gerade in dem Punkt und in der Weise, wie Gott es ihr aufs Herz legte. Da der Herr nun sah, daß Dr. McC. durch gewisse Andeutungen oder

Ratschläge von übereifrigen Leuten, die es sicherlich gut meinten, beeinflußt werden könnte, veranlaßte Er Frau R., den Mitarbeitern in den Heimen durch die Gabe der Weisheit Anweisungen zu geben, wie sie sich gegenüber diesem Mann, mit dem sie ja in direktem Kontakt standen, verhalten sollten:

„Es ist nicht im Sinne Jesu, wenn man versucht, jemanden aus seiner Kirche herauszuziehen. Ein solches Vorhaben heißt der Herr nicht gut. Es wäre sicherlich besser, er würde versuchen, das Licht, das Gott ihm gegeben hat, in seine Kirche hineinzubringen. Ist es nicht wahrscheinlich, daß er als ein guter presbyterianischer Pastor, der das Licht über göttliche Heilung hat, einen besseren Dienst tun könnte, wenn er in seiner Kirche bleiben würde?

Wollt Ihr die Sache nicht einmal von dieser Seite aus betrachten? Er ist fünfzig Jahre alt und nicht pfingstlich. Er hat tiefere Erkenntnisse als seine Glaubensgenossen in der Kirche, zu der er gehört, und könnte sie auf ein höheres geistliches Niveau führen. In seiner Gemeinde ist er sehr angesehen; er hat ihr wirklich eine Botschaft zu bringen und ist für Erkenntnisse über das tiefere Leben sehr aufgeschlossen. So hat er in seiner Kirche wirklich eine Aufgabe.

In pfingstlichen Kreisen aber ist er ein Anfänger. Er hat die Fülle der Kraft Gottes nicht erfahren. Kann er in unseren Kreisen ohne weiteres seinen Plan als Prediger ausfüllen? Würde er nicht in eine schwierige Situation geraten, sollte er schließlich versagen oder scheitern? Das ist die große Frage. Warum sollte man dann versuchen, einen solchen Mann aus seiner Kirche herauszuholen? Und wer wollte es wagen, hier nach eigenem Gutdünken zu urteilen? Wer kann diese Fragen beantworten?

Sehen wir aber, daß jemand von sich aus kommt, weil er sich so geleitet fühlt, können wir feststellen, daß er wirklich die geistliche Schau hat und sich nun danach sehnt, herauszukommen, dann werden wir einem solchen Menschen gerne helfen. Warum auch nicht? Auch wir sind einmal aus einer Denomination ausgegangen. Nun, wenn der Herr durch die Gabe der Weisheit zu ihm reden könnte, so würde ihm dies sicherlich eine Hilfe sein. Aber wäre er dann auch in der Lage, nach diesem Wort zu handeln? Muß er denn unbedingt seine Kirche verlassen? Wißt Ihr, wohin er dann gehen, wo er dann für den Herrn wirken soll? Ist er überhaupt von der Pfingstwahrheit überzeugt? Nein! Das würde ich ihm auch in aller Klarheit sagen. Ich würde ihn über die göttliche Heilung belehren. Wenn er dann den Wunsch hätte, diese Wahrheit in seine Kirche hineinzutragen, dann wäre das ganz in Ordnung."

Frau R. hatte diese Wahrheit schon lange erkannt und andere darüber belehrt. Viele verlassen oft zu voreilig ihren Platz in ihrem Gemeinde- oder Missionsdienst. O, würden sie ihr Licht doch leuchten lassen!

Diese Belehrung bezieht sich auf die Diener des Herrn: „Manche müssen herauskommen, und andere müssen bleiben. Wer von uns kann darüber im Einzelfall entscheiden? Der Herr muß uns in dieser Frage wirklich Licht geben: Entspricht es dem Willen des Herrn, daß alle Reichsgottesarbeiter das Werk verlassen, in das sie hineingeführt wurden, sobald ihnen eine neue Wahrheit aufgeht und sie in geistlicher Hinsicht auf einen neuen Weg geführt werden? Oder ist es nicht vielmehr so, daß Gott Euch, mich und jedes Seiner Kinder – in diesem Punkt wie auch auf anderen Gebieten – führt, je nachdem, wozu wir berufen sind? Könnt Ihr aus Erfahrung sagen, daß Gott Seine Diener immer aus ihrem Wirkungsbereich herausnimmt, nachdem sie neues Licht empfangen haben? Erwartet Er nicht vielmehr, daß sie die neu erkannte Wahrheit gerade dort verkündigen und ausleben, wo Er sie hingestellt hat?

Ja, ich weiß, daß der Dienst nach solchen neuen Erfahrungen schließlich eine ganz neue Richtung bekommt und daß Gott Seinen Diener, wenn er soweit gereift ist, an den Platz stellen wird, für den er durch das neu empfangene Licht ausgerüstet worden ist. Ist es aber unsere Aufgabe, andere davon zu überzeugen, daß sie ihren Platz verlassen sollten? Handelt Gott mit Seinen Dienern nicht individuell?

Wißt Ihr auch, daß manche ihrer Berufung niemals nachkommen, weil sie ihren Platz zu schnell verlassen haben?

Aufgrund dieser Feststellungen sehen wir also: Der Herr weiß genau, wie Er mit jedem einzelnen umgehen, wie Er ihn führen muß. Darum laßt uns weise und zurückhaltend sein und es Jesus überlassen, Seinen Dienern diese Dinge persönlich zu zeigen.

Dr. McC. ist in seiner Art sicherlich ein tüchtiger Prediger, und er ist seinem Licht und seiner Berufung treu. Aber die Frage ist: Wenn Ihr ihn überreden würdet, seinen Platz zu verlassen – wird er dann imstande sein, in einem anderen Werk seinen Mann zu stehen, wird er standhalten, wenn er durch Schwierigkeiten, Enttäuschungen und Anfechtungen zu gehen hat? Und wird seine Frau das alles verkraften können? Wissen wir, was Gott mit diesem Ehepaar vorhat?

Wenn er, ohne die Pfingstwahrheit erkannt zu haben, nur mit dem Licht über göttliche Heilung seinen Kreis verläßt, wohin sollte er dann gehen? Tritt er aber um der Pfingstwahrheit willen aus, besteht immer noch die Frage: Ist er innerlich denn überhaupt schon soweit gereift?

Möge der Herr uns darin Weisheit schenken! Laßt uns den Gedanken ganz aus dem Sinn schlagen, wir könnten dem Mann raten und ihn in die Pfingstbewegung hineinziehen! Da müßte Gott den ersten Schritt tun und ihn herausrufen. Natürlich ist es unsere Aufgabe, die Pfingstwahrheiten zu bezeugen und die Menschen darin richtig zu unterweisen. Aber ob sie dann ihre Kirche verlassen oder nicht – das ist ihre persönliche Angelegenheit. Bevor er eine Kirche wie die der Presbyterianer verläßt – in der doch viele sich darum bemühen, Gott wohlgefällig zu sein, und von denen manche sich, soweit sie Licht haben, auch vom Geiste Gottes leiten lassen –, und sich pfingstlichen Kreisen anschließt, sollte er Klarheit und Gewißheit haben, von Gott dazu berufen zu sein.

Will der Herr nun, daß Ihr ihm dies alles weitersagt? Durchaus nicht! Gebt acht, daß er das Licht von Jesus persönlich empfängt, wenn es so sein soll. Will Jesus ihn aus seiner Kirche herausführen, kann Er es tun. Will Er ihn dortbehalten, kann Er es ihm auch klarmachen.

Der Pastor ist geneigt, auf Euren Rat einzugehen und könnte von Euch leicht beeinflußt werden. Wenn Ihr schon mit ihm darüber gesprochen und ihm gesagt habt, er solle aus seiner Kirche austreten, dann seht zu, daß er nicht den Eindruck bekommt, Ihr wäret inzwischen zur gegenteiligen Überzeugung gekommen. Vielmehr gebt ihm, wenn Ihr mit ihm sprecht, vorsichtig zu verstehen, daß Gott die Seinen führen und ihnen persönlich zeigen möchte, was sie zu tun haben.

Dr. McC. lehnt sich zur Zeit sehr an Euch an und kann so natürlich leicht beeinflußt werden. Aber tut es nicht! In keiner Hinsicht!

Redet mit ihm darüber, sobald sich eine Gelegenheit dazu bietet. Unter den gegenwärtigen Umständen ist es leicht möglich, daß er voreilig mit seiner Kirche bricht, und später könnte er es sehr bereuen. Es ist dann nicht so leicht, wieder zurückzugehen, nachdem man überstürzt weggelaufen ist. Die Menschen sind zu schnell dabei, einfach fortzulaufen; würden sie sich immer ganz nahe zu Jesus halten, dann würde Er sie in Seiner sanften Weise führen, entweder heraus, wenn Er es so will, oder wieder hinein."

*

„Jetzt erst hast Du angefangen, wirklich zu überwinden – wie es jedes Gotteskind schon vom Beginn seines Wandels mit dem Herrn tun sollte." Diese ihn aufrüttelnden Worte richtete Frau R. in einem Brief an einen erfolgreichen und erfahrenen Prediger, der dem Herrn schon seit Jahren gedient hatte. Durch seinen hingebungsvollen Dienst waren schon viele zum lebendigen Glauben gekommen; viele Kranke waren durch ihn auf das Gebet des Glaubens hin geheilt worden, und es waren sogar Wunder geschehen. Auch stand er in dem Ruf, in seinem Predigtdienst besondere Vollmacht zu haben und im Umgang mit den Menschen sehr liebenswürdig zu sein.

Aber Gott, dessen Augen wie Feuerflammen sind, durchforschte das Herz Seines Dieners und sah, daß er trotz aller dieser „Werke" dem Herrn nicht völlig hingegeben war. Es gab in seinem Leben und Dienst bestimmte Bereiche, die er nicht der Herrschaft des Heiligen Geistes unterstellen, sondern in denen er selbst bestimmen wollte. Darin war er dem Herrn nicht völlig gehorsam.

Auch war er manchmal sehr niedergeschlagen und verdrießlich und ließ es zu, daß düstere Stimmungen und Depressionen sein Leben beherrschten. Und soweit er diesen „Werken des Fleisches“ Raum gab, beherrschte ihn auch das Fleisch und regierte der Feind in seinem Leben und nicht der Geist Gottes mit Seiner Frucht der Liebe, der Freude und des Friedens. Das hatte zur Folge, daß der Herr ihn nicht in dem Maße gebrauchen konnte, wie es Seinem vollkommenen Willen entsprochen hätte, so daß er auch für alle zu einem Hindernis wurde, die mit ihm zusammen dem Herrn dienten.

Dann hatte ihn das Wort des Herrn wachgerüttelt, er erkannte seinen wahren Zustand im Lichte Gottes und fing an, das Angesicht des Herrn zu suchen. Er betete um Befreiung von bestimmten Neigungen seiner Natur, die dem Herrn mißfielen. Frau R. stand dann im Gebet ernstlich für ihn ein. Geduldig belehrte sie ihn immer wieder in verschiedenen Dingen. Langsam wurde es lichter und Sieg wurde offenbar. Doch der Herr warnte ihn in Seiner Treue durch Frau R. und sagte ihm, er könne, nachdem er schon einen gewissen Sieg habe, dann aber wieder in die alten Fehler verfalle, nicht erwarten, daß der Teufel sich vor ihm fürchte und fliehe, sobald er sich neu entschließe, den Willen Gottes zu tun.

„So kommst Du in Deinem geistlichen Leben nicht voran“, erklärte Frau R. weiter. „Du mußt in diesem Kampf nun wirklich Standhaftigkeit und Ausdauer zeigen. Vorher hast Du mit der Sünde gespielt und in der Versuchung immer wieder nachgegeben. Aber nun zeige dem Teufel, daß es Dir ernst ist und Du fortan genau das Gegenteil tun wirst. Und wenn Du einmal in irgendeinem Punkt versagen solltest, wirst Du ihm nicht gestatten, Dich zu knechten; vielmehr wirst Du Dich sofort wieder aufmachen und getrost und furchtlos den Willen Gottes tun. Satan wird jederzeit einen Menschen besiegen können, der fürchtet, er werde doch unterliegen, der sich entmutigt hinsetzt und durch seine Furcht dem Fleisch Raum gibt.“

Weiter zeigte Frau R., wie es für den Feind eine willkommene

Gelegenheit bedeute, wenn ein Christ unachtsam oder nachlässig und den Geboten des Herrn beständig ungehorsam ist. „Der Teufel wird den Sieg davontragen, wenn man dem Fleisch immer wieder nachgibt und ständig die gleichen Fehler macht.

Wenn Du dann endlich einmal aufwachst, sagst Du Dir, daß es anders werden muß. Du nimmst Dir vor, fortan zu überwinden; aber zu Deinem großen Erstaunen mußt Du jetzt feststellen, daß der Feind Deine guten Vorsätze kaum respektiert. Wenn Du dann wieder einmal versagt hast, wird er alles versuchen, seine Stellung zu halten und nicht zu weichen, wenn er schon gewichen war, wird er wieder zurückkehren. Das kannst Du dann gar nicht verstehen, Du wirst verdrießlich und sagst Dir: ‚Lohnt es sich überhaupt, einen neuen Anlauf zu nehmen?' Aber Satan war eben kein Anfänger, als er versuchte, Dich zu besiegen. Er war nicht nachlässig und ist seiner Aufgabe mit Ausdauer nachgegangen – sollte er da nicht das Recht haben, seinen Platz zu behaupten?

Kehre jetzt um, nimm die geistliche Spur Deines Wandels mit dem Herrn wieder auf. Für jeden Schritt des Ungehorsams tue nun einen Schritt des Glaubens und des Gehorsams. Anstatt in Deinem Bemühen, das Richtige zu tun, nervös zu werden und Dich über Deine Niederlagen zu grämen, schreite nun zuversichtlich und glaubensvoll vorwärts und denke immer daran: *Du bist Jesu Eigentum und Er wird Dir hindurchhelfen!*

Wenn Du dem Teufel nachgibst – und das tust Du manchmal –, dann erlaubst Du ihm, Dich aufzuhalten, denn er wird Dich daran hindern, Schritte des Glaubens zu tun.

Läßt Du Dich aber von Deinem Glaubensweg nicht abbringen, hältst Du am Glauben und an der Hoffnung fest, preist Du den Herrn und tust Du nach bestem Wissen, was vor dem Herrn wohlgefällig ist, auch da, wo es Dir nicht gefällt, was wird dann geschehen? Nun, der Satan wird so gründlich geschlagen werden wie vorher Du. Satan wird besiegt werden und derjenige sein, der sich fürchtet, der erfolglos aufgeben und feststellen muß, daß alle Mühe umsonst ist.

Dies ist eine Regel im geistlichen Leben: Jedesmal, wenn Du zum

Teufel ‚nein' sagst und Dein Fleisch verleugnest, statt dessen aber ‚ja' zu Jesus sagst, überwindest Du das Fleisch und damit auch Satan. Du wirst von dem Leben Christi durchdrungen und kreuzigst das Fleisch, wenn Du mit Jesus wandelst, wachsam und standhaft bleibst, Ihm gehorchst und alles tust, was Ihm wohlgefällt.

Die Kehrseite ist: Gibst Du dem Fleisch Raum, tust Du fortwährend die Dinge, die Jesus mißfallen, bleibst Du dabei, immer den eigenen Willen durchsetzen zu wollen und weigerst Du Dich zu tun, was Du als den Willen des Herrn erkannt hast, dann wirst Du das Leben in Christus verlieren und immer tiefer in das fleischliche Wesen versinken. Und wenn Du Dich immer mehr gehen läßt und in den Punkten, in denen Du besonders schwach bist, widerstandslos nachgibst und ganz Verkehrtes tust, dann bist Du in der Versuchung Satans.

Wenn Du aber den Pfad der Furcht und des Murrens endlich verlassen und Dich demütigen Herzens dem Pfad des Glaubens neu zuwenden würdest, könnte der Herr Dich von den Feinden, die infolge Deines Ungehorsams und Deiner Nachlässigkeit zur Herrschaft gelangt waren, befreien und Dich bewahren. Nun wirst Du also genau dort, wo Du keinen Sieg hattest, entsprechende Schritte unternehmen und Dich selbst verleugnen, um zu einem Überwinder zu werden und einen völligen Sieg über das Fleisch zu bekommen.

Das wäre doch wunderbar, oder nicht?

Aber aus allem kannst Du erkennen: *Bei Jesus geht Gnade vor Recht.*

Die Absicht des Herzens bedeutet dem Herrn viel – aber auch dem Teufel, denn er sieht genau, ob man noch hin und her schwankt, nimmt auch zur Kenntnis, wenn ein Mensch seinen Fuß auf Glaubensgrund stellt und es für ihn eine abgemachte Sache ist, keinen anderen Weg als den des Herrn zu gehen. Satan wird aufgeben, wenn er sieht, daß ein Mensch wirklich entschlossen ist."

Dieser Prediger setzte dann seinen Kampf beharrlich fort, bis Gott ihn zu einem Überwinder gemacht hatte, der den vollen Sieg über sein Fleisch und jene Neigungen in seinem Wesen hatte, die ihn zuvor beherrschten.

Kapitel 31

Unterweisung der Neubekehrten

„Dies wäre gewiß nicht dein ‚Krönungstag', wenn Jesus heute käme, nicht wahr? Du gehst am besten so schnell wie möglich hinüber in die Versammlung!" Diese Worte flüsterte der Heilige Geist Helen Innes zu, als sie gerade das Lied gespielt hatte: „Wäre dies dein Krönungstag?" Es war ein regnerischer Sonntagnachmittag im Jahre 1915. Die ganze Familie war zur Versammlung ins Glaubensheim gegangen, nur Helen war zu Hause geblieben und versuchte, sich irgendwie zu trösten, indem sie verschiedene Lieder auf dem Klavier spielte.

Wie bereits berichtet wurde, hatte der Herr vor einigen Jahren durch Frau R. zu den Eltern einiger Töchter gesprochen und sie ermahnt, für deren Bekehrung zu beten. Herr Innes war einer der Väter, an die der Herr diese Aufforderung gerichtet hatte. Treu betete er nun Tag für Tag für seine älteste Tochter. Oft, wenn er morgens zur Arbeit nach Chicago gefahren war, und Helen anschließend sein Zimmer aufräumte, fand sie, daß der Platz, an dem er gewöhnlich kniete und betete, von Tränen naß war, die er dort geweint hatte. Und sie wußte, daß ihr geliebter Vater die Tränen um ihretwillen vergossen hatte, während er um ihre Errettung zu Gott flehte.

Doch bis zu dieser Zeit war Helen dem Herrn ausgewichen und schien gegenüber dem Werben und Mahnen des Heiligen Geistes völlig taub zu sein. Sie studierte nun an der Universität in Chicago und war keineswegs daran interessiert, ihr Leben dem Herrn zu weihen. Sie war klug und verstand es – so glaubte sie wenigstens –, „Gott aus dem Wege zu gehen". Doch nun hatte der Heilige Geist sie gepackt, und sie folgte sofort Seinem Zug – trotz des unfreundlichen Wetters. „Während ich den kurzen Weg an den zwei Häuserblöcken vorbei zum Gottesdienst ins Versammlungshaus der

Glaubensheime eilte“, schrieb Helen später, „hoffte ich im stillen, daß mein Vater mich nicht erblicken möchte, denn das wäre mir sehr unangenehm gewesen. Doch als ich den Versammlungsraum betrat, war der Platz direkt vor ihm der einzige, der leer geblieben war. Gleich nachdem ich mich gesetzt hatte, wurde eine Zungenbotschaft gegeben. Die Auslegung wurde jedoch so leise gesprochen, daß ich dort hinten, wo ich saß, kaum etwas hören konnte. Später erfuhr ich, daß der Herr darin zu verstehen gegeben hatte, es befände sich jemand in dieser Nachmittagsversammlung, der noch nicht errettet sei und keine weitere Gelegenheit zur Bekehrung mehr haben würde; es sollten daher alle im Gebet für die Errettung dieser Seele eintreten.

Sofort gingen alle auf die Knie – alle, nur ich nicht; unbeweglich blieb ich aufrecht sitzen. Sie flehten ungefähr eine Stunde lang inständig zu Gott; dann kam einer der Prediger, Elder Eugene Brooks, auf mich zu, stellte sich vor mich hin und sagte in seinem freundlichen südlichen Akzent: ‚Meine Tochter, denkst du nicht, daß es Zeit ist, dein Herz Gott zu übergeben?‘ Da brach es wie eine Quelle aus der Tiefe meines Wesens hervor, ich fiel auf meine Knie und schrie eine lange Zeit zu Gott, bis alle Härte meines Herzens zerbrochen war und mein Leben und mein Wille Ihm gehörten.

Nach der Versammlung gingen zwei der Dienerinnen des Herrn, Frau Robinson und Frau Judd, mit mir nach Hause. Sie blieben mehrere Stunden, belehrten mich, beteten für mich und zeigten mir, wie ich mein Leben völlig dem Herrn hingeben sollte, um in Ihm wachsen zu können.“

Frau R. lenkte die Aufmerksamkeit der Neubekehrten auf Schriftstellen wie 1. Korinther dreizehn, die Lehre über den Wandel in der Liebe; Kolosser drei, wo uns gezeigt wird, wie wir den alten Menschen mit seinen Werken ausziehen und den neuen Menschen anziehen sollen, „der da erneuert wird zur Erkenntnis nach dem Ebenbilde des, der ihn geschaffen hat“; Galater fünf, die Lehre über die Frucht des Geistes und Philipper vier, wo Paulus uns lehrt, daß wir uns allewege in dem Herrn freuen sollen und wo er uns sagt, worüber wir nachdenken bzw. welche Dinge unsere Gedankenwelt ausfüllen sollen. Über diese Wahrheiten sprach Frau R. mit Helen, und sie trug ihr auf, immer wieder darüber zu beten und diesen Schriftworten zu gehorchen, bis sich diese in ihrem Leben verwirklichten.

„Ich habe oft gesagt: Wenn ich danach auf eine einsame Insel verbannt worden wäre, dann hätte ich allein aufgrund dieser schlichten Unterweisungen im geistlichen Leben vorangehen und wachsen können", so stellte Helen nach einem erfolgreichen Dienst von mehr als vierzig Jahren fest. *„Ich werde Gott immerfort danken für die Diener in den Glaubensheimen, die mich darüber belehrt haben, wie ungeheuer wichtig es ist, dem Worte Gottes zu gehorchen und Jesus im Gebet zu suchen."*

Schon bald nach ihrer Bekehrung an jenem Abend wurde Helen im Heiligen Geist getauft, woraufhin sie dann ins Glaubensheim eintrat, um sich für den Dienst des Herrn vorbereiten und ausbilden zu lassen.

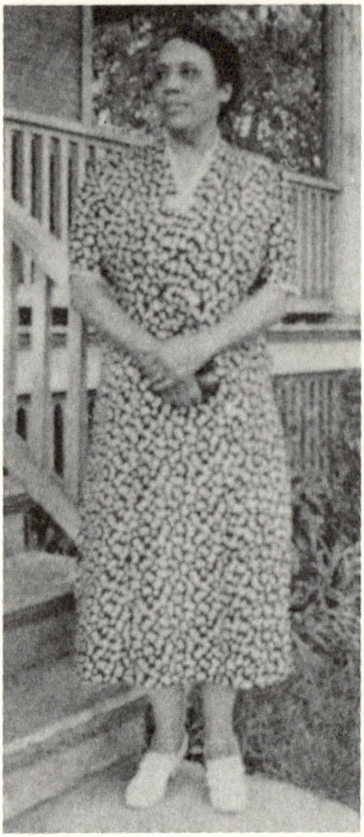

Ursie Naylor

1873–1949

Mitarbeiterin von Martha Robinson

Martha Robinson
und
ihre Freundinnen

Toronto 1918

Oben Mitte: Lottie McConnell
Mitte lks.: Nettie Toews
Mitte r.: Martha Robinson
Unten lks.: Alice McConnell
Unten r.: Loretta Mae Judd

Kapitel 32

Anleitung zum Bibelstudium

„Wir sehen das große göttliche Licht – das Licht von Jesus – und empfinden Seine himmlische Nähe, während wir in Seinem Wort forschen, und das ist es, was das Bibelstudium zu einer wahren Freude macht. Die Bibel ist nicht in erster Linie für Prediger geschrieben worden, damit diese die Menschen daraus belehren – obwohl dies nach der Schrift auch geschehen muß –, vielmehr sollte der einzelne Bibelleser die darin verborgenen Wahrheiten selbst entdecken, während er über dem Worte Gottes betet.

In unserem Werk haben wir nicht allzuviel Wert auf Kommentare und gründliche Erklärungen des Wortes gelegt, vielmehr sind unsere Bibellehrer bestrebt, die Gläubigen dazu anzuleiten und anzuregen, daß sie ihre Bibel selbst in die Hand nehmen und studieren, um sie dann auch auszuleben und anzuwenden. Darin besteht nach unserem Verständnis auch die rechte Vorbereitung auf den Predigtdienst."

Dies erklärte Frau R. in einem Brief, den sie an jemanden richtete, der sie gefragt hatte, wie man die Bibel als Vorbereitung auf den Predigtdienst studieren solle und ob sie zum Besuch einer Bibelschule raten würde.

„Wenn Studenten von anderen Schulen zu uns kommen und hier während ihrer Ausbildungszeit erkennen, wie notwendig es ist, in ein persönliches und lebendiges Verhältnis zum Worte Gottes zu kommen und es im täglichen Leben anzuwenden und auszuleben, stellen sie meistens fest – und sagen es uns auch –, daß sie nach unserer Methode besser und schneller vorankommen. Doch es gibt zweifellos auch Bibelschulen, bei denen man sich dieser Tatsachen ebenfalls bewußt ist", schreibt Frau R. weiter in ihrem Brief.

„Möchte sich ein junger Mann auf den Predigtdienst vorbereiten, so sollte er zwei Voraussetzungen mitbringen: Einmal muß er bestimmte natürliche Fähigkeiten haben, die für den Dienst einfach notwendig sind; er sollte sich unter Menschen bewegen und den Platz eines Predigers ausfüllen können; auch sollte er schon gewisse Fähigkeiten zum Predigen mitbringen. Zum andern – und dies ist weit wichtiger als das erstere – muß er gelernt haben, im Geist zu wandeln und in einer innigen Gemeinschaft mit dem Herrn zu bleiben, im Alltag aus Seiner Gnade zu nehmen und durch die Kraft des Heiligen Geistes überall und unter allen Umständen für Jesus zu leben und für Ihn da zu sein. Bringt er diese letzteren Voraussetzungen nicht mit, so wäre es besser, er würde in diesen Dienst erst gar nicht eintreten. Die zuerst genannten Fähigkeiten sind im Blick auf den Dienst am Wort natürlich auch notwendig, doch wenn diese vorhanden wären, es fehlten aber die letzteren Voraussetzungen, so würde dieser Mann in seinem Dienst als Prediger versagen."

Nun kommt Frau R. auf das Thema „Bibelschulen" zu sprechen: „Uns sind einige der pfingstlichen Bibelschulen ein wenig bekannt, andere kennen wir nicht näher und würden uns daher über diese auch kein Urteil erlauben. Geht es nun um die Frage, ob es ratsam wäre, eine Bibelschule zu besuchen oder an einem Bibelkurs teilzunehmen, so würde ich sagen: Um auf diese Frage eine Antwort zu finden, müßte man einerseits den gegenwärtigen Stand im geistlichen Wachstum des Studenten, seine geistliche Erfahrung, und andererseits die Art der Bibelschule, die zur Ausbildung in Frage käme, in Betracht ziehen. Es ist manchmal recht enttäuschend, wenn man sieht, was bei der Ausbildung auf einer Bibelschule herauskommt. Man bekommt den Eindruck, daß die Originalität des einzelnen unterdrückt und der Student davon abgehalten wird, sich ganz dem Heiligen Geist hinzugeben, damit Er die Persönlichkeit heiligen und prägen kann. Der junge Prediger wird nach einer bestimmten Schablone geprägt, so daß er dann in seinem Dienst mehr oder weniger nachahmt und etwas Angelerntes weitergibt, statt in der Kraft des Heiligen Geistes zu dienen und zu wirken. Für die Zuhörer ist nur eine lebendige Predigt fruchtbringend, die Predigt eines Mannes, der völlig Gott hingegeben ist, der sich vom Heiligen Geist leiten läßt und seine Botschaft direkt von Gott empfangen hat. Echte Predigt kann nicht einfach nur auf reiner Vernunftsebene einstudiert und vorgetragen werden.

Auch ist es bedauerlich zu sehen, daß manch ein Bibelschüler aus der Heiligen Schrift nur die Dinge weiß, die ihm beigebracht wurden. Er hat eigentlich wenig Schriftkenntnis und kaum einen Begriff von der Bibel selbst, und so fühlt er nicht das Bedürfnis, dann auch ohne Anleitung der Lehrer selbständig weiter in der Schrift zu forschen, so daß er in der Erkenntnis des Wortes wachsen könnte und seine Liebe zum Wort beständig zunehmen würde. Ein Prediger wird im Werk des Herrn mit früher empfangenen Belehrungen nicht viel anfangen können – sein Bibelstudium muß mit seiner gegenwärtigen geistlichen Erfahrung und mit seinem Dienst Schritt halten und Hand in Hand gehen. Er muß in seinem persönlichen Glaubensleben vorankommen und in Christus wachsen, während er predigt und dem Herrn dient. Wirklich – es ist nicht damit abgetan, daß man eine Schule absolviert hat und ein theoretisches Wissen besitzt! Der tüchtigste Lehrer und umfassendste Studienplan vermögen dem Studenten nicht weiterzuhelfen, wenn dieser nicht wirklich ein Student des Heiligen Geistes ist.

Nun, in Deinem Fall müßte man zunächst einmal sehen, worin Deine persönliche geistliche Erfahrung besteht und wieviel Erkenntnis Du gegenwärtig über das Wort hast. Wenn Du mit der Bibel vertraut bist, wenn die Heilige Schrift für Dich ein offenes Buch ist und Du darin lebst, dann könnte Dir der Besuch einer Bibelschule oder die Teilnahme an einem Bibelkurs von Nutzen sein; eine solche Ausbildung kann Dir in dem Fall zu einem tieferen geistlichen Verständnis verhelfen. Dann wirst Du nicht genötigt sein zu versuchen, biblische Wahrheiten verstandesmäßig zu erfassen, Wahrheiten, die Dir vom Geist Gottes noch gar nicht erleuchtet worden sind. Andernfalls bekommt man nur ein Wissen über das Wort und ist geneigt, es rein verstandesmäßig zu behandeln und weiterzugeben; man ist nicht in der Lage, aus der eigenen geistlichen Erfahrung heraus und unter der Leitung und Inspiration des Heiligen Geistes zu sprechen.

Es ist nun einmal so: In den Bibelschulen kann man sich gewöhnlich kaum um den einzelnen Studenten kümmern und seine persönlichen Bedürfnisse in seinem geistlichen Leben berücksichtigen; er wird einfach nur nach dem Lehrplan unterrichtet. Ein Student, der noch kein persönliches Verhältnis zum Wort Gottes hat und nicht darin lebt, hat ja noch gar nicht das Vermögen, diese Wahrheiten und Lehren zu begreifen und zu verkraften. Lehrt man ihn nun trotzdem Dinge, die er noch gar nicht wissen muß, die er noch gar nicht fassen und verwerten kann, weil ihm dazu das geistliche Verständnis fehlt, dann kann ihm dies zum großen Schaden werden. Es ist unbedingt notwendig, zuerst einmal herauszufinden, wo er Belehrung und geistliche Hilfestellung braucht, und dann kann man an die Bibelkenntnis, die er bereits besitzt, anknüpfen und ihn weiterführen, gründlicher belehren, so daß die Bibel für ihn nun sehr real und lebensnah wird. Man sollte einen Bibelschüler dazu anhalten, selbständig in der Schrift zu forschen und in sie einzudringen. Ich meine, er sollte bei seinem Bibelstudium dem Drang seines Herzens folgen und sich von seiner Liebe zum Wort leiten lassen.

Die meisten großen Bibellehrer haben sich auf diese Weise ihre Bibelkenntnis erworben. Wahre Männer Gottes, durch die der Herr große Dinge tut, werden vom Heiligen Geist belehrt. Viele Pfingstprediger hatten nie eine Ausbildung. Sie lernen die Bibel kennen, indem sie sie ausleben und dem Herrn dienen. Aber manche Bibelschüler brauchen noch einige Anleitung, damit sie wissen, wie sie die Bibel auf richtige Weise studieren können.

Ich möchte nun aber nicht mißverstanden werden, als sei ich grundsätzlich gegen ein Studium, eine Ausbildung oder eine Teilnahme an Kursen. Aber ich meine, eine Ausbildung wird sich erst als nützlich und hilfreich erweisen, nachdem der zukünftige Prediger dem Heiligen Geist völlig ausgeliefert ist und sich darin geübt hat, Ihm beständig unterworfen zu sein, und somit imstande ist, durch den Heiligen Geist aufzunehmen, was er im Unterricht lernt; Gott wird dann dafür sorgen, daß das Gelernte sich für ihn wie auch für Seine Sache segensreich auswirkt."

Es ist übrigens mehr als einmal vorgekommen, daß Frau R. im Auftrag des Herrn jemanden dazu ermutigte, auf eine Bibelschule zu gehen, denn in diesen Fällen war sie gewiß, daß der Betreffende dort das bekommen würde, was er gerade brauchte.

„Während ich meinen Brief noch einmal durchlese", fügte Frau R. noch hinzu, „kommt mir der Gedanke, Du könntest vielleicht den Eindruck bekommen, als wollte ich Dir zu verstehen geben, Du solltest in unser Glaubensheim kommen, da ich geschrieben habe, daß wir in unserem Werk bemüht sind, solche Fehler, wie sie in Bibelkursen und -schulen oft gemacht werden, zu vermeiden. Es war nicht meine Absicht, Dir den Eindruck zu vermitteln, als sei ich der Meinung, nur wir hätten das richtige System, die Bibel zu studieren. Nein, wir sehen auch, wo es bei uns noch fehlt. Ich habe versucht, Dir ganz offen zu schreiben, was ich denke. Ich weiß nicht, ob ich von mir aus die Freiheit gehabt hätte, dies zu tun; aber es war der Herr, der mich beim Schreiben dieses Briefes geleitet hat."

Wie bereits angedeutet wurde, gehörte zu den Bewohnern der Glaubensheime auch eine Anzahl junger Leute, die sich auf den Dienst im Reiche Gottes vorbereiteten. Sie erhielten ihre Belehrung größtenteils in den regulären Versammlungen. Aber es wurden von Zeit zu Zeit auch spezielle Bibelklassen eingerichtet, in denen verschiedene Prediger und Lehrer unterrichteten.

Im Jahre 1915 begann Frau R. damit, wöchentlich eine Bibelklasse für die älteren „Bibelschüler" zu halten. Daran nahmen auch jüngere Leute teil, die zuvor eine Bibelschule besucht hatten, und mindestens zwei Teilnehmer waren bereits ordiniert und hatten schon einige Diensterfahrung; der Herr hatte sie nun in die Glaubensheime geführt, damit ihnen dort „der Weg des Herrn noch genauer ausgelegt" würde. Alle diese „Bibelschüler" belehrte Frau R. nach den im obigen Brief genannten Richtlinien. Die Studenten wurden nicht mit Informationen „vollgestopft", vielmehr wurde ihnen gezeigt, wie sie „an die Dinge heranzugehen hatten", wie sich jemand aus dieser Klasse ausgedrückt hat.

„Der Herr möchte, daß ihr die Bibel selbständig studiert", sagte Frau R. u. a. in ihren einführenden Bemerkungen. Bei dieser Art des Studiums ist es eine grundlegende Voraussetzung, daß der Student sich ganz dem Heiligen Geist ausgeliefert hat. „Wenn ich von Hingabe beim Bibelstudium spreche, dann meine ich damit die völlige, restlose Auslieferung eures Lebens an Gott." Der Mensch neigt gewöhnlich dazu – so erklärte die Lehrerin –, beiseite zu legen, was er gelesen hat; er geht nicht darauf ein. Er wendet es nicht auf sich und auf sein tägliches Leben an. Doch ein wahrer Bibelschüler wird so lange bei einer Wahrheit, die Gott ihm in Seinem Wort zeigt, stehenbleiben, bis er diese wirklich erfaßt hat und sie zu seiner persönlichen Erfahrung geworden ist. So hat Frau R. zum Beispiel einmal gesagt: „Ihr solltet euch die Gebote im Neuen Testament vornehmen und bestrebt sein, diese in die Tat umzusetzen, und darin nicht nachlassen, bis ihr jedem einzelnen Gebot wirklich gehorsam geworden seid."

Die gleichen Methoden, die sie für das persönliche Bibelstudium empfahl, wurden auch in der wöchentlichen Bibelklasse, in der Frau R. unterrichtete, angewandt. „Ihr solltet es nicht zulassen, daß eine bevorstehende Bibelstunde, die ihr zu halten habt, euer Studium beeinflußt. Wenn ihr nur eifrig studiert, um einen guten Vortrag zu halten, werdet ihr die innere Berührung mit Jesus und damit eine herrliche Zeit in Seiner Gegenwart verlieren." Sie sollten so für den Unterricht studieren, als gelte es, verborgene Schätze zu suchen. Hatten sie sich dann so für die Bibelklasse vorbereitet, gab Frau R. ihnen die Anweisung: „Kommt innerlich erfüllt von den Reichtümern, die ihr entdeckt habt, in die Klasse und laßt euch dann vom Herrn zeigen, welche Schätze ihr davon hervorbringen sollt!"

Eine der ersten Aufgaben, die sie der Klasse stellte, bestand darin, daß alle das dreizehnte Kapitel des ersten Korintherbriefes, das Kapitel der Liebe, zu studieren hatten. Die Aufzeichnungen eines Studenten, der im Unterricht mitgeschrieben hat, was Frau

R. hierüber lehrte, vermitteln uns einen kleinen Einblick in die Art und Weise, wie sie lehrte:

„Prüfe dich, wo in deinem Leben noch etwas im Gegensatz zu diesem Kapitel steht. Verabscheue die Werke des Fleisches in dir, von denen dieses Kapitel spricht. Beachte genau die einzelnen Ausdrücke und wache darüber, daß du diese Worte auslebst und verwirklichst. Beleidigt dich jemand, so bitte den Herrn, daß Er dir zeigen möge, wo in dir noch etwas von diesem elenden Fleisch zurückgeblieben ist, das beleidigt reagiert. Nimm Stellung gegen alles, was in deinem Leben nicht mit diesem Kapitel der Liebe übereinstimmt. Sage: ‚Ich werde mein Fleisch als gekreuzigt betrachten und dafür sorgen, daß dies auch wirklich so ist.' Du wandelst noch im Fleisch, solange du dieses Kapitel nicht auslebst. Kümmere dich nicht darum, was andere tun, wandle du in der Liebe."

Dann richtete der Heilige Geist an die Studenten dieser Klasse eine Frage, durch die Er sie dazu brachte, sich ernstlich zu prüfen, ob sie diese Liebe in ihrem persönlichen Leben wirklich praktizierten: „Werdet ihr fortan in den Punkten Sieg haben, in denen ihr im letzten Jahr noch versagt hattet?" Zugleich erinnerte Frau R. sie daran, daß es „das ihnen innewohnende Leben des Sohnes Gottes ist, das dieses Kapitel in ihnen verwirklichen und ausleben wird."

Immer wieder warnte Frau R. ihre Studenten, die angehenden Prediger, niemals der allgemeinen Tendenz nachzugeben und die Bibel nur zu studieren, um sich auf eine Predigt vorzubereiten oder um andere zu belehren. „Was ihr andern geben wollt, habt ihr ja selbst bitter nötig." Der Landsmann soll immer zuerst die Frucht genießen. Wir müssen die Wahrheiten des Wortes in uns hineintrinken, wir müssen sie essen und uns einverleiben, so daß sie zu einem Bestandteil unserer geistlichen Substanz werden. Wenn ein Prediger dem Heiligen Geist wirklich hingegeben ist, wird der Herr aus seinem Innern im richtigen Augenblick genau das hervorbringen, was seine Zuhörer nötig haben. „Solange eure Augen hierfür noch nicht geöffnet sind, wird das Predigen aus dem

Stegreif für euch eine schwere Arbeit sein. Euer geistliches Leben sollte jede Woche bereichert und vertieft werden", sagte Frau R. zu der Klasse und ermahnte die Studenten, dem Herrn zu vertrauen, daß Er dies tun werde. Und sie durften es auch erleben, während sie sich bei ihrem Studium an die empfangenen Instruktionen hielten.

Kapitel 33

Ein Herz voll Herrlichkeit – gerade jetzt!

„Wir müssen unsere Augen von Menschen, Umständen und Dingen abwenden und beständig auf Jesus gerichtet halten!“ Diesen Ausspruch tat Frau R. am 19. April 1916 in ihrer Bibelklasse.

Gut eine Woche später war es an ihr, diese Ermahnung angesichts der schwersten und schmerzlichsten Erfahrung ihres Lebens zu praktizieren.

Ihr Mann war seit einiger Zeit kränklich gewesen. Er wie auch seine Frau hatten natürlich keinen anderen Gedanken, als dem Herrn zu vertrauen und die Heilung von Ihm zu erwarten. Das war für sie beide eine abgemachte Sache. Auch ihre Mitarbeiter im Werk waren alle gleichen Sinnes. Sie glaubten an die göttliche Heilung und lehrten sie auch – und hatten sie nicht selbst schon große Heilungswunder erlebt? Harry Robinson war allerdings niemals ernstlich krank gewesen und hatte so auch nie die heilende Kraft Gottes erfahren. Aus diesem Grund wußte er auch nicht, was es heißt, körperlich angefochten zu sein und bis zum Sieg über die Krankheit durchzubeten und durchzukämpfen, wie seine Frau oder Elder und Sara Brooks es getan und erfahren hatten.

Während er nun vom Feind angefochten wurde, blieb er völlig apathisch; zweifellos befand er sich auch in einem Zustand der Entmutigung und Depression. Andererseits glaubte er trotz allem fest daran, daß Gott die Macht habe, ihn zu heilen. Als man ihm nahelegte, er solle seine Mitarbeiter doch bitten, für ihn zu beten, lehnte er es ab und sagte, er glaube, es sei eine persönliche Angelegenheit des einzelnen, Gott um Heilung zu bitten. Doch schien es, daß er in dieser Richtung kaum etwas unternahm. Sein Zustand verschlimmerte sich zusehends, und es wurde festgestellt, daß er einen Tumor hatte. Aber auch in seiner äußersten Not dachte er nicht daran, sich hilfesuchend an Menschen zu wenden.

Frau R. setzte ihr Vertrauen auf den Herrn und trat mutig für ihren Mann ein, obwohl er diese Haltung eingenommen hatte und sein Zustand sehr bedenklich war; sie kämpfte im Gebet um sein Leben. Schließlich rief sie alle Mitarbeiter zusammen, und dann beteten sie einmütig viele Stunden lang mit großer Kraft und Ausdauer; sie riefen zu Gott, Er möge ihn um Seiner Ehre willen wieder aufrichten. Ein Prediger, der in der Stadt wohnte, beschrieb dieses Beten mit den Worten: „Es war ein machtvolles Rufen zu Gott. Man konnte selbst außerhalb des Hauses die Macht dieses Gebetes fühlen."

Doch am 28. April, gerade zwei Wochen nach seinem zweiundvierzigsten Geburtstag, ging Harry Robinson heim, um bei dem Herrn zu sein. Es war sein Wunsch gewesen, heimzugehen, und dies wußte Frau R.; es war ihr klar, daß dies für ihn „viel besser" war. Aber für sie und das Werk bedeutete es eine schmerzliche Niederlage, einen schweren Schlag.

Wie stellte sie sich nun zu diesem Angriff des Feindes? Hatte sie nicht immer wieder darüber gepredigt, daß man sich „allewege in dem Herrn freuen" soll, weil Gott es von Seinen Kindern erwarte? Hatte sie nicht viel darüber gesprochen, daß man Ihm „in allen Dingen Dank sagen", daß wir nach Seinem Willen immer „das Herz voll Herrlichkeit" haben sollen? Wie verhielt sie sich nun angesichts dieses Ereignisses?

Einer der Prediger ging nach dem Tod ihres Mannes zu ihr, um ihr gegenüber „seine herzliche Anteilnahme und tröstende Worte des Glaubens und der Hoffnung auszusprechen". Sie wußte seine Freundlichkeit zu schätzen, erwiderte aber: *„Ich denke, wir sollten gerade jetzt ein Herz voll Herrlichkeit haben, nicht wahr?"*

Und das hatte sie auch – und zwar vollkommen!

Aber was war aus dem gewaltigen Fürbittegebet für Harry geworden? War alles umsonst gewesen?

„Nein!" antwortete der Herr Frau R. mit Bestimmtheit. Er werde in Seinem souveränen Walten als Antwort auf jenes Gebet einen besonderen Segen auf das ganze Werk kommen lassen.

„Laßt uns die Niederlage in Sieg verwandeln!" war einer der

wichtigsten Grundsätze in Martha Robinsons Leben. Indem sie ihre Augen von Menschen, Umständen und Dingen abwendete und beständig auf Jesus gerichtet hielt, war sie imstande, Seine Herrlichkeit zu sehen und immer von ihr erfüllt zu sein.

Es gehörte zu den besonderen Merkmalen von Harry Robinson – um ihn in diesem Zusammenhang noch einmal zu erwähnen –, daß er eine Vorliebe für Musik hatte; dies wird auch aus seiner hervorragenden Sammlung von Evangeliumsliedern deutlich. Eins seiner Lieblingslieder war: „Ich wohne auf der Hallelujahöh'." Und wenn er sich „auf der Hallelujahöh'" befand, besaß er eine großartige Fähigkeit, auch andere dorthin zu bringen. Wenn er zum Beispiel in der Versammlung seine Hände erhob, um den Herrn zu preisen, kam immer die Herrlichkeit Gottes über die versammelte Gemeinde. Zu solchen Zeiten war auch seine Predigt von der Herrlichkeit Gottes erfüllt.

Kapitel 34

Ein Schritt vorwärts

„Bei der Vorbereitung auf den Predigtdienst ist es sehr wichtig, das Empfangene und Gelernte gleich anzuwenden und zu gebrauchen, sowohl im täglichen Leben als auch im Dienst für den Herrn, wo und wann immer wir dazu gerufen werden."

Im Frühling des Jahres 1916 begannen drei der jungen Prediger, die als Studenten an Frau Robinsons Bibelklasse teilgenommen hatten, mit Straßenversammlungen in Kenosha, Wisconsin. Diese Stadt hatte damals 40000 Einwohner, und es gab darin noch kein pfingstliches Werk. Fünf Monate lang hielten sie regelmäßig an jedem Samstagabend Straßenversammlungen. Viele Menschen zeigten Interesse an diesem Werk, und Gott segnete ihren Einsatz. Eines Tages gab der Herr dann zu verstehen, daß Finnerns in diese Stadt ziehen und dort mit einer Missionsarbeit beginnen sollten; einige aus dem Werk in Zion sollten ihnen beistehen, von Zeit zu Zeit hinfahren und mithelfen. Daraufhin wurde am 7. Oktober 1916 in Kenosha die „Pniel-Mission" eröffnet.

Gott hatte die beiden Reichsgottesarbeiter, Katherine und George Finnern, wirklich auf übernatürliche und wunderbare Weise geführt und für diesen Dienst zubereitet. Katherine Finnern gehörte ebenfalls zu jenen Mädchen, deren Eltern von Frau R. aufgefordert worden waren, bis zur Errettung ihrer Töchter durchzubeten. So war sie eine Frucht des Dienstes von Frau R.; sie ging nun ihrerseits hinaus, um das Verlorene zu suchen.

Es war im Jahre 1913 und lag nun schon fast vier Jahre zurück, als George Finnern zum erstenmal in die Glaubensheime gekommen war. Er diente damals für einige Zeit in Milwaukee am Wort, als der Herr eines Tages zu ihm sprach: „Ich möchte, daß du in die Stadt Zion gehst." Wie er später erfuhr, hatte der Herr am gleichen Tage auch zu seiner Frau gesagt: „Ich möchte, daß ihr nach

Zion geht." Darüber waren beide sehr erstaunt, sie konnten sich gar nicht denken, was dies bedeuten sollte. Außer einem Prediger, den sie einmal getroffen hatten und der dort wohnte, kannten sie sonst niemanden in dieser Stadt, und es gab für sie gar keinen Grund, dorthin zu gehen. Von den Glaubensheimen hatten sie noch nie etwas gehört.

Zu dieser Zeit befand sich der älteste Mitarbeiter von George Finnern gerade in der Stadt Wausau, viele Meilen von Milwaukee entfernt. Als er zurückkehrte, berichtete er, der Herr habe in Wausau zu ihm gesagt: „Ich möchte, daß George in die Stadt Zion geht." Das überraschte George Finnern sehr, er war ganz schokkiert. Da aber nun drei verschiedenen Zeugen, unabhängig voneinander, das gleiche gesagt worden war, kam er zu dem Schluß, daß dies vom Herrn sein müßte. Er ahnte damals noch nicht, wie bemerkenswert die Tatsache war, daß ausgerechnet sein Mitarbeiter dies Wort vom Herrn bekam und es ihm auch weitersagte, obwohl dieser mit den Glaubensheimen in Zion gar nicht einverstanden war.

Das Wetter und die Temperatur waren für eine Reise zu einem Ort, der ihnen fremd war, nicht gerade einladend, zumal sie sich auch gar nicht denken konnten, was sie dort sollten. Die Sache wurde für Finnerns aber noch kritischer und fragwürdiger, als sie dann als Gäste in den Glaubensheimen Dinge hörten und sahen, die sie gar nicht verstehen konnten. Diese Art, Versammlungen zu halten und dem Herrn zu dienen, war für sie völlig neu und ungewohnt. In der ersten Morgenversammlung, die sie miterlebten, begann ein Prediger seine Ausführungen mit den Worten: „Der Herr will, daß ich dieses aussprechen soll ..." Diese Ausdrucksweise konnte George Finnern keinesfalls akzeptieren! Wer konnte so etwas sagen? Auch die anderen Prediger gebrauchten ähnliche Redewendungen. Was bedeutete denn das?

Immer mehr Fragen stiegen in ihm auf, bis er schließlich am Ende des zweiten Tages verzweifelt betete: „Zeige mir, ob diese Sache richtig ist oder nicht." Er war völlig verwirrt, als er sich schlafen legte.

Am nächsten Tag war er immer noch voller Fragen und er wartete auf eine Antwort von Gott, denn er wollte auf keinen Fall in irgendeinen Fanatismus hineingeraten. Während er seine Bibel aufschlug, lenkte der Heilige Geist seine Aufmerksamkeit auf Bibelstellen wie 1. Korinther 2,6: „Wir reden aber Weisheit unter den Vollkommenen ...“ und 2. Korinther 13,3: „Denn ihr fordert ja einen Beweis dafür, daß Christus in mir redet ...“

Das waren Worte, die er noch nie beachtet hatte. So sprach also wirklich Christus durch Paulus! Von solchen Erfahrungen spricht also auch die Bibel! Aber war das, was er hier hörte, wirklich schriftgemäß? War das echt? Davon war er noch gar nicht überzeugt.

George Finnern hatte, obwohl er in pfingstlichen Kreisen diente, noch nie einen richtigen Durchbruch zur Taufe im Heiligen Geist und zur vollen Freiheit im Geist erlebt. Dreieinhalb Jahre lang hatte er sich ernstlich danach ausgestreckt, vom Heiligen Geist erfüllt zu werden.

Während einer Vormittagsversammlung merkte George Finnern, der in einem der hinteren Räume des Versammlungshauses saß, daß ihm jemand leicht auf die Schulter klopfte. Er schaute auf und sah Herrn Mitchell neben sich stehen. „Herr Finnern, werden Sie tun, was der Herr Ihnen sagt?“

„Ja, sicherlich werde ich tun, was der Herr mir sagt“, antwortete er, wobei er durchaus nicht gewillt war, sich zu verpflichten, das zu tun, was Herr Mitchell ihm sagen würde. Vielmehr behielt er sich das Recht vor, selbst zu urteilen, ob der zu erwartende Vorschlag wirklich vom Herrn sein würde oder nicht.

„Wenn Herr Finnern jetzt in den vorderen Raum kommt“, sagte George Mitchell, „und dort an einem Stuhl niederkniet, wird der Herr ihm einen Druchbruch schenken, und er wird in neuen Zungen sprechen.“ Nun, das war ein einfacher und überzeugender Vorschlag. Danach hatte sein Herz sich ja schon seit langem gesehnt, und außerdem war dies etwas, was er prüfen konnte. Er gehorchte also.

Als er dort vorne kniete, gab George Mitchell der Versammlung feierlich bekannt: „Bruder Finnern von Milwaukee möchte die Taufe im Heiligen Geist empfangen. Wenn ihr alle ernstlich für ihn betet, wird der Herr ihn taufen."

Sofort erhoben alle Versammelten einmütig ihre Stimme und beteten ernstlich, daß der Herr ihn mit dem Heiligen Geist erfüllen möchte. George Mitchell, Elder Brooks und Martha Robinson legten ihm die Hände auf. Da floß es aus seinem Innersten heraus wie aus einer Quelle, und er sprach „in andern Zungen". Dann sagte Frau R.: „Wenn Herr Finnern jetzt aufsteht, wird der Herr durch ihn in Zungen eine Botschaft bringen".

Er tat es, und es kamen mächtige, kraftvolle Zungenworte aus seinem Munde. Er redete in einer klaren Zungensprache in vollkommener Freiheit, und Frau R. legte die Zungenrede aus.

Aber trotz dieser Bestätigungen waren seine inneren Zweifel noch nicht gänzlich gewichen.

Ein Jahr später kam George Finnern wieder nach Zion. Seine Frau war inzwischen gestorben. Er hatte in den vorangegangenen drei Tagen und Nächten innerlich beständig die Worte gehört: „Ich möchte, daß du nach Zion gehst." Dieser Aufforderung konnt er nicht länger widerstehen, und so hatte er sich auf den Weg gemacht. Doch als er in der Stadt ankam, wurde ihm das Herz schwer und er fürchtete sich sehr. Während er sich dem Heim näherte, bat er den Herrn, ihm unmißverständlich zu zeigen, ob dies wirklich Seine Führung sei. Er sagte im Gebet: „Wenn dies Dein Weg ist, dann schicke jemanden zu mir, der mir sagt und bestätigt, daß ich mich ganz in Deinem Willen befinde."

Der Gottesdienst hatte schon begonnen, und die Versammlungsräume waren überfüllt. Es gab für ihn keine andere Möglichkeit, als sich auf die Treppe zu setzen, die zur oberen Etage führte.

Nach einer Weile verließ Frau R. ihren Platz auf der Plattform und ging auf den Gast zu. Sanft legte sie ihre Hände aufs Haupt dieses steifen, jungen Predigers und sagte mit ruhiger Stimme: „Der Herr hat mich zu Ihnen geschickt, um Ihnen zu sagen, daß Sie sich hier ganz in Seinem Willen befinden."

Einige Zeit später sagte Frau R. ganz unvermittelt zu Frau Judd: „Der Herr möchte, daß George Finnern nach Zion kommt."

Sofort fragte Frau Judd in ihrer Art als ehemalige Geschäftsfrau: „Sollen wir ihm einen Eilbrief oder ein Telegramm senden, oder sollen wir telefonieren?"

„Unternimm gar nichts", antwortete der Herr über die Lippen von Frau R. „Ich werde ihn hierher bringen."

Bald darauf kam George Finnern, ohne daß ihn jemand beeinflußt hätte; er kam aufgrund einer inneren Führung des Herrn. Im darauffolgenden September heiratete er Katherine Boland; beide wohnten dann in den Glaubensheimen. Zwei Jahre lang wurden sie nun intensiv belehrt und auf ihren zukünftigen gemeinsamen Dienst vorbereitet.

Eine der wichtigsten Lektionen, die George Finnern zu lernen hatte, bestand darin, daß er einsehen mußte, wie sehr er es nötig hatte, den Herrn beständig zu preisen. „Ich stand schon fünf Jahre im Dienst", sagte er später, „ich hatte den Verlorenen das Evangelium gepredigt und mit Kranken gebetet, war auch schon seit zwei Jahren im Heiligen Geist getauft, als ich endlich erkannte, wie notwendig es für mich persönlich ist, den Herrn zu preisen, und welche herrlichen Siege und Segnungen daraus entstehen.

Zu dieser Einsicht kam ich, als der Herr mich mit Frau R. in Kontakt brachte. Sie hatte eine sehr ausgeprägte Gabe der Unterscheidung und die Fähigkeit, die persönlichen Nöte und Bedürfnisse des einzelnen zu erkennen und ihn dann unter der Leitung des Heiligen Geistes zu belehren. Durch diesen Dienst offenbarte mir der Heilige Geist, daß ich seit zwanzig Jahren Mächten der Finsternis, Depressionen, düsteren Stimmungen und der Entmutigung Raum gegeben hatte. Ich hatte nicht nur einen blauen Montag, manchmal waren sieben Tage blau.

Für diesen Zustand haben wir einen sehr passenden Ausdruck: ‚Dumps', d.h. trübe Stimmung, schlechte Laune; eigentlich bedeutet ‚dump': Müllabladeplatz, Dreckloch, denn genau dahin kommt ein Mensch, der sich solchen Gefühlen hingibt. Wir entschuldigen unser Bedrücktsein und die schlechten Launen oft noch, indem wir sagen: ‚Das ist etwas ganz Natürliches. Jedermann hat mehr oder weniger damit zu tun.' Wir sehen nicht, wie schrecklich, wie teuflisch diese Launen sind. Warum ist es ein Unrecht, wenn wir ihnen Raum geben? Trübe Stimmungen, Depressionen und üble Launen stehen im Widerspruch zum Willen und Worte Gottes! Die Bibel lehrt uns: ‚Freuet euch in dem Herrn allewege!' Geben wir der Verdrießlichkeit Raum, dann sind wir nicht im Geist, sondern im Fleisch, denn die Frucht des Geistes ist Freude und Friede.

Der Herr zeigte mir, daß ich jeden Tag intensiv beten und Ihn bitten sollte, diesem Zustand ein Ende zu machen und mich völlig zu befreien. Doch als ich dann mit meinem Anliegen ins Gebet ging, sah ich nur meinen schrecklichen Zustand, statt auf den Herrn zu blicken; meine Schwierigkeiten wurden um so größer. Gott half mir in Seiner Barmherzigkeit auch weiterhin durch Seine Dienerin und zeigte mir, daß ich Ihn nicht nur bitten, sondern zugleich auch preisen sollte. Ich stellte mir einen Plan auf, nach dem ich den Herrn täglich zwanzig bis dreißig Minuten mit lauter Stimme preisen wollte, und ich hielt mich auch strikt daran. Ich wurde weiterhin belehrt, und es wurde mir gesagt, ich solle den Herrn auch dann preisen, wenn im täglichen Leben oder in meinem Dienst irgend etwas mißlang oder schiefging; auch in den kleinsten Dingen – wenn ich zum Beispiel die Straßenbahn oder den Zug verpasse, solle ich den Frieden Gottes und Seine Freude in mir bewahren und sagen: ‚Halleluja! Preis dem Herrn!'

Anfangs fiel es mir schwer, den Herrn zu preisen, wenn ich innerlich gar keine Neigung dazu verspürte. Ich sagte: ‚Wie kann ich so etwas tun, wenn mir gar nicht danach zumute ist? Das wäre doch Heuchelei!' Aber dann zeigte der Herr mir, daß ich Ihn preisen sollte, weil Er es wert ist und nicht, weil ich mich dazu aufgelegt fühle.

Während ich nun diesen Kampf durchzufechten hatte, zeigte der Herr mir, daß diese trüben Stimmungen nicht nur etwas Natürliches wären. Sie waren direkt vom Teufel! Als mir das klar wurde, sagte ich: ‚Vom Teufel? Dann bin ich also unter der Herrschaft des Teufels?‘ Von da an nahm ich mir vor, noch entschiedener dagegen Stellung zu nehmen und bis zum Sieg durchzubeten. Der Sieg kam nicht auf einmal, aber ich gab nicht nach, bis Gott mir zeigte, daß ich den Kampf gewonnen hatte."

Als Finnerns sich dann in ihren Gedanken mit der Eröffnung einer Missionsarbeit in Kenosha beschäftigten, gab der Herr ihnen durch Frau R. sehr genaue Anweisungen darüber, welcher Art das Werk in dieser Stadt nach Seinem Willen sein sollte. Es sollte „groß, innerlich, pfingstlich und evangelistisch" sein. Der Herr legte ihnen aufs Herz, daß sie die Pfingstbotschaft keinesfalls vernachlässigen dürften und in ihrem Dienst besonders darauf bedacht sein sollten, die persönliche Pfingsterfahrung hervorzuheben, aber auch das innere Leben und die tiefere Gemeinschaft mit dem Herrn zu pflegen. Zugleich aber sollten sie eine klare, evangelistische Botschaft bringen und bestrebt sein, die Verlorenen für den Herrn zu gewinnen. Dabei sollten sie sich zwar davor hüten, auf große Zahlen aus zu sein und nur ihre eigene Sache im Auge zu haben, andererseits aber sollten sie sich auch nicht mit nur einer Handvoll Leute begnügen, vielmehr dürften sie dem Herrn vertrauen, daß Er viele Seelen hereinbringen werde.

Nachdem sie mit ihrer Missionsarbeit begonnen hatten, ging Frau R., besonders in den ersten Jahren, von Zeit zu Zeit nach Kenosha, um ihnen persönlich beizustehen oder ihnen in ihrem Dienst in den Versammlungen zu helfen. Manchmal ging sie allein, oft auch in Begleitung einer ihrer Mitarbeiterinnen; hier und da brachte sie eine Gruppe junger Leute mit, denen sie Gelegenheit zu einem praktischen Dienst geben wollte. Als sie wieder einmal zusammen mit der Jugendgruppe im Zug von Zion nach Kenosha unterwegs war – die Fahrt dauerte etwa zehn Minuten –, fühlte sie sich geleitet, zu den Fahrgästen im Abteil zu sprechen. In ihrer ruhigen, majestätischen Art erhob sie sich und wandte sich an die Mitreisenden, die dieser kleinen Frau sehr aufmerksam zuhörten, während sie in schlichten, gewinnenden Worten zu ihnen von Jesus und Seiner Liebe sprach. Sie hatte in der Art, wie sie ihr Zeugnis brachte, nichts Abstoßendes an sich, im Gegenteil, es lag etwas so Anmutiges und Gefälliges in ihrem ganzen Wesen wie auch in ihren Worten, daß man ihr einfach nicht widerstehen konnte.

Finnerns hatten es in den ersten Tagen des Pflügens und Säens ziemlich schwer, doch nach und nach ging die Saat auf und Frucht wurde sichtbar. Nach längerer Zeit ihres Wirkens in dieser Stadt erwog George Finnern die Möglichkeit, fortzugehen und anderswo für den Herrn zu wirken. Außer seiner Frau wußte niemand um diese Frage, die ihn innerlich bewegte. Das Werk in Kenosha ging jetzt gut voran. Sollte er vielleicht ein anderes Arbeitsfeld in Angriff nehmen? Eines Tages kam Frau R. wieder einmal, um zu sehen, wie es ihren jungen Freunden ging. Während des Gesprächs gab sie – obwohl sie von George Finnerns Gedanken nichts wußte – ihnen den Rat, von Kenosha nicht fortzugehen, und sie fügte noch hinzu: „Lauft nicht von eurem Erfolg weg!" So blieben sie noch mehrere Jahre dort.

Zu dieser Zeit wirkte der Herr in einer ganz außergewöhnlichen Weise in dem Werk in Kenosha. Er heilte einen Gelähmten, der überall bekannt war, und bewegte dadurch die ganze Stadt; auch die Behörden mußten die Heilung dieses Mannes zur Kenntnis nehmen und sie bestätigen. Der Herr schenkte reiche Frucht. Aus diesem Werk in Kenosha sind etwa zwanzig Missionsarbeiter in alle Welt hinausgegangen, um das Evangelium zu predigen. Einige von ihnen wurden sehr erfolgreiche Prediger, die in verschiedenen Teilen der Vereinigten Staaten im Segen des Herrn wirkten. Andere arbeiteten ebenso erfolgreich und im Segen als Missionare in Indien, Afrika und in Südamerika. Eine ganze Anzahl junger Leute besuchte Bibelschulen und diente dann dem Herrn in ihren Heimatgemeinden als Sonntagsschullehrer und Gemeindehelfer. Und schon sind einige Kinder der ersten Generation in den Dienst des Herrn getreten. So ist durch den Einfluß und Dienst von Martha Wing Robinson im Leben vieler Menschen allein schon in dieser Stadt für das Reich Gottes reiche Frucht entstanden. Aber auch in verschiedenen Teilen Amerikas sowie in anderen Ländern ist eine reiche Ernte eingebracht worden, denn jene, die von Kenosha ausgingen, haben wiederum andere durch ihr Zeugnis zum lebendigen Glauben an Christus geführt.

Kapitel 35

Einfache geistliche Dienste

Kathryn Roth war eines der jungen Mädchen, die offensichtlich der Herr in die Glaubensheime geführt hatte. Sie half bei der Verrichtung der verschiedenen häuslichen Pflichten, beim Kochen, Reinigen, Einkochen und was es sonst so zu tun gab, und sie war darin sehr treu und zuverlässig. Kathryn war außergewöhnlich schüchtern und beteiligte sich nicht an den verschiedenen Diensten im geistlichen Bereich, zu denen immer auch Gelegenheit gegeben war. Sie war damit zufrieden, dem Herrn im irdischen Bereich zu dienen.

In dieser Hinsicht ging es allerdings nicht nur Kathryn so; auch andere ihresgleichen, die von Natur aus gar nicht so scheu waren, verhielten sich sehr zurückhaltend, wenn es darum ging, dem Herrn auch in geistlicher Hinsicht zu dienen. Und das konnten sie um so leichter, weil sie sich ja immer in Gegenwart vieler Diener Gottes befanden, die in den Heimen wohnten oder dort als Gäste weilten, die älter als sie und fähiger und erfahrener waren. Frau R. war mit dem Verhalten dieser jungen Leute allerdings nicht zufrieden, und der Herr gebrauchte sie des öfteren, gegen diese Haltung zu Felde zu ziehen. Wie sie hierzu Stellung nahm, bringt der folgende Brief deutlich zum Ausdruck, den sie am 21. August 1917 an Kathryn geschrieben hat, als diese gerade zu einem Besuch in ihrem Elternhaus weilte.

„Alle Mitarbeiter in den Heimen sollten mehr darauf bedacht sein, sich vom Herrn entsprechend ihrer geistlichen Erfahrung auch für geistliche Dienste gebrauchen zu lassen. Der Herr will allen klarmachen, daß es sich auf ihre persönliche geistliche Erfahrung nachteilig auswirkt, daß ihnen selbst und auch anderen bestimmte Segnungen vorenthalten bleiben, wenn sie nicht eifrig bestrebt sind, Gott zu dienen und geistlichen Dienst an anderen zu tun. Hierin sollten sie ebenso treu und gewissenhaft sein wie in ihren irdischen Pflichten, mit denen die meisten von ihnen es sehr genau nehmen.

Jeder Christ, der in seiner geistlichen Erfahrung zu einem bestimmten Punkt herangereift ist, muß anfangen, empfangenen Segen an andere weiterzugeben, und zwar dadurch, daß er Zeugnis gibt oder sonstige einfache geistliche Dienste tut. Andernfalls wird er in seinem geistlichen Wachstum zurückbleiben und gewonnenes Land wieder verlieren.

Der Herr gab mir die Anregung, Dir dies zu schreiben und Dich zu bitten, Du möchtest Dich doch fortan nicht mehr als Anfänger in diesem Werk betrachten, nachdem Du nun – sozusagen – schon eine gewisse Lehrzeit in den Heimen hinter Dir hast. Denke also daran, wenn Du wiederkommen solltest, daß Du nicht nur hier bist, um Segen zu empfangen, sondern auch, um ein Segen zu sein, so daß Er Sein Werk in Dir und durch Dich tun kann. Denke nicht, Du seiest so unbedeutend und Gott könne Dich für geistliche Dienste so wenig gebrauchen, daß Er Dir die Verantwortung dafür abnehme. Es ist auch nicht so, wie Du vielleicht meinst, daß es allein Sache der Diener am Wort ist, die geistlichen Bürden des Werkes zu tragen, während Deine Aufgabe nur darin bestehe, bei der Hausarbeit mitzuhelfen und dort Deinen Platz auszufüllen. Laß Dir diese Aufforderung des Herrn zu Herzen gehen!

Es kommt im geistlichen Wachstum zu einem Stillstand, wenn wir nach empfangener Belehrung nicht gleich die Gelegenheit wahrnehmen und im geistlichen Bereich ebenso treu arbeiten wie im irdischen, immer in dem Bewußtsein, daß wir alles für Jesus tun. Es ist Dein Vorrecht, dem Herrn auch in geistlicher Hinsicht zu dienen, und Deine Beschäftigung in Küche und Haushalt sollte Dich nicht daran hindern. Dein geistliches Wachstum würde sonst gehemmt und die, mit denen Du arbeitest und lebst, um den Segen gebracht werden, den sie nach dem Plan des Herrn durch Deinen Dienst empfangen sollten.

Es ist nicht so, daß der Herr Dich jetzt schon in den geistlichen Dienst beruft. Aber Er möchte, daß Du auf geistlichem Gebiet jetzt schon tust, was Du tun kannst. Ist es nicht sehr nötig und wichtig, daß immer wieder jemand ein Zeugnis gibt? Brauchen wir nicht treue Menschen, die Interesse am Werk des Herrn zeigen? Wäre Deine Mitarbeit in der Bibelklasse nicht gut für Dich? Gerade das sind Dienste, die Du zu Deinem gegenwärtigen Wachstum in der Gnade brauchst.

Und Du solltest in diesen und ähnlichen Diensten die gleiche Treue und dasselbe Verantwortungsbewußtsein zeigen wie bei Deiner Hausarbeit.

Von denen, die in dieses Werk kommen, empfangen manche anfangs viel Licht, und sie fühlen sich sehr gesegnet, aber dann scheinen sie in ihrer Erfahrung wieder etwas nachzulassen. Die Ursache liegt gewöhnlich nicht darin, daß sie den empfangenen Segen wieder verloren hätten, vielmehr liegt es daran, daß sie es versäumt haben, von dem empfangenen Segen an andere weiterzugeben, und zwar zu dem Zeitpunkt, als sie in ihrer Erfahrung einen bestimmten Höhepunkt erreicht hatten und der Heilige Geist sie drängte, dem Herrn mit dem Empfangenen zu dienen. Wer dieser Leitung des Geistes dann nicht folgt und diesem Ruf Gottes nicht gehorcht, wird in seinem geistlichen Leben wieder verlieren.

In diesem Punkt besteht zur Zeit ein gewisser Mangel in unserem Werk. Die Heimbewohner, die noch nicht im geistlichen Dienst stehen, lassen sich von den Predigern führen und verlieren dadurch die persönliche Geistesleitung. So geben sie sich nicht für geistliche Dienste hin und wirken nicht freiwillig für den Herrn, sondern tun nur, was andere ihnen sagen, und dadurch werden sie in ihrem Wachstum in der Gnade sehr gehemmt.

Möchtest Du nun nicht lieber sagen: ‚Ich habe doch schon einiges empfangen und gelernt; es gibt ja so viele Möglichkeiten zum geistlichen Dienst für mich!' Denke nicht, Du seiest unfähig, einen geistlichen Dienst zu tun – nur weil Du offiziell noch nicht zum Predigen oder Lehren bestimmt und eingesetzt worden bist.

Man kann nicht oben an der Leiter beginnen und gleich predigen wollen, wir müssen alle unten anfangen und unsere Erfahrungen machen. Du solltest zuerst einmal ganz einfache Dinge tun, zum Beispiel freiwillig Zeugnis geben, und lernen, ohne Furcht und Widerstreben schlichte geistliche Dienste zu tun.

Bei dem Ruf in diesen Dienst geht es nicht nur darum, das innere Leben zu pflegen, er ist zugleich ein Ruf zum seelsorgerlichen Dienst am Nächsten. Und zu diesem schönen Dienst findest Du viele kleine Gelegenheiten, wenn Du nur ein offenes Auge dafür hast und erkennst, wie sehr dieses Werk gerade auch Deine Mitarbeit braucht.

Letzthin hatten wir spezielle Versammlungen, in denen diese Dinge zur Sprache kamen und alle in den Glaubensheimen neu zur geistlichen Mitarbeit aufgerufen wurden. Außerdem hat uns der Herr auf einen anderen schwachen Punkt in diesem Werk aufmerksam gemacht: Es ist bei uns zu einer Gewohnheit geworden, daß die leitenden Diener am Wort durch die Gabe der Weisheit und in der Wortverkündigung in den Versammlungen zuviel Anleitung und Belehrung geben, so daß viele gedankenlos werden und sich beständig an Dinge erinnern lassen, auf die sie ohne diese Hilfe auch selbst kommen würden, die jeder einzelne sich auch selbst immer wieder vor Augen halten könnte und sollte. In diesen Versammlungen wurden alle sehr aufgerüttelt und angespornt, im Glauben zu stehen und mehr persönliches Interesse zu zeigen, und wir haben eine sehr gesegnete Zeit gehabt.

Ich hoffe, Du wirst nicht denken, ich schreibe Dir dies alles, weil der Herr irgendeinen Fehler an Dir sieht. Nein, wirklich nicht. Ganz im Gegenteil: Du hast gute Fortschritte gemacht. Aber Du bist in Deiner geistlichen Entwicklung nun an den Punkt gekommen, an dem der Herr Dir und anderen, die es wirklich ernst meinen, dies ans Herz legen kann. Während Deines Aufenthalts zu Hause siehst Du dort ein Arbeitsfeld und Du fühlst, daß es eigentlich sehr notwendig wäre, Dich dort vom Herrn brauchen zu lassen. Diese Tatsache spornt Dich um so mehr dazu an, Dich ganz für den Dienst hinzugeben. Und dies ist gerade die richtige Einstellung, die Du haben solltest, falls Du Dich entschließen würdest, wieder hierher zu kommen. Sonst würde es sich für Dein geistliches Leben nur nachteilig auswirken, wenn Du die Gelegenheit, dem Herrn dort zu dienen, aufgibst, um mit der gleichen Einstellung von vorher in den Glaubensheimen zu arbeiten. Aber wenn Du diesen Brief als vom Herrn nehmen kannst, wirst Du Dich nach Deiner Rückkehr hierher sehr bestärkt fühlen, Dich auch für den geistlichen Dienst brauchen zu lassen. Zu diesem Dienst wird der Herr Dich ausrüsten, während Du im Glauben vorangehst und Dir sagst: ‚Wenn Gott mich zu diesem Dienst beruft, werde ich ihn auch tun können.‘

Ich hatte gleich nach Empfang Deines Briefes angefangen, Dir zu schreiben, und ich vermute, Du hast Dich gewundert, daß ich so lange nicht geantwortet habe, aber ich kam nicht dazu, den Brief zu beenden und abzuschicken. Nun ließ der Herr mich diese Gedanken noch hinzufügen, und dadurch hast Du die Möglichkeit, mit den anderen in den Heimen im gleichen Sinn und Glauben zusammenzustehen, und weißt, daß es gilt, Dich in den kommenden Monaten mehr einzusetzen als zuvor, obwohl Du – wie gesagt – bis dahin auch schon recht gute Fortschritte gemacht hattest.“

Nachdem Kathryn zu den Heimen zurückgekehrt war, bemühte sie sich ernstlich darum, durch ihren „geistlichen Dienst“ im Werk des Herrn mitzuarbeiten. Auf diese Weise wurde sie für ihren künftigen Dienst auf einem anderen Erntefeld zubereitet und ausgerüstet. Zu dieser Zeit hatte allerdings noch niemand die leiseste Ahnung, daß sie in ihrem Herzen einen Ruf des Herrn verspürte, denn sie hatte mit keinem Menschen darüber gesprochen. Niemand würde auch nur im Traum daran gedacht haben, daß diese zurückgezogene, bescheidene Magd des Herrn später auf Seinem reifen Erntefeld einmal sehr aktiv sein und in der Öffentlichkeit einen reich gesegneten Dienst tun werde. Doch hierüber werden wir in diesem Buch später noch eingehender berichten.

Kapitel 36

Wenn wir Ihm nur folgen

Im Januar 1918 zeigte der Herr Frau R., daß sie nach Toronto gehen sollte, um ihren Freunden in dem Werk dort zu dienen. Als sie kurz vor der Abreise mit dem Packen beschäftigt war und sich bei den Vorbereitungen sehr beeilte, hieß der Geist Gottes sie plötzlich innehalten. Sie hatte aber keine Zeit zu verlieren, die Abfahrt des Zuges rückte heran, und sie war noch längst nicht fertig. Was war denn geschehen? Warum wurde sie aufgehalten?

Als sie zum Herrn aufschaute, zeigte Er ihr gleich, daß sie sich bei den Vorbereitungen nicht ganz und gar von Ihm leiten ließ und daß sie im Begriff sei, ein klein wenig aus der vollkommenen Ruhe Gottes zu kommen. Frau R. tat Buße über ihre allzu „natürliche Hast“. Sie ging wieder in die Ruhe Gottes ein und unterstellte sich mit ihren Vorbereitungen, die in letzter Minute noch getroffen werden mußten, völlig Seiner Kontrolle und Leitung.

Was bedeutete es schon, den Zug zu versäumen, im Vergleich zu der Gefahr, aus der Ruhe Gottes zu kommen – wenn auch nur ein ganz klein wenig? Schließlich hatte Er ja die Reise angeordnet. Er wußte ihr Ende schon am Anfang. Sie wollte nun jedenfalls in Seiner Ruhe bleiben und alles Weitere Ihm überlassen. Es ist wohl kaum nötig zu betonen, daß sie und ihre Begleiterin, Frau Judd, rechtzeitig am Bahnhof ankamen.

In Toronto waren sie zunächst bei McConnells zu Gast und dann bei Toews. Ihnen und den anderen im Werk von Toronto, die in dieser Stadt geblieben waren, diente Frau R. mit dem Wort des Lebens.

Es traf sich, daß zu dieser Zeit in Toronto gerade ein Evangelisationsfeldzug mit Gypsy Smith stattfand. Frau R. unterstützte gerne solche Seelengewinner dadurch, daß sie betend und glaubend hinter ihnen stand, auch wenn sie nicht pfingstlich eingestellt waren. So freute sie sich über die Gelegenheit, an einer dieser Versammlungen teilnehmen und diesen bekannten Evangelisten hören zu können. Sie kam mit ihren Freunden dort einige Zeit vor Beginn der Versammlung an; viele Plätze waren noch unbesetzt. Die Menschen strömten herein, und Frau R. wartete still auf den Herrn und betete, daß Gott Gypsy Smith segnen und Seelen im Gottesdienst retten möchte. Während sie dies tat, öffnete der Geist Gottes ihre inneren Augen und sie sah, wie sich über bestimmten Regionen des Versammlungsraumes eine „Wolke der Überführung des Geistes“ lagerte, gerade dort, wo die Plätze zu der Zeit noch leer waren. Als Gypsy Smith dann am Schluß der Versammlung die Einladung an die Ungeretteten ergehen ließ, gingen besonders solche, die sich unter dieser Wolke befanden, auf das Werben des Geistes ein und bekehrten sich zum Herrn.

Am 28. Januar 1918 schrieb Frau R. von Toronto aus einen Brief nach Hause. Sie berichtet darin über ihren Aufenthalt in dieser Stadt, der sich unerwartet in die Länge zog. Sie schreibt: „Wir besuchten McConnells und Frau Toews und verschiedene andere Freunde und erlebten dabei viel Freude. Dann sagte der Herr: ‚Ihr habt euren Auftrag erfüllt; euer Dienst hier in Toronto ist nun beendet.‘ So blieben Frau Judd und ich ungefähr eine Woche lang ganz still vor dem Herrn im Gebet. Ich denke, alle, die uns kennen, werden meinen, wir seien längst abgereist. Die erste Zeit war ja sehr bewegt; wir bekamen oft Besuch oder Telephonanrufe und waren viel unterwegs.

Wir sind zu dem Schluß gekommen, daß es nun gut wäre, still vor Ihm zu werden. Das hat wirklich der Herr getan, daß wir ganz still werden konnten und aller Betrieb auf einmal zu Ende war. Dann schickten wir Frau Judd nach Hause; ich sollte noch hier bleiben – für wie lange, wurde mir nicht gesagt. Diese Veränderung war so wohltuend, und die Stille im Gebet wurde uns – wenigstens mir – zum großen Segen.

Wir empfinden alle sehr, daß wir in unserem geistlichen Leben tiefer gegründet werden sollten; aber es ist mir klar: alles, was wir brauchen, ist JESUS; Ihn zu suchen und zu finden und Ihn zu genießen; dann ist Er unsere ‚Tiefe', das tiefere Leben, nach dem wir uns sehnen, dann ist Er unser Gehorsam. Er ruft uns oft auf, jeden einzelnen von uns, diese Wahrheit zu erfassen, aber Er kann uns einfach nicht dazu bringen, einfältiger zu werden und zu erkennen, daß das Fortschreiten im geistlichen Leben viel einfacher ist als wir meinen – wir mühen uns ab mit dem, was eigentlich Sein Werk ist. Er wird uns dahin bringen, daß wir uns völlig aufgeben und Ihm überlassen und in Seine Ruhe eingehen, wenn wir Ihm nur folgen – einzig Ihm!

Wenn wir diese Schau bekommen und alles fahrenlassen, um Ihm, Seiner Leitung, zu folgen und Ihn zu lieben, dann kommen wir in diese Ruhe hinein, und wir werden Fortschritte machen. Dann verstehen wir, was Er meint. Wie aussichtslos ist doch alle menschliche Anstrengung! Ich weiß nichts anderes, als Ihn zu bitten, Er möge uns zu Sich ziehen, so daß Er uns befähigen kann, einzig nach Ihm zu verlangen.

Jesus sagt: ‚Füge noch ein Wort von Mir hinzu: Was wollt ihr nun noch sagen – entspricht es denn nicht auch Meinem Willen, daß ihr ganz und gar unter Meine Hand kommt, so daß euer Ich völlig ausgeschaltet ist und bei all euerm Planen nicht mehr zur Geltung kommt? Das ist euer Verlangen. Ja, Ich habe euch gehört – und doch ist euer Herz noch nicht allezeit freudig! Es ist wirklich Mein Wille, diese Verwandlung zu schaffen, so daß euer Ich völlig aus dem Weg geräumt wird und in eurem Leben alles nur noch nach Meinem Willen geschieht. Könnt ihr von eurem eigenen Wesen wirklich völlig befreit und geheilt werden? Ja gewiß, dazu seid ihr berufen! Ihr gehört ganz Mir, jeder Augenblick eures Lebens, all euer Tun und Denken. Ihr sollt Mein Eigentum sein, denn Ich habe euch alle erkauft.

Viele meiner Diener meinen, daß Ich es mit ihnen zu genau nehme. Aber Ich bin Gott und nicht ein Mensch. Zwischen euch und Mir kann nichts Menschliches, Eigenes oder Fleischliches bestehenbleiben. – Bin ich dir zu genau? Ja, so genau, so vollkommen, so mächtig bin Ich, um zu heben und zu erhöhen, aber auch um niederzubeugen und zu erniedrigen. Ich bin Gott, der Allmächtige – König, Herrscher, Regent, dem der Mensch untertan sein soll, von Mir regiert und geleitet. Wenn der Mensch sein „Ich“ und „Mein“ aufgibt – kann dann irgend etwas anderes daraus entstehen als Segen und Herrlichkeit? Mein Kind, wie soll Mein Leben dich ausfüllen, solange du an deinem Leben festhältst und es Mir vorenthältst? Gib Mir dein kleines, unbedeutendes Leben und du empfängst Mich, um in Mir zu bleiben. Gib dich selbst auf, dein ganzes „Ich“, laß Mich Mein Eigentum in Besitz nehmen. Ich werde für dich nicht nur Gott, König, Herrscher und Regent sein, auch dein Liebhaber, dein Helfer, der dich segnet und dich beschützt. Ich werde dich fest an Mein Herz drücken und in Meinen Armen halten und für alle Bedürfnisse deiner Seele sorgen – durch Meine Salbung und Herrlichkeit'."

Frau Robinsons Aufenthalt in Toronto zog sich in der Tat sehr in die Länge – bis in den Juni 1918 hinein. Während dieser Monate gab der Herr ihr Gelegenheit, eine lange Zeit in der Stille auf Ihn zu warten, was sie sehr nötig hatte und wofür sie sehr dankbar war.

Kapitel 37

Die Ausbreitung des Werkes

„Unsere jungen Leute haben in benachbarten Städten ein kleines Werk begonnen“, schrieb Frau R. in einem Brief an jemanden, der ihr seine Absicht mitgeteilt hatte, sich für den geistlichen Dienst ausbilden zu lassen. „Auf diese Weise haben sie eine Gelegenheit, die gelernten Lektionen zu praktizieren. In der Regel zeigt es sich, daß es den jungen Leuten nur guttut und zum großen Segen und Gewinn wird, wenn sie längere Zeit in den Glaubensheimen bleiben. Die meisten bleiben bei uns, bis der Herr ihnen eine Tür zum Dienst auftut.“

Ein Jahr, nachdem das Werk in Kenosha eröffnet worden war, begannen einige von den Studenten, die in den Heimen wohnten, mit einer weiteren Missionsarbeit in Racine, Wisconsin. Als sie einige Jahre in dieser Stadt gewirkt hatten, mietete einer der jungen Mitarbeiter im Jahre 1918 einen kleinen Saal in Waukegan, einer Stadt von damals 19000 Einwohnern, und hielt dort regelmäßig Versammlungen. Dies geschah während der Zeit, als Frau R. sich in Toronto aufhielt. Nach ihrer Rückkehr ermutigte sie einige junge Leute, dorthin zu gehen und bei den Straßenversammlungen sowie bei verschiedenen anderen Diensten mitzuhelfen. Doch so wohlgemeint diese Bemühungen auch waren – es zeigte sich, daß der Vorstoß in diesem Fall verfrüht unternommen worden war, ja, er erwies sich eigentlich als Fehlschlag. Nach einiger Zeit gaben sie den Raum wieder auf, doch wurden weiterhin Hausversammlungen gehalten. Später mieteten sie wieder einen Saal und begannen mit öffentlichen Versammlungen, diesmal mit etwas besserem Erfolg. Doch auch dieser Einsatz war nicht gut genug vorbereitet worden, und irgendwie „fehlte es, wenn auch nicht an Mut, so doch an Glauben“.

Zu diesem kritischen Zeitpunkt – es war im Frühling 1919 – bot

Frau R. ihnen an, sich selbst mit der Sache zu befassen. Sie wußte, daß der Herr an Waukegan interessiert war und Wohlgefallen an einer Missionsarbeit in dieser Stadt haben würde, da diese einigen Studenten eine geeignete Gelegenheit bieten würde, ihre geistlichen Erkenntnisse und Erfahrungen in die Praxis umzusetzen und auch weitere Erfahrungen zu sammeln.

Im Sommer 1919 ermutigte Frau R. einige junge Leute in den Glaubensheimen, regelmäßig an jedem Samstagabend bei den Straßenversammlungen in Waukegan mitzuwirken. Doch gab der Herr zu verstehen, daß sie nicht nur als „Straßenmissionare" arbeiten sollten, denn „kein Prediger könne für längere Zeit das Evangelium verkündigen, ohne Frucht zu sehen und in persönlichen Kontakt mit den Menschen zu kommen, denen er predige. Nur ein sehr erfahrener Mann käme bei solch einem Dienst nicht in Gefahr, einseitig zu werden." Außerdem wurde ihnen gesagt, daß sie bei dem Dienst auf der Straße, so wichtig und wertvoll dieser auch sei, „eine sehr oberflächliche Arbeit" tun würden, wenn sie den Angesprochenen anschließend nicht nachgingen.

Als man dann im Herbst mit den Straßenversammlungen aufhören mußte, schien die Zeit gekommen zu sein, in Waukegan etwas zu unternehmen, wodurch bleibende Frucht entstehen konnte. „Wie ist es mit Euch, Ihr jungen Leute, die Ihr samstags abends nach Waukegan zur Straßenversammlung geht – macht Ihr Euch nicht Gedanken über die Menschen, denen Ihr das Evangelium verkündigt?" fragte Frau R. jene „Straßenmissionare" in einem Brief vom 26. September.

„Sehnt Ihr Euch nicht danach, daß ihnen in ihrem täglichen Leben geholfen werde, wie Euch geholfen wurde?

Was denkt Ihr – wie werdet Ihr je die Frucht Eurer Mühe sehen können, wenn Ihr Eure Arbeit an jedem Samstagabend wieder niederlegt und weggeht? Meint Ihr nicht, daß es eine Möglichkeit gäbe, den Menschen nachzugehen?

Verlangt Euch nicht danach, Seelen zu retten und mit den Erretteten Gemeinschaft zu haben? Wäre es für Euch nicht eine Freude, eine Möglichkeit zu entdecken, für ‚Sein Volk' in Waukegan etwas tun zu können?

Wer aus Eurer Gruppe ist willig, sein Leben auf den Altar zu legen und etwas zu tun, das von größerem Wert ist, etwas, das fruchtbarer ist als alles, was Ihr bis jetzt unternommen habt?

Der Herr Jesus Christus hat einen Plan, und der wird Euch sicherlich interessieren und gefallen, sofern Ihr wirklich Verlangen habt, den Menschen zu helfen und Gott darin zu dienen – es sei denn, daß der Herr diesen oder jenen von Euch vielleicht zu einem anderen Dienst beruft."

Frau R. legte allen, die fest daran interessiert waren, in Waukegan zu wirken, nahe, sie sollten sich zunächst einmal anhand der folgenden Fragen selbst prüfen:

„Welcherart ist der Ruf, den der Herr an mich persönlich ergehen ließ? Bin ich vielleicht nur darauf aus, zu predigen und öffentlich aufzutreten? Besteht wirklich darin meine Berufung? Oder bin ich ernstlich daran interessiert, Seelen zu gewinnen, Menschen zu helfen, ihnen zum Segen zu sein? Bin ich bereit, Bürden für Menschen zu tragen, die der Herr mir anvertraut, geduldig mit denen zu sein, die schwach sind und immer wieder rückfällig werden? Liegt mir wirklich das Werk des Herrn und die Sache Seines Volkes am Herzen, oder geht es mir nur um mein persönliches Vorwärtskommen?"

Nachdem sie ihre Herzen auf die Reinheit ihrer Motive hin untersucht und sich geprüft hatten, welche Beweggründe es waren, die sie zur Mitarbeit bei diesem Missionseinsatz in Waukegan veranlaßten, mußten sie sich auch klar bewußt sein, daß es galt, diese Arbeit neben ihren häuslichen Pflichten und geistlichen Diensten in den Heimen zu tun; letztere durften keinesfalls vernachlässigt werden.

Der Herr zeigte ihnen durch Frau R., daß sie sich in Seinem Dienst immer nach folgendem Grundsatz richten sollten: „Übergib dein Leben Jesus und sei bereit, jede Arbeit zu tun, und denke niemals, es bedeute für dich eine Erniedrigung, wenn du mit deinen Händen zupacken und arbeiten mußt. Doch wenn deine Zeit mit Predigen, Gebet, Vorbereitung und Seelsorge ausgefüllt ist, so daß du keine Zeit hast, einer täglichen Beschäftigung nachzugehen, dann ist es am besten, sich ganz dem geistlichen Dienst hinzugeben. Die beste Vorbereitung auf den geistlichen Dienst besteht schlicht und einfach nur darin, daß man dem Herrn im alltäglichen Leben von früh bis spät völlig hingegeben ist, beständig vor Ihm wandelt und jede Arbeit allezeit und überall um Jesu willen und für Jesus tut; auch bei jeder kleinen Erholung, die von Zeit zu Zeit auch sein muß und jedem zusteht, sollte man für Ihn dasein und jede freie Zeit in Seiner Gegenwart verbringen. Jeder wahre Diener des Herrn wird diese Einstellung haben.

Darüber hinaus aber ist es notwendig, in hohem Maß von einem Geist der Selbstaufopferung beseelt zu sein. Kein Christ wird jemals wirklich fähig sein, einen geistlichen Dienst zu tun, wenn er nicht imstande ist, den Druck eines arbeitsreichen Alltags zu ertragen und dabei doch im Gebet und in der Gemeinschaft mit Gott zu bleiben. Er muß es gelernt haben, sich bei der Fülle der anfallenden Arbeiten doch immer genügend Zeit für das Gebet und Bibelstudium zu nehmen. In den Heimen gibt es jeden Tag viele Gelegenheiten, sich im Glauben, im Gebet, in der Liebe zu üben, die Gnade Gottes in Anspruch zu nehmen, echten seelsorgerlichen Dienst am Nächsten zu tun und für vieles andere mehr. Seht zu, daß ihr genau den Dienst tut, der euch zugedacht ist, und daß ihr euch zu dieser Zeit ganz für den Weinberg des Herrn einsetzt, und denkt daran, daß die Heime auch ein Teil des Weinbergs sind."

Alle jungen Leute, die sich von Gott berufen fühlten, in Waukegan mitzuarbeiten, sollten bei diesem Dienst als Team eng zusammenarbeiten. Sie sollten dabei alle einander gleichgestellt sein. Es wurde ihnen nahegelegt, als Vorbereitung für das geplante Missionsunternehmen zunächst miteinander viele Tage im Gebet zuzubringen, was sie auch taten.

Dann wurde ihnen gesagt, sie sollten in Waukegan je zwei und zwei miteinander Hausbesuche machen und nach einem genauen Plan von Tür zu Tür gehen, die Versammlungen bekanntgeben, die Leute persönlich einladen und auf diese Weise die ganze Stadt durcharbeiten. Frau R. gab ihnen für diesen Feldzug ganz genaue Instruktionen: Die Männer erhielten die Anweisung, in bestimmte Stadtteile zu gehen, zum Beispiel in die Geschäftsviertel und schwierigen Gegenden in der Nähe. Die Frauen wurden beauftragt, in den Wohngebieten von Haus zu Haus zu gehen.

Als sie dann anfingen, Versammlungen zu halten, wechselten sich die jungen Leute in der Leitung derselben wie auch im Predigtdienst ab. Sie sollten ja alles miteinander tun; so bereiteten sie alle zusammen ihre Einsätze und Dienste im Gebet vor, verrichteten alle praktischen Arbeiten und geistlichen Dienste miteinander und vertrauten zusammen dem Herrn, daß Er die Mittel für die anfallenden Kosten der Mission geben werde; jeder sollte sich persönlich für das ganze Werk verantwortlich fühlen.

„Ich möchte, daß alle, die an dem Werk in Waukegan interessiert sind", schrieb Frau R., „sich in allem vom Willen Gottes und nicht von ihren Gefühlen bestimmen lassen. Unter gar keinen Umständen soll jemand sagen: ‚Ich werde dieses oder jenes tun, ich werde helfen, wann und wo ich Lust dazu habe.'

Was bist Du denn? Ein Diener Gottes oder erst ein Anfänger, der noch nicht weiß, was wahre Hingabe heißt? Ist Dein Herz und Leben wirklich Gott geweiht?

Der Herr kann zu diesem Werk nur Leute gebrauchen, die sagen: ‚Jesus, ich möchte in Deinem Weinberg arbeiten, ich gebe mich Dir für immer. Ich will alles tun, was nützlich und segenbringend für Dein Werk ist, und nicht einfach nur an mich und mein persönliches Vorwärtskommen denken.'

Und wer diese Einstellung hat und in der Weise betet, wird bestimmt vorwärtskommen. Sollte jemand von diesen jungen Leuten nur danach streben, Erfahrungen zu sammeln und sich weiterzubilden, kennen sie nicht das brennende Verlangen, Verlorene zu retten und ihnen den Weg zum Leben zu weisen, dann haben sie Jesus nicht wirklich erlebt und den Ruf zum Dienst nicht richtig verstanden. Wer diesen Dienst an den Menschen tut, wer ihn wirklich für den Herrn tut, wird mehr und mehr eine brennende Liebe zu den Verlorenen empfinden."

Frau R. hatte den jungen Leuten wohl ihre Hilfe und ihren Beistand zugesagt, soweit sie sich hierzu geleitet wußte, aber der Herr gab ihnen deutlich zu verstehen, daß dieses Werk nur erfolgreich sein könne, wenn die jungen Missionare für ihr Unternehmen selbst Glauben bewiesen und an die Arbeit gingen, andernfalls würde es völlig fehlschlagen.

So eröffnete ein Team von acht bis zehn jungen Reichsgottesarbeitern das „Missionswerk des vollen Evangeliums in Waukegan".

Zu denen, die in dieser Gruppe eine mehr führende Rolle innehatten, gehörten Rex B. Andrews und seine Frau. Rex Andrews war damals schon seit einigen Jahren im Werk des Herrn tätig. Er hatte im Herbst 1913 zum erstenmal die Glaubensheime besucht, gerade als Robinsons von Montreal zurückgekehrt waren. Im April des nächsten Jahres zogen Andrews mit ihren beiden Kindern, Carolyn und Charles, in die Glaubensheime, nachdem Frau R. sie ausdrücklich eingeladen hatte.

„In jenen Tagen stand ich kurz vor einem Nerzenzusammenbruch", berichtete Frau Andrews später. Durch Frau R. wurde ihr aber auf wunderbare Weise geholfen. Bald nach ihrer Ankunft in den Heimen setzte Frau R. sich mit ihr aufs Sofa im Wohnzimmer und sprach mit ihr über ihre persönlichen Nöte. Frau Andrews hatte ihr kein Wort darüber gesagt, aber durch den Geist Gottes sah sie und nannte sie ihr einige Ursachen ihrer inneren Spannungen und nervlichen Überanstrengung. Zum Teil erklärte sich ihr bedenklicher Zustand aus der Tatsache, daß sie immer versuchte, im Geistlichen etwas zu sein, was einfach über ihre derzeitige geistliche Erfahrung hinausging. Diese „kleine" Belehrung hatte zur Folge, daß sie von ihrer inneren Anspannung befreit und ganz gelöst wurde, ein gutes Beispiel, das uns zeigt, welchen gesegneten Dienst Frau R. in der persönlichen Seelsorge tat.

Frau Andrews war in jenen Jahren natürlich in erster Linie für ihre Kinder da. Rex Andrews wurde als junger Prediger und als weiterer Mitarbeiter in dem Werk aufgenommen. Da er einen Ruf von Gott bekommen hatte, in Waukegan zu arbeiten, kam es dazu, daß er dann der Leiter des Missionsteams wurde, obwohl im

Grunde genommen alle Mitarbeiter in dieser Gruppe einander gleichgestellt waren.

Außerdem gehörten zu dieser Gruppe: *Helen Innes*, über deren Bekehrung bereits berichtet wurde; sie hatte inzwischen schon in den Gemeinden in Racine und Kenosha gedient;

Stella Leggett, die Tochter von Herrn und Frau James Leggett; sie hatte sich 1912 in den Heimen bekehrt und war kurz darauf von Frau R. als Sekretärin eingestellt worden;

Minnie McConnell, die mit dem Werk in Toronto verbunden und kurz zuvor zur Ausbildung nach Zion gekommen war;

John Robinson, ein Engländer, Absolvent des „Moody Bible Institute" und ehemaliger Student am Wheaton College; in Wheaton hatte er Frau R. kennengelernt, als sie dort einige Jahre zuvor diente; später war er dann in die Glaubensheime gekommen;

Marie Wegman aus der deutschsprachigen Schweiz, die als Mädchen in die Vereinigten Staaten ausgewandert und nach Zion gekommen war; sie hatte die ersten Zeltversammlungen besucht, sich bekehrt und sich dann der Gemeinde in den Glaubensheimen angeschlossen;

Joseph Wannenmacher, der in Ungarn geboren und ein frommer Katholik war; zweieinhalb Jahre zuvor hatte er sich zu Christus bekehrt und war zugleich augenblicklich von Knochentuberkulose geheilt worden; ein Mann des Gebets und ein sehr eifriger Zeuge Christi, der mit besonderem Erfolg Menschen für Christus gewann.

Dieses Evangelisationsteam arbeitete mit großem Ernst und heiligem Eifer. Von Anfang an wurden Seelen errettet und Kranke geheilt; Gläubige wurden mit dem Heiligen Geist erfüllt. Nachdem sie ungefähr ein Jahr lang in einem Saal im ersten Stock eines Gebäudes direkt im Herzen von Waukegan Versammlungen gehalten hatten, kaufte Rex Andrews ein Haus, das als Bibliothek eingerichtet gewesen war und zu der nahe bei Waukegan gelegenen großen Ausbildungsstätte für Seeleute, der „Great Lakes Naval Training Station", gehörte. Er ließ es nach Waukegan transportieren, wo es an der Philippa Avenue wieder errichtet wurde. Im Sommer 1921 war der Versammlungsraum soweit fertiggestellt, daß die Gottesdienste dorthin verlegt werden konnten. So wurde das „Tabernakel des vollen Evangeliums" eröffnet und damit einer der großen Wünsche von Frau R. erfüllt, daß diese jungen Leute, ihre „Freude und Krone", sich ganz für das Werk des Herrn in Waukegan einsetzen konnten.

Wie eine wahre „Mutter in Israel" wachte Frau R. über die „Waukegan young people", wie dieses Arbeitsteam genannt wurde, und ermutigte sie immer wieder bei ihrer Arbeit. Während sie ihnen einerseits die Not der Menschen vor Augen hielt, legte sie es ihnen andererseits auch immer wieder ans Herz, sich danach auszustrecken, Jesus tiefer zu erkennen. „Wenn ihr allezeit Jesus sucht, wird Sein Segen mit euch sein." Immer aufs neue wurden sie ermahnt: „Bleibt festgegründet in dem Herrn, laßt euch nicht davon abbringen, beständig nach Ihm zu verlangen!"

Wenn sie manchmal warnend auf die Gefahr aufmerksam machte, daß ihnen ihre Arbeit im Weinberg des Herrn wichtiger wurde als Christus zu suchen und nach Ihm allein zu verlangen, zeigte sie ihnen auch, wie sie ihr Werk Christus übergeben konnten und wie Gott dann ganz gewiß Gelingen zu ihrer Arbeit geben werde.

Durch den Geist Gottes und die Gabe der Unterscheidung sah sie wohl auch manchmal, daß es bei ihnen noch an einer tieferen Liebe zu den Menschen fehlte, und so sprach sie mit ihnen darüber. Aber wie eine wahre Mutter tadelte Frau R. ihre geistlichen Kinder nicht nur, sondern sie sagte ihnen zum Beispiel auch – nachdem Gott ihr durch die Gabe der Erkenntnis ihren geistlichen Zustand gezeigt hatte –, daß sie „recht gut kämpften und in diesem Kampf Beständigkeit zeigten", wobei „der gute Kampf des Glaubens" gemeint war.

Hier und da sprach sie den einen oder anderen in dem Team persönlich an, um diesem jungen Mitarbeiter zurechtzuhelfen. Zu zwei jungen Leuten, die körperlich sehr stark und gesund waren, sagte sie, sie müßten „auch in geistlicher Hinsicht stark werden, damit sie imstande seien, das Kreuz zu tragen und mutig im Geist voranzugehen". Einer jungen Mitarbeiterin, die später in Waukegan mithalf, gab sie den Rat, sie solle sich nicht mehr, nachdem sie gepredigt hätte, Gedanken über ihre Worte machen. Nach Beendigung ihrer Ausführungen solle sie dem Herrn alles übergeben, was sie gesagt habe, und sich weiter keine Sorgen darüber machen.

Als sie die Gruppe einmal unterrichtete, lobte sie einen der jungen Männer sehr und sagte, er könne ja sehr gut predigen, er sei der beste Prediger im Umkreis. Dann richtete sie sich auf – eine Geste übrigens, die für Frau R. sehr charakteristisch war – und fuhr fort: „Aber ich muß leider sagen, er praktiziert nicht immer, was er predigt!“ Er selbst erzählte viele Jahre später manchmal diese Begebenheit, und wenn die Versammelten dann lachten, sagte er: „Lacht nicht! Mit euch steht es auch nicht besser!“

Wenn der Herr Frau R. gebrauchte, um jemanden persönlich zu belehren, begann sie oft damit, daß sie diesem Menschen gegenüber irgendein Lob aussprach oder eine besondere Eigenschaft oder Fähigkeit hervorhob. Danach pflegte sie sich mit ihrem ganzen Körper aufzurichten, und das, was dann nach ihren Worten „aber leider muß ich sagen ...“ aus ihrem Munde kam, war es, was mit Spannung, und vielleicht auch mit Furcht, erwartet wurde. Da gab es dann keinen Raum mehr, sich zu rühmen oder irgendwie stolz zu sein.

Das Besondere an dem Werk in Waukegan waren die Straßenversammlungen – und das ist viele Jahre hindurch so geblieben –, in denen immer kostbare Seelen gerettet wurden. In der Nähe dieser Stadt, gut sechs Kilometer entfernt, befand sich ja die „Great Lakes Naval Training Station“; dort hielten sich immer Tausende von Seeleuten und Matrosen auf, von denen sehr viele ihre Freizeit größtenteils in der Stadt zubrachten, und so bot sich in Waukegan eine ungewöhnliche Gelegenheit, allen diesen Menschen wie auch den Bewohnern der Stadt Christus zu verkündigen. Außerdem wurde hier viele Durchreisende mit dem Evangelium erreicht, denn durch Waukegan führte die damalige Hauptverkehrsstraße von Chicago nach Milwaukee, die Sheridan Road; wenn an dieser Straße die Freiversammlungen stattfanden, hielten viele der Reisenden an und hörten der Verkündigung des Evangeliums zu. Wie viele von diesen Durchreisenden damals oder zu späterer Zeit das Evangelium hörten und gläubig wurden, wird die Ewigkeit offenbaren.

Diese jungen Missionare machten einmal eine wunderbare Erfahrung, die sie erkennen ließ, auf welche Weise Gott durch ihren Dienst wirkte. Sie hatten längere Zeit ernstlich gebetet, daß Seelen gerettet werden möchten. Eines Tages sagte der Herr ihnen dann, sie hätten „genug gebetet, um hundert Seelen in das Reich Gottes hineinzubringen". Es wurden aber keine hundert Seelen zur Gemeinde hinzugetan. So kamen sie zu dem Schluß, Gott habe ihnen sagen wollen, sie hätten wohl genügend gebetet, dabei aber nicht genügend Glauben gezeigt.

Es war um diese Zeit, als zwei Durchreisende an einer Straßenecke ihrer Verkündigung zuhörten, sich bekehrten und dann weiterfuhren. Nach einem Jahr erschienen diese beiden Reisenden wieder bei der Straßenversammlung und erzählten nun, was sie inzwischen erlebt hatten. Nach ihrer Bekehrung hatten sie in ihrer Heimatgemeinde an der Nordküste ihr Erlebnis mit dem Herrn bezeugt. Daraufhin sei dort eine Erweckung entstanden und achtundneunzig Seelen hätten sich bekehrt! Dies war geschehen, nur weil zwei Reisende ein Jahr zuvor das Evangelium an jener Straßenecke gehört und Christus als ihren Herrn angenommen hatten.

Von diesem ersten Team wurde dann einer nach dem anderen auf ein anderes Arbeitsfeld gerufen.

Stella Leggett war mehr und mehr als Sekretärin von Frau R. beschäftigt und arbeitete später auch im geistlichen Dienst in den Glaubensheimen mit.

Minnie McConnell kehrte nach Toronto zurück, wo sie später ein Heim für Evangelisten, Prediger und Missionare einrichtete und leitete.

John Robinson heiratete Marie Wegman und ging später nach Oshkosh, Wisconsin, wo beide jahrelang treu arbeiteten und einen gesegneten Dienst taten.

Helen Innes und Joseph Wannenmacher gingen, gleich nachdem sie im Jahre 1921 den Ehebund geschlossen hatten, nach Milwaukee, Wisconsin, wo sie bis heute noch für ihren Meister wirken. Joseph Wannenmacher hatte eine besondere Bürde für seine Landsleute aus Ungarn, und so begann er zusammen mit seiner Frau unter ihnen zu arbeiten. Sie verteilten an alle Ungarn Johannesevangelien in ihrer Muttersprache. Viele kamen zu dieser Mission und wurden wiedergeboren. Später begannen sie auch mit Gottesdiensten in englischer Sprache. Die Gemeinde wuchs sehr, und es entstanden mehrere weitere Gemeinden in dieser Großstadt, und durch diese sind wiederum andere Gemeinden entstanden. Außerdem wurden durch den Dienst von Wannenmachers mehr als fünfzig junge Leute als Reichsgottesarbeiter in verschiedene Gegenden Amerikas und in andere Länder ausgesandt.

Nachdem die Mitarbeiter nach und nach aus dem Team in Waukegan ausgeschieden und auf ihr von Gott bestimmtes Arbeitsfeld gegangen waren, übernahmen Andrews die Leitung der Gemeinde in dem „Full Gospel Tabernacle“. Wohl ermutigte Frau R. andere junge Leute in den Glaubensheimen, nach Waukegan zu gehen und dort von Zeit zu Zeit in den verschiedenen Arbeitszweigen mitzuhelfen, doch hatten Andrews fortan die Leitung des Werkes. Frau R. war auch weiterhin an dieser Arbeit sehr interessiert und sie suchte auf verschiedene Weise, ihnen zu helfen, im persönlichen Leben wie auch in ihrem Dienst. „Das Feuer des Glaubens und der Liebe“ brannte im Herzen von Frau R., und es war ihr großes Verlangen, Sünder zu erreichen. Gott gab ihr speziell die Bürde für die vielen Verlorenen, die täglich durch die Bahnhöfe von Waukegan gingen, „Seelen, die Gott am Herzen lagen“, von denen viele niemals die Hilfe bekommen würden, die sie benötigten, und verlorengingen, wenn sie nicht auf irgendeine Weise das Zeugnis von Jesus vernahmen. So leitete der Herr sie, in einem der Bahnhöfe einen Kasten mit Traktaten zu stationieren, der immer wieder aufgefüllt werden konnte.

„Der Dienst, den wir durch Traktate für Ihn tun können, scheint wirklich recht bescheiden zu sein“, schrieb Frau R. an Rex Andrews, der sich anerboten hatte, den Kasten immer wieder mit Traktaten aufzufüllen – die sie übrigens selbst besorgte und für diesen Zweck auswählte –, „wenn wir aber im Glauben erwarten, daß Er sie benutzt, dann richten sie mitunter mehr aus, als eine Versammlung es zu tun vermag.

Möchtest Du diese Traktate nicht dort am Bahnhof im Glauben stationieren und erwarten, daß gerade die richtige Person zur rechten Zeit das richtige Traktat herausnimmt und daß Seelen zu Christus – nicht nur zu einer Mission, sondern zu Christus – kommen, und zwar auf Wegen und durch Mittel, die Er bestimmt? Möchtest Du nicht über den Traktaten beten, bevor Du sie ihren Weg gehen läßt, und immer wieder im Gebet zu Ihm emporschauen, wenn der Kasten leer ist und die Traktate unter die Leute gekommen sind? Willst Du nicht die Verantwortung dafür übernehmen, im Gebet dafür einzustehen, daß sie Frucht für Jesus wirken?

Wie Du siehst, spreche ich gar nicht von Dingen, die unsere Versammlungen betreffen, ich spreche von Traktaten. Hier wirst Du nun vor die Frage gestellt, ob Dir die Seelen der durchreisenden Fremden wirklich auch wertvoll sind und ob Dir die Errettung aller Menschen am Herzen liegt.

Geht es Dir um das Heil der Seelen oder nur um gute Versammlungen? Worum geht es Dir im tiefsten Grunde Deines Herzens? Ist es Dein Verlangen, Seelen gerettet zu sehen? Oder trachtest Du nur nach Erfolg in den Versammlungen und in Deiner Mission? Warum wendest Du nicht den Menschen noch mehr Aufmerksamkeit zu, die nicht in die Versammlungen kommen? Viele sind eben nicht so leicht dazu zu bewegen, in eine Mission zu kommen; sie kommen auch nicht in Deine Versammlung. Darum solltest Du dorthin gehen, wo sie zu erreichen sind, besonders dann, wenn Gott Dir eine Gelegenheit wie diese gibt, und wenn Du sie wirlich wahrnimmst, hilft Er Dir auch, anderen zu helfen."

„Ich war erstaunt darüber, was der Herr mir über die Leute gesagt hat, die an diesem Depot vorbeigehen", fügte Frau R. noch als Nachschrift diesem Brief hinzu. „Meine Traktate richten sich meistens an Christen, aber Er ließ sie mich fast alle auf die Seite tun und durch Traktate für Ungerettete ersetzen. Nur einige wenige ließ Er mich für Christen hineintun; aber Er sagt, wir hätten kaum eine Ahnung, wie wenig die Menschen über Christus wissen. Sie haben niemals das Evangelium gehört und sind durch und durch Sünder. Der Herr sagt, wir wüßten gar nicht, wie böse die Welt geworden ist und daß dies erst der Anfang sei. Dies spornt mich natürlich um so mehr an, von unserer kleinen Gelegenheit, die wir haben, ausgiebig Gebrauch zu machen."

In der gleichen Nachschrift machte Frau R. eine Bemerkung, die für den zukünftigen Dienst im Full Gospel Tabernacle sehr bedeutungsvoll war. Offensichtlich hatte Rex Andrews gegenüber Frau R. geäußert, er glaube, es sei der Wille des Herrn, daß Leonard Johnson ihm in Waukegan helfe. Letzterer hielt sich zu dieser Zeit in den Glaubensheimen auf, um sich für den Dienst ausbilden zu lassen. Frau R. ging nun auf diesen Gedanken ein und schrieb: „Es hat den Anschein, daß Dein Gedanke von Gott ist und Er Dich in der Sache mit Leonhard leitet." Bald darauf ging Leonard Johnson nach Waukegan, um dort in der Gemeindearbeit mitzuhelfen. Als dann Andrews im Jahre 1928 von Waukegan fortzogen, wurde er der treue Hirte dieser Gemeinde und „wich nicht vom Haus des Herrn". Im Jahre 1935 heiratete er Constance Andresen, die ebenfalls in den Heimen ausgebildet worden war. Sie dienten nun miteinander in aller Treue, bis Leonard Johnson 1969 entschlief, um beim Herrn zu sein.

So hat Gott Frau R. gebraucht, durch ihren Einsatz und ihre Hilfe das Werk in Waukegan zu gründen, durch das in dieser Stadt viele errettet wurden. Aus diesem Werk gingen etwa dreißig junge Leute hervor, die in den Dienst des Herrn traten und seitdem an verschiedenen Orten der Vereinigten Staaten wie auch in Indien und Südamerika wirken.

Kapitel 38

Das Brot der Kinder

„Beim Gebet für die Kranken kommt es sehr darauf an, welche Haltung der Betreffende selbst einnimmt, für den gebetet wird. Kommt der Geist des Gebets zuerst über ihn, wendet er sich ganz von sich aus an Gott, macht er von seinem Vorrecht als Kind Gottes Gebrauch und bittet Ihn um Heilung – und verbindet er sich dann auch noch mit jemand anderem in diesem Gebet – so ist dies die beste Voraussetzung, die Heilung zu empfangen."

William Leggett hatte im Anfang des Werkes in Zion – im August 1911 – die erste Mitarbeiterin von Frau R., Eva MacPhail geheiratet. Er hatte sich als junger Mann einmal schwer verletzt, so daß er im Lauf der Jahre körperlich zunehmend behindert wurde, bis er schließlich nur noch mit Hilfe der Krücken gehen konnte. Zwei Jahre lang hatten William und Eva Leggett miteinander zu Gott um Heilung gerufen. Nun kam durch Frau R. die Antwort; der Herr belehrte ihn und zeigte ihm, was der Erhörung dieser Gebete im Wege stand: Er hatte sich auf den Glauben seiner Frau verlassen, während er doch selbst hätte im Glauben stehen sollen, so daß er, als der Zeitpunkt gekommen war, an dem der Herr eingreifen und alle Gebete erhören wollte, auch imstande gewesen wäre, im Glauben die Heilung zu nehmen. Es war tatsächlich so, daß seine Frau „weitaus intensiver gebetet hatte als er, und es ist natürlich auch notwendig, in der Weise anhaltend zu beten, wenn man Erhörung finden will".

Nun folgt die Belehrung über das Gebet für Kranke, mit der dieses Kapitel beginnt.

Frau R. zeigt dann in diesem Brief, welche Haltung ein kranker Mensch einnehmen sollte, wenn er wünscht, daß andere für ihn beten: „Es mag wohl sein, daß der andere, der fürbittend einsteht, viel intensiver betet und mehr Glauben hat, während der Kranke nicht so aktiv wird und nicht derjenige ist, der im Glauben vorangeht. In dem Fall müßte der Fürbittende ein größeres Maß an Glauben aufbringen, und die Heilung wäre dann ein wahres Wunder des Glaubens. Würde aber der Kranke selbst wirklich glauben, dann wäre es viel einfacher, zu beten und Erhörung zu finden.

Das heißt mit anderen Worten: Wenn Du selbst den Wunsch hast, geheilt zu werden, und es im Glauben fassen kannst, daß der Herr Dich heilen will, wirst Du selbst ebenso ernstlich beten, und dies ist natürlich die erste Voraussetzung. Zum andern gibt es in bezug auf göttliche Heilung so etwas wie einen Grundsatz, auf den Du Dich berufen darfst: Als ein Kind Gottes hast Du das Recht, ganz schlicht um das ‚Brot der Kinder' zu bitten, Matth. 15,26. Du bist ein Kind des Vaters und brauchst es. Komme zu Ihm in dem Bewußtsein, daß Du Sein Sohn bist und das Vorrecht hast, darum zu bitten, und komme im Glauben.

Wenn Eva betet, tut sie dies ja für jemand anderen, und wenn Ihr zusammen um die Heilung betet, tut Ihr dies im Glauben. Aber wenn sie die Hauptlast des Gebetes trägt und Du selbst nicht wirklich im Glauben stehst, ist es für sie nicht leicht, durchzudringen und Erhörung zu finden.

Natürlich wißt Ihr, Du und Eva, dies alles selbst. Aber der Herr sagt, Du nimmst zeitweise nicht Deine Stellung als ‚Sohn' ein, in der Gott Dir die Heilung ja zugesichert hat. Du meinst dann, man müsse für Dich in der Weise beten, wie man es für jemanden tut, der nicht diesen Anspruch auf Heilung hat, wie Du ihn als ‚Sohn' hast. Diese einfachen Wahrheiten gehören zu der allgemeinen Lehre über göttliche Heilung und gelten nicht nur für Dich.

Leider verstehen viele, die um Heilung beten, das Schriftwort von dem ‚Brot der Kinder', das ich in diesem Zusammenhang erwähnte, nicht so, wie es eigentlich gemeint ist. Wenn wir in dieser Stellung als Seine Kinder zu Gott kommen, haben wir eine sichere Grundlage für unseren Glauben; so können wir mit Zuversicht zu Ihm kommen. Es ist ja Dein gutes Recht, Dein Privileg. Es ist Gottes Weg, Er hat es so bestimmt. Du verherrlichst Ihn und gehorchst Ihm, wenn Du beanspruchst, was Dir zugesagt ist. Heilung ist im Erlösungswerk Christi inbegriffen. Du darfst durch den Glauben getrost in Besitz nehmen, was Christus Dir durch Seinen Tod erworben hat.

Wir bitten um Heilung, wie wir um andere Segnungen – Errettung, Taufe im Heiligen Geist usw. – beten, aber diese Segnungen hat Er Dir zugesagt, bevor Du überhaupt daran denken konntest, darum zu bitten.

Ich fühle mich innerlich geleitet, diesen Punkt noch einmal hervorzuheben, damit er Dir ganz klar ist. Du solltest so einfältig wie ein Kind zu Ihm kommen und nicht auf Dich selbst und auf Deinen Mangel an Glauben, sondern einfach nur auf den Vater schauen. Fürchte Dich nicht davor, zu versagen, vertraue Ihm kindlich in der Gewißheit, daß Dein Vater Dich liebt und sich Deiner annehmen wird. Er möchte, daß William Leggett sich guter Gesundheit erfreuen kann.

Du mußt Dir immer vor Augen halten, daß Er ganz für Dich da ist und daß Er auch einen Anspruch auf Dich hat wie auf alle, die Ihm gehören. Er hat Dich berufen! Diese Wahrheiten hattest Du noch nicht recht erkannt, und so bestand für Dich eine gewisse Schwierigkeit, die Heilung im Glauben zu nehmen. Ob andere für Dich beten oder nicht – Du solltest doch, wenn irgend möglich, selbst mit Deinen Anliegen zu Gott kommen, wie es andere auch tun müssen, und Dir dessen bewußt sein, daß Du selbst im Glauben vor Gott ausharren mußt, bis die Heilung eingetreten ist.

In dieser Weise solltest Du Deine Heilung beständig erwarten und im festen Glauben stehen wie auch Deine Frau, während sie für Dich im Gebet eintritt. Gerade kürzlich hat sich in diesem Haus einiges ereignet, was hier als Beispiel dienen mag. Es wurde jemand krank; da wurde dieser Kranken gesagt, sie solle selbst um ihre Heilung beten, selbständig im Glauben stehen und vor Gottes Angesicht ausharren. Wenn sie dann immer noch den Wunsch empfinde, man solle sie im Gebet unterstützen, solle sie uns dies sagen. Und so geschah es; in erster Linie war sie selbst diejenige, die ihre Befreiung erwartete – und sie wurde wunderbar geheilt. Ähnliches ereignete sich in letzter Zeit zwei- oder dreimal.

In anderen Fällen kam die Heilung nicht auf diese Weise; da mußte ein anderer für den Kranken eintreten, und dies bedeutete natürlich, daß hier ein noch größeres Wunder zu geschehen hatte. Nach dem Willen Gottes können wir in gewissen Fällen eine Ausnahme machen, zum Beispiel, wenn es sich um Kinder oder um Personen handelt, die sehr schwach sind oder die kein klares Licht über göttliche Heilung haben.

Aber Jesus möchte, daß William Leggett sich nicht als zu schwach oder als ein Kind in Glaubensdingen betrachtet, sondern als ein Mann Gottes.

Dieser Brief soll offenbar auch dazu dienen, Eva eine Grundwahrheit näher zu erläutern, die ich ihr bereits früher klarzumachen versuchte. Damals hatte der Herr mich in einer Botschaft wissen lassen, daß sie in ihrem Gebet genügend Glaubenskraft beweise – wenn nur auch Du selbst diesen Glauben hättest!"

Ist es verwunderlich, daß William Leggett, als er auf die in diesem Brief enthaltenen Instruktionen hin handelte, augenblicklich geheilt wurde?

Kapitel 39

Jahre besonderer Glaubenskämpfe

„Dies sind Jahre besonderer Glaubenskämpfe“, schrieb Frau R. auf den breiten Rand ihres Neuen Testaments und daneben als Datum den 23. Juli 1921. Der Gerechte wird allezeit im Glauben leben und wandeln, das ist wahr, aber ebenso wahr ist, daß Zeiten besonderer Prüfungen über ihn kommen werden und daß er dann auch einen besonderen Glauben beweisen muß. Dies trifft speziell auf Diener Gottes zu, die im Werk des Herrn in leitender Position stehen. So waren die Jahre 1919 bis 1922 für diese Dienerin des Herrn „Jahre besonderer Glaubenskämpfe“. Ungewöhnlich harte Prüfungszeiten brachen über Frau R. herein; es ging durch schwere Krisen, sowohl im Werk als auch in ihrem persönlichen Leben, und so sah sie sich herausgefordert, diesen großen Schwierigkeiten mit einem um so größeren Maß des Glaubens entgegenzutreten. Gott ließ es zu, daß sie eine Zeitlang „durch das dunkle Tal großer Verluste, und zwar Verluste in jeder Hinsicht“, zu gehen hatte.

Aus den verschiedenen Notizen, die Frau R. im Neuen Testament, das sie zu dieser Zeit benutzte, gemacht hat, wird ersichtlich, welcherart die Prüfungen waren und in welcher Hinsicht ihr Glaube besonders gefordert wurde. Faßt man diese Eintragungen zusammen, so erhält man so etwas wie ein geistliches Tagebuch über jene Zeit. Sehr aufschlußreich ist für uns auch eine Liste von Gebetsanliegen, die sie damals aufstellte. Darin sind ihre persönlichen Anliegen aufgeführt, die ihr geistliches Leben betreffen; sie enthält außerdem Anliegen, die sich auf ihre Berufung und ihren Dienst, auf ihre Mitarbeiter, die Heime und andere Reichsgottesarbeiter beziehen.

Wie bereits berichtet, wurde im Jahre 1919 mit dem Werk in Waukegan begonnen. Dies war in der Tat ein Unternehmen, das viel Glauben erforderte. Es galt, im Glauben für die jungen Mitarbeiter einzustehen, die berufen worden waren, diesen Dienst zu tun, und im Glauben zu erwarten, daß Gott sowohl die Mittel für ihre persönlichen Bedürfnisse wie auch für den Unterhalt dieses Werkes geben werde. Es war ein weiteres Anliegen, daß Menschen errettet und zu dieser Gemeinde hinzugetan würden und ihnen in allen ihren Nöten und Bedürfnissen geholfen werden möchte. Hierzu war es notwendig, daß Frau R. die jungen Mitarbeiter immer wieder belehrte, und dies wiederum erforderte viel Zeit und Mühe. Für die Missionen in Racine, Kenosha und Milwaukee – das Werk in Milwaukee wurde 1921 eröffnet – fühlte Frau R. sich zwar nicht in dem Maße verantwortlich wie für das Werk in Waukegan, aber sie hatte großes Interesse und trug eine besondere Bürde für alle jungen Diener, die in diesen Städten wirkten; schließlich waren sie ja ihre Kinder in dem Herrn.

Dann war es auch erforderlich, dem Herrn beständig für die verschiedenen Bedürfnisse der Glaubensheime zu vertrauen. In jenen Jahren gab es besonders schwierige, lang anhaltende Prüfungen in finanzieller Hinsicht zu bestehen. Während dieser kritischen Zeit entstand unter einigen Mitarbeitern eine gewisse Atmosphäre des Unglaubens, wodurch der Glaubenskampf noch schwieriger wurde. Diese Gedanken des Zweifels, die sie in ihrem Herzen hegten, mußten zuerst einmal überwunden werden, bevor sie erwarten konnten, daß Gott ihnen geben würde, was sie benötigten. Und um dies zu erreichen, mußte Frau R. zunächst selbst dem Herrn vertrauen, daß Er denen Glauben geben werde, die zweifelnd geworden waren. Auch war es notwendig, daß sie die Mitarbeiter belehrte und ihren Glauben auferbaute, so daß auf diese Weise alle Hindernisse hinweggeräumt wurden.

An einen Mitarbeiter schrieb Frau R.: „Gegenwärtig sind viele der Meinung, dieses Werk könne in finanzieller Hinsicht nicht mehr auf der bisherigen Grundlage des Glaubens weitergeführt werden.

Wenn wir als Gefäße in diesem Werk alle einer solchen Einstellung Raum geben würden, wäre es aus mit uns. Dieses Werk wird durch nichts anderes als durch Glauben bestehen. Wollen wir nicht mehr aus Glauben leben, dann wird dieses Werk scheitern! Ist es nicht ein Wunder des Glaubens, daß es bis heute überhaupt besteht? Wir haben keine Versorgungsquelle und bekommen keine regelmäßige Unterstützung wie andere Missionen. Somit bleibt uns keine andere Möglichkeit, als auf den Allmächtigen zu schauen und alles von Ihm zu erwarten; andernfalls ist es einfach sinnlos, überhaupt von einer Weiterführung dieses Werkes zu sprechen.

Ich meine, wir sollten um so mehr darauf bedacht sein, im Glauben zu stehen, wenn die Situation schwierig wird, anstatt uns durch die Umstände entmutigen zu lassen. Je heißer die Schlacht wird, um so entschlossener gilt es zu kämpfen, und um so klarer und einfältiger müssen wir in unserem Glauben sein.

Ich bin gar nicht der Meinung, daß es an der Zeit sei, unser Glaubensleben aufzugeben. Ich habe Glauben für die Heime. Wir sind momentan wohl an einen gewissen Tiefpunkt gekommen, aber es wird auch wieder aufwärts gehen, wenn wir nur nicht zu viel Aufhebens machen, zu viel darüber reden und verschiedene Meinungen geltend machen, sondern fest im Glauben zusammenstehen. Diskussion schwächt immer den Glauben, und das war mit ein Grund dafür, daß der Herr keine gemeinsame Besprechung über die Finanzlage mehr einberufen hat – bis alle neu im Glauben befestigt waren. Er lieferte allen Mitarbeitern zuerst den Beweis, daß wir tatsächlich von den Opfern leben können, so daß sie von dieser Tatsache aufs neue überzeugt wurden; daraufhin konnten wir auch wieder die Finanzen des Werkes gemeinsam besprechen."

In dieser Situation erwies sich der Glaube wiederum als siegreich, und so brachte Gott die Heime sicher durch die Krise hindurch und zeigte den Mitarbeitern aufs neue Seine Herrlichkeit. Diese Prüfungszeit hatte somit eine positive Auswirkung: Alle wurden um so mehr im Glauben gestärkt und befestigt.

Für Frau R. waren diese Jahre noch in anderer Hinsicht „Jahre besonderer Glaubenskämpfe": Einige ihrer geliebten Mitarbeiter kamen wegen ihrer Berufung und ihres Dienstes in schwere innere Anfechtungen. Da sah sie nun ihre Aufgabe darin, für sie einzutreten und sich ihrer anzunehmen, und sie hatte um ihretwillen einen großen Glaubenskampf durchzufechten, auf daß sie „vollkommen dastehen, völlig überzeugt in allem Willen Gottes", Kolosser 4,12.

Solche Arbeit nahm sie weitaus am meisten in Anspruch; darin bestand in der Hauptsache ihr geistlicher Dienst. Oft rang sie stundenlang im Geist und wandte viel Zeit daran, jeden einzelnen „in aller Weisheit" zu belehren, und dieser Dienst erforderte wiederum viel Vorbereitung, die darin bestand, daß sie betete und in der Stille auf Gott wartete. Oft war es notwendig, die Lektionen zu wiederholen und immer wieder das gleiche zu sagen, „immer wieder zu belehren, zu unterweisen, zu ermahnen und Richtlinien zu geben, Punkt für Punkt, hier ein wenig und da ein wenig." Menschlich gesprochen war dies eine ermüdende und manchmal auch undankbare Aufgabe. „Ein Diener des Herrn sollte die Geduld in Person sein", sagte Frau R. einmal. Und das traf auf sie wirklich zu, gerade auch bei ihrem Dienst der Belehrung.

Nur wer selbst solch einen Dienst getan hat, weiß, welche Opfer man dabei zu bringen hat, wieviel Zeit und persönlichen Einsatz, wieviel Geisteskraft und körperliche Kraft er kostet. Aus der Bemerkung am Ende eines Briefes, „es ist jetzt fünf Uhr morgens", geht hervor, daß Frau R. manchmal die ganze Nacht durchgearbeitet hat. In diesem Brief, der sieben eng geschriebene Schreibmaschinenseiten umfaßt, belehrt sie einen Prediger, der sich in einer schrecklichen Notlage befand.

Nur wer von Gott in einem ähnlichen Dienst gebraucht worden ist, weiß um die große Freude, die man empfindet, wenn nach solchen Kämpfen der Sieg erlangt ist, und kennt auch den großen Kummer über Niederlagen, wenn jemand, um den man sich so gemüht hatte, nicht in der Gnade geblieben ist. Das ist immer ganz besonders schmerzlich, und Frau R. hat viele solcher herzzerbrechenden Erfahrungen machen müssen.

Sie war dann über das Versagen des anderen nicht nur betrübt. Oft empfand sie es als einen persönlichen Verlust und litt selbst am meisten darunter, wenn jemand von ihren Gefährten geistlich zu Schaden kam. Darin erwies sie sich als „Mitgenossin an der Trübsal und am Reich und an der Geduld Jesu Christi", denn ein wichtiges Gesetz im Reiche Gottes lautet: „Wenn ein Glied leidet, so leiden alle Glieder mit", 1. Korinther 12,26.

Hätte Frau R. es erwählt, nach ihrem eigenen Willen zu handeln, dann hätte sie sich wohl geweigert, die Lasten anderer zu tragen. Sie hätte sich einen leichteren Weg aussuchen und im Reiche Gottes vielleicht einen ganz anderen Dienst tun können, einen Dienst, der mehr in die Augen fiel, den andere als wertvoller und fruchtbarer angesehen hätten, wie zum Beispiel die Durchführung von Evangelisationsfeldzügen, die Herausgabe von Schriften und Büchern, den Heilungsdienst usw.; dadurch hätte sie sich einen großen Namen machen und sehr populär werden können. Nein, sie erwählte es, den Willen Gottes zu tun und so „das Gesetz Christi" zu erfüllen.

Mit einer schönen, kraftvollen Lokomotive – um dieses Bild einmal zu gebrauchen – könnte man einen Schnelligkeitsrekord aufstellen und auf freiem Geleise von Chicago nach New York rasen, aber das hätte keinen praktischen Wert. Die Nützlichkeit einer Lokomotive liegt in ihrer Fähigkeit, Personen- oder Güterwagen zu ziehen. Dabei verringert sich ihr Tempo aber in dem Maß, wie sie belastet wird, und je mehr Wagen angehängt werden, um so größer wird die Möglichkeit, daß irgendein Unglück passieren kann. Wenn die Lokomotive überlastet wird, steht der ganze Zug still.

So ist es auch im Reiche Gottes. Geistlich – und vom Geist Gottes ausgerüstet – zu sein, soll niemals einem Selbstzweck und zur Selbstverherrlichung dienen, sondern zur Verherrlichung Gottes führen, und zwar dadurch, daß man anderen hilft, das göttliche Ziel zu erreichen. Es mag so scheinen, als verliere man sein eigenes Leben, während man die Last anderer trägt, doch es ist in Wirklichkeit genau umgekehrt. Wie wahr sind in diesem Zusammenhang doch die Worte Jesu: „Wer sein Leben erhalten will, der wird's verlieren; und wer sein Leben verliert um meinet und des Evangeliums willen, der wird's erhalten“, Markus 8,35.

Währenddem Frau R. in allen diesen Kämpfen stand, zielten die Bogenschützen des Feindes auf diese tapfere und mutige Kämpferin Jesu Christi und verwundeten sie sehr. Es war im Herbst 1920, als der Feind sie angriff und eine Krankheit über sie brachte, durch die er sie zu vernichten suchte. So wurden diese Jahre auch in dieser Hinsicht zu „Jahren besonderer Glaubenskämpfe“, denn nun galt es für sie, im Glauben die Heilung erneut in Anspruch zu nehmen. Wäre sie nicht so standhaft geblieben, so hätte sie für immer invalid bleiben können. Sie bekam einen Tumor und hatte sehr große Schmerzen. So etwas hatte sie noch nie gehabt. Sie schaute in ihrem notvollen Zustand auf den Herrn und erwartete, daß Er ihr sagen würde, auf welche Weise sie kämpfen sollte, erhielt in dieser Angelegenheit aber kein Licht und kein Wort. Dieses Schweigen des Herrn verwirrte sie und ließ ihre Glaubensprüfung noch schwieriger werden. „Jesus hatte es nicht so eilig, mir zu helfen“, erklärte Frau R. später, indem sie noch hinzufügte, „Er hilft Seinen Kindern oft nur dadurch, daß Er sie befähigt, eine Zeitlang einfach im nackten Glauben zu wandeln.“

Später erklärte der Herr ihr, Er habe dies alles zugelassen, damit offenbar würde, ob sie sich unter dem Druck dieser Prüfungen für einen Weg ihrer eigenen Wahl entscheiden würde, ob sie etwa lieber sterben wollte, als unter diesen Umständen zu leben. Es wäre sehr naheliegend gewesen, sich den Tod zu wünschen, und leicht wäre sie dieser Versuchung erlegen, hätte sie sich nicht von Anfang an völlig Gott ausgeliefert. Sie mußte nämlich in dieser Zeit hinsichtlich ihrer Berufung und ihres Dienstes so viel Entmutigendes erleben, daß ihr „der Gedanke an den Himmel recht einladend, das Dasein auf der Erde aber ziemlich finster erschien“. Aber der Herr ließ es zu, daß sie eine Zeitlang weiterhin im dunkeln wandeln mußte. Da konnte sie sich nur auf den Herrn stützen, und das tat sie auch in dem einzigen Verlangen, daß Christus in ihr verherrlicht werden möchte, es sei durch Leben oder durch Tod.

Als sich in ihrem Zustand aber lange keine Wende zeigen wollte und sie auch kein Wort der Ermutigung erhielt, begann sie sich zu fragen, ob Gott vielleicht sah, daß sie einem solchen Kampf nicht gewachsen wäre und Er sie unter diesen Umständen doch heimholen wolle. Falls der Herr dies im Sinn gehabt hätte, so wäre sie ganz damit einverstanden gewesen. Während sie in ihrem Herzen über diese Möglichkeit nachdachte, fragte der Herr sie: „Denkst du nicht auch, daß es ziemlich feige wäre, auf diese Weise allen Schwierigkeiten zu entgehen?"

Jetzt wußte sie auf einmal, was der Herr von ihr erwartete! Sofort nahm sie den guten Kampf des Glaubens wieder auf und vertraute dem Herrn, daß Er sie vollständig heilen werde. Seitdem sie im Jahre 1899 das erste Heilungswunder erlebt hatte, war ihr das Licht geschenkt worden, daß Christus ihre Gesundheit sei. Dies war dann viele Jahre lang täglich ihre Erfahrung gewesen, doch infolge des neuen schrecklichen Angriffs auf ihre Gesundheit war ihr dieses Licht – daß Christus ihre Gesundheit sei – nun ein wenig verdunkelt worden. Nachdem dieser letzte heftige Schlag des Feindes sie getroffen hatte, fühlte sie sich im Moment einfach überrumpelt, als sie erkannte, was sie verloren hatte.

Aber nun bat sie den Herrn, die ihr früher geschenkte Erkenntnis über göttliche Heilung und göttliche Gesundheit wiederzuerstatten und sie wieder in die Stellung zu bringen, in der sie „immer gesund und immer stark" gewesen war. Sie suchte sich ins Gedächtnis zurückzurufen, auf welche Weise sie angefangen hatte, in der Kraft Christi zu wandeln.

Schließlich wurde ihr die Erneuerung dieses Lichtes auch geschenkt, so daß sie befähigt war, „in dem Glauben des Sohnes Gottes" zu leben. Was ihr bis dahin aber sehr geholfen hatte, diese schwere Prüfung zu bestehen, war die Tatsache, daß sie es gelernt hatte, standhaft zu bleiben, im Glauben an der Heilung festzuhalten, in der Kraft Christi dazustehen und auf der Grundlage des Glaubens zu handeln. Es wurde ihr die Kraft verliehen, Tatsachen ignorieren zu können, das Leben und die Gesundheit in Christus beständig für sich in Anspruch zu nehmen und auf der Heilung zu bestehen, bis sie diese wirklich wiedererlangt hatte.

Während des Winters 1920/21 lebte Frau R. einfach im Glauben, obwohl sie die meiste Zeit dem Tode nahe war. Aber wenn die Schmerzen sehr groß wurden, ließ der Herr es ihr nicht zu, um Heilung zu bitten. Vielmehr forderte er sie auf, „sich mit Ihm eins zu machen“, und da pries sie Ihn und rief: *„Jesus ist mein Leben! Jesus steht über allem Schmerz!“* Innerhalb weniger Minuten ging dann ein Strom von Herrlichkeit und Leben durch ihren Körper, so daß sie von allen Schmerzen wieder völlig befreit war. So konnte sie in Jesus „auf wunderbare Weise über allem Schmerz stehen“.

Ein- oder zweimal kam sie aus dieser besonderen Glaubensstellung heraus, in der sie daran festhalten konnte – und es auch wirklich erfahren durfte –, daß der in ihr wohnende Christus auch ihr physisches Leben war. Als sie aber irgendwie in diesem Glauben nachließ, merkte sie, daß sie „schwerkrank war und von Schmerzen gepeinigt wurde, die niemand hätte ertragen können“; sie konnte auf einmal nicht mehr gerade stehen. Aber sie ließ sich nicht aus der Fassung bringen, sondern vertraute Gott und glaubte fest, daß diese Anfechtung wieder weichen müsse; sie pries Gott und sagte: „Jesus steht über allem Schmerz!“ Da offenbarte Christus sich aufs neue an ihr als „das Leben“, und sie war von allen Schmerzen befreit; es wurde ihr „übernatürliches Leben“ gegeben.

So wandelte sie „Tag für Tag in Jesus“, indem sie wußte, daß Er beständig ihre Kraft sein „mußte“. Sie gab zu, daß sie während dieser Zeit nachts länger als sonst geschlafen hat, seitdem sie in den Heimen lebte. Und doch war sie „selten vor Mitternacht im Bett“, und frühmorgens stand sie um sechs Uhr oder noch früher auf, und dann arbeitete sie „unentwegt und hart den ganzen Tag hindurch bis zum Abend“. Hätte sich das übernatürliche Leben Gottes nicht beständig an ihr geoffenbart, wäre sie ans Bett gebunden gewesen. Aber auf diese Weise wurde sie aufrecht und am

Leben erhalten, und nicht nur das, sie war dadurch befähigt, ein weit größeres Arbeitsmaß zu bewältigen, als jeder normale und gesunde Mensch es geschafft hätte.

Mitten in ihrem ungeheuerlichen Kampf, im Frühling 1921, fühlte sich einer ihrer älteren Mitarbeiter, der damals fast fünfundsechzig Jahre alt war, elend und nervlich sehr schwach, so daß er befürchtete, einen Nervenzusammenbruch zu bekommen, und er brauchte Hilfe. Obwohl sie in ihrem kritischen Zustand sicherlich genug mit sich selbst zu tun hatte, nahm sie sich seiner sofort an, wandte sich an den Herrn und bat Ihn, ihr die nötige Erkenntnis und Weisheit zu geben, um ihm helfen zu können, diese gesundheitliche Krise zu überwinden. Sie erhielt Anweisung, ihn darüber zu belehren, „wie er von den großen göttlichen Möglichkeiten Gebrauch machen und es im Glauben erfassen dürfe, daß der in ihm wohnende Christus auch seine Gesundheit sei. Die Folge war, daß dieser Mann erhalten blieb und im Weinberg des Herrn noch viele Jahre einen gesegneten Dienst tun durfte.

In jene „Jahre besonderer Glaubenskämpfe“ bekommen wir einen überzeugenden Einblick, wenn wir die Notizen lesen, die Frau R. auf den Rand ihres Neuen Testaments geschrieben hat. Diese lehrreichen Studien hat sie während des Jahres 1921 aufgezeichnet und Kettenangaben über die verschiedenen Bibelstellen zusammengestellt, und zwar unter den folgenden Themen: Glaube, Gebet, Vertrauen, Unglaube, Hoffnung, Weisheit, Gnade, „Ihn zu erkennen“, Sanftmut, Freude, Heilung, der Wille Gottes, Herrlichkeit, Verstand, Anbetung, „Gott regiert“, Teufel oder Dämonen, Wort Gottes, Danksagen. Außerdem studierte sie betend die Seligpreisungen, das Hohelied der Liebe nach 1. Kor. 13, den ersten Petrusbrief und den Kolosserbrief. Diese Studien zeigen sehr deutlich, daß das Wort Gottes in ihrem Leben ihre tägliche Speise war und daß sie ihren inneren Menschen mit diesem Brot des Lebens nährte. Außerdem zeigen sie, daß sie sich in ihrem Dienst und in der Anwendung aller ihrer geistlichen Gaben nach dem Wort Gottes richtete und sich ganz darauf stützte. Viele Notizen sind mit einem Datum versehen, so daß man leicht feststellen kann, daß sie diese zum Teil auch während ihrer heftigsten Kämpfe niedergeschrieben hat. Durch diese Aufzeichnungen wird der Vorhang für uns ein wenig geöffnet, so daß wir einen kleinen Einblick in ihre inneren Auseinandersetzungen bekommen und sehen können, wie sie inmitten ihrer Prüfungen durch das Wort Gottes gestärkt wurde.

Zum Beispiel fühlte sie sich im Februar 1921 „besonders geleitet", unter dem Thema „Freude im Leiden" den ersten Petrusbrief zu studieren.

Am 15. Mai 1921 begann sie damit, zu den Themen Glaube, Gebet, Vertrauen, Unglaube, Zweifel und Furcht Kettenangaben über die verschiedenen Bibelstellen zusammenzustellen. Dazu kamen noch die Themen „der Name", und am 25. Mai, „die Hoffnung" hinzu. Diese Begriffe hat sie in eckigen Klammern zusammengefaßt, wahrscheinlich wegen ihrer Wechselbeziehung zueinander und weil sie miteinander studiert werden sollten. Sicherlich stehen diese Studien im Zusammenhang mit dem von ihr geprägten Ausdruck „Jahre besonderer Glaubenskämpfe", und sie erinnern an das Wort: „Der Glaube kommt aus dem Hören und das Hören durch das Wort Gottes", Römer 10,17.

Wenn man die verschiedenen Bibelstellen unter diesen Themen in ihrem Testament nachschlägt, findet man am Rande Aufzeichnungen, die jeweils eindeutig auf die Umstände hinweisen, in denen Frau R. sich damals befand.

„Gib mir den Glauben, daß Du der Meister dieses Sturmes bist. Du bist im Boot. Der Unglaube sagt: ‚Meister, fragst du nichts danach?' und: ‚Es ist solch ein schrecklicher Sturm, der Wind bläst so stark!' O hilf mir, stille zu sein und zu glauben, wenn der Wind bläst und das Boot schaukelt", (Notiz neben Matthäus 8,23–26).

„Hilf mir, aller Verwirrung und Aufregung zu widerstehen. Hilf mir, wenn es um mich her stürmisch und turbulent zugeht, stillzustehen und auf Dich zu schauen. Gib mir den Glauben, der die Augen immer auf Dich gerichtet hält und nicht auf die Schwierigkeiten blickt", (Notiz neben Matthäus 14,28–32).

„Nimm von mir Unglauben, Zweifel, Mißtrauen und Furcht...", (Notiz neben Matthäus 17,20).

„Gib mir Glauben, so daß ich Deinen Weg sehen und Deinen Willen erkennen kann", (Notiz neben Markus 10,52).

„Gib, daß mein Glaube sich verdoppelt, vervierfacht, um ein Vielfältiges größer wird", betet sie in Verbindung mit dem letzten Vers von 1. Korinther dreizehn. Dann fügt sie noch hinzu: „Gott ruft uns auf, gerade in schwierigen Zeiten, wenn wir nicht mehr ein und aus wissen – nicht nur in siegreichen Zeiten, wie ich sie jetzt erleben darf – beständig und unentwegt im Glauben zu stehen."

Am Ende des zweiten Timotheusbriefes berichtet Frau R. über den Höhepunkt in ihrem Glaubenskampf. Bis zu diesem Tag hatte sie anhaltend um Glauben gebetet. Am 15. Juli 1921 schrieb sie, indem sie ihre Anliegen noch einmal zusammenfaßt: „Gib mir Glauben, so daß ich in allen Anliegen, die ich bereits durchgebetet habe, dann auch beharrlich den Sieg in Anspruch nehmen kann. Gib mir Glauben, daß Gott sich mir noch herrlicher offenbaren und mich wirklich mit aller Gottesfülle erfüllen wird – daß ich alles erfahren darf, was ich erkannt habe, auch die volle Einlösung der größten Verheißung: *„Christus in euch!"* Gib mir Glauben, daß ich auch festhalte und darin bleibe, was mir bereits geschenkt ist und daß ich in der Prüfung im Glauben bleibe und beständig diese Haltung des Glaubens bewahre."

Dann folgt jene Feststellung, mit der dieses Kapitel beginnt: „Dies sind Jahre besonderer Glaubenskämpfe. Wie oft habe ich wirklich im Glauben gebetet? Wie oft heute? Ich bitte Dich, mache diesen Tag zu einem Höhepunkt, laß mich heute die Erhörung meines Betens und Ringens erleben, gibt mir heute die Gewißheit, daß ich nun wirklich den Glauben habe und daß er mein Teil ist."

Am nächsten Tag, dem 16. Juli, sprach der Herr zu Seinem Kind jene Worte, die Frau R. auf das Vorsatzblatt ihres Testaments schrieb:

„Was du aufs neue in deinem Leben sehen möchtest, ist eine völlige Hingabe, in der du wirklich alles Gott überlassen kannst.

Ich aber möchte, daß du die Kraft und Macht Gottes erkennst, in der Er die Dinge in die Hände nimmt und alles nach Seinem Willen hinausführt. Bist du ein Gefäß, das Gott völlig hingegeben ist, dann wirst du erfahren, daß Er regiert."

Wodurch die Prüfungen, die der Herr ihr zu dieser Zeit auferlegte, auch immer verursacht worden waren, unter welchen Umständen sie diese auch zu bestehen hatte – im tiefsten Grund ging es dem Herrn immer nur darum, zu erfahren, ob sie im heißesten Kampf bei ihrer ursprünglichen Hingabe an Ihn bleiben und auch dann nach nichts anderem verlangen würde, als „einfach nur nach Jesus". Der Herr prüfte sie auf alle erdenkliche Weise – durch Nöte innerlicher und äußerlicher Art – in diesem einen Punkt, ob sie sich in irgendeiner noch so kleinen Angelegenheit einen eigenen Wunsch selbst erfüllen, ob sie an irgend etwas oder irgend jemandem – an Segnungen, Erfahrungen oder Menschen, die Gott ihr gegeben hatte – oder nur an Jesus festhalten würde.

So ließ der Herr es zu, daß sie weiterhin durch das Prüfungsfeuer zu gehen hatte und daß dieses immer noch heißer wurde. Aber inmitten ihrer schwersten Prüfungen gab der Herr ihr durch eine Mitstreiterin in diesem Kampf am 10. Januar 1922 folgende Ermahnung:

„Sieh nicht auf die dunkle Seite des Glaubensweges,
sondern auf die Glaubensseite des dunklen Weges"

Diese Ermahnung war zu dieser Zeit wirklich angebracht: Genau zwei Monate später traf Frau R. ein furchtbarer Schlag des Feindes; sie wurde wie einst Epaphroditus „um des Werkes Christi willen" schwer krank und kam „dem Tode sehr nahe".

„Ich möchte gern zu denen gehören, die niemals murren, auch dann nicht, wenn der Kampf sehr schwierig wird", sagte Frau R. in einer Predigt zwei Monate, bevor sie so krank wurde. „Zuweilen tobt der Sturm derart", fuhr sie fort, „daß man die Augen vom Kapitän abwendet, und manchmal tobt er so stark, daß man niemand sieht als nur den Kapitän. Da wagt man gar nicht, auf den

Feind zu blicken. Das ist Sieg! Schau auf Ihn! Der Sieg ist auf seiten des Mannes, der Gott ‚für treu achtet und kein Übel fürchtet.'"

Dies hat sie selbst in äußerster Not praktiziert. Zu Anfang dieser „Jahre besonderer Glaubenskämpfe", am 4. Dezember 1919, hatte der Herr im Blick auf Frau R. gesagt:

„Wie es auch immer um ihren Glauben stehen mag, niemals soll sie Mich, ihren Geliebten und sehnlichst Begehrten, loslassen."

Und sie hat ihn auch niemals losgelassen. Obwohl der Kampf auf und ab wogte und die Umstände in den Prüfungen für sie manchmal auch verwirrend waren, hielt sie sich in den „Jahren besonderer Glaubenskämpfe" doch immer fest an Ihn. Indem sie so mit Ihm, dem Anfänger und Vollender des Glaubens, vereinigt war, kam ihr Glaube zur Vollkommenheit und triumphierte über das Werk des Feindes.

„In ihrem Leben gab es keine guten und schlechten Tage", schrieb jemand, der Gelegenheit hatte, Frau R. in diesen Jahren zu beobachten. „Sie waren alle gut, selbst wenn es sehr schlimme Tage waren. Wie manchmal sang sie ihr kleines, selbstverfaßtes Liedchen:

O Jesus ist der Weg!
Der Weg ist sehr gerade,
Der Weg ist sehr schmal.

Wie sehr liebte sie diesen Weg! Er bedeutete für sie Gemeinschaft mit Christus, ihrem Herrn; darum lag es ihr mehr am Herzen, ihn zu gehen, als irgendeinen Trost zu empfangen."

Kapitel 40

Ein Pastor empfängt grundlegende Belehrung

„Du wirst nie etwas wissen oder sein können, aber du kannst Mich erkennen und für Mich da sein.“ Diese Worte richtete der Herr durch Frau R. an Hans R. Waldvogel, einen jungen Prediger, als dieser sie zum erstenmal besuchte, um sie persönlich zu sprechen.

Hans Waldvogel war ein gebürtiger Schweizer und Sohn eines tiefgläubigen Baptistenpredigers. Als junger Mann war er ein entschiedener Gegner der Pfingstbewegung, aber der Herr suchte ihn auf verschiedene Weise in das volle Licht Seiner Wahrheit hineinzuführen. Hans Waldvogel war Goldschmied, entwarf Schmuckstücke in Platin und arbeitete in einem Geschäft, das auf dem Gebiet der Schmuckherstellung zu den führenden Häusern von Chicago gehörte. In seiner freien Zeit diente er dem Herrn mit großem Eifer. Über das Wochenende reiste er nach Kenosha, Wisconsin, zu seinen Eltern. Dort kam er in Kontakt mit der Pniel-Mission, und so lernte er Finnerns kennen. Ihnen bot er sich an, bei ihren Straßenversammlungen, die jeweils am Samstagabend stattfanden, mitzuarbeiten. Hans Waldvogel setzte sich nun ernstlich mit der Frage auseinander, ob die Pfingstbewegung schriftgemäß sei. Einige Zeit später war er dann völlig überzeugt, daß diese Bewegung wirklich biblisches Fundament hatte. Bald darauf empfing er eine mächtige Taufe im Heiligen Geist.

Eine Woche nach dieser herrlichen Erfahrung besuchte Hans Waldvogel am 21. Juni 1919 einen Gottesdienst in Chicago, den ein damals weltbekannter Pfingstevangelist leitete. Auf der Plattform saß eine Anzahl Prediger, die eingeladen worden waren und das Vorrecht hatten, in der Versammlung mitzuwirken und sich vom Herrn gebrauchen zu lassen, wie immer der Geist des Herrn sie leiten würde.

Ziemlich zu Anfang des Gottesdienstes erhob sich leise eine kleine Frau, die am Ende der vordersten Reihe auf der Plattform saß, und brachte eine kurze Botschaft in Zungen und dazu die Auslegung, durch die die Aufmerksamkeit der Versammelten auf die Gegenwart Jesu in ihrer Mitte gerichtet wurde. Hans Waldvogel stellte fest, daß diese Botschaft, so einfach sie auch war, eine gewaltige Auswirkung auf die große Zuhörerschaft hatte. Die Menschenmenge hatte sich ziemlich unruhig verhalten und sich gar nicht darauf eingestellt, den Herrn anzubeten. Durch diese Botschaft und die Macht Gottes, die sich in den Worten der Auslegung kundtat, waren dann aber alle ganz still geworden. Hans Waldvogel nahm diese Veränderung mit Erstaunen wahr und war von dieser „kleinen Frau" tief beeindruckt. Später brachte er in Erfahrung, daß es Frau R. von Zion, Illinois, gewesen sei.

Fünf Monate später, am Abend des Danksagungstages, besuchte er einen Gottesdienst in den Glaubensheimen, und zum erstenmal hörte er Frau R. predigen. Sie sprach über „Verdrießlichkeit". Es war eine lange Predigt, aber Hans Waldvogel konnte sich nur noch an das eine Wort „dumps" (das bedeutet soviel wie verdrießliche Stimmung, schlechte Laune) erinnern. Dieses Wort konnte er nicht ausstehen; er sagte, als er später darüber berichtete: „Ich befand mich nämlich gerade in solch einem ‚dump'!" Der Herr hatte also zu ihm gesprochen.

Bei seinem ersten Besuch war sein Interesse für dieses Werk geweckt worden, und er war auch ein bißchen neugierig. So ging er bald darauf wieder dorthin. Und dann kam er immer wieder in die Glaubensheime, denn er hatte herausgefunden, daß er hier Brot und Wasser des Lebens, Nahrung für den inneren Menschen empfing.

Oft sprach Gott in den Gottesdiensten so machtvoll zu seinem Herzen, daß er sich einen Tag freinahm und auf den Arbeitslohn für diesen Tag verzichtete, um Zeit zu haben, über die Dinge, die er gehört hatte, nachdenken und beten zu können; denn er fürchtete, es könne ihm etwas von dem verlorengehen, was er gehört und empfangen hatte.

Im Juni 1920 gab er seinen Beruf schließlich ganz auf und ging nach Kenosha, um bei Finnerns zu wohnen und mit ihnen zusammen dem Herrn zu dienen. Nun hatte er Gelegenheit, noch öfter in die Glaubensheime zu gehen, und er machte hiervon Gebrauch, sooft es nur möglich war. Während er dort Frau R. und ihre Mitarbeiter hörte, wuchs sein Verlangen nach Gott beständig, denn sie wiesen immer wieder auf das eine, was nottut, hin und lehrten: „Die Hauptaufgabe in unserem Leben besteht darin, Jesus zu suchen, bis wir Ihn in Seiner Gottesfülle gefunden und erfahren haben." Oft wurde es Hans Waldvogel bewußt, daß Gott durch Frau R. aus dem hohen Himmel direkt und persönlich mit ihm redete, wenn sein Name auch nicht erwähnt wurde.

Hier ein Beispiel: Hans Waldvogel zog sich bei seiner Arbeit in der Mission in Kenosha eine Verletzung zu, die ihm viel Beschwerden und Schmerzen verursachte. Es bestand für ihn die Gefahr – wenn ihm nicht bald auf natürliche Weise oder durch die heilende Kraft Gottes geholfen wurde –, völlig arbeitsunfähig zu werden. Als er in die Pfingstbewegung gekommen war, hatte er erkannt, daß auch die Lehre von der göttlichen Heilung zu den biblischen Wahrheiten gehörte und daß er sich im Krankheitsfall danach zu richten habe. Als erstes wandte er sich der Bibel zu und studierte sie sorgfältig auf die Frage hin, ob sie die göttliche Heilung lehre. Während er dies tat, wurde er gewiß, daß es Gottes Wille ist, die Seinen auf ihr Glaubensgebet hin zu heilen. Dann bat er, daß man für ihn beten möchte, und es wurde ihm wunderbar geholfen. Doch nach einiger Zeit hatte er wieder die gleichen Beschwerden. Aufs neue bat er um Fürbitte, empfing auch Hilfe, doch wiederum kehrten bald darauf die Schmerzen zurück. Dies wiederholte sich mehrmals. Die Beschwerden wichen jedesmal auf das Gebet hin, kehrten aber immer wieder zurück, und es gab keinen bleibenden Sieg.

Dies verwirrte ihn sehr, und er war versucht, der Entmutigung Raum zu geben. Da fühlte er sich geleitet, wieder einmal nach

Zion zu gehen, und so besuchte er in diesem Zustand dort eine Versammlung. Frau R. war nicht zugegen, kam jedoch während des Gottesdienstes herein und begann sofort zu sprechen. Dies war der Inhalt ihrer Rede:

„Der Herr hat mich in diese Versammlung geführt, um hier eine Botschaft auszurichten, und wenn ich dies getan habe, werde ich gleich wieder gehen. Wenn Gott dir ein bestimmtes Gebetsanliegen aufs Herz legt, dann darfst du nicht aufhören, bis du wirklich durchgebetet hast."

In diesem Zusammenhang sprach Frau R. besonders über göttliche Heilung und machte deutlich, wie notwendig es sei durchzubeten, bis wir wirklich die Antwort von Gott haben und den Sieg dann festzuhalten, ungeachtet der Gefühle, die wir immer noch haben mögen. „Der Sieg liegt im Glauben und nicht in den Gefühlen", erklärte sie, „und viele verlieren ihre Heilung wieder, weil sie, nachdem sie die Heilung für sich genommen haben, dann doch wieder auf die Symptome achten." Dann sagte sie: „Es ist hier zum Beispiel ein junger Mann, der zu Gott um Heilung gerufen hat. Gott hat ihm gezeigt, daß er durch Jesu Wunden geheilt ist, und er hat den Glaubensstand eingenommen. Nun erwartet der Herr von ihm, daß er die Schmerzen eine Zeitlang erträgt, und gleich denkt er wieder, er sei doch noch nicht wirklich geheilt."

Nachdem sie dies gesagt, ging sie hinaus, wie sie es zu Anfang angekündigt hatte. Hans Waldvogel hatte nun die Antwort vom Herrn erhalten. Es war ihm bewußt, daß ihr ja nichts von seinem Zustand bekannt gewesen war und daß sie also nicht aus ihrem eigenen Herzen weissagte, Hesekiel 13,2, sondern daß hier wirklich der Herr zu ihm gesprochen hatte. Aber noch wichtiger war für ihn die Tatsache, daß er hiermit einen weiteren Beweis für die Echtheit ihres Dienstes hatte.

Er ging nach Hause und handelte entsprechend den empfangenen Instruktionen, und es dauerte gar nicht mehr lange, bis er den vollen Sieg erlangt hatte.

Etwas später wurde ihm nochmals auf interessante Weise bestätigt, daß Martha Robinsons prophetischer Dienst echt war. An einem Samstagabend sprach Gott zu Hans Waldvogel, als dieser zusammen mit einem der Diener der Glaubensheime im Gebet war. Er sagte: „Mein Sohn, dir fehlt etwas Wichtiges. Du solltest mit den Geboten Gottes in den Psalmen und Sprüchen bekannt werden. Studiere sie; sie werden dich zur Quelle des Lebens führen."

Am folgenden Tag besuchte Hans Waldvogel die Vormittagsversammlung, in der Frau R. predigte. Sie wußte nichts von der Botschaft, die er am vorherigen Abend bekommen hatte. Man kann sich daher vorstellen, wie sehr er überrascht war, als sie mitten in ihrer Predigt innehielt und sagte:

„Ich muß jetzt gerade eine Botschaft an jemanden richten, der sich in dieser Versammlung befindet. Es ist mir nicht bekannt, wem sie gilt, aber ich muß diesem Menschen sagen: Es ist notwendig, daß er die Gebote hält. Du solltest die Gebote Jesu studieren und ihnen gehorchen. Denke nicht, dein Rufen und Zungenreden würden dich am Tag des Gerichts vor Gott angenehm machen. Nein, am Tage des Herrn Jesus wird nicht danach gefragt werden, wie laut du in den Versammlungen gewesen bist, sondern inwieweit du die Gebote gehalten hast." Dann fuhr Frau R. mit ihrer Predigt fort.

Als Hans Waldvogel einige Zeit zuvor die Taufe im Heiligen Geist empfangen hatte, war dies unter verschiedenen heftigen Kundgebungen geschehen, die jedesmal wiederkehrten, wenn er den Herrn suchte. Manchmal betete er unter lautem Stöhnen und bitterlichem Weinen. Dann wieder konnte er laut herauslachen, wobei sein ganzer Körper geschüttelt wurde. Da gab ihm einmal ein Prediger den Rat: „Bruder, es wäre besser, du würdest Gott bitten, Er möge dies von dir nehmen."

Dieser Rat machte ihn unsicher, wollte er doch keinesfalls irgendeiner fleischlichen Sache Raum geben. So wandte er sich eines Tages an Frau R., als er sie im Saal des Versammlungshauses traf, und klagte ihr seine Not: „Bei jeder Berührung mit dem Herrn habe ich solche heftigen Kundgebungen, und man hat mir gesagt, ich solle beten, daß dies nicht mehr vorkommt. Was soll ich tun?"

Sie lächelte und sagte mit ruhiger Stimme: „Das würde ich ganz gewiß nicht tun!"

Dann erzählte sie ihm, was sie selbst erlebt hatte und wie der Herr sie belehrte. „In den Anfängen der Pfingstbewegung kam es oft vor, daß Menschen unter der Kraft Gottes gezittert und gebebt haben und heftige Kundgebungen erlebten, und sie konnten sich diese Dinge gar nicht erklären. Auch ich konnte damit nichts anfangen, aber ich sagte mir: ‚Wenn es von Gott ist, muß es etwas Wunderbares sein, und diese Kundgebungen werden dann auch einen ganz besonderen Zweck erfüllen'." So habe sie sich mit dieser Angelegenheit an Gott gewandt und von Ihm auch eine Erklärung erhalten.

„Wenn ich oder sonst jemand in den Versammlungen aufsteht, um zu predigen", sagte sie weiter, „dann tun wir dies unter der Kraft des Heiligen Geistes. Er ruht dabei auch auf unserem Leib und bewegt und leitet ihn. Unsere Leiber sind Seine Instrumente. Das war es, was Gott beabsichtigte, als Er die Pfingstbewegung ins Leben rief – Er wollte auch die Leiber der Seinen ganz unter Seine Kontrolle bekommen. Aber wenn der Geist Gottes zu ihnen kommt und ihren Leib in Besitz nehmen will, findet er oft gewisse Bindungen vor, die erst gelöst werden müssen, bevor der Herr sie völlig unter Seine Kontrolle bekommen kann.

Bei manchen geht diese Verwandlung nun sehr still und leise vor sich. Bei anderen geschieht dies oftmals unter heftigen Kundgebungen, bis der Leib ganz von diesen Bindungen befreit und dem Herrn völlig hingegeben ist. Um letzteres handelt es sich vielleicht in deinem Fall – es sei denn, daß du ein wenig ‚nachgeholfen' hättest. Es gibt nämlich viele, die solche Manifestationen ganz gerne haben und darum ein wenig ‚nachhelfen', und das ist natürlich falsch. Ich will den Herrn fragen, ob du ‚nachgeholfen' hast."

Sie hielt einen Moment inne und fragte den Herrn. Sofort erhielt sie die Antwort. „Nein, aber der Herr möchte dir einige hilfreiche Hinweise geben." Sie schloß ihre Augen und sagte: „Ich werde sie dir durch die Gabe der Weisheit geben."

„Ich würde keinesfalls beten, daß Gott dies von dir nimmt, vielmehr solltest du dich Gott hingeben, damit Er uneingeschränkt über dich verfügen kann; ich würde dem Herrn vertrauen, daß Er solche heftigen Kundgebungen in bestimmten Versammlungen nicht zuläßt, in der sich Menschen befinden, die daran Anstoß nehmen würden. Du kannst dem Herrn in dieser Sache ruhig vertrauen. Er hat ja die Kontrolle über alles, und wenn wieder einmal so etwas in einer Versammlung geschieht, werden die Anwesenden verstehen, daß es nicht Hans Waldvogel ist, sondern Gott."

Erleichtert ging Hans Waldvogel seinen Weg, und er war froh über diese Belehrung; sie wurde für ihn selbst wie auch in seinem Dienst richtungsweisend. „Ich habe weiterhin den Herrn gesucht und dabei niemals versucht, mich in das Wirken des Herrn einzumischen, weder bei mir selbst noch bei anderen", erklärte er später. „Ich habe herausgefunden, daß Gottes Plan und Gottes Weise immer besser sind als alles eigene Wirken. Heute kommt es nicht mehr vor, daß mein Körper geschüttelt wird, auch nicht, wenn die Kraft Gottes machtvoll über meinen Leib kommt. Und es ist mir auch klar geworden, daß wir dem Heiligen Geist wirklich volles Verfügungsrecht einräumen müssen, wenn wir einmal als eine Gemeinde vor Gott dargestellt werden sollen, die ohne Flecken oder Runzeln ist und völlig unter Seiner Kontrolle steht."

Ein wenig später machte Hans Waldvogel dann jenen Besuch bei Frau R., von dem am Anfang dieses Kapitels bereits gesprochen wurde. Er hatte gesehen, daß der Herr Frau R. manchmal gebrauchte, anderen persönlich weiterzuhelfen, und so war er zu ihrer Wohnung gegangen, um zu fragen, ob er sie einmal sprechen dürfe.

Als Frau R. erfuhr, wer sie sprechen wollte, fragte sie zuerst den Herrn, ob Er wünschte, daß Hans Waldvogel hereinkäme, denn sie hatte mit dem Herrn eine Abmachung getroffen, nach der sie nur auf Seine Anweisung hin mit einem Menschen ein Gespräch führen wollte. Nachdem der Herr Seine Zustimmung gegeben hatte, wurde dem Besucher gestattet, einzutreten, und nun hatten sie hier ihre erste Zusammenkunft, der noch viele folgen sollten; diese erwiesen sich nämlich für beide Seiten als sehr erfreulich und gewinnbringend.

Hans Waldvogel sagte ihr gleich, weshalb er gekommen sei: Er wolle gern wissen, ob der Herr ihm vielleicht einige hilfreiche Belehrungen oder Hinweise durch Sein „Gefäß“ geben möchte. Frau R. lachte und entgegnete: O, deshalb bist du also gekommen.“ Aber dann fragte sie den Herrn, ob Er diesem jungen Mann durch sie etwas sagen wolle oder ob sie irgend etwas für ihn tun könne.

Sofort begann der Herr über ihre Lippen zu sprechen: „Sohn, es ist Mir bis jetzt nicht gelungen, dir klarzumachen, wie nötig du es hast, von deiner eigenen Höhe herunterzusteigen und dich zu verbergen.“ Dann folgten die zu Anfang zitierten Worte: „Du wirst nie etwas wissen oder sein können, aber du kannst Mich erkennen und für Mich da sein.“

Das waren für diesen jungen Prediger ja niederschmetternde Worte, direkt zu Beginn ihres Gesprächs; schließlich hatte er doch seit Monaten täglich stundenlang um Demut und Armut im Geist gebetet und war begierig gewesen, in die göttlichen Wahrheiten eingeführt zu werden und etwas für den Herrn zu tun!

„Du möchtest die Wahrheit wissen? Du möchtest den Weg wissen? Ich bin der Weg. Ich bin die Wahrheit. Ich bin das Leben.“

„Herr, was soll ich tun?“ fragte Frau R. stellvertretend für Hans Waldvogel, der diese Frage in dem Augenblick tatsächlich in seinem Herzen bewegte. Und sogleich antwortete der Herr:

„Sohn, halte dich direkt an Mich!
Trachte danach, mit Mir allein zu sein!
Mit Mir allein zu sein!
Mit Mir ALLEIN zu sein!
MIT MIR ALLEIN ZU SEIN!

Ich kann viel besser auf direkte Weise zu dir reden, als wenn Ich es durch Elder Brooks oder Frau Judd oder Frau R. tun würde.“

Durch dieses Wort wurde das ganze Leben dieses jungen Predigers verwandelt. An jenem Tag wurden die Segel seines Lebensschiffes gesetzt; diese Botschaft wurde für seinen künftigen Dienst bestimmend und wegweisend.

Wie er dreißig Jahre nach diesem Besuch einmal sagte, hat das Wort, das er an diesem Tag bekam, ihm auch noch etwas anderes gezeigt:

„Frau R. hat mir bewiesen, wie selbstlos sie in ihrem Dienst war, da sie die Menschen nicht an sich gebunden hat, im Gegenteil, sie hat sie ‚Gott und dem Wort Seiner Gnade' befohlen und sie zu der Quelle des lebendigen Wassers gewiesen, zu Jesus, der allein der Weg, die Wahrheit und das Leben ist."

Nach einer Zeit intensiver Vorbereitung auf den Dienst fühlte sich Hans Waldvogel geleitet, sich ganz dem Evangelisationsdienst zu widmen. Zwischen den Evangelisationen kehrte er oft nach Zion zurück, wo er immer wieder Hilfe empfing, sowohl für sein persönliches Glaubensleben als auch für seinen Dienst. So konnte er in geistlicher Hinsicht immer wieder „auftanken". Im Frühling 1925 wurde er eingeladen, zwei Wochen lang in einer kleinen, ziemlich zerstrittenen, deutschen Gemeinde in Brooklyn, New York, Versammlungen zu halten. Am Ende dieser speziellen Versammlungen war es sowohl dem Evangelisten als auch der Gemeinde klargeworden, daß sie – mindestens noch eine Zeitlang – zusammenarbeiten sollten, weil sie fühlten, daß dies im Plan und Willen des Herrn lag. Die Gemeinde wuchs nun sehr schnell, und der Herr tat viele hinzu, so daß man schon nach sieben Monaten einen größeren Versammlungsraum mieten mußte. Zu diesem Zeitpunkt nahm die Gemeinde den Namen „Ridgewood Pentecostal Church" an.

Wenn ein Prediger in einem Werk steht, das sich schnell ausbreitet und zusehends wächst, steht er in Gefahr, durch die Fülle seiner Dienste und Pflichten überfordert zu werden. Da sind die wöchentlichen regelmäßigen Versammlungen zu halten, dazu kommen die vielseitigen Pflichten des Pastors. Es ist ja auch seine Aufgabe, den Menschen in ihren persönlichen Problemen, in ihrer Krankheit und in ihren geistlichen Nöten beizustehen. Auch wenn man für den Herrn arbeitet, kann man nicht immer vor einem Unglück bewahrt bleiben; wenn der Prediger es nicht gelernt hat, alle Sorgen auf den Herrn zu werfen und in die Ruhe Gottes einzugehen, besteht die Gefahr, daß er unter der Last seiner Arbeit zusammenbricht.

Genau das geschah mit dem jungen Pastor Waldvogel. Als Frau R. von seinem gesundheitlichen Zustand erfuhr, empfahl sie ihm, das Buch „Christ the Healer" (Christus der Heiler) von F. F. Bosworth betend zu lesen. „Während Du dieses Buch liest, wirst Du Licht über göttliche Heilung bekommen, das Dir in dieser Situation helfen wird." Doch bevor er eine Gelegenheit hatte, dieses Buch zu lesen, erzählte ihm ein befreundetes Ehepaar, wie sie durch Frau R. ein Wort der Weisheit empfangen hatten, als sie sich in ähnlicher Notlage befunden hätten. Darin habe es geheißen: „Der Herr will, daß ihr die göttliche Gesundheit für euch nehmt und darin wandelt. Ich bin die göttliche Gesundheit."

Der erkrankte Prediger hielt sich an dieses Wort und Licht – daß der innewohnende Christus seine Gesundheit sei – und wandelte in diesem Glauben, und so wurde er völlig wiederhergestellt. Aber noch größer als seine Genesung war für ihn der Sieg, den er erleben durfte, indem er es lernte, alles in Gottes Hand zu legen und in allen Dingen Ihm zu vertrauen.

Hans Waldvogel übergab die Leitung der Versammlungen in der Ridgewood Pentecostal Church ganz und gar dem Herrn. Aber das hatte zur Folge, daß bald viele Fanatiker aus dem ganzen Gebiet der Metropole New York in diese Gemeinde kamen. Es sprach sich herum, daß in Ridgewood „Freiheit" herrschte, und so kamen diese Leute und versuchten, die Gelegenheit wahrzunehmen. Das wurde für den jungen Pastor und für seine Herde zu einem ernsten Problem. Die Hingabe der Versammlung an den Heiligen Geist wurde nun auf die Probe gestellt. Die Versuchung, irgend etwas gegen diese Störenfriede zu unternehmen, war jetzt natürlich groß.

Frau R. und die Diener in den Glaubensheimen hatten ähnliche Prüfungen zu bestehen. Als eine Mitarbeiterin sich einmal unwillig darüber äußerte, daß so viele Fanatiker in „unsere Versammlung“ kamen, sagte der Herr zu ihr: „So, du hast es nicht gern, wenn sie in eure Versammlung kommen? Ich dachte, es sei Meine Versammlung“. Betrachten wir die Sache in diesem Licht, daß es ja Seine Versammlung ist, dann werden wir uns nicht mehr fürchten, sondern Glauben haben, und so werden wir den Sieg über die Anläufe Satans bekommen, der immer versucht, das Werk Gottes in Mißkredit zu bringen, um es schließlich ganz zu vernichten. Pastor Waldvogel wurde belehrt, er solle ganz still bleiben und es dem Herrn überlassen, mit diesen Fanatikern fertig zu werden; er solle den Kampf nur in dieser Weise führen. Er hielt sich an diese Instruktion, und das hatte zur Folge, daß sich die Wolke der Gegenwart Gottes in machtvoller Weise offenbarte, so daß diese Leute völlig unter Seine Kontrolle gebracht wurden und außerstande waren, ihr Vorhaben auszuführen.

Aber dies war nur eins der vielen Probleme, die der junge Diener des Herrn hatte. Sein großes Verlangen war, daß der Heilige Geist die Versammlungen vom Anfang bis zum Ende leiten konnte. Frau R. hatte es in der ersten Zeit ihres pfingstlichen Dienstes auch erst lernen müssen zu verstehen, in welcher Anordnung in der Versammlung alles zu geschehen hatte. Sie mußte es lernen, Ihm die Leitung ganz zu überlassen, zu dem Zeitpunkt zu singen, wann Er es sagte, ins Gebet zu gehen, wann Er es zeigte, Zeugnisse geben zu lassen oder zum Lob aufzufordern, wann Er es haben wollte. Sie wußte aus eigener Erfahrung, daß es nicht leicht ist, so vom Geist abhängig zu sein, und so konnte sie auch andere belehren, die den gleichen Weg gehen wollten, dabei aber manchmal noch schwankend wurden und schwerwiegende Fragen bewegten.

„Du bist schon auf dem richtigen Weg, wenn dir daran gelegen ist, einfach Jesus zu folgen und dich von Ihm leiten zu lassen“, so ermutigte Frau R. ihren jungen Bruder im Dienst des Herrn. „Prediger, die vorwärts stürmen, ohne sich leiten zu lassen, werden große Verluste hinnehmen müssen. Es ist besser, auf die Leitung des Geistes zu warten – auch auf die Gefahr hin, daß die Versammlung dadurch einmal ein wenig ‚danebengeht‘. Mühe

dich nicht ab, anderen zu gefallen. Passe dich nicht den Methoden anderer an. Diskussionen über diese Angelegenheiten sind völlig nutzlos und unfruchtbar.

Christus hat dich berufen, nur Ihm nachzufolgen; Er will ganz für dich da sein, und es soll niemand dazwischentreten. Gott sieht, wie du dich nur nach Christus ausstreckst und dabei wegen der Versammlung nicht ängstlich besorgt bist.

Das ist das Geheimnis wirksamer „Heiligen-Geistes-Versammlungen“: Ununterbrochene Verbindung mit Jesus zu bewahren, statt wegen der Versammlung ängstlich besorgt zu sein; nur nach Jesus zu verlangen und im Glauben zu sagen: ‚Er wird Selbst dafür sorgen, daß Sein Wille geschieht. Er wird sich so offenbaren, wie Er es sich vorgenommen hat‘!“

Immer wieder gebrauchte der Herr Frau R., um diesem energisch vorwärtsstrebenden Reichsgottesarbeiter „die große Berufung des Königs“ vor Augen zu halten: „Laß Christus an deiner Stelle sein und sei du gekreuzigt!“

„Was heißt es, gekreuzigt zu sein? Bedeutet es, durch schwere Prüfungen zu gehen?

Nein. Es bedeutet, dem eigenen Ich gestorben zu sein. Es bedeutet, täglich das Kreuz zu tragen und dem eigenen Leben gekreuzigt zu sein. Achte auf die kleinen Dinge in deinem Alltagsleben, und prüfe dich, ob du irgendwo doch noch deinen eigenen Weg und Willen suchst. Die Menschen auf dieser Erde wissen gar nicht, wieviel Zeit sie verschwenden und verlieren, solange sie das Kreuz nicht tragen.“

Auch bei einer anderen Gelegenheit belehrte Frau R. den jungen Pastor in diesem Punkt: „Nicht die großen Ereignisse bringen den entscheidenden Sieg in deinem Leben. Es kommt auf die kleinen Dinge in deinem Alltagsleben an, auf deine Treue im Kleinen.“

Hier hielt nun die Lehrerin inne und fragte ihren Schüler: „Was würdest du tun, wenn Gott dir sagt, daß du den ganzen Tag auf Ihn harren sollst, wenn dann aber fünf verschiedene Leute darauf bestehen, daß du sie gerade an diesem Tag besuchst? Was würdest du in einem solchen Fall tun?“

Beständig ermahnte Frau R. Pastor Waldvogel, zu den Füßen Jesu zu bleiben und es zur Hauptaufgabe seines Lebens zu machen, Ihn zu suchen. Dieser seiner Hauptarbeit sollte auch sein Dienst untergeordnet sein, und auch in seinem Dienst solle er sich nur vom Heiligen Geist leiten lassen.

Von Zeit zu Zeit erhielt Hans Waldvogel von Gemeinden an verschiedenen Orten Einladungen, bei ihnen spezielle Versammlungen zu halten, und der Herr zeigte ihm in jedem Fall, ob er diese annehmen solle. Während seiner Abwesenheit predigte in Ridgewood dann an seiner Stelle immer einer der Mitarbeiter von Frau R., später vertrat ihn sein Bruder Gottfried.

Einmal erhielt Pastor Waldvogel einen sehr dringenden Ruf, der für ihn überdies sehr attraktiv war, doch als er auf den Herrn wartete, um Seinen Willen zu erfahren, wurde ihm klar, daß der Herr es lieber sehen würde, wenn er nicht ginge, wenigstens nicht zu dieser Zeit, wobei ihm der Grund aber nicht mitgeteilt wurde. Doch es genügte ihm, daß der Herr ihn irgendwie zurückhielt; er gehorchte, wenn er diese Führung auch nicht verstehen konnte.

Einige Monate später erklärte Frau R. ihm in einem Brief den Grund für diese Führung des Herrn. Da ihre Erklärung eine grundlegende Belehrung enthält, die für alle Prediger von Nutzen sein könnte, geben wir sie hier wieder:

„Der Herr wollte Dir zeigen, daß Du zu der Zeit ziemlich angespannt warst, was Dir selbst aber nicht so bewußt war. Du wurdest immer wieder gerufen, und Du neigtest dazu, ein wenig unbeständig zu werden. Damit soll eigentlich nicht gesagt werden, daß Du nicht mehr im Willen Gottes gewesen wärest, aber Du warst doch irritiert und nicht so ‚innerlich' und von innen her geleitet.

Es war auch im Blick auf das Werk notwendig, daß Du dort bliebst und Dich mehr auf Deine Arbeit in Brooklyn konzentriertest. Nicht daß sich Gemeindeglieder beschwert hätten, aber um die Zeit bot sich Dir so manche gute Gelegenheit, einen gesegneten Dienst zu tun, und es hatte für Dich wirklich den Anschein, daß Gott es war, der Dich in diesen Einladungen rief, und Du warst geneigt, sie alle als offene Türen für Dich zu betrachten und zu denken, Gott würde Dich veranlassen, diese Einladungen alle anzunehmen.

Nun, Gott sah, wie notwendig es war, daß Du Dich nicht weiterhin gedrängt fühltest, überall hinzugehen. Er wollte, daß Du ‚tiefer' und stiller würdest und Dich in Deinem Herzen und Deinen Gedanken mehr auf Ihn konzentriertest, anstatt ständig abgelenkt zu werden und mit zusätzlichen Diensten beschäftigt zu sein. Dadurch, daß Du bliebst, konnte der Wille Gottes in Dir und für Dich geschehen.

Wenn Du weggegangen und mit anderen Dingen beschäftigt gewesen wärest, hätte dies für Dich einen Verlust mit sich gebracht. Um Dir die ganze Wahrheit zu sagen: Im Blick auf Dein Werk hätte es eine Ausbreitung bedeutet. Aber Er sagt, Du habest noch nicht recht begriffen, welche Absicht Gott eigentlich hatte. Es war Ihm sehr daran gelegen, daß Deine Seele in der Gewißheit ruhen konnte, ganz im Willen Gottes zu stehen, und Er wollte Dich vor Überanstrengung bewahren und wollte nicht, daß Du Dich überarbeitest. Du hast Dich so sehr angestrengt, daß Du selbst es auch innegeworden wärest, wenn Du so weitergemacht hättest. Du würdest an Geistesmacht verloren haben. Hättest Du zu der Zeit den richtigen Weg verfehlt und Dich ‚ausgebreitet', statt ‚tiefer' zu gehen, hättest Du Dir noch mehr Dienste aufgeladen, statt Dich in Ihm zu bergen, dann hättest Du innerlich viel verloren.

Es hätten sich Dir zwar viele Türen geöffnet, von vielen Seiten wäre ein Ruf an Dich ergangen, der eine scheinbar immer noch dringender als der andere, aber Deine Kräfte hätten beim besten Willen nicht ausgereicht, den Anforderungen zu entsprechen. So konnte der vollkommene Gotteswille nur geschehen, indem Er Dir Einhalt gebot und Dich zurückhielt. Nicht, daß Du direkt krank geworden wärest, aber Du hättest Dich übernommen, und wenn Du zu geschäftig bist und unter Druck kommst, verlierst Du an Kraft, sowohl in geistlicher als auch in körperlicher Hinsicht.

Unter solchen Umständen ist es für Dich auch schwierig, durchzublicken und zu erkennen, wo und wie Du stehst. O, es ist so viel besser, mehr im Verborgenen, in tieferer Gemeinschaft mit Jesus, zu wandeln und sich ganz nahe zu Gott zu halten, als sich auszubreiten und zu viele Lasten auf sich zu nehmen. Es entspricht viel eher dem Willen Gottes, nach innen zu blicken, mehr auf das innere Leben zu sehen und unsere ganze Aufmerksamkeit darauf zu richten, daß wir wirklich im Willen Gottes stehen, als hart zu arbeiten und viel zu unternehmen, da im Blick auf das innere Leben dabei meistens doch nur sehr wenig herauskommt. Man mag nach außen hin vielleicht große Resultate erzielen, aber der Herr käme mit uns dabei doch nicht an das hohe Ziel, das Er uns gesteckt hat. Es ist keineswegs im Sinne des Herrn, wenn ein Prediger seinen Wirkungsbereich erweitert, nur weil sich ihm hierzu gerade eine Gelegenheit bietet; dies sollte er nur auf eine ausdrückliche Weisung Jesu hin tun.

Nun, wenn dieser Ruf von Gott gewesen wäre, dann hätte Er Dir auch die nötige Kraft und Ausrüstung hierzu gegeben. Aber wenn man nur geht, weil man gebraucht wird, ohne danach zu fragen, ob es Gottes Wille ist, dann geschieht das, was leider so oft vorkommt – daß der Prediger Schaden leidet, weil er sich wegen seiner Tüchtigkeit und wegen seines gesegneten Dienstes, den er überall tut, vor den vielen Einladungen nicht mehr retten kann und auf die Weise einfach überfordert wird. Es sind nur wenige Prediger, die dies verstehen und sich unter solchen Umständen richtig verhalten.

In Deinem Fall hat der Herr Selbst eingegriffen, indem Er zu Dir redete, und Du tatest weise daran, daß Du darauf eingegangen bist, und so wurdest Du vor einer großen Überanstrengung bewahrt, die sich in geistlicher und körperlicher Hinsicht nachteilig ausgewirkt hätte."

Als die große Wirtschaftskrise über die Vereinigten Staaten hereinbrach, wirkte sich dies auch auf den Zufluß der Gaben aus, die Frau R. gewöhnlich erhielt, bzw. die in die Glaubenshäuser gesandt wurden. Es wurde plötzlich viel weniger gespendet. Da fühlte Hans Waldvogel den inneren Auftrag, das Werk in Zion zu unterstützen, wobei er sich jeweils vom Geist leiten ließ. Als Frau R. einmal den Empfang einer solchen Gabe bestätigte, schrieb sie an ihn:

„Ich möchte Dir sagen, daß wir Dir sehr dankbar sind. Wirklich,

Gott sieht immer schon voraus. Ich wünschte manchmal, Du könntest es miterleben und sehen, von woher die Opfer alle kommen! Wie wunderbar hat Gott es doch eingerichtet, daß wir im Glaubensleben solche Freuden erleben dürfen! Wir erleben immer wieder neue Überraschungen in jeder Hinsicht, und zwar nicht nur wir als Empfänger, sondern auch die Geber – wenn man es nur immer sehen und Einblick bekommen könnte."

Im gleichen Brief schrieb sie: „Richte bitte auch der italienischen Schwester für die zehn Dollar unseren herzlichen Dank aus. Es ist wirklich sehr freundlich von dieser Schwester, daß sie an mich denkt, obwohl sie mich nicht einmal kennt, und ich vermute, sie kennt auch sonst niemanden von uns hier in Zion. Auch dies ist ein Zeichen Seiner Güte und ein Beweis dafür, wie wunderbar Er uns auf Wegen versorgt, die uns oft verborgen sind."

Einen Monat später schrieb Frau R. wieder: „Weißt Du, es ist ganz wunderbar, wie der Herr für uns sorgt. Eine Zeitlang warst Du nicht geleitet, uns ein Opfer zu senden, und da hat Gott uns von anderer Seite her versorgt. Jetzt hatten wir einen Engpaß, und gerade da sandtest Du uns wieder eine Gabe. Diese Erfahrung haben wir nun schon oft gemacht, daß der Herr Dich gerade zu der Zeit, als wir in Not waren, leitete, uns etwas zu schicken. Aber sende bitte nicht mehr, als Du wirklich vom Herrn aus solltest. Wir können Euch und uns alle nur Gott und Seiner Liebe anvertrauen und es Ihm überlassen, alles richtig zu lenken, aber wir möchten Dir herzlich danken."

In einem dieser Briefe entschuldigt sie sich, daß sie nicht gleich antworten konnte, und indem sie ihm dann erklärt, warum sie verhindert gewesen sei, legt sie so beiläufig ein Zeugnis ab, das wirklich bemerkenswert ist: „Etwas sehr Ungewöhnliches ist geschehen. Stella wurde krank und bekam offensichtlich eine Art Grippe. Aber das war nicht alles – einige Tage später wurde auch ich krank. Es kam ganz unerwartet. Ich hatte mir vorgenommen, auf den Herrn zu blicken und Ihn zu bitten, Er möge mich bewahren, aber bevor ich dazu kam, hatte es mich schon erwischt. Seit 1907 hatte ich nie mehr eine Erkältung gehabt!" Vierundzwanzig Jahre ohne eine Erkältung! Aber dann fügt sie auch noch hinzu: „Stella und ich sind inzwischen geheilt, dem Herrn sei Dank."

Hans Waldvogel war gerade wieder einmal bei ihr zu Besuch, als sie hörte, Thomas A. Edison sei am 18. Oktober 1931 gestorben. „Ist es nicht wirklich schade", meinte sie, „daß ihm das göttliche Licht niemals aufgegangen ist?" Und als einmal von der Erfindung des Filmprojektors die Rede war, zu dessen Entwicklung Edison durch seine Forschungsarbeit sehr viel beigetragen hatte, bemerkte sie: „Es ist doch zu schade, daß der Teufel diese wunderbare Erfindung in seine Gewalt bekommen hat."

Im Gegensatz zu vielen Christen, die wie sie in einer innigen Verbindung mit Gott lebten, zeigte Frau R. immer lebhaftes Interesse am politischen Geschehen und an den führenden Männern des Landes. Im Laufe der Jahre machte sie einige Bemerkungen und Aussagen, die sehr treffend und in einigen Fällen auch prophetisch waren. Als Calvin Coolidge sein Amt als Präsident der Vereinigten Staaten niederlegte, bemerkte sie gegenüber Hans Waldvogel: „Es wäre schön, wenn er nun im Dienst des Herrn im Reiche Gottes einen Platz finden würde; wenn aber nicht, wäre es am besten, er ginge gleich in den Himmel, denn für ihn wäre es dann sinnlos, hier auf der Erde zu bleiben."

Als bald darauf sein plötzlicher und unerwarteter Tod die ganze Nation schockierte, erinnerte Hans Waldvogel sich an die Worte von Frau R..

In den Jahren 1932 und 1933 hielt eine Gruppe junger Leute aus der Gemeinde von Pastor Waldvogel jeweils während des Sommers wöchtlich Straßenversammlungen im Herzen der Slums im Osten von Manhattan. Auf diese Weise entstand die „East Side Pentecostal Church", die erste von acht Außenstationen bzw. Filialgemeinden, die im Gebiet der Metropole von New York City in Zusammenarbeit mit der Ridgewood Pentecostal Church gegründet wurden. Frau R. zeigte großes Interesse an dieser evangelistischen Arbeit, und durch sie ließ der Herr den Pastor und seine Mitarbeiter wissen, daß sie recht taten, indem sie sich dieses Erntefeldes annahmen, auf dem es soviel Not und Elend gab.

Einige Zeit bevor Hans Waldvogel nach Brooklyn gekommen war, hatte der Herr durch Frau R. zu ihm gesagt: „Die Welt ist groß. Es muß auch jenseits des Ozeans noch ein Werk getan werden.“ Zu jener Zeit hatte er nie daran gedacht, nach Europa zu gehen, aber nachdem er dieses Wort empfangen hatte, kam er zu der Überzeugung, daß der Herr in seinem Heimatland, in der Schweiz, und in den benachbarten deutschsprachigen Ländern für ihn eine Aufgabe habe. Und als er dann nach Brooklyn kam, fühlte er, als nächstes werde Gott ihn nach Europa führen.

Und so war es auch, doch kam es erst acht Jahre später dazu. Inzwischen erhielt er wiederholt dringliche und vielversprechende Einladungen von Europa, dort in großen Gemeinden Evangelisations-Feldzüge durchzuführen. Doch jedesmal machte der Herr ihm deutlich, daß er noch nicht gehen solle. Erst im Frühjahr 1933 erhielt er die Gewißheit, daß nun die Zeit gekommen sei zu gehen.

Da er wußte, wie sehr Frau R. an diesem Schritt interessiert war, und es ihm viel daran lag, daß sie im Glauben und Gebet hinter ihm stand, informierte er sie laufend über seine Reisen und Dienste in Übersee. „Deine Berichte über Deine Reisen interessieren mich viel mehr, als ich es Dir sagen kann; über jeden Schritt, den Du für Jesus unternimmst, freue ich mich sehr“, schrieb Frau R. ihm einmal. Und dann fügte sie noch die Worte hinzu: „Es ist Christus, der Dich dorthin geführt hat. Er wird nun auch weiterhin Sein Wort an Dir und für Dich erfüllen.“ Dieses Wort erreichte Hans Waldvogel gerade zu einem Zeitpunkt, als er solch eine Ermutigung sehr nötig hatte.

Diese erste Reise nach Europa war zwar verhältnismäßig kurz, aber sie war doch sehr wichtig, da sie zur Vorbereitung einer zweiten Reise diente, die er vier Jahre später unternahm. Nach dem Zweiten Weltkrieg öffnete sich für ihn die Tür zu einem intensiven Dienst, den er dann in der Schweiz, in Österreich, Jugoslawien und Deutschland während zwanzig Jahren tun durfte. Sein Dienst trug reiche Frucht, eine große Anzahl von Menschen wurde errettet. An verschiedenen Orten entstanden neue Gemeinden, unter denen sich die Pfingstgemeinde in Kirchheim/Teck, Westdeutschland, besonders gut entwickelte und bald größer war als ihre Muttergemeinde. Über zwanzig Jahre, von 1953 bis zu seinem Heimgang im Jahre 1977 diente dort Walter Waldvogel, ein Neffe von Hans R. Waldvogel, unter dem besonderen Segen Gottes. So ging jenes Wort des Herrn, „es muß auch jenseits des Ozeans noch ein Werk getan werden“, das Er durch Frau R. gegeben hatte, in Erfüllung, und zwar in einer Weise und in einem Ausmaß, wie man es damals, als es ausgesprochen wurde, noch nicht hätte ahnen können.

Schon bald nachdem Hans Waldvogel angefangen hatte, in New York zu wirken, hatte Frau R. erkannt, daß er einen starken, tüchtigen Mitarbeiter brauchte, der ihm half, die Bürden des stets wachsenden Werkes mitzutragen. Als die Gemeinde dann im Jahre 1934 an den Bruder ihres Pastors, Gottfried Waldvogel, einen Ruf ergehen ließ, mit Hans zusammen in Ridgewood zu dienen, freute Frau R. sich darüber, denn der Herr hatte ihr schon einige Zeit zuvor gezeigt, daß dies in Seinem Plan lag.

Gottfried Waldvogel war ungefähr fünf Jahre lang Pastor an der Gemeinde in Waukegan gewesen. Die damalige Wirtschaftskrise hatte die Glieder dieser Gemeinde besonders hart getroffen, und so hatte ihr Pastor es in finanzieller Hinsicht zeitweise ziemlich schwer gehabt. Doch er lebte im Glauben und vertraute dem Herrn, daß Er alles geben werde, was er für sich, seine Frau und seine acht Söhne brauchte. Nun aber bekam er den Ruf, nach New York zu gehen, und dort sollten die finanziellen Verhältnisse für ihn dann besser werden. Bevor er sein neues Amt antrat, besuchte er Frau R., und da gab der Herr ihm einen Rat, den alle Prediger beherzigen sollten, wenn sie sich in materieller Hinsicht verbessern: „Sieh zu, daß du dein Interesse am Himmel nicht verlierst!“

Achtzehn Jahre lang arbeiteten die beiden Brüder zusammen, bis Gottfried in die Herrlichkeit abberufen wurde. Daraufhin trat einer seiner Söhne an seine Stelle: Edwin H. Waldvogel. Er wurde nun der Mitarbeiter seines Onkels. Der Herr hatte darüber schon etwa zwanzig Jahre zuvor zu Edwin gesprochen, als dieser Frau R. besuchte – er war damals noch ein sehı junger Mann – und zu ihm gesagt, Er möchte, daß er seinem Onkel im Werk des Herrn helfe. Die Wege des Neffen und seines Onkels wurden aber erst einige Zeit später zusammengeführt; inzwischen bereitete Gott Edwin Waldvogel für seinen zukünftigen Dienst vor. Dann aber ging das Wort des Herrn, das Er durch seine Dienerin gesprochen hatte, in Erfüllung – siebzehn Jahre, nachdem sie selbst Seinem Ruf zu einem höheren Dienst gefolgt war.

Im Frühjahr 1936 sagte der Herr eines Tages durch Frau R. zu Hans Waldvogel: „Ich habe eine weitere Aufgabe für dich, und ich werde in dieser Sache über deine eigenen Lippen sprechen." Während sie zusammen auf den Herrn warteten, kam der Geist Gottes über ihn und sprach durch ihn etwa folgende schlichte Worte: „Ich habe dir eine neue Tür aufgetan, und Ich werde dir helfen, durch sie einzugehen."

Als Hans Waldvogel nach New York zurückkehrte, sagte er zu einem seiner Mitarbeiter: „Ich glaube, Gott wird uns in die Luft bringen." Innerhalb einer Woche wandten sich dann zwei Geschäftsmänner ohne sein Wissen und auch unabhängig voneinander an eine Radio-Station in New York und fragten, ob sie eine Sendezeit für eine christliche Sendung bekommen könnten. So kam es dazu, daß Pastor Waldvogel viele Jahre lang – für ihn völlig kostenlos – das Evangelium über das Radio verkündigen konnte. In den darauffolgenden Jahren wurde diese Tür für ihn noch weiter aufgetan; schließlich machte der Herr es sogar möglich, daß Hans Waldvogel über Radio Luxemburg sprechen konnte, und diese Sendungen konnten über Kurzwelle auf der ganzen Welt gehört werden!

Kapitel 41

Die weite Welt als Missionsfeld

„Unser Werk befindet sich in der Nähe von Chicago, und beinahe jeder, der irgendwie von den Glaubensheimen gehört hat und von Osten nach Westen reist, unterbricht seine Reise, um uns zu besuchen. Es kommen so Besucher aus allen Teilen des Landes zu uns, viele Missionare, die bereits auf dem Missionsfeld gearbeitet und schon wunderbare und tiefe Erfahrungen mit dem Herrn haben. Ihr Aufenthalt in den Heimen wirkt sich für die jungen Mitarbeiter, die sich auf den Dienst im Werk des Herrn vorbereiten, segensreich aus, und in unser aller Herzen wird durch die Begegnung mit diesen Missionaren Feuer entfacht."

Es gehörte immer zu den besonderen Merkmalen der Glaubensheime, daß sich dort viele Missionare besuchsweise aufhielten und daß man ein lebhaftes Interesse an der äußeren Mission zeigte. Die Missionare konnten – wie alle Gäste – kostenlos essen und wohnen. Außerdem wurde ihnen gewöhnlich ein Opfer aus der Missionskasse gegeben, und es wurde treu für sie gebetet. Viele Missionare haben bezeugt, daß sie sich in ihrem Heimaturlaub nur während ihres Aufenthaltes in Zion richtig ausruhen und erholen konnten.

Die Sache der Mission lag Frau R. immer besonders am Herzen. Wie bereits erwähnt, wurde nur am ersten Sonntag im Monat ein Opfer eingesammelt, und dies wurde ausschließlich für die äußere Mission verwendet. An diesem Tag wurden auch Briefe vorgelesen, die von Missionaren aus aller Welt während des vorangegangenen Monats eingetroffen waren. Das war auf eine Anordnung des Herrn hin, die Er 1915 durch Frau R. gegeben hatte, zu einer ständigen Gewohnheit geworden.

Es wurden in den Heimen erstaunlich hohe Beträge für die Mission geopfert, wenn man bedenkt, daß die Geber selbst kein regelmäßiges Einkommen hatten und aus Glauben lebten. In späteren Jahren waren die Spenden zwar noch wesentlich höher, aber da kamen auch Auswärtige in die Heime, die im Beruf standen, ein regelmäßiges Einkommen hatten und darum entsprechend mehr opferten. Doch im Anfang gaben nur die Bewohner der Heime ihre Opfer, und sie gaben viel, obwohl sie selbst kaum etwas besaßen, weil ihnen die Verbreitung des Evangeliums am Herzen lag. Die Aufteilung des Missionsgeldes geschah viele Jahre lang unter der Aufsicht von Frau R., und sie ließ sich hierbei immer vom Herrn leiten. Es waren viele Missionare in aller Welt, die immer wieder bezeugten, wie die Gaben, die ihnen von den Heimen zugesandt wurden, gerade zur rechten Zeit eintrafen. So haben diese Heiligen in ihrer Armut doch anderen in fernen Ländern dienen und geben dürfen, was sie gerade brauchten.

Oft machte der Heilige Geist Frau R. auf übernatürliche Weise auf bestimmte Missionare und deren Bedürfnisse aufmerksam. Eines Tages kam die Kraft des Herrn auf George Mitchell. Er wurde vom Heiligen Geist gedrängt, eine Karte von Südamerika aufzuschlagen. Dann führte der Heilige Geist seine Hand über die Karte hin – bis sein Finger an eine bestimmte Stelle kam. Dann sagte der Herr zu ihm: „An diesem Ort befindet sich ein Missionar in großer Not."

George Mitchell war der Name dieses Ortes unbekannt, und er wußte nicht, wer dort arbeitete. Aber er fühlte sich dann geleitet, mit der Karte zu Frau R. zu gehen. Er erzählte ihr, was ihm gesagt worden war. Als sie die Stelle auf der Karte erblickte, wußte sie sofort, um wen es sich handelte, und sie rief aus: „Ach, das ist ja der Ort, an dem Missionar X arbeitet!" Sofort schickte sie eine Gabe dorthin ab. Schon bald kam die Antwort, in der ihnen mitgeteilt wurde, daß jener Missionar zu der Zeit absolut ohne einen Pfennig Geld war und sich tatsächlich darauf gefaßt gemacht hatte, nun hungern zu müssen. So war auch diese Gabe noch zur rechten Zeit gekommen.

Bei einer anderen Gelegenheit nannte der Herr Frau R. den Namen „Anglin". Sie hatte den Namen aber noch nie gehört und wunderte sich, was der Herr damit wohl meinte. Einige Zeit später hörte sie von Herrn und Frau L. M. Anglin und deren Waisenhaus, dem „Onesiphorus-Heim". Der Herr zeigte ihr dann, daß sie das Werk regelmäßig unterstützen und für diese Arbeit im Gebet einstehen sollte. Eine andere Missionarin, mit der Frau R. schon früh bekannt wurde und die sie eifrig unterstützte, war Lillian Trasher mit ihrem Waisenhaus in Assiut – Ägypten.

Frau R. stellte diese Missionare den jungen Leuten, die sich in den Heimen in Ausbildung befanden, als Beispiele und Vorbilder hin, und so sagte sie einmal zu ihnen: „Arbeitet mit solcher Hingabe für Jesus, als hättet Ihr wie Lillian Trasher in Ägypten oder wie Missionar Anglin in China ein Waisenhaus zu leiten."

Im Jahre 1924 gab der Herr Frau R. einmal den Auftrag, mit allen Bewohnern der Heime drei Tage zu fasten und zu beten, und zwar für Missionar G. F. Bender und Frau und deren Werk in Venezuela. So haben alle, die frei waren – ungefähr dreißig bis vierzig –, sich am Morgen versammelt und ohne Unterbrechung sechs Stunden gebetet. Hier und da betete jemand laut, doch sonst beteten alle in der Stille von ganzem Herzen zu Gott. Am Ende der drei Tage erhoben alle Versammelten einmütig ihre Stimme und brachten im Glauben die Gewißheit zum Ausdruck, daß Gott nun ihr Gebet erhört habe. Und der Herr bestätigte ihnen auch, daß sie durchgebetet hätten und der Sieg erlangt sei.

Was hat dieses machtvolle Fürbittegebet bewirkt? In Venezuela brach gleich darauf eine mächtige Erweckung aus, die monatelang anhielt. Die Menschen wurden in großer Zahl errettet und mit dem Heiligen Geist erfüllt. Nun würde Frau R. wohl die letzte gewesen sein, die behauptet hätte, diese wunderbare Heimsuchung Gottes sei allein auf die Gebete in Zion zurückzuführen. Nein, sie wußte, daß Benders treue Diener des Herrn waren, die viel und mit Vollmacht gebetet haben, und daß auch viele andere im Gebet für diese Arbeit eingestanden waren. Doch nach dem Willen des Herrn sollte diese Gruppe den entscheidenden Dienst im Gebet tun, der zu dem Zeitpunkt gerade notwendig war, so daß der Geist Gottes direkt nach Vollendung des dreitägigen Gebetes auf die Gemeinden dort in Venezuela fallen konnte.

Um jene Zeit, als sie für Venezuela beteten, sagte der Herr zu George Mitchell, Er wünsche, daß an jedem Freitagnachmittag zwei Stunden lang, und zwar von 14.30 bis 16.30 Uhr, für die verschiedenen Missionare gebetet werde. Als Frau R. davon erfuhr, hat sie sich sehr darüber gefreut, denn der Herr hatte dies auch ihr gezeigt. Während der ersten halben Stunde haben sie jeweils zum Herrn der Ernte gefleht, Er möge Arbeiter in seine Ernte senden. Dann beteten sie für die einzelnen Missionare und für die Probleme der verschiedenen Missionsfelder. So wurde allen, besonders aber denen, die sich selbst auf den Dienst in der Heimat oder auf dem Missionsfeld vorbereiteten, auf eindrückliche und sehr praktische Weise das Werk und die Anliegen der äußeren Mission beständig vor Augen gestellt.

Von den jungen Mitarbeitern in den Glaubensheimen war Mabel Rigg die erste, die als Missionarin in die äußere Mission ging. Sie stammte aus Cincinnati, Ohio. Nach der Ausbildung in den Heimen und nachdem Mabel in Gemeinden mitgearbeitet hatte, die mit dem Werk in Zion verbunden waren, ging sie 1925 nach Südafrika. Frau R. nahm an ihrer geistlichen Zubereitung und dann an der Aussendung dieser Botschafterin des Herrn in ein fernes Land regen Anteil.

Schon im Anfang, nachdem Frau R. mit Mabel in Kontakt gekommen war, hatte sie zu ihr gesagt: „Der Herr möchte dich dahin bringen, daß Er dich führen kann, wie es Ihm gefällt, und daß du weiter kein Verlangen hast, als nur in Seinem vollkommenen Willen zu sein. Dies ist die Bestimmung Gottes für dein Leben. Während du im Gebet Sein Angesicht suchst und auf Seinen Willen eingehst, wird Er Sein Werk in dir beginnen, und je entschiedener du den vollen Sieg in Anspruch nimmst, desto machtvoller wird Er Sein Werk in dir zum Ziel führen.

Du brauchst dich um deine Zukunft nicht zu sorgen – warum auch? Geh nur getrost vorwärts, und wenn du dann einmal in schwierige Situationen kommst, wird Gott dich auch mit einer besonderen Kraft ausrüsten und dir beistehen. Jesus weiß um deine Schwachheit, und Er will dich allezeit mit Seinen Augen leiten."

„Das Gefäß muß entleert werden – entleert vom eigenen Ich", sagte Frau R. zu der angehenden Missionarin. „Laß dein Ich fahren, um Jesus zu empfangen. Du bist erst am Anfang. Folge nur Jesus, halte dich nicht zu sehr an andere Vorbilder und versuche nicht, sie nachzuahmen."

Während der überaus arbeitsreichen Tage, in denen Mabel die Vorbereitungen für ihre Ausreise nach Afrika traf, machte Frau R. ihr gegenüber die vielsagende Andeutung: „Es könnte sein, daß du zeitweise derart viel zu tun haben wirst, daß du – wie ich manchmal – achtundvierzig Stunden lang ohne zu essen oder zu schlafen durcharbeiten mußt."

Zum Abschied gab Frau R. ihr noch ein Wort mit auf ihren Weg, das in den dreißig Jahren des Dienstes in dem Land ihrer Berufung dann wegweisend für sie war: „In Afrika wird Jesus dein alles sein, in Freuden, Leiden und Schwierigkeiten."

Ein Jahr, nachdem Mabel nach Afrika gegangen war, schrieb Frau R. in einem Brief an einen Freund des Werkes: „Zu den Dingen, die mir an meinem Geburtstag eine besondere Freude bereitet haben, gehörte ein Telegramm von Mabel. Ich war für diesen Gruß von Übersee sehr dankbar. Wir haben uns gefreut zu erfahren, daß Gott ihr einen Lebensgefährten gegeben hat, von dem wir glauben, daß er ein wahrer Missionar ist. Möge Gott sie beide segnen." Ihr „Lebensgefährte" war John S. Richards, mit dem zusammen Mabel einen sehr gesegneten Dienst tun durfte.

Im Jahre 1926 ging Kathryn Roth als eine Botschafterin des Herrn nach Afrika, und zwar nach Kenya. Dort durfte sie unter einem Volksstamm wirken, der noch nie mit dem Evangelium erreicht worden war. Drei Jahre zuvor war Kathryn infolge eines schweren Herzleidens todkrank gewesen, aber der Herr hatte sie wieder aufgerichtet. Daraufhin weihte sie ihr Leben Gott und erklärte sich bereit, nach Afrika zu gehen. Bald danach berichtete sie auch Frau R. über ihren Ruf nach Afrika.

In ihrer Antwort schrieb ihr Frau R.: „... wenn Du gehst, mußt

Du im Glauben, mit Zuversicht und in der Kraft des Herrn gehen, denn wenn Du einmal dort bist, wird es notwendig sein, daß Du in jedem Augenblick die innere Gewißheit hast: Gott Selbst wird für mich streiten und für alle meine Bedürfnisse sorgen. Gott will nicht, daß ich mich hierin einmische, als könnte ich Dir einen Rat geben, vielmehr möchte Er, daß Du den Glauben hast – und daß auch ich es im Glauben erwarte –, daß Er Selbst zu Dir reden wird, so daß Du dann mit innerer Gewißheit Deinen Weg gehen kannst."

Gott hatte wirklich zu Kathryn gesprochen, so daß sie über den Willen Gottes keinerlei Zweifel mehr hatte. In den darauffolgenden vierzig Jahren gab es so manchen Sturm, manche bitteren Erfahrungen und äußerst tragische Ereignisse, aber sie war imstande, fest zu bleiben und weit zu überwinden.

Als Chiang Kai-shek Präsident von China wurde, zeigte der Herr Frau R., daß er und sein Land eine wichtige Rolle in der politischen Welt spielen würden und daß man sehr für ihn beten sollte. 1931 veranlaßte der Herr Frau R. zweimal, zu einem Gebetstag aufzurufen, an dem alle einen ganzen Tag lang für ihn und für China beten sollten und das wegen der wichtigen Ereignisse, die dort vorgingen. Wie man sich erinnern kann, war es im Jahr 1931, als Japan in die Mandschurei einmarschierte. Martha Robinsons Interesse an Chiang Kai-shek ist sehr bemerkenswert, wenn man bedenkt, daß man damals allgemein noch nicht erkannt hatte, welch wichtige Rolle China im Blick auf die Weltlage spielen würde – am wenigsten hatten die Christen dies gesehen.

So hatte Frau R. in ihrem ganzen Leben eine weltweite Schau, und sie war immer lebhaft an der Sache des Reiches Gottes in der ganzen Welt interessiert. Niemals sah sie auf die Herkunft des Werkzeuges, das zur Förderung Seines Reiches gebraucht wurde, ob es nun der Pfingstbewegung oder irgendeiner anderen Denomination angehörte. Darin und auch sonst bei manchen anderen Gelegenheiten zeigte sie sich sehr weitherzig. Sie erwies sich als ein wahres Kind Gottes, indem sie alle, die dem gleichen Herrn angehörten und Seinen Namen anriefen, als Brüder und Schwestern im Herrn achtete.

Kapitel 42

Ratschläge an ein junges Prediger-Ehepaar

„Es ist Weihnachten, ich bin gerade allein und freue mich an der Liebe Gottes und dem Sonnenschein Seiner Gegenwart", schrieb Frau R. in einem Brief vom 25. Dezember 1929 an Rudolph und Anna Kalis, die zum erstenmal eine Gemeindearbeit übernommen hatten, und zwar in Elizabeth, New Jersey. Sie dienten dem Herrn gemeinsam in der Pfingstgemeinde, die schon viele Jahre, bevor sie dorthin kamen, gegründet worden war. Da sie noch etwas zaghaft waren und sich vor der Verantwortung und den Problemen, die mit dieser Aufgabe verbunden waren, ein wenig fürchteten, hatten sie an ihre geistliche Beraterin geschrieben.

„Meine Lieben, Ihr fragt mich nun, was Gott mir in Eurer Angelegenheit zeigt, ob Ihr in dieser Gemeinde bleiben sollt oder nicht ..." Mit diesen Worten nimmt Frau R. Bezug auf ihre Anfrage. „Anstatt Eure Frage zu beantworten, muß ich Euch sagen, der Herr hat mir gezeigt, daß es nicht Seinem vollkommenen Willen entspräche, wenn ich Euch durch die Gabe der Weisheit eine Antwort geben würde. Was zeigt Gott Euch? Ihr seid junge Diener des Herrn, Euch ist eine Tür geöffnet worden; es liegt überhaupt kein großes, schwieriges Problem vor. Glaubt Ihr nicht, daß Gott Euch Seinen Willen zeigen kann – vielleicht gerade jetzt? Denkt einmal nach, während Ihr dies lest, was hat Gott Euch schon gezeigt oder was zeigt Er Euch jetzt? Habt Ihr nicht längst festgestellt, daß Gott Euch leitet, oder habt Ihr gar nicht darauf geachtet – bis ich Euch schreiben würde? Zweifellos werdet Ihr darüber Klarheit bekommen, wenn Ihr vor Ihm ganz still werdet. Er wird Euch in bezug auf Seinen Willen volle Klarheit schenken.

Mein Herz verlangt danach, Euch in dieser Sache einiges zu sagen, da Ihr Euch ganz von Ihm leiten lassen möchtet. Wie gern möchte Er, daß Ihr früh das Geheimnis Seiner Leitung und augenblicklichen Gehorsam gegenüber Seinem Willen lernt. Doch der Herr sagt mir, ich solle den Brief jetzt beenden und zum Schluß kommen. Nur dies, glaube ich, darf ich doch noch hinzufügen: Seid versichert, daß ich mich über Eure Briefe immer sehr freue und es zu schätzen weiß, wenn Ihr mir schreibt. Es interessiert und bewegt mich alles sehr, und ich kann mit Euch mitfühlen. Wie würde es mich freuen, wenn ich unverhofft einmal in einer Eurer Versammlungen dabeisein könnte! Ich kann Eure Briefe nicht so beantworten, wie ich möchte, aber ich lese sie immer mit großem Interesse."

Vier Monate später schrieb Frau R. wieder an diese Diener des Herrn, indem sie auf die ihr geschilderten Probleme in der dortigen Gemeindearbeit bezug nimmt. „Ihr berichtet in Euren Briefen oft über Dinge, die mich sehr interessieren, und ich würde dann gern darauf eingehen und Euch einige Anleitungen geben, aber ich habe keine Gelegenheit dazu. In meinem Herzen hege ich manchmal den Wunsch, Euch durch die Gabe der Weisheit beizustehen. Als erfahrene Reichsgottesarbeiterin könnte ich Euch in Euren Problemen, mit denen Ihr als Anfänger konfrontiert werdet, manchen guten Rat geben. Ich empfinde, daß es für Euch ein ernstes Problem bedeutet, wenn so viele vorgeben, an die Pfingstwahrheiten zu glauben und doch vielleicht ganz aus der ersten Liebe gefallen sind. Doch ich weiß, Gott kann Euch Licht geben und den Weg weisen.Er hat Euch dort hingestellt und wird Euch auch helfen und Euch in allen Schwierigkeiten beistehen. Aber es ist so, wie Ihr sagt, Ihr seid noch ziemlich jung und müßt vorsichtig sein. So bin ich froh, daß ich meinen Glauben mit dem Euren vereinigen darf, wenn ich auch sonst nichts weiter für Euch tun kann."

In ihrem Brief machte Frau R. dann noch eine wichtige Bemerkung: sie deutete an, daß alle, die von ihr belehrt worden sind, die empfangene Belehrung an „treue Menschen, die da tüchtig sind, auch andere zu lehren", 2. Tim. 2,2, weitergeben sollten.

„In den vergangenen Jahren durfte ich jungen Predigern in solchen Problemen, wie Ihr sie habt, helfen, aber in der letzten Zeit war dies nicht mein Vorrecht. Nun helfen diese jungen Diener ihrerseits wieder anderen. So sorgt der Herr dafür, daß Euch die Erkenntnis vermittelt wird, die Ihr nötigt habt."

Man könnte aus diesen Zeilen den Eindruck gewinnen, als wäre Frau R. schon „ausrangiert" gewesen oder als hätte sie sich in den Ruhestand gesetzt, doch dies war nicht der Fall. Vielmehr bestand ihre Aufgabe zu dieser Zeit hauptsächlich darin, Fürbitte zu tun und sich mit Angelegenheiten zu befassen, die noch dringender waren. Dadurch hatte sie nicht Zeit, den vielen Hilferufen, die von außen kamen, nachzukommen und auf die Probleme einzugehen, die an sie herangetragen wurden. Es war ihre Aufgabe, ihre ganze Aufmerksamkeit dem Dienst zuzuwenden, den der Herr ihr auftrug und das zu tun, was Er ihr sagte. Es steht fest, daß Frau R. sich zu der Zeit, als sie diesen Brief schrieb, zusammen mit Mitchells in besonderer Weise dem Gebet hingegeben und bestimmte Anliegen des Reiches Gottes durchgebetet hat, wobei sie nicht nur fast den ganzen Tag, sondern manchmal die ganze Nacht hindurch bis vier Uhr morgens gebetet haben.

So mußte sie sich damit begnügen, ihren geistlichen Kindern, die nun über die Vereinigten Staaten verstreut waren oder sich im Ausland befanden und an deren Dienst sie innig Anteil nahm, hr liebendes Interesse kundzutun und für sie zu beten, statt sich direkt mit ihren Problemen zu befassen. Dies war für sie – ihrem natürlichen Menschen nach – manchmal schwer, aber sie war eine Gefangene des Herrn Jesus Christus und konnte nur tun, was Er ihr gebot. Da der Herr es nicht zuließ, daß sie sich dieser Angelegenheiten annahm, ließ sie es lieber ganz bleiben, denn sie wollte keine halbe Sache machen. „Ich wollte mich gar nicht erst in eine Sache einmischen, da es mir doch nicht möglich gewesen wäre, sie zu Ende zu führen", so drückte sie sich einmal in einem Brief aus. Welch eine weise Ratgeberin war sie doch! Aber schon ihre Gebete, ihre Unterstützung im Glauben und ihre hilfreichen Hinweise, die der Herr von Zeit zu Zeit durch sie gab, waren von unschätzbarem Wert.

An einem Samstagmorgen, am 5. Juli 1930, erhielt Frau R. in aller Frühe einen Luftpost-Eilbrief von Pastor Kalis. Er enthielt die dringende Bitte, sie möchte doch für einen jungen Mann namens Walter beten, dessen Rückgrat an fünf Stellen gebrochen war. Er hatte bei einem Ausflug am 4. Juli einen Kopfsprung in ein ziemlich flaches Wasser gewagt. Im Krankenhaus hatten die Ärzte Walter glauben gemacht, er werde bald wieder gesund sein. Aber der Familie hatten sie etwas ganz anderes gesagt: Seine Stunden seien gezählt! Angesichts dieses tragischen, äußerst kritischen Falles sahen sich Rudolf Kalis und seine Frau nach der bestmöglichen Unterstützung im Glauben und Gebet um, besonders auch deshalb, weil der junge Mann noch nicht errettet war. So hatten sie diesen Eilbrief an Frau R. aufgegeben.

Als Frau R. ihn empfing, wandte sie sich sofort an den Herrn, hatte aber das Empfinden, als würde sie davon abgehalten, um Heilung zu beten. Sie konnte gar nichts sagen, betete dann aber, daß er in Jesus herrlich gesegnet werden möchte. Doch kurz darauf fragte sie sich, ob sie wirklich so für ihn gebetet habe, wie sie es sollte, und so gab sie sich nochmals dem Gebet hin, um für ihn einzustehen. Und wieder wurde sie gedrängt, in gleicher Weise zu beten. Da wurde es ihr innerlich klar, daß Gott ihn heimholen wollte. Dann empfing sie etwas Licht und ein Wort, in dem ihr gesagt wurde, daß Christus sich dem Verunglückten offenbaren und ihm zeigen werde, wie ihm der „Eingang zu dem ewigen Reich reichlich gewährt" werden könne, 2. Petr. 1,11. Er werde mit großer Freude heimgehen dürfen.

In der Zwischenzeit hatte Pastor Kalis in Elizabeth die traurige und schwierige Aufgabe, dem jungen Mann zu sagen, wie es in Wirklichkeit um ihn stand. Bis zu seinem Unfall war Walter immer ein gleichgültiger Junge gewesen, aber nun ging er sofort auf die Worte seines Seelsorgers ein. Er öffnete seine Seele dem Herrn und suchte Ihn von ganzem Herzen.

Dieser junge Mann wurde augenblicklich auf eine ganz wunderbare Weise verwandelt. Er hatte sonst selten in der Bibel gelesen, aber als Pastor Kalis ihm nun aus Johannes 14 vorlas, sagte er:

„Halte die Bibel vor mich, daß ich selbst darin lesen kann.“ Langsam, aber zuversichtlich las er: „Euer Herz erschrecke nicht! Glaubet an Gott, und glaubet an mich!“

Die Freude des Herrn erfüllte seine Seele, so daß er ausrief: „Ich habe ja nie gewußt, daß es so herrlich ist!“ Einige seiner Freunde aus der Jugendgruppe der Gemeinde besuchten ihn und sangen ihm Lieder vor. Als sie sangen: „Fahre hin, du böse Welt und Sünde, du bist erledigt für mich“, stimmte er von ganzem Herzen mit ein.

Alles das ereignete sich innerhalb 48 Stunden von Walters Unfall bis zu seinem Heimgang. Es war für den Pastor wie auch für alle, die von dem Sieg hörten, den Gott in Seiner großen Gnade noch in den letzten Stunden vor dem Sterben im Herzen eines Menschen vollbringen kann, eine große und wichtige Lektion. Nach seinem Heimgang schrieb Frau R. an Pastor Kalis: „Es tut mir leid, daß der junge Mann so schrecklich verunglückt ist, aber wie wunderbar hat Jesus sich ihm doch vor seinem Abscheiden geoffenbart. Die Ewigkeit wird einmal zeigen, wie viele Menschen durch diese Übergabe auf dem Sterbebett entscheidend beeinflußt und gesegnet wurden.“

Ungefähr ein Jahr nach diesem tragischen Ereignis wurde dem Ehepaar Kalis ein Sohn, Robert David, geschenkt; es war ihr erstes Kind. Als es drei Monate alt war, bekam es ein schlimmes Ekzem. In ihrer großen Not baten sie ihre liebe Freundin um Fürbitte. Sie schlugen ihr eine Zeit vor, zu der sie sich mit den Lieben in Zion im Gebet vereinigen wollten.

„Ich wollte gleich am Samstag eilen, um die Gebetszusammenkunft zu arrangieren“, schrieb Frau R. in ihrer Antwort, „aber statt dessen konnte ich die Sache erst heute, am Montag, in Angriff nehmen; bis jetzt konnte ich nichts unternehmen. Euer Brief ist, wie Ihr seht, zu einer Zeit eingetroffen, als wir hier außergewöhnlich beschäftigt waren.“ Dann berichtet Frau R., daß zu der Zeit gerade sehr dringende Anliegen vorlagen, so daß sie ihre Mitarbeiter aufgefordert hatte, diese Anliegen im Gebet vor den Herrn zu bringen. Aus diesem Grund habe sie nicht sofort veranlassen können, daß für das Baby gebetet wurde.

„Wir gehen bei unseren gemeinsamen Fürbittegebeten nach bestimmten Richtlinien vor, die uns durch die Gabe der Weisheit gegeben wurden. Gewöhnlich wird es sehr schwierig, wenn derjenige eine Gebetszeit bestimmt, der um Fürbitte ersucht, es sei denn, der Fall ist so dringend, daß sofort dafür gebetet werden muß. Der Herr zeigt uns zum Beispiel, in welchem Fall es besser ist, das Anliegen der ganzen Versammlung vorzulegen, ob nur in einer kleinen Gruppe dafür gebetet werden sollte oder ob bestimmte, ausgewählte Personen dafür beten sollen, wie wir es früher schon für Euch getan haben. Wir können es auch nicht immer gerade dann tun, wenn es anderen gelegen wäre, weil hier manchmal etwas vorliegt, das sofort erledigt werden sollte. Außerdem darf man nicht vergessen, daß die Beter auch selbst ihre Pflichten haben. So konnten wir diesmal Euer Anliegen nicht – wie Ihr es gewünscht hattet – am Sonntagmorgen vorbringen.

Vielleicht habt Ihr ja schon den Sieg für Bobbie durch Eure eigenen Gebete und durch die der anderen bekommen und habt die Gewißheit, daß er von dem Ekzem befreit wird. Aber wir werden natürlich trotzdem beten und ernst für ihn einstehen; es macht ja auch nichts, wenn wir mehr beten als erwartet wurde.

Wir sind zur Zeit sehr in Anspruch genommen, aber denkt nicht, wir würden uns deswegen nicht um Euren Kleinen kümmern. Wir erwarten nun, daß der Herr uns zeigt, auf welche Weise wir im Gebet einstehen sollen. Es ist uns bisher nicht gezeigt worden, worin die Ursache dieser Krankheit liegt. Was immer auch vorliegen mag, laßt uns im Glauben erwarten, daß Gott Befreiung und Heilung schenken wird. Wir werden beten, daß Gott tun möge, was Seinem Willen entspricht und daß Er uns leite, so daß wir genau das tun und so beten, wie es in diesem Fall notwendig ist. Bitte, habt Verständnis dafür, daß wir uns der Anliegen nicht immer so schnell annehmen können, wie unser Herz es manchmal wünschte. Aber Ihr dürft glauben, daß wir es so bald und so gut tun werden, wie es uns möglich sein wird.

Im Moment können wir noch nicht sagen, wann wir gemeinsam für Bobbie beten werden. Die Beter müssen – wie gesagt – zwischendurch ihre Arbeiten erledigen, und es sind zur Zeit ungewöhnlich viele Gäste hier, für die natürlich auch gesorgt werden muß. So sind wir alle sehr beschäftigt und können Eurer Bitte im Moment noch nicht entsprechen. Sobald es möglich ist, werden wir eine Zeit abmachen. Wir befinden uns hier in den Heimen zur Zeit in einer seltsamen Situation. So etwas haben wir noch nie erlebt. Doch ich habe jetzt nicht Zeit, Näheres darüber zu berichten. Aber diese Information mag genügen, daß Ihr Euch ungefähr vorstellen könnt, wie zur Zeit bei uns die Verhältnisse sind.

Während ich dies schreibe, gibt der Herr mir im Zusammenhang mit Eurem Gebetsanliegen einen Gedanken ein, den ich Euch mitteilen soll: Wenn Ihr wieder einmal in Not seid und Gebet für das Kind oder für Euch selbst braucht und Ihr Euch geleitet fühlt, uns um Fürbitte zu ersuchen, dann solltet Ihr nicht unbedingt erwarten, daß dieses Anliegen von vielen vorgetragen wird. Es ist besser, wenn nur Personen für Euch beten, die Euch näher kennen und Interesse für Euch haben; sie sollten Euch wirklich nahestehen, damit das Gebet auch von Herzen kommt."

Gott hat die Gebete erhört und beantwortet, und der Kleine wurde vollkommen befreit. Kurz nach dem ersten Geburtstag des kleinen Jungen sandten seine Eltern von dem Geld, das ihm gegeben worden war, ein Opfer an Frau R. Sie führten die kleine Hand des Kindes und schrieben so ein kleines Briefchen, dem sie die Gabe beilegten. In ihrer Antwort schrieb „Großmama" Robinson: „Wie schön, daß ich von Dir einen Brief bekommen durfte, daß Du an mich gedacht und mir geschrieben hast. Glaube mir, ich werde den Brief aufbewahren und zu meinen besonderen Schätzen legen.

Ich hoffe, mein lieber kleiner Junge, daß Du, wenn Du älter und größer geworden bist, Jesus ebenso gern Deine Opfer bringen und Ihm nicht nur Dein Geld, sondern Dich selbst schenken wirst.

Wirst Du auch einmal für Deinen lieben Herrn arbeiten? Ich bin sicher, daß Er Dich zubereiten wird, sei es zum Predigtdienst oder sonst zu irgendeinem Dienst. Möge Gott Deinen lieben Papa und Deine liebe Mama segnen, so daß die Zeit Deiner Kindheit reich gesegnet sein wird und Du Deinen teuren Jesus liebst und immer nur tust, was Ihm wohlgefällt. Laß nicht zu, daß die Zeit Deiner Kindheit ohne Jesus vorbeigeht, der Dich so innig liebt.

Nun, ich muß wohl Deine Großmama sein, da Dein Papa und Deine Mama mich als ihre Mutter auserwählt haben. Ist das nicht lieb von ihnen? Und nun werde ich meinen Namen darunter schreiben, und ich denke, ich werde es mit ebensoviel Liebe tun, als wenn ich Deine leibliche Großmama wäre."

„Großmamas" Gebete sind erhört worden. Robert D. Kalis half von 1955 an seinen Eltern im Gemeindedienst und wurde 1961 ordiniert. Am 17. Juli 1975 nahm der Herr Rudolph Kalis zu sich in die ewige Heimat; seitdem ist sein Sohn Leiter und Pastor der Gemeinde, der „Emmanuel Pentecostal Church".

Stella Leggett

Sekretärin und Mitbeterin von Martha Robinson

Hilda Nilsson

Mitarbeiterin von Martha Robinson in den letzten 16 Jahren ihres Lebens

Henoch-Haus

in dem Martha Robinson von 1923 bis 1936, dem Jahr ihres Todes, lebte.

Kapitel 43

„Und so überschlagen wir nun die Kosten“

„Endlich kann ich Dir ein paar Worte schreiben und Dir für Deine lieben Zeilen danken. Es hat mich innerlich sehr berührt, und ich weiß es zu schätzen, daß Du mir einiges von Deinen kostbarsten Erfahrungen anvertraut hast.“

Frau R. hatte Mary Elizabeth Judd, an die dieser Brief gerichtet ist, schon gekannt, als sie drei Jahre alt war.

„Ich habe Dich nun schon so lange nicht mehr gesehen, und wir waren so weit voneinander entfernt, daß ich Dir mein Interesse an Deinem Ergehen nicht zeigen und keinerlei Freundlichkeiten erweisen konnte.

Nun bist Du schon fast erwachsen und nicht mehr das kleine Mädchen, das ich wirklich in mein Herz geschlossen hatte. Wir mußten uns seitdem in unsrer Freundschaft auf die innerliche, unsichtbare Verbindung beschränken. Mein Herz ist tief bewegt, während mir bewußt wird, daß Du es auch von Deiner Seite aus so empfindest und mich ins Vertrauen gezogen und mir einiges über die Führungen Gottes in Deinem jungen, für Gott so wertvollen Leben berichtet hast.

O, Mary Elizabeth, Jesus ist so zärtlich-liebevoll zu uns. Er möchte, daß wir ‚eingewurzelt und gegründet‘ sind in Liebe, in Seiner Liebe, die uns so mit Jesus erfüllt, daß wir von dieser Seiner Liebe überfließen und auch andere dadurch gesegnet werden. Ich werde gerade daran erinnert, wie Er mich dahin gebracht hat, daß ich wirklich in Ihm bin – es ist eigentlich ein Geheimnis zwischen Ihm und mir; es war einfach Jesus Selbst. Ich hatte niemanden, der mich darin unterweisen konnte oder für mich betete. Mein Herz und mein Kopf waren voll von irdischen Interessen und Plänen und von neuen Theorien, die heute als ‚Evolutionstheorie‘ und

‚Modernismus' bekannt sind. Aber dann kam Er – und fegte das alles hinweg, wundervoller Jesus!

Ich hatte damals natürlich nicht das Licht, das Du hast. Ich drohte mit meinen Theorien in völliger Gottlosigkeit zu versinken. Ich mußte beten und habe zu Gott geschrien, wie es – glaube ich – nur wenige tun, bis ich überhaupt die Gewißheit bekam, daß es wirklich einen Gott gibt. Und Er ‚zog mich aus der grausamen Grube, aus lauter Schmutz und Schlamm und stellte meine Füße auf einen Fels, daß ich sicher treten kann. Er hat mir ein neues Lied in meinen Mund gegeben'. Und das alles aus lauter Liebe – Liebe – Liebe! Was macht es schon aus, wenn Er mir so manches nahm?

Bedeutet es Leid,
Wären auch tausend Welten verloren?
Unsere Augen haben Jesus erblickt,
Und so überschlagen wir nun die Kosten.

Laß es immer so sein, Mary Elizabeth. In der Sicht solltest Du die Kosten eines jeden Opfers einschätzen: Mit jedem Opfer, das Du Ihm bringst, sagst Du Dich los von dem, was Dich nur hindert, Ihn tiefer zu erkennen, und Dich aufhält, Ihm schnell und freudig nachzueilen.

Und noch ein Gedanke: Es ist nicht nur ein Weg der Freude und des Vergnügens – es ist Jesus Selbst! Es ist gut, wenn man sich von Anfang an über folgende Wahrheit im klaren ist: ‚Den Weg der Vollkommenheit zu gehen, fällt dem Fleische schwer, doch für die Liebe ist er nie zu schwer.'

Und nun kann ich leider nicht weiterschreiben und Dir sagen, was mich bewegt, auch kann ich im einzelnen nicht auf Deinen Brief eingehen, da ich schließen muß. Ich habe mich sehr gefreut, daß Du an mich gedacht und mir einiges über Dein Ergehen berichtet hast und hoffe, Du wirst dies kleine „Dankeschön" gelten lassen.

Vielleicht wird der Herr es Dir wieder einmal aufs Herz legen, mir zu schreiben. Meine Liebe, möge Er Dich auch weiterhin überströmend segnen – das ist mein Gebet.

Deine Freundin in Ihm, unserem Freund."

Kapitel 44

Ein wertvoller Dienst für Gott

„Seitdem Dein Mann in seinem ersten Brief geschrieben hatte, daß es Dir nicht so gut ginge, vermutete ich, daß es sich nicht nur um ein gewöhnliches Unwohlsein handelte, sondern daß Du guter Hoffnung bist und das nächste große Ereignis in Eurer jungen Ehe bevorsteht. Glaube mir, ich empfinde warme und innige Anteilnahme, als wäre ich Deine leibliche Mutter."

Im Laufe der Jahre heirateten die jungen Leute und Diener des Herrn, die zu dem Werk der Glaubensheime gehörten, und gründeten ihre Familien. Frau R. nahm an ihren Freuden und Leiden von Herzen Anteil, wie es eine echte Mutter eben tut. Gewöhnlich war sie die erste, mit der sie über ihre bevorstehende Verlobung und über Heiratspläne sprachen. Es war ihnen immer daran gelegen, daß sie im Glauben und in Liebe hinter ihnen stand und für sie eintrat und daß sie ihren Segen zum Ehebund gab. Wurde dann ein Kind erwartet, so war „Mutter R." wieder eine der ersten unter denen, die darüber informiert wurden. Sie wußte es zu schätzen, wenn die jungen Leute sich ihr anvertrauten und wurde mit ihnen eins, zu beten und im Glauben zu erwarten, daß in allen Bereichen ihres Lebens der höchste Wille Gottes verwirklicht werden möchte. So geschah es auch in diesem Fall: Eine junge Mitarbeiterin im Dienst des Herrn hatte an Frau R. geschrieben und ihr mitgeteilt, daß sie ein Baby erwarte.

„Nun, wenn es Dir nicht zuviel ist", schrieb sie in ihrer Antwort, „würde ich Dich gerne bitten, mir ganz offen zu schreiben, was Du mit dem Herrn erlebst und was in Deinem Herzen und im Herzen Deines Mannes vor sich geht. Bereitet Ihr Euch auch auf die bevorstehende Aufgabe vor? Laßt Ihr Euch vom Herrn dafür ausrüsten?

Viele sind zwar der Meinung, nur die Frau müsse sich darauf

vorbereiten und sich zurüsten lassen. Das wird sie sicherlich auch tun, und sie trägt natürlich auch die Hauptlast. Aber wenn der Ehemann vom Herrn erleuchtet ist – und ich bin sicher, daß Dein Mann wirklich Licht hat –, dann wird es ihm klar sein, daß auch er sich auf diese Aufgabe vorbereiten und sich hierfür vom Herrn ausrüsten lassen muß. Ich weiß, daß Christus überall in unserem Werk im Herzen beider Eheleute während dieser Wartezeit ein warmes Interesse für die bevorstehende Aufgabe weckt.

Bevor ich schließe, möchte ich Dir, meine Liebe, doch gerne noch etwas sagen. Der Herr hat in dieser Sache schon zwei- oder dreimal zu mir gesprochen: Er möchte, daß wir über ein solches Ereignis, wie es Euch bevorsteht, froh – und nicht traurig sind! Versuche, für den Neuankömmling alles so schön wie möglich vorzubereiten und Dich auf seine Ankunft zu freuen, so daß alle Mühen und Umstände, die nun auf Dich und Deinen Mann zukommen, Euch gar nichts mehr ausmachen werden.

Ich will damit nicht sagen, daß Ihr das Kind nicht willkommen heißt. Nein, ich bin sicher, Ihr freut Euch von Herzen über die Güte Gottes, die Er Euch erweist. Doch manchmal sehen die jungen Eheleute nicht – wenigstens zeitweise nicht –, welch ein großes Wunder Gott in ihrem Leben wirkt; sie bedenken oft nicht, daß Kinder eine Gabe Gottes sind und daß sie die Kinder ihrerseits Gott als eine Gabe darbringen sollen, so daß Er sie nach Seinem Willen gebrauchen kann.

Ich nehme ja an, daß Ihr beide das Kind Gott von Herzen geweiht habt, sobald Ihr wußtet, daß ein Leben im Werden begriffen ist.

Ich habe diese Worte nun nicht direkt im Auftrag des Herrn geschrieben, aber es sind Gedanken, die aus Seinem Herzen kommen, denn Er hat dies schon einige Male zu jungen Eheleuten gesagt, als sie ein Kind erwarteten. Wie notwendig ist es doch, daß unsere jungen Eheleute Kinder bekommen und sie zu wertvollen Menschen und Mitarbeitern im Reiche Gottes erziehen. Mutter und Vater sollten es als einen wichtigen und wertvollen Dienst für Gott betrachten, wenn sie ihre Kleinen liebevoll umsorgen. Mag ihnen dieser Dienst auch nicht immer leicht fallen – Kinder zur Welt zu bringen und aufzuziehen, wird immer eine schwere Aufgabe sein –, so sollte er ihnen doch ebenso wichtig sein, und sie sollten ihn genau so gerne für Christus tun, wie irgendeinen anderen Dienst im Weinberg des Herrn.

Frau R. kümmerte sich um die junge werdende Mutter während der ganzen Zeit der Schwangerschaft. Wenn dann der Tag der Geburt nahte und die Mutter vielleicht unruhig wurde, sich fürchtete und um besondere Fürbitte bat, schrieb Frau R. ihr wieder. In vielen Fällen teilte sie ihr mit, sie habe veranlaßt, daß einige Frauen in den Heimen zusammenkämen, um für sie zu beten. Auch gab sie – wie in diesem Fall – der jungen Frau den Rat, sie solle sich mit ihrem Mann im Gebet vereinigen: „Geht beide vor Gott auf die Knie und bleibt vor Ihm eine gute Zeitlang im Gebet. Und wenn der Herr Euch dann eine Antwort gibt, darfst Du sicher sein, mein liebes Kind, und daran festhalten, daß es wirklich so geschehen wird, wie Er gesagt hat.

Gott wird Euch gewiß erhören, und Er weiß, was Ihr bedürft. Meine Liebe, wer auch immer für Dich betet – das wirkliche Gebetsanliegen, um das es eigentlich geht und das ernstlich vor den Herrn gebracht werden sollte, besteht darin, daß Ihr, Du und Dein Mann, in die Ruhe des Glaubens eingeht und dem Herrn von Herzen vertrauen könnt. Er möchte, daß Du in dieser Zeit zuversichtlich und ganz unbeschwert sein kannst, und das wird nur möglich sein, wenn Du Ihm völlig vertraust. Denke immer daran, daß Jesus Dich liebt, und laß Ihn Dich in Seine Arme nehmen. Ihr seid Sein Eigentum, und es liegt Ihm noch viel mehr als Euch daran, daß Ihr einen herrlichen Sieg erleben dürft."

Kapitel 45

Durchbeten!

„In der letzten Woche nahm der Herr mich beiseite und sagte mir ein Geheimnis“, schrieb Frau R. am 29. Juni 1931 an zwei Freunde. „Es handelt sich um eine sehr ernste Angelegenheit: Elder Brooks hat sich in diesem Werk überarbeitet; es geht ihm gesundheitlich nicht gut, und seine Kraft läßt zusehends nach. Er ist sich aber nicht bewußt, daß dies die Folge von Überarbeitung ist. Zudem kann er zur Zeit nicht viel vertragen; deshalb darf ihm nicht gesagt werden, in welch einem schlimmen Zustand er sich befindet und daß seine Gesundheit ernstlich bedroht ist. Der Herr sagt, es wäre gut, wenn Elder Brooks selbst zu der Einsicht käme, daß er sich um der Sache Jesu willen eine Zeitlang in die Stille zurückziehen und vorläufig nicht mehr dienen würde. Er fordert uns auf, gleich ins Gebet zu gehen und für ihn einzutreten.“

Elder Brooks war nun fünfundsiebzig Jahre alt. Fünfunddreißig Jahre zuvor war er dem Tode nahe gewesen, dann aber von einem schrecklichen Leiden geheilt worden. Seitdem hatte er in all den Jahren dem Herrn bedingungslos vertraut, daß Er der Arzt seines Leibes sei. Er war mehrmals schwerkrank gewesen und hatte jedesmal eine wunderbare Heilung erlebt. Er hatte es als etwas ganz Selbstverständliches betrachtet, daß das Gebet des Glaubens ihn retten und aufrichten würde – zur Ehre und Verherrlichung Gottes.

Diesmal aber nahm er eine andere Haltung ein. Nach diesem körperlichen Zusammenbruch glaubte er, die Zeit sei nun vielleicht gekommen heimzugehen, um beim Herrn zu sein, nachdem er die Grenze des biblischen Alters überschritten habe. Sein starker Lebenswille, der ihn immer gekennzeichnet hatte, war einer sanftmütigen Ergebung in alles, was auch kommen mag, gewichen.

Mehr als zwanzig Jahre lang hatte er fast jeden Tag an zwei oder drei Versammlungen teilgenommen und mit den anderen am Worte gedient. Außerdem hatte er oft stundenlang seelsorgerliche Gespräche geführt, mit denen gebetet, die geistliche Hilfe brauchten, und bei der Leitung und Verwaltung der Glaubensheime mitgewirkt. Bei allem, was er tat, zeigte er immer einen großen Eifer und Enthusiasmus. Nun aber brannte nur noch eine kleine Flamme, und auch diese schien am Erlöschen zu sein. Besonders auffällig war, daß er nicht mehr solch großes Interesse an den Versammlungen zeigte, an denen er sonst seine ganze Freude hatte. Er hatte sich früher kaum einmal einen Moment Zeit genommen, um auszuruhen und sich zu erholen; ja, er hatte dies als eine Schande betrachtet, als eine sündhafte Zeitverschwendung. Nun aber lag er kraftlos in einem Gartenstuhl oder auf seinem Bett. Ein tapferer Kämpfer war auf einmal schwach und müde geworden und bereit, seine Waffenrüstung niederzulegen, nachdem er einen guten Kampf gekämpft hatte.

Aber der Herr hatte ganz andere Gedanken über ihn. Er wollte Elder Brooks am Leben erhalten, denn er war für das Reich Gottes zu wertvoll, um jetzt schon abberufen zu werden. Gott wußte ja um jemanden, der auf Ihn hören, zu dem Er sprechen und dem Er Seinen Willen kundtun konnte. Der Herr wußte auch, daß Frau R. für die Wiederherstellung von Elder Brooks alles tun würde, bis der Sieg wirklich da wäre. Zunächst mußte seine Frau darüber informiert werden, was zu tun war.

„Wir trugen seiner Frau auf, sie solle besonders aufmerksam auf ihn achten und ihn dazu überreden, daß er sich schone“, erklärte Frau R. in dem Brief, aus dem wir zu Anfang bereits einen Abschnitt zitiert haben. „Doch wurde ihm vorerst gestattet, weiterhin zu dienen, soweit er es wünschte und es ihn nicht zu sehr anstrengte. Nachdem wir nun erfahren hatten, in welch einem bedenklichen Zustand Elder Brooks sich in Wirklichkeit befand, galt es zu veranlassen, daß ernstlich für ihn gebetet wurde. So wurden die erprobtesten Beter des Werkes zusammengerufen und beauftragt, unaufhörlich für ihn zu beten. Es waren wirklich erfahrene

Diener des Herrn, die eins wurden, für ihn einzustehen. Es wurde ihnen gesagt, daß sie alles beiseitelegen und dieses Anliegen von ganzem Herzen vor den Herrn bringen sollten. Wie Ihr wißt, haben wir während dieser Jahreszeit immer besonders viel zu tun; es kommen mehr Gäste als sonst, und unter den Betern waren auch einige, die im Haushalt mitarbeiten und eigentlich alle Hände voll zu tun gehabt hätten. Zu alledem kommen ja auch noch die täglichen Versammlungen. Trotzdem wurde allen, die sich diesem Gebet hingaben, nicht nur gesagt, daß es sich um ein sehr wichtiges Anliegen handele, sondern daß es vielleicht erforderlich sei, eine ganze Woche lang jeden Tag zu beten.

Ihr wißt ja, Elder Brooks ist kein junger Mann mehr, er ist ziemlich hinfällig und verbraucht. Es wurde uns auch gesagt, falls dieses Gebet nicht durchdringen würde, könnte er nicht am Leben erhalten bleiben. Dies ist das Geheimnis, von dem ich sprach; es wurde der Gebetsgruppe aber nicht mitgeteilt", so berichtete Frau R. ihren Freunden im Vertrauen.

Der Herr gab dem Leiter dieser Gebetsgruppe sehr genaue Anweisungen und sagte ihm u. a., daß sie neunmal zusammenkommen und jeweils ungefähr zwei Stunden lang beten sollten. Auch diese Instruktionen wurden den anderen Betern nicht mitgeteilt. So gaben sie sich dann Tag für Tag treu dem Gebet hin.

Als die neunte Gebetszusammenkunft zu Ende ging, hatte niemand von ihnen die Gewißheit, daß sie den Sieg erlangt hätten. Irgendwie empfanden sie, daß sie noch nicht durchgebetet hatten und der Kampf noch nicht gewonnen war.

Der Leiter erinnerte sich an das Wort des Herrn, und es wurde ihm bewußt, daß etwas ganz Außergewöhnliches unternommen werden müßte. Er erhob sich und sagte: „Alle, die bereit sind, solange zu beten, bis wir die Gewißheit haben, daß unser Gebet erhört und Elder Brooks geheilt ist, sollten jetzt in das Mittelzimmer des Versammlungshauses gehen. Wir werden miteinander eine Abmachung treffen und uns fest vornehmen, den Raum nicht zu verlassen, bis wir wissen, daß der Sieg wirklich da ist." Einmütig ging die ganze Gruppe in den bezeichneten Raum, und die Türen wurden verschlossen. Dann „erhoben sie miteinander in großer Einmütigkeit ihre Stimmen zu Gott“ und brachten in ihrem gemeinsamen Flehen zum Ausdruck, daß sie nun die Erhörung ihrer Gebete erwarteten. Sie riefen zu Gott, Er möge eingreifen und einen herrlichen und eindeutigen Sieg schenken. Innerhalb von zwanzig Minuten bekamen nun alle die Gewißheit, daß ihr Gebet erhört sei, und strömten über in Lobpreis, Siegesliedern und Freudenrufen.

Nun erst wurde Elder Brooks gesagt, daß man für ihn betete und welche Absicht Gott mit ihm habe. Er glaubte dem Wort des Herrn. Von da an ging es ihm nach und nach immer besser.

Der Herr zeigte ihm auch gleich, daß er an einen Ort gehen solle, an dem er sich richtig ausruhen und erholen könne. Noch war er zu schwach, um länger stehen zu können, und so setzte er sich auf die Stufen des Hauses, während er auf den Wagen wartete, mit dem er an jenem Morgen abreisen wollte; trotzdem trat er im Glauben seine Reise nach New Jersey an. Dort verbrachte er einige Zeit am Ozean, schwamm viel im Meer und genoß die Seeluft. Mit jedem Tag wurde er stärker, und als er schließlich nach drei Monaten wieder heimkehrte, war er wunderbar zu Kräften gekommen.

Der Herr hat ihm dann aber klargemacht, daß er sich noch ein Jahr lang schonen solle und nicht an allen Gottesdiensten in den Heimen teilnehmen dürfe. Er Selbst werde ihn in allem leiten und ihm zeigen, was er tun solle, und er müsse sorgfältig auf Seine Leitung achten. Nur so könne ein bleibender Sieg gewährleistet werden. Elder Brooks war sehr darauf bedacht, dem Wort des Herrn zu gehorchen, und so wurde er völlig wiederhergestellt. Er lebte dann noch dreiundzwanzig Jahre, in denen er die meiste Zeit sehr aktiv war, am Wort diente und in der Leitung der Heime mitarbeitete.

Kapitel 46

In Gottes Hand

Als Frau R. 1933 ihr neunundfünfzigstes Lebensjahr vollendete, kamen etwa hundert ihrer Freunde zusammen, um diesen Tag mit ihr zu feiern. Dabei fiel es sofort auf, daß jemand fehlte – George A. Mitchell. Er hatte es in den Jahren zuvor bei solchen Anlässen immer übernommen, die Feier zu leiten, und er tat dies stets unter dem besonderen Segen des Herrn. So vermißte man ihn nun sehr.

George Mitchell hatte einige Monate zuvor einen leichten Schlaganfall gehabt, von dem er sich aber bald soweit erholte, daß er wieder dienen konnte. Dann aber ging es ihm gesundheitlich wieder schlechter. Obwohl er sehr schwach war, kämpfte er den Kampf des Glaubens und vertraute, daß Gott ihn vollkommen wiederherstellen werde. Auch Frau R. nahm für ihn den Kampf auf, und so erfuhr er eine gewisse Erleichterung, doch blieb er trotz allem weiterhin ziemlich schwach.

Die ganze Versammlung vereinigte sich in ernstlichem Flehen für diesen lieben Freund. Nach Beendigung des Gebetes sagte Frau R., sie sollten George Mitchell nun in Gottes Hand legen. Viele der anwesenden Freunde ahnten aufgrund dieser Äußerung, daß mit ihm etwas geschehen werde. Einigen kam bei diesen Worten sofort der Gedanke, daß Gott ihn vielleicht heimholen wolle.

Ja, der Herr hatte tatsächlich Frau R., während sie für ihn betete, gezeigt, daß Er Seinen Knecht heimholen werde und daß sie seine Familie darüber informieren solle. So teilte sie dies am Schluß der Geburtstagsfeier seinem ältesten Sohn mit und trug ihm auf, es nach dem 1. Dezember auch seiner Mutter zu sagen. Der Herr wolle damit nicht sagen, so erklärte sie ihm, daß sein Vater nicht geheilt werden könne, aber da er nicht den Glauben für eine vollkommene Heilung habe, sei es für ihn besser, heimzugehen, denn der Herr wünsche nicht, daß er hier mit einem schwachen Leib bleibe. Er könne ihn im Himmel besser gebrauchen, als wenn er hier in großer körperlicher Schwachheit seine Tage zubringe.

Etwas später wurde auch George Mitchell gesagt, was der Herr mit ihm vorhabe und daß Er ihn einen Überwinder genannt habe. Nachdem ihm dies mitgeteilt worden war, ergab er sich demütig in den Willen Gottes. Kurz darauf – es war am 23. Dezember 1933 – tat er wie Jakob „seine Füße zusammen aufs Bett und gab seinen Geist auf", um Seinem Meister weiterhin zu dienen, von jetzt an aber ohne die Behinderung durch einen gebrechlichen und hinfälligen Leib.

Sein Hinscheiden war so gesegnet und vollkommen, wie es bei einem Tod nur sein konnte. Und doch war es eine feierlich-ernste Angelegenheit, denn nun entstand die erste große Lücke im Kreise derer, die seit 1910 in Zion miteinander dem Herrn dienten. Alle vermißten ihren Freund mit seiner einmaligen Art zu dienen. Er war wirklich ein Mann voll göttlicher Weisheit, was sich besonders bei seiner Mitarbeit in der Leitung des Werkes zeigte, und so empfand man auch in dieser Hinsicht seinen Verlust sehr schmerzlich.

Von 1929 an hatten Mitchells mehrere Monate viel zusammen mit Frau R. für besondere Anliegen gebetet und standen ihr oft zur Seite, wenn einzelne Personen in besonderen Angelegenheiten seelsorgerliche Hilfe brauchten und sich an sie gewandt hatten.

Im Tagebuch von George Mitchell fand man eine interessante Bemerkung, die er während jener Zeit eingetragen hat. Es handelt sich um eine Äußerung, die Frau R. im Sommer 1929 gemacht hatte: „Was heute durch das Wirken von Paul Rader geschieht, ist zur Zeit das Gewaltigste von allem, was in der ganzen Welt für den Bau des Reiches Gottes unternommen wird."

Dieser Evangelist war – obwohl nicht pfingstlich – einer von denen, auf die Gott Frau R. besonders aufmerksam machte, indem Er ihr auftrug, im Glauben hinter diesem Verkündiger des Evangeliums zu stehen und für ihn zu beten.

Es war ungefähr um die gleiche Zeit, als Gott George Mitchell gebraucht hatte, eine junge Reichsgottesarbeiterin über die geistlichen Gaben zu belehren. Eines Tages waren einige Mitarbeiter mit Frau R. im Gespräch, als diese sich an George Mitchell wandte und ihn fragte: „Wodurch kann es geschehen, daß man eine Gabe wieder verliert?“ Seine Antwort lautete:

„Dadurch, daß man sie unterdrückt und es nicht zuläßt, daß Gott die Gabe gebraucht; dadurch, daß man die Gabe, vielleicht aus Menschenfurcht oder weil man zu reserviert ist, zurückhält, oder dadurch, daß man selbst nachhilft, indem man versucht, die Gabe ohne Leitung und Auftrag des Herrn aus eigenem Willen heraus zu betätigen.“

Bei anderer Gelegenheit machte George Mitchell während einer Unterredung einmal eine Bemerkung, die der Schlüssel zum tieferen Verständnis von Martha Robinsons Leben und Erfahrung ist: „Frau R. hat immer nur nach Jesus verlangt.“

Und das war wirklich so: Sie wollte nie etwas für sich selbst haben, weder Gaben noch Kräfte noch Erfolg im Dienst noch besondere Erfahrungen – nichts als nur Christus! Und weil sie von diesem einzigen Verlangen beseelt war, gab Gott ihr Jesus und dazu auch alles andere. Doch sie hatte sich Gott so völlig geweiht, daß es ihr nichts ausgemacht hätte, wenn ihr alle diese Segnungen wieder genommen worden wären, denn sie verlangte nur nach Jesus.

Kapitel 47

Zu den Füßen Jesu

„Liest Frau R. viel in ihrer Bibel?"

„O ja! Sie studiert beständig ihre Bibel."

Eine junge Studentin stellte diese Frage kurz vor dem Lebensende von Frau R., und Hilda Nilsson, Frau Robinsons treue Gefährtin in ihren letzten Jahren, hatte ihr die Antwort gegeben. Wie so viele andere dachte sicher auch diese Studentin, daß jemand wie Frau R., die auf geistlichem Gebiet so viele Kenntnisse und reiche Erfahrung besaß und vor allem so reich mit den Gaben des Geistes beschenkt war, es nicht nötig hätte, noch viel in der Bibel zu lesen und sie zu studieren.

Dies ist wirklich eine falsche Auffassung, zu der viele Leute neigen, die den Dienst des Heiligen Geistes überbetonen und dadurch allerlei Irrtümern verfallen, was dann zu verhängnisvollen Auswirkungen führt. Frau R. erlag niemals dieser Versuchung. Im Gegenteil, sie nahm Stellung gegen solche Irrtümer, denn es war ihr klar, daß die gesprochene Botschaft nur aus einem Gefäß fließen kann, das von dem Wort Gottes, wie wir es in der Heiligen Schrift aufgezeichnet finden, erfüllt ist. Und die gesprochene Botschaft kann natürlich niemals die Offenbarung Gottes in der Heiligen Schrift übertreffen oder im Widerspruch zu ihr stehen.

„Ihr werdet mit eurem Bibelstudium niemals zu einem Ende kommen", erklärte sie in einer ihrer letzten Predigten.

Die folgenden Zitate zeigen, auf welche Weise sie ihre Zuhörer im Laufe der Jahre immer wieder ermahnt hat:

„Ihr Lieben, es ist wirklich notwendig, daß ihr mit eurer Bibel vertraut werdet."

„Eure Bibel muß euch wirklich lieb werden."

„Sagt ‚ja' zu Jesus, wenn ihr die Bibel lest; das Wort, das ihr lest, gilt euch ganz persönlich."

„Lebt die Bibel auch aus!"

„Es ist meine Aufgabe, die Bibel kennenzulernen; ich bin ein Botschafter des Königs, und meine Botschaft gründet sich auf Gottes Wort."

„Studiert die biblische Geschichte, wie ihr die Geschichte eures Landes lernt. Es ist für einen Christen eine Schande, wenn er sie nicht kennt. Ihr solltet in der biblischen Geschichte Bescheid wissen."

„Sieh zu, daß du von den Schätzen Seines Wortes so viel wie möglich ausgräbst. Vernimm den Ruf Gottes an dich aus Seinem Wort heraus!"

„Ihr seid glücklicher und gesünder, wenn ihr morgens, statt euch den Launen hinzugeben, den Tag in Gemeinschaft mit Gott beginnt. Dies muß euch immer wieder gesagt werden, weil ihr nicht regelmäßig im Worte forscht, um dann jedes Wort für euch selbst zu nehmen."

„Ich habe das Buch Jesaja fünfundzwanzigmal gelesen", sagte Frau R. einmal in einer Predigt, „erst dann begann es sich mir zu öffnen. Dieses Buch ist sehr reichhaltig; studiert es im Heiligen Geist. Lest es leise sprechend durch, während ihr zu Jesu Füßen sitzt. Redet mit Gott darüber. Die Verheißungen in Jesaja gehören uns."

Einmal bezeugte Frau R.: „Als ich damit begann, das prophetische Wort zu studieren, hätte ich mich überhaupt nicht zurechtgefunden, wenn ich den Inhalt der Bibel nicht im ganzen Zusammenhang gekannt hätte."

„Studiert die Bibelstellen, die euch zeigen, wie ihr euch untereinander lieben sollt."

„Stütze dich niemals allein auf eine Botschaft! Mache Gebrauch von deiner Bibel und folge Seiner Stimme, und wenn Jesus durch eine Botschaft zu dir redet, dann gehe darauf ein, wende dich direkt zu Gott hin und tue, was Er dir gesagt hat, aber lege niemals deine Bibel beiseite!"

„Wieviele von euch sind sich dessen bewußt, daß sie ihre Bibel wirklich lieben?" so lautete eine der letzten Fragen, die Frau R. an ihre Zuhörer richtete. „Der Herr sagt, es sei kaum jemand hier, der aufgrund seines Bibelstudiums so wächst und zunimmt, wie es eigentlich sein sollte.“

Daß Frau R. auch praktizierte, was sie predigte, daß sie immer in ihrer Bibel las, sieht man auf den ersten Blick, selbst wenn man nur flüchtig ihre Testamente und Bibeln durchblättert. Wir haben in einem früheren Kapitel bereits eingehend ihre Studien besprochen, die sich in einem dieser Testamente finden. In einem weiteren Testament, das sie offensichtlich in ihren späteren Jahren in Gebrauch hatte, ist vieles unterstrichen, doch enthält es keinerlei Anmerkungen oder irgendwelche Anzeichen, die darauf hindeuten würden, daß sie bestimmte Studien durchgeführt hätte. Ihre beiden Bibeln, die „American Standard Version“ und die „Authorized“ oder „King James Version“ wollen wir uns noch näher ansehen.

Doch bevor wir ihre Studien in diesen Bibeln betrachten, ist es vielleicht gut, wenn wir hier klarstellen, welche Einstellung Frau R. in bezug auf die Frage der Inspiration der Heiligen Schrift hatte und wie sie über die drei Bibelübersetzungen, die „King James Version“, die „Revised Version“ und die „American Standard Version“ dachte.

Daß Frau R. an die Verbalinspiration, die wörtliche Eingebung der Heiligen Schrift, glaubte, kann als selbstverständlich vorausgesetzt werden. In eins ihrer Bücher hat sie in diesem Zusammenhang eine sehr interessante Randbemerkung geschrieben. Der Autor des betreffenden Buches erörtert die verschiedenen Theorien über den Ursprung der Bibel und sagt dazu u. a.:

„Als erstes soll hier die Theorie der sogenannten Verbalinspiration genannt werden.

Die Vertreter dieser Theorie behaupten, jedes Wort sei dem jeweiligen Autor diktiert worden und die Autoren seien nur Sprachrohr des Heiligen Geistes gewesen.“

Nun gibt der Verfasser hierzu die folgende Erklärung: „Es ist leicht, dieser Theorie schwerwiegende Einwände entgegenzusetzen. Ihre Verfechter übersehen die Tatsache, daß die Schreiber

Glaubensheim-Konferenz 1936

individuell sehr verschieden waren, und jedem ehrlichen Kritiker muß es auffallen, daß diese Individualität der Schreiber sich in der verschiedenartigen Behandlung der biblischen Themen deutlich bemerkbar macht; anders ließe sich diese Tatsache auch gar nicht erklären."

Den letzten Satz markierte Frau R. auf eine für sie sehr charakteristische Weise; es steht daneben:

„Läßt sich leicht erklären anhand der Gaben des Geistes. Bei den verschiedenen Gaben der Weisheit und der Weissagung kann jedes gesprochene Wort inspiriert sein. Dabei mag aber der Wortlaut unter der jeweiligen verschiedenartigen Gabe und Ausdrucksweise auch verschieden ausfallen."

In dieser Bemerkung wird aber nur mit anderen Worten zum Ausdruck gebracht, was der Apostel Paulus in 1. Korinther 12,4 und 6 sagt: „Es sind mancherlei Gaben; aber es ist ein Geist. Und es sind mancherlei Kräfte, aber es ist ein Gott, der da wirket alles in allen."

Wer den Dienst von Frau R. und den anderen „Gefäßen" in den Glaubensheimen kennt, weiß um den Unterschied in der Ausdrucksweise bei jedem einzelnen. In dem Kreis der Mitarbeiter in den Heimen gab es einige, die die Gabe der Weisheit und der Weissagung hatten, und doch fiel sofort die individuelle Verschiedenartigkeit bei den einzelnen Werkzeugen auf, die der Herr gebrauchte; die Art der Ausdrucksweise war bei den einzelnen offensichtlich unterschiedlich. Unverkennbar war dies eins der auffallendsten Merkmale der Diener in den Heimen. Da hat niemand versucht, den andern nachzuahmen; jeder von ihnen hat in all den Jahren, in denen sie so eng zusammen lebten und arbeiteten, seine besondere persönliche Art beibehalten. Jedem ehrlichen Kritiker mußte klarwerden – wollte er die Erläuterung ihres Dienstes nun akzeptieren oder nicht –, daß diese Menschen von Gott gebraucht wurden und nicht aus eigenem Willen heraus sprachen.

Hinsichtlich der verschiedenen Bibelübersetzungen glaubte Frau R., daß die revidierten Ausgaben an manchen Stellen ohne Frage genauer übersetzt sind, daß die „King James Version" aber eher eine geistliche Übersetzung darstellt, weil ihre Übersetzer nicht nur Gelehrte, sondern auch Männer des Gebets waren, die ernstlich zu Gott beteten, Er möge sie befähigen, die Bibel ganz im Sinne ihres Autors, des Heiligen Geistes, zu übersetzen.

Frau R. hatte anfangs fast ausschließlich die „Revised Version" gebraucht. Darin war sie zweifellos von Dr. Dowie beeinflußt worden, der diese Ausgabe wegen ihrer genaueren Übersetzung sehr empfahl.

Da sie immer die praktische Seite, die Anwendung des Wortes Gottes im gesamten Bereich des täglichen Lebens, besonders betonte, ist es interessant zu sehen, welch großen Wert sie doch auch auf eine möglichst genaue Übersetzung legte. Für sie war nicht nur „der Geist", sondern auch der Buchstabe wichtig. Auch dies zeigt uns, mit welcher Sorgfalt sie die Bibel studierte.

In einigen Fällen genügte ihr nicht einmal die wörtliche Übersetzung, und so schrieb sie auf den Rand das griechische Wort. Manchmal schrieb sie das Wort des Urtextes in griechischen Buchstaben, und zwar mit einer Genauigkeit und Vollkommenheit, die uns zeigt, wie vertraut sie mit der griechischen Sprache war. Sie sagte zu den jungen, angehenden Predigern wohl: „Es ist wichtiger, daß ihr eure Bibel studiert, um sie dann im täglichen Leben auszuleben, als nur zu dem Zweck, euch für eine Predigt vorzubereiten." Zugleich aber sagte sie ihnen auch: „Wir müssen immer genau untersuchen, aus welchem Grund das Wort der betreffenden Bibelstelle, die wir gerade studieren, so und nicht anders übersetzt werden muß."

Wenn man ihre Ausgabe der „American Revised Version" durchsieht, wird deutlich, daß sie den folgenden Gegenständen besondere Aufmerksamkeit schenkte: 1. den verschiedenen hebräischen Namen Gottes, 2. den Stammbäumen, 3. den Maßen der Arche Noahs, der Stiftshütte usw., wobei sie diese in die englischen Maße umrechnete, und 4. den Königen Judas und Israels, wobei sie die Dauer ihrer Regierung angab. Außerdem stellte sie eine Liste der verschiedenen Propheten zusammen, aus der auch ersichtlich wird, welche Propheten zur gleichen Zeit gelebt haben.

Es handelt sich hierbei um Einzelheiten und Fakten, von denen viele meinen, sie seien für „geistliche" Bibelschüler weder wichtig noch nützlich. So fand sie nicht nur im Neuen, sondern auch im Alten Testament Material für ein gründliches, konzentriertes Studium.

In den Psalmen finden sich ausgedehnte Studien über die darin enthaltenen Gebete und über Themen wie „Barmherzigkeit", „das Herz" usw.

Im Neuen Testament hat sie viele Kettenangaben über die verschiedenen Bibelstellen zusammengestellt, die den Heiligen Geist, göttliche Heilung und das Gebet in der Apostelgeschichte betreffen. Die Aufzeichnungen in den Johannesbriefen zeugen von einem fleißigen Studium; dort hat sie sich mit zwei Themen befaßt, die miteinander verwandt sind und die ihr sehr am Herzen lagen: „Ihn erkennen" und „Seine Gebote halten".

Auf einem der leeren Blätter in dieser Bibel befindet sich eine Liste mit den ersten apostolischen Vätern bis hin zu Jerome und Augustin. Außerdem sind dort weitere Aufzeichnungen über die Geschichte der Frühkirche, mit besonderem Hinweis auf die „Lehren der zwölf Apostel" – die sogenannte „Didache" – und die „Apostolischen Gründungen und Einrichtungen".

Frau R. hat sich immer für Kirchengeschichte und besonders auch für Biographien von „Gottesstreitern" interessiert. Oft gab sie jungen Christen eine Biographie zu lesen. Unter anderem hat sie auch das Buch „The History of Christianity" (Die Geschichte des Christentums) von J. S. C. Abbott durchgearbeitet und mit vielen Anmerkungen und Korrekturen versehen. Dieses Buch stellt zwar kein ausführliches Geschichtswerk dar, enthält aber viele Kurzberichte aus dem Leben der Kirchenväter und Märtyrer der ersten Jahrhunderte nach Christus; es sind Berichte, die man gewöhnlich nicht in anderen Geschichtsbüchern findet.

Es scheint, daß Frau R. auch noch ein anderes Geschichtswerk, bestehend aus mehreren Bänden, sehr geschätzt hat: „Church History Handbooks" von Henry C. Vedder. Im ersten Band, in dem der erste Zeitabschnitt der Kirchengeschichte behandelt wird, hat sie einige Stellen besonders markiert. In diesen Abschnitten bezieht der Verfasser sich stark auf das Neue Testament; die darin enthaltenen Wahrheiten sind sehr wichtig und spiegeln wider, was sie selbst geglaubt hat – darum möchten wir sie hier wiedergeben:

Unter der Überschrift „Apostolic Ideal of the Church" sagt der Autor:

„Das Wort ‚Gemeinde' kommt einhundertvierzehnmal im Neuen Testament vor; davon ist in fünfundachtzig Fällen eine lokale Gemeinde von Christen gemeint."

Es wird dann näher ausgeführt, wie dieses Wort an verschiedenen anderen Stellen im Neuen Testament gebraucht und angewandt wird. In diesem Zusammenhang schreibt der Verfasser: „Doch von einer Kirche, die sich als eine sichtbare Körperschaft über die ganze Welt hin ausbreitet und bei der die lokalen Gemeinden nur Zweigwerke einer großen Organisation darstellen, weiß das Neue Testament nichts. Das war das falsche Ideal eines späteren Zeitalters ... Diese lokalen Gemeinden wurden nicht durch ein System von Kirchengesetzen zusammengehalten, vielmehr waren sie miteinander durch das Band der Liebe Christi verbunden."

Zwei weitere Sätze hat sie auch besonders angestrichen; diese handeln von Angriffen heidnischer Schriftsteller auf das Christentum – wie Lucian, Celsus und Porphyry. Der Autor beschließt diesen Abschnitt mit der folgenden Feststellung:

„Im allgemeinen kann man in bezug auf die weltliche Polemik – auf dem Boden der Philosophie, der Geschichte oder sonst einfach der offenen Kritik – sagen, daß in den letzten drei Jahrhunderten gegen das Christentum keine ernstlichen Einwände erhoben wurden, die im wesentlichen nicht schon in den ersten drei Jahrhunderten des Bestehens des christlichen Glaubens vorgebracht worden wären. Wenn der moderne Mensch heute in seinem Unglauben Argumente gegen das Christentum vorbringt, dann benutzt er dabei im Grunde immer wieder dieselbe Munition, die die Heiden des Altertums eigentlich schon längst verschossen hatten."

Sehr charakteristisch ist es für Frau R., daß sie vorne auf die leeren Seiten ihrer Bibel Verse geschrieben hat, von denen sie einige oft zitierte. Der erste dieser Verse ist von F. W. Faber und lautet dem Inhalt nach ungefähr so:

Der vollkomm'ne Weg fällt schwer dem Fleisch,
Doch für die Liebe ist er nie zu schwer;
Wärst du nur krank vor Sehnsucht nach dem Herrn –
Wie würdest du Ihm folgen schnell und gern.

Die nächsten vier Verse stammen aus einem Gedicht von G. Tersteegen, das von France E. Beran ins Englische übersetzt wurde. In diesen Versen ermutigt der Dichter den Jünger Jesu, um des Herrn und der zukünftigen Herrlichkeit willen Leiden und Schwierigkeiten gerne auf sich zu nehmen.

Schlagen wir dann die nächste Seite auf, die ihren Namen trägt, so finden wir, daß Frau R. dort einen Liedervers von Freda Hambury aufgezeichnet hat. Dieser stammt aus einem der Lieblingslieder von Frau R.:

Willst du wissen das Geheimnis,
wie man immer siegreich ist?
Laß hinein den Überwinder,
Und Er wird besiegen dich!

In den letzten zwanzig Jahren ihres Lebens war eine Ausgabe der „Authorized Version" ihre ständige Begleiterin; ihre Bibelklasse hatte ihr diese 1916 zum Geburtstag geschenkt. Beim Durchsehen dieses ehrwürdigen Buches wird deutlich, wie intensiv sie die Psalmen und Sprüche durchgearbeitet hat. Sie hat darin Kettenangaben von Stellen aufgezeichnet, in denen die folgenden – oder sinnverwandte – Begriffe vorkommen: „Worte", „Zunge", „Stimme". Auch finden sich darin Kettenangaben von Bibelstellen unter den Themen: „Leitung", „Führung" und „Vertrauen". Im 119. Psalm hat sie sich intensiv mit dem Thema „Herz" befaßt.

Im ganzen Neuen Testament machte sie Kettenangaben von

Schriftworten unter den Themen „Gericht“, „Hölle“, „Verdammnis“ und „Endzeit“. Neben den Vers Hebräer 6,6 schrieb Frau R. auf den Rand: „Hier ist gar nicht von einfachen Christen die Rede, sondern von solchen, die bereits Überwinder waren und siegreiche Erfahrungen mit Jesus gemacht hatten.“

Auf den leeren Blättern hinten in der Bibel hat sie eine Tabelle über „Heilungen in den Evangelien“ und „Heilungen nach der Auferstehung Christi“ zusammengestellt, auch finden sich dort ihre speziellen Studien über das Thema „Göttliche Heilung“. Vermutlich hat sie diese aus ihrem Studienheft abgeschrieben und sie scheinen aus der Zeit zu stammen, als sie ihre erste große Heilung im Jahre 1899 erlebte, denn sie stimmen mit diesen Berichten fast völlig überein.

Außerdem befindet sich dort eine Studie über die „Wiederkunft Christi“ mit einer Liste von Bibelstellen, neben die sie jeweils das entsprechende Stichwort geschrieben hat, das sich auf das Thema bezieht. Beim Durchlesen dieser Zusammenstellung wird man unwillkürlich an etwas erinnert, was sie einmal in einer Predigt – und in anderen Worten auch sonst oft – gesagt hat: „Der Herr erwartet von uns, daß wir in der Bibel Bescheid wissen, daß wir wissen, was sie alles über Sein Kommen sagt, und auch, wo es geschrieben steht. Legt eure eigenen Meinungen beiseite und lest nach, was die Bibel über das zweite Kommen des Herrn sagt.“

Aus all dem wird deutlich, daß Martha Wing Robinson Tag und Nacht über dem Wort Gottes meditierte. Sie hatte immer ihre Freude daran; sie nährte sich von Seinem Wort und suchte darin die Hilfe, die sie für Leib und Seele benötigte. Wie sehr es ihr am Herzen lag, daß man fleißig in der Bibel forschte und welche Einstellung sie gegenüber diesem Buch der Bücher hatte, brachte sie vielleicht am besten in den folgenden Sätzen zum Ausdruck:

„Die Bibel gibt uns die Wegweisung für alle Bereiche des Lebens, und es ist die Aufgabe jedes einzelnen, diese Anleitungen im Alltag genau zu befolgen und auszuleben.“

„Die Wahrheiten der Bibel sind Pfade, die uns zu Jesus führen und uns dahin bringen, daß wir uns zu Seinen Füßen niedersetzen.“

Ein junger Prediger, der sich wirklich jeden Tag stundenlang in die Heilige Schrift vertiefte, bemerkte einmal gegenüber Frau R. während eines Besuches bei ihr, er wünschte, er hätte noch mehr Zeit, in der Bibel zu forschen. „Ich brauche so viel Zeit, um darin zu lesen“, fuhr er fort. „Ich lese einen Vers, und dann muß ich meine Augen schließen und darüber nachdenken, bis das Leben, das darin liegt, mir mitgeteilt wird.“

Da schaute sie in einer anbetenden Haltung empor, wie sie es, während sie lehrte und predigte, so oft getan hat, und antwortete, indem sie direkt zu Christus sprach: „Ja, Jesus, nachdem wir tausend Jahre bei Dir gewesen sind, werden wir immer noch Leben daraus schöpfen.“

Kapitel 48

Nichts ist wichtig außer Christus Jesus!

Am Sonntagnachmittag, dem 26. Januar 1936, erzählte Frau R. einem der „Glaubensheim-Jungen“, der kurz zu ihr hereinschaute, einen Traum, den sie ganz früh an jenem Morgen gehabt hatte. In diesem Traum hatte sie ihm ein Lied gesungen. Nun sang sie es ihm vor:

Mit dem Strom der Zeit wir gleiten dahin,
Mit dem Strom, mit dem Strom,
Dem unaufhaltsam hineilenden Strom,
Der schnellen Strömung, der schnellen Strömung.
Und bald, o bald ist das Ende da!
Ja, bald wird's geschehen, daß wir treiben hinaus,
Daß wir gleiten hinaus auf das Meer der Ewigkeit.

Mit dem Strom der Zeit wir gleiten dahin,
Mit dem Strom, mit dem Strom.
Der Heiland nur kann uns lenken das Boot,
Der Heiland allein, der Heiland allein.
Mit Ihm wir können ganz ruhig sein,
Ohne Furcht, ohne Zweifel, denn es ist Freude, mit Ihm
Zu gleiten hinaus auf das Meer der Ewigkeit.

Es war dies Martha Robinsons eigene Weise, hierdurch anzukündigen, daß sie „bald, ja bald“ schon diejenige sein würde, die „auf das Meer der Ewigkeit hinausgleitet“. Sie wollte den jungen Mann auf das vorbereiten, was genau sechs Monate später sich ereignen sollte. Aber er verstand nicht, was sie damit sagen wollte, oder besser gesagt, er wollte es nicht verstehen, denn er wußte wohl, daß es mit ihr gesundheitlich gar nicht gut stand.

Im April des vorhergehenden Jahres hatte der Feind sie in ihrer Gesundheit heftig angegriffen, und seitdem war sie immer schwächer geworden. Wohl ging es ihr zeitweise auch wieder etwas besser, aber sie diente denen, die ihre Hilfe brauchten, fortan meist in großer Schwachheit. Doch niemand konnte es sich vorstellen, und niemand wollte daran denken, daß sie eines Tages nicht mehr sein würde. Es durfte einfach nicht sein. Sicherlich würde Gott ein Wunder tun und sie wieder aufrichten, wie Er es ja schon so oft getan hatte. Aber sie deutete immer wieder an, daß die Zeit ihres Abscheidens nahe sei. Hiervon wollte allerdings auch ihre liebste und langjährige Freundin, Hilda Nilsson, nichts wissen; sie war zuversichtlich und betete, daß Gott sie wieder herstellen und Sein Werk durch sie zur Vollendung führen möchte. Frau R. aber machte eher den Eindruck, als würde sie sich sehr darauf freuen, bald in den Himmel zu gehen, um bei dem Herrn zu sein, den ihre Seele so sehr liebte und mit dem sie hier auf Erden in innigster Gemeinschaft lebte.

Während dieser letzten Monate wies sie die Menschen beständig auf Jesus hin – so, wie sie es in all den Jahren getan hatte –, unter anderen auch den jungen Mann, zu dem sie zuerst von ihrem Heimgang gesprochen hatte. Sie betete für ihn: „Öffne seine Seele für Jesus Christus." Dann gab sie ihm den Rat, den sie in all den Jahren so vielen gegeben hatte: „Strecke dich von ganzem Herzen nach Jesus aus!" Wie waren die Worte, die sie sprach, so voll Licht und Weisheit! Wie haben ihre Belehrungen den Pfad der anderen für Tage, ja, für Jahre hell erleuchtet! So vergingen ihre letzten Wochen und Monate.

Am neunten Juni fand der achtzigste Geburtstag von Elder Brooks, dem geschätzten Mitarbeiter von Frau R. statt. Fünf Jahre zuvor hatte Gott sie ja gebraucht, dafür zu sorgen, daß für seine Heilung gebetet wurde, bis er schließlich wieder völlig hergestellt war. Die Bewohner der Heime versammelten sich, um den Geburtstag dieses Patriarchen zu feiern. Einen Tag zuvor wurde einer der jungen Männer der Glaubensheime auf der Universität graduiert; so wurde in dieser Festversammlung zugleich auch seine Graduierung gefeiert. Frau R. wollte unbedingt dabeisein. Nichts konnte sie davon abhalten. Es war ihr Wunsch, an der Freude ihres alten wie auch ihres jungen Freundes teilzunehmen. Sie blieb auch noch zur Abendversammlung. Es war das letzte Mal, daß sie sich öffentlich sehen ließ.

Zwei Wochen später äußerte ihre alte Freundin, Minnie McConnell von Toronto, die in Zion einen Besuch gemacht hatte, die Absicht, Hilda Nilsson mit nach Toronto zu nehmen, damit sie sich dort ein wenig ausruhen könne. Frau R. gab daraufhin auch zu verstehen, daß sie darin den Willen Gottes sehen könne und küßte sie zum Abschied. „Neely" hat sicherlich nicht geahnt, daß sie in dieser Welt für immer von ihr Abschied nahm. So befand sich am Ende ihres Lebens ihre vertrauteste Gefährtin in der Stadt, die mit ihrem Leben so unzertrennlich verknüpft war, in der Stadt, in der sie ihre tiefsten Leiden und größten Freuden erlebt hatte.

Während die Sonne sich am Freitagabend, dem 26. Juni 1936, am westlichen Himmel dem Horizont zuneigte, sank Frau Robinsons Haupt leise zur Seite, und ihr Geist „glitt hinaus auf das Meer der Ewigkeit". Ihr „Boot" löste sich so unmerklich von seinem irdischen Ankerplatz, daß Loretta M. Judd, die an ihrer Seite saß und auf ihren Wunsch hin ihr bestimmte Bibelstellen vorlas, zunächst gar nicht gewahr wurde, daß sie nicht mehr da war. Martha Wing Robinson war nun im Hafen der Ruhe angelangt, sie war zu Hause „an der Brust des Vaters". Vier Tage später wurde „das irdische Haus ihres Zeltes" neben dem ihres geliebten Ehemannes zur Ruhe gebettet, wo nun beide auf jenen Tag harren, an dem der Herr vom Himmel kommen wird und die Toten in Christo auferstehen werden.

Eineinhalb Jahre zuvor hatte Martha Robinson bei ihrer Geburtstagsfeier zu den Freunden, die zu diesem Anlaß gekommen waren, gesagt: *„Seht einmal, was der Herr euch bereitet hat! Er hat euch dazu bestimmt, Jesus zu haben. Er wartet auf einen jeden von euch."* Und dann fügte sie noch hinzu, indem sie offensichtlich auf ihre eigene Erfahrung des innewohnenden Christus hindeutete:

„Er hat dies nicht nur einem Menschen zugedacht, vielmehr möchte Er, daß viele diese Erfahrung machen.“

Bei einer anderen Gelegenheit sprach sie, als sie einige Worte an einen ihrer jüngsten Freunde richtete, im Hinblick auf ihre besondere Erfahrung des innewohnenden Christus als von „einer Erfahrung, die für die nächste Generation bestimmt ist“. Mit diesen Worten hat sie somit angedeutet, daß der Tag kommen werde, an dem es die allgemeine Erfahrung im Leben vieler Menschen sein wird, was in ihrem Leben so ungewöhnlich und einmalig war; das heißt also, daß alle, die Seine Gebote haben und halten, den Herrn in gleicher Weise erleben werden und daß Er sie nach Geist, Seele und Leib ebenso völlig in Besitz nehmen wird.

Ohne Frage wollte Gott in ihrem Leben ein Beispiel setzen, um zu zeigen, was Er „zu der Zeit, wenn das Kommen des Herrn nahe bevorsteht“, im Leben derer tun kann und tun will, die Ihn zum König ihres Herzens krönen, die Ihm gehorchen und Seine Gebote halten. Solchen Menschen wird Er sich offenbaren, und Er wird „Wohnung in ihnen machen“. Martha Robinson hatte sich so völlig dem König ausgeliefert, daß Er in all den Jahren Sein Leben in ihr ausleben konnte. Er durfte mit ihr jederzeit tun, was Ihm wohlgefiel. Sie hatte immer nur das eine Anliegen, daß Er an ihrem Leibe verherrlicht werden möchte, „es sei durch Leben oder durch Tod“, Philipper 1,20. So kam es, daß der Herr sie gebrauchte, auch andere dazu anzuspornen, *„zu Ihm zu kommen, Ihn tiefer zu erkennen, bis Er wirlich König in ihrem Leben sein würde und Er sich in der Weise offenbaren könnte, wie Er es sich für diese letzten Tage vorbehalten hat.“* Um diesen Sieg betete sie mit ganzem Ernst, hierfür kämpfte sie mutig.

Andere waren Wegbereiter, indem sie die Wahrheiten der Rechtfertigung durch den Glauben, der Heiligung, der göttlichen Heilung und der Taufe des Heiligen Geistes entdeckt und ans Licht gebracht haben. Martha Wing Robinson war ebenfalls eine Wegbereiterin, indem sie durch ihr Leben die große Wahrheit auf den Leuchter gestellt hat, daß Gott den Menschen völlig in Besitz nehmen möchte, und zwar nach Geist, Seele und Leib. Es war ihr nun leider nicht vergönnt zu sehen, daß diese Wahrheit sich überall durchsetzte, aber sie war eine Vorkämpferin für die Verwirklichung des göttlichen Willens auf diesem Gebiet. Als der Herr sie dann rief und es galt, die Waffen niederzulegen, tat sie es in der vollen Gewißheit, daß sie einen guten Kampf gekämpft hatte und daß der Sieg mit Sicherheit kommen werde.

„Gott führt uns nicht immer so, wie wir es erwarten", sagte Martha Wing Robinson zu Ursie Naylor kurz vor ihrem Heimgang. *„Er leitet uns in Seiner Allmacht nach Seinem großen Plan und auf Seinem erhabenen, göttlichen Weg. Und, Naylor,*

NICHTS IST WICHTIG AUSSER

CHRISTUS JESUS!"

A. B. S. - Übers. unbek. A. B. Simpson

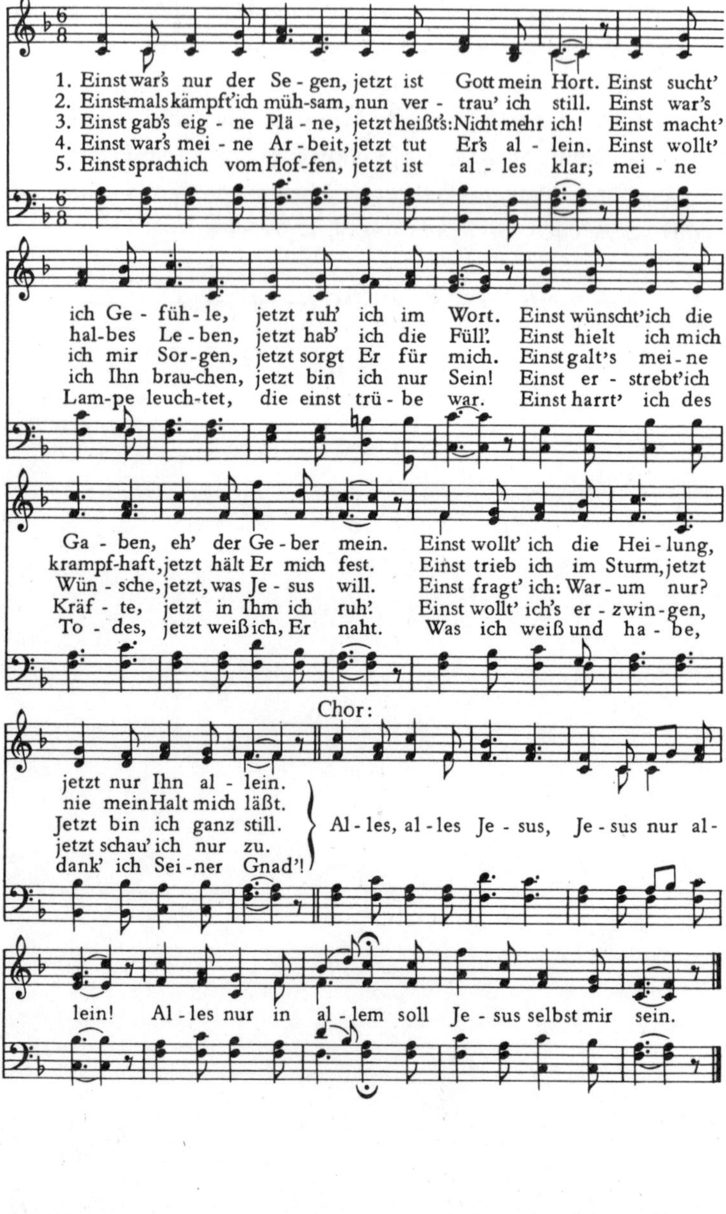